安徽省高等学校“十三五”省级规划教材
普通高校国际经济与贸易应用型本科系列规划教材

国际技术与服务贸易

主编 杨 桔 汪 艳

中国科学技术大学出版社

内 容 简 介

本书分两个部分共15章，介绍了国际技术和服务贸易理论和政策、贸易标的物、贸易方式、国内外相关法规的变化、当代国际技术和服务贸易的发展等内容。全书在编写过程中注重互动式教学内容设计，并配备了资料和案例，旨在帮助学生拓展视野，理论联系实践。本书适用于高等院校国际经济与贸易专业本科生，也可作为高等院校经济管理类专业学生的通用教材和辅导书，以及在职人员学习国际技术与服务贸易知识的参考用书。

图书在版编目(CIP)数据

国际技术与服务贸易/杨桔，汪艳主编. —合肥：中国科学技术大学出版社，2020.12
ISBN 978-7-312-04943-9

Ⅰ.国… Ⅱ.①杨… ②汪… Ⅲ.①国际贸易—技术贸易—高等学校—教材 ②国际贸易—服务贸易—高等学校—教材 Ⅳ.①F746.17 ②F740.47

中国版本图书馆CIP数据核字(2020)第109522号

国际技术与服务贸易
GUOJI JISHU YU FUWU MAOYI

出版 中国科学技术大学出版社
安徽省合肥市金寨路96号，230026
http://press.ustc.edu.cn
https://zgkxjsdxcbs.tmall.com
印刷 安徽省瑞隆印务有限公司
发行 中国科学技术大学出版社
经销 全国新华书店
开本 787 mm×1092 mm 1/16
印张 22.25
字数 569千
版次 2020年12月第1版
印次 2020年12月第1次印刷
定价 60.00元

总　　序

随着经济全球化和科技革命的发展，国际服务贸易、跨境电商、跨国并购等贸易投资方式不断升级，多边主义受到冲击，国际金融市场震荡，全球贸易投资规则正面临重大变革。党的十九大报告提出“拓展对外贸易，培育贸易新业态、新模式，推进贸易强国建设”“大幅度放宽市场准入，扩大服务业对外开放”。全球经济贸易和中国对外经济贸易的新发展对当前高校国际经济与贸易专业建设提出了新要求。

教材建设是高校专业建设的重要组成部分，更是一流专业建设和专业综合改革的落脚点与抓手。高校国际经济与贸易专业教材体系的改革和实践，要将教材建设与专业师资队伍建设、课程建设、实践教学建设等相融合，充分利用现代信息技术手段，建立微课、慕课等在线教学平台，逐步建设电子教材和纸质教材共享资源平台，实现多层次、连续性专业教材体系建设。要创新教材呈现方式和话语体系，实现理论体系向教材体系转化、教材体系向教学体系转化、知识体系向价值体系转化，使教材更加体现科学性、前沿性，进一步增强教材的针对性和实效性。

安徽省国际经济与贸易专业建设年会已连续举办七届，会议讨论内容涉及国际经济与贸易专业人才培养方案修订、专业综合教学改革、特色专业建设、前沿学术问题、教材建设等方面。年会分别由安徽省内高校相关院系承办，为安徽省国际经济与贸易专业的教学科研团队提供了一个良好的交流平台，同时展示了安徽省高校国际经济与贸易专业教学团队团结、合作的精神风貌。基于多年来安徽省国际经济与贸易专业建设研讨会成果，中国科学技术大学出版社陆续出版了国际经济与贸易专业系列教材。该系列教材自发行以来，受到国际经济与贸易专业教师和学生的好评。

本套规划教材是2017年安徽省高等学校省级质量工程项目“国际经济与贸易专业应用型本科系列教材”(2017ghjc120)建设成果，项目负责人为安徽财经大学冯德连教授。其中部分教材入选2018年安徽省高等学校省级质量工程一流教材建设项目。

本套规划教材有以下特点：

(1) 政治性和新颖性。深入学习领会习近平新时代中国特色社会主义思想和十九大报告精神，将新的研究成果带进课堂、融入教材。在原教材的基础上增加新时代中国特色社会主义经济的新思想、新观念、新趋势，增加国际经济与贸易学科和产业创新的新内容和新案例，突出新时代国际经济与贸易专业发展的新特色。力求准确阐述本学科先进理论与概念，充分吸收国内外前沿研究成果。

(2) 实践性和启发性。结合国际经济与贸易专业实践特点和专业人才培养要求，增加实践教学的内容比重，确保理论知识在专业实践中的应用。浓缩理论精华，突出理论、实践、创新三方面教学任务的相互协调，实现知识传授、能力训练和智慧启迪。充分发挥学生主动性，加强课堂师生的互动性，在课堂中让学生的主体性体现出来。贯彻素质教育思想，着力培养学生的学习能力、实践能力和创新能力。

（3）系统性。突出系列教材之间的有机协调。遵循国际经济与贸易发展的逻辑规律，并以之协调系列教材中各本教材之间的关系。各教材内容既相对独立又具有连贯性，彼此互为补充。

（4）规范性。编写体例上进一步完善和统一。各章都编写了“学习目的与要求”。每章节相关知识点关联之处设计“分析案例”，使学生在轻松有趣的学习中，加深对相关知识、数据、实例和理论的理解和掌握。各章后设计有“思考题”“思考案例”“应用训练”，检验学生学习效果。

（5）数字性。纸质教材与数字资源相结合，提供丰富的教学资源。本套教材通过二维码关联丰富的数字资源，为学生提供丰富的学习材料，同时为教师提供教学课件等教学资源。

本套规划教材整合安徽省各高校国际经济与贸易专业教学实践、教学改革的经验，是安徽各高校国际经济与贸易专业教师合作的成果。我们期望，该套规划教材能够帮助国际经济与贸易专业的老师和学生更好地开展教学和学习，并期待他们提出意见和建议，以便我们持续修订和改进。

冯德连
教育部高等学校经济与贸易类专业教学指导委员会委员
安徽财经大学副校长，二级教授，博士生导师
2019年8月

前　　言

在博鳌亚洲论坛2018年年会上，习近平主席宣布了中国扩大开放的一系列重要举措，强调加强知识产权保护是完善产权保护制度最重要的内容，也是提高中国经济竞争力重要的激励措施，国家鼓励中外企业开展正常的技术交流合作。改革开放40余年来，我国通过引进发达国家先进设备与技术，迅速提高生产效率和质量水平，缩小了与先进国家间的技术差距，并进一步通过消化、吸收和自主创新实现了跟跑、并跑，甚至在一些领域实现了领跑。大规模的技术引进，使我国整体技术水平实现了质的飞跃，在促进产业结构不断优化和推动高技术产业迅猛发展的同时，培养了大量科技人才。在技术引进的过程中，我国越来越重视对引进技术的消化吸收，并在此基础上不断地进行自主创新，取得了令人鼓舞的成绩，产业创新能力得到迅速提升。但也应当看到，目前我国的高新技术与发达国家相比，总体上存在较大差距，一些关键核心部件还受制于人。我国既面临新技术赶超的历史机遇，也面临与发达国家差距逐渐拉大的严峻挑战，必须加快建设创新型国家，全面提升创新实力，认真总结技术引进与使用的成败得失，力争在新一轮全球竞争中赢得战略主动。

随着技术的进步，特别是人工智能、大数据、物联网等新技术引领的数字化变革，服务的可贸易性大大提高，服务业领域贸易投资合作的广度和深度也得到了拓宽。全球服务贸易将会超过货物贸易，成为全球贸易发展新引擎。当前，全球经济服务化已是大势所趋，在服务经济时代，服务贸易日益成为国际贸易的重要组成部分，因而受到普遍重视。在全球经济不确定性加剧的大背景下，服务贸易呈现出较强的韧性，持续保持稳定发展的态势。2018年世界服务贸易保持7.5%的强劲增长速度，进出口规模达11.5万亿美元。如果按增加值统计，服务贸易占全球贸易的比重超过40%。当下我国正步入“服务经济时代”。截至2019年7月，我国服务业增加值占GDP的比例为54.9%，对国民经济增长贡献率为60.3%。大力发展服务贸易既是解决新时代社会主要矛盾的重要抓手，也是提升产业竞争力、推动经济高质量发展的重要途径。商务部研究院发布的《全球服务贸易发展指数报告2019》显示，中国服务贸易综合发展指数在全球排名第20位，是唯一进入前20名的发展中国家。

技术和知识密集型服务日益成为全球价值链的核心，使得服务贸易领域呈现出新特征。一是服务融合化，突出表现为服务业与农业、制造业之间相互渗透融合趋势明显；二是服务外包化，突出表现为全球服务外包市场规模持续较快扩张；三是服务高端化，突出表现为服务业创造的出口增加值显著高于制造业；四是服务数字化，突出表现为数字游戏、数字贸易等数字服务形态不断涌现。总体看来,全球服务经济正在进入新时代。新一轮科技革命和技术创新成为推动服务贸易发展的主要动力,产业变革为服务贸易发展提供了产业基础,加强服务贸易全方位、多领域的交流与合作成为世界各国的战略选择。

本书探讨了国际技术贸易和国际服务贸易的发展演变,以及近年来国际技术贸易和服务贸易呈现出的特点和未来的发展趋势。本书的特色在于突出"应用性"和"实践性",系统、深入地阐述了国际技术贸易转让的标的、方式、价格与税费,以及与知识产权保护相关的国际机构和公约、相关国际国内法规的变化,详细介绍了发达国家和新兴国家的技术贸易政策与管理、新中国成立以来技术进出口贸易的发展,国际服务贸易的模式与统计、国际服务贸易政策、国际服务贸易协定、国际服务外包、中国服务贸易的发展。该书及时、有效地反映了国际技术转让和国际服务贸易的最新发展趋势,集理论和实际操作于一体,力求理论清晰、实践突出,有利于培养国际贸易和国际商务专业学生的综合能力。

本书的特色具体表现在以下方面:

一是内容前瞻新颖。本书采用最新的数据和资料介绍了国际技术贸易和国际服务贸易呈现出的新特点、新形式和未来的发展趋势,挖掘了新新贸易理论中与服务贸易相关的部分。

二是架构系统全面,理论与实践相结合。从内容上来看,本书涵盖了国际技术贸易和国际服务贸易的主要知识点;从形式上来看,在本书每章正文部分设置了若干个知识链接,有利于师生拓展教学内容;在每章结尾处均有内容提要、关键词、复习思考题、案例分析题、应用训练等,便于学生把握重点,加深对教材内容的吸收和消化,有利于提高学生运用所学的专业知识分析问题和解决问题的能力。

三是注重互动式教学内容设计和应用性。为了加强互动式教学模块的应用,我们在每章内容中穿插了案例和阅读资料。每章的开篇通过引入案例,引起学生研究的兴趣;每章的正文部分,设置了案例分析、课堂讨论,为课堂教学提供了互动素材。

本书共15章,分为国际技术贸易和国际服务贸易两部分。第一部分为国际技术贸易,分别论述了国际技术贸易基本概念、国际技术贸易相关理论、国际技术贸易标的物、国际技术贸易主要方式、国际技术贸易价格与税费、国际技术贸易涉及的法律与惯例、中国技术贸易发展等内容。第二部分为国际服务贸易,主要介绍了国际服务贸易基本范畴、国际服务贸易的模式与统计、国际服务贸易相关理论、国际服务贸易政策及其效应、国际服务贸易协定(GATS)、国际服务贸易发展、国际服务外包、中国服务贸易发展等内容。

本书是安徽省高等学校"十三五"省级规划教材,杨桔、汪艳担任主编,邹春艳、倪辰琛、李玲娣、李茜担任副主编。参加本书编写工作的人员(以章次为序)有:杨桔(第一章);倪辰琛(第二、三章);李玲娣(第四、五章);葛露珊(第六章);汪颖玲(第七章);邱燕(第八章);钱琨(第九章);邹春艳(第十、十一章)、李茜(第十二章);吴文瑾(第十三章);

杨静和陈旭敏(第十四章);方秀丽(第十五章)。

本书是为我国高校经济贸易类专业本科学生编写的,它同时适用于政府部门经济管理和相关业务人员的在职培训使用。本书在编写过程中,参阅了许多专家学者的著作和论文,在此谨向这些作者表示诚挚的谢意。由于编者的学识和写作水平有限,书中难免存在疏漏与不足之处,敬请指正。

编者

2020 年 8 月 26 日

目　录

第二篇　国际服务贸易

第一篇

国际技术贸易

第一章　国际技术贸易导论

本章结构图

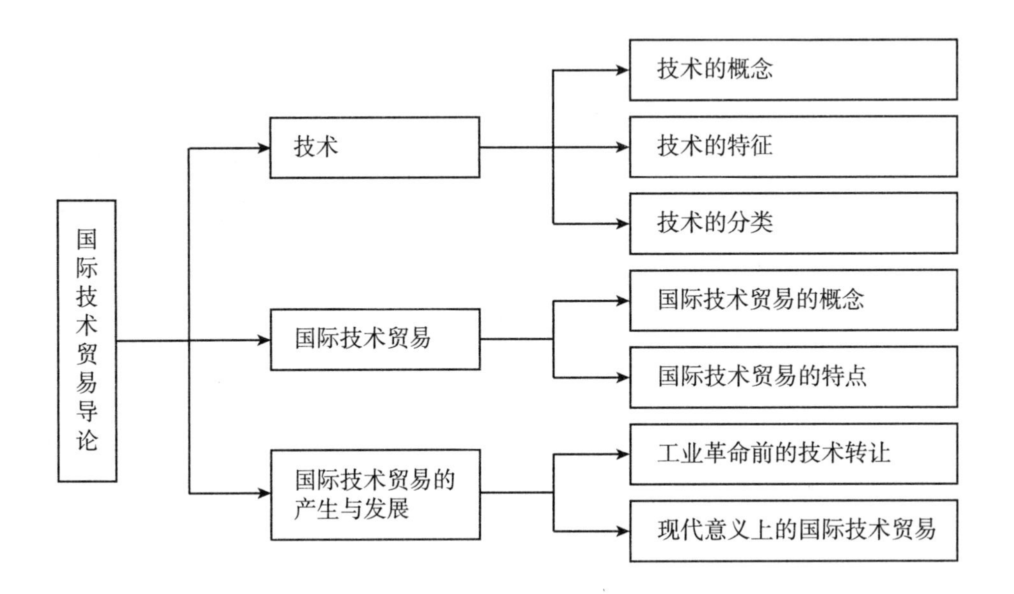

学习目标

理解技术的概念、特征和分类；掌握国际技术贸易的概念和特点；了解国际技术贸易的产生和发展现状。

导入案例

中国已与130多个国家建立技术贸易联系

2018年4月19日，商务部相关负责人在上海举办的“第六届中国（上海）国际技术进出口交易会”开幕论坛上透露，目前中国已与130多个国家建立了技术贸易关系。此外，据科学技术部和国家知识产权局相关负责人介绍，当前中国拥有各类技术交易市场超过1 000家。2016年中国已经成为继美国和日本之后第三个国内有效发明专利拥有量超过100万件的国家。

当今世界，科学技术作为最活跃、最具革命性的生产要素，日益成为国家竞争力的核心体现。随着人工智能、大数据、云计算、区块链等技术应用的不断涌现，技术的可贸易性不断增强，大力发展技术贸易是新一轮科技革命和产业变革的客观需要，是实现经济高质量发展的必然要求，是创新型国家建设的必由之路。

中国始终将创新作为引领发展的第一动力，深入实施创新驱动战略，技术创新活力持续释放，技术贸易得到了稳步发展。目前中国与130多个国家建立了技术贸易的联系，2017年中国技术进出口总额达到了557亿美元，同比增长27%。2018年第一季度，技术贸易的增长幅度高达23%。作为创新和市场的纽带，技术贸易在推动产业优化升级、增强企业创新能力、培育经济增长新动能等方面发挥着日益重要的作用，成为中国创新型国家建设的重要助推器和加速器。

近年来，中国技术转移体系建设加快推进、技术转移机构蓬勃发展，各类技术交易市场超过了1 000家，2017年全国技术合同成交额达到1.34万亿元人民币，同比增长17.7%，近37万项科技成果通过技术市场转移转化，催生出大量新产品、新产业和新的商业模式，形成推动经济高质量发展的强大动能。

中国不仅是制造大国、贸易大国，也是一个知识产权大国，不仅有着巨大的市场空间，也有着丰富的技术资源。经过多年的积累，中国国内有效发明专利拥有量2016年突破了100万件大关，成为继美国和日本之后，第三个国内有效发明专利拥有量超过100万件的国家，目前已经达到140万件，为技术贸易的开展提供了丰富的资源。

近年来，中国的技术贸易日趋活跃，交易规模不断攀升，2017年全国仅涉及专利的技术合同就超过了1.5万项，成交额超过1 400亿元人民币。当年中国知识产权使用费进出口总额超过了330亿美元，同比增长了32.6%。所有这些都从一个侧面反映出中国技术交易的规模、水平和活跃度。

资料来源：http://www.sohu.com/a/228815046_123753.

第一节　技　　术

一、技术的概念

“技术”一词最早来自希腊文，它是由两个希腊文lechne（工艺）与logos（了解）合成而来，lechne的含义指具有制作某种东西的技能和工艺，logos则含有对某一事物的了解之意。

1615年，英国的巴克爵士创造了technology这个词，表示技术原理和过程。关于技术的含义，国际学术界和一些国际经济组织曾先后给技术下过一些定义，世界知识产权组织（WIPO）于1977年出版的《供发展中国家使用的许可证贸易手册》中指出：“技术是指制造一种产品的系列知识，所采用的一种工艺或提供的一种服务。无论这种知识是否反映在一项发明专利，外观设计专利，实用新型或植物品种的专利。或者反映在技术情报或技能中。或者反映在专家为设计、安装、开办维修，管理一个工商企业而提供的服务或协助等方面。”这是目前国际上公认的比较完整的定义。

我们认为，技术（technology）是指人们在实践活动中制造某种产品，应用某种工艺或提供某种服务的系统知识。它可以通过文字、语言、图表、数据，配方软件等方式表达出来，也可以是个人技能或经验的直接传授。可以用于生产，并产生一定的经济效果。

二、技术的特征

(一) 技术具有系统性

技术通常包括产品设计、生产、实施、生产管理,以及市场开拓、经营营销等环节的知识、经验和技能。其中涉及产品技术和管理技术两大类,它们是现代化生产过程中不可缺少的部分。技术是人类在长期生产实践环节中积累起来的、一整套已经系统化的知识。它不仅是某一产品、某一零件或某一生产环节的知识,而且是生产所需的全部知识、技能、方法和程序等。因此可以说,技术是生产活动中一种复杂的系统工程。

(二) 技术具有私有性

技术虽然是人类的财富,但并非为人类社会中的每一个人所拥有。人们在身体和智力上存在差异,而且在不同地域和不同环境中生活和成长,这就使得每个人拥有的技能不同或掌握技能所需的时间不同,甚至有些技术对于某些人来说根本无法掌握和拥有。这就决定了技术的私有性特征。

(三) 技术具有实用性

技术能直接用于生产。任何技术的产生和发展,总是从一定的具体目的出发,针对具体的问题而形成解决方法,从而满足人们对于某方面的具体需求。

(四) 技术具有无形性

技术本身是无形的。它虽然可以用文字、图表、数据和配方等有形的方式来表示,但技术在对物质发挥作用时,必须以人为载体,只有人掌握了文字、图表、数据和配方,才能将技术应用于生产。由于利用技术可以制造出机器设备等生产工具,所以,看不见的技术变成人类的一种无形资产。

(五) 技术具有商品性

人们需要通过智力实践、学习培训等投资活动才能掌握技术,掌握技术的人在市场经济的环境中可以创造更高的经济价值,这时技术必须通过有偿的传授或转让才能被掌握和使用,技术在科学日益发达的人类社会是最有价值的商品。当然,技术的复杂程度、先进程度、研发成本、转让方式等因素都会影响技术的价格。

三、技术的分类

根据不同的划分,标准技术可以被划分为若干类型。

(一) 公开技术(public technology)、半公开技术(semi-public technology)和秘密技术(secret technology)

这是依据技术的公开程度来划分的。

公开技术是指已经向社会公开的一般性技术,技术内容已经被人们普遍知悉并掌握。从古至今,人类众多的发明创造早已被人们广泛应用于生产和生活,这些技术已经进入公有领域。公开技术的表现形式还有:学术论文、学术报告和学术著作。这些学术成果一般发表在公开发行的出版物上，或公开在某些学术会议上，可以自由传播和无偿使用。公开技术的产权归属于整个社会，任何人不能主张所有权。它既不受工业产权法的保护，也不属于专有技术的范畴。公开技术的转让，通常是指就该技术提供相应的技术服务，因为其所有权为大众公有，所以不存在公共所有权的转让，或使用权的许可问题。

半公开技术主要是指根据国家有关的法律规定，在技术的所有者申请并经国家有关管理部门的审核和批准后，对那些符合法律保护规定的技术授予某些特权，如专利。一般来说，专利技术的主要内容要写在专利说明书中，并进行公告。一方面，专利技术内容处于一种公开状态；另一方面，专利技术又受到《专利法》的保护，未经许可任何人不得擅自使用。

秘密技术是指专有技术，它是一种保密的、未公开的技术。它主要是指未经申请保护或不符合法律保护条件，而是靠技术的所有者依靠自身的手段进行保护的技术。秘密技术的核心，只有技术的权利人，或相关具有保密义务的人或组织才能知悉，其他组织或人员要想获得此秘密技术，只能在不违反社会道德的前提下去探究，或付出足够的酬金，得到权利人的许可方可使用。

（二）硬件技术（hardware technology）、软件技术（software technology）

这是依据技术的表现形态来划分的。

硬件技术是指物质的和有形的技术，是通过产品、机器、设备等物质形式表现出来的技术。这类技术买卖较为简单，主要是通过上述生产工具的买卖，即商品贸易进行技术转让，它实际上是软件技术的一种实施手段。

软件技术往往是指表现为公式图纸、配方、流程、计算机程序管理或人们所拥有的生产和服务技能。软件技术是一种无形的技术知识，如专利、商标、专有技术、计算机程序等单纯的知识产权技术。软件技术有些是科学的原理，有些是人们实践经验的总结，这些技术往往是通过技术贸易方式进行转让，企业的核心技术一般蕴藏在软件技术之中。

分析案例1-1

中国企业“软硬结合”抢滩人工智能

近年来，人工智能概念持续升温。2018年4月23日，在天津滨海新区举办的2018中国绿公司年会上，企业家们表示，通过“软硬结合”，中国企业正加速抢滩、落地人工智能技术。

“人工智能已经不是将来时，而是现在进行时。许多中国企业已经在采购、生产、零售、金融服务、财务管理、人力资源管理方面使用人工智能技术。”用友软件股份有限公司董事长王文京介绍，用友公司也在推动人工智能基础技术与商业应用相结合，在财务服务中应用“财务机器人”技术，为企业提供智能化的分析服务，将人工智能技术在企业管理中落地。

与此同时，许多中国人工智能企业也在积极尝试把人工智能技术应用到硬件场景中。

“纯软件公司很难找到合适的硬件合作伙伴，软硬件结合仍是人工智能的主要出路。”出门问问公司创始人兼CEO李志飞介绍，公司自主开发了端到端的语音交互技术，并把语音交互运用到智能音箱、智能手表、智能耳机、智能车载设备等智能硬件场景中。“智能音箱主要针对儿童使用，整个语音交互从唤醒到内容、到语音识别都是为儿童场景优化的。”

李志飞认为，语音交互目前仍未成为主流的交互方式，主要原因是95%的智能设备都是智能手机。当非手机类智能设备占到30%以上时，语音交互将会成为主流交互方式。此外，许多人工智能公司正努力在基础技术上实现突破，掌握人工智能的“芯脏”。多位业内人士认为，中国企业必须把核心技术掌握在自己手里，才能在未来免于被动。

资料来源：https://baijiahao.baidu.com/s?id=1598541498528638579&wfr=spider&for=pc.

（三）产品技术（product technology）、生产技术（production technology）、管理技术（management technology）

这是依据技术的效用来划分的。

产品技术主要是指改变产品效用的技术，它既可以表现为一种具有新功能的全新产品，也可以表现为一种由于设计的改进而增强产品的功能，最近50年来产品技术的发展最为迅速。生产技术是指应用于生产过程的技术，如某种产品和工具、生产工艺的创新，生产流程的创新，产品检测手段的创新。管理技术是指研究、开发、生产、销售和服务活动的一种组织技能，在当今世界，管理技术已被公认为是一门科学技术。

（四）普通技术（common technology）、尖端技术（cutting-edge technology）、高新技术（high technology）

这是按技术的先进程度来划分的，或者说从技术的发展阶段来划分的。

普通技术是指成熟的，并被全社会广泛掌握和使用的技术。这种技术往往正应用于生产活动，并有可能在不远的将来被替代。它一般经过多年的实践应用，具备较强的生命力。尖端技术一般是指少数国家拥有的，且被少数人掌握的应用于科技含量较高的产品的研究和生产的技术。

20世纪70年代初，美国率先提出高新技术的概念。它是指建立在综合科学研究基础之上，处于当代科学技术前沿，对发展生产力、促进社会文明、增强国家综合实力起先导作用的新技术群。根据《高技术产业（制造业）分类（2017）》，我国高技术产业制造业是指国民经济行业中R&D（科学研究与试验发展，research and development）投入强度相对高的制造业行业，包括医药制造、航空航天器及设备制造、电子及通信设备制造、计算机及办公设备制造、医疗仪器设备及仪器仪表制造、信息化学品制造六大类。

根据《高技术产业（服务业）分类（2018）》，我国高技术产业服务业包括信息服务、电子商务服务、检验检测服务、专业技术服务业中的高技术服务、研发与设计服务、科技成果转换转化服务、知识产权及相关法律服务、环境监测及治理服务和其他高技术服务九大类。

第二节　国际技术贸易

一、国际技术贸易的概念

国际技术贸易（international trade in technology）是指不同国家[1]的企业、经济组织或个人之间，按照一般商业条件，向对方出售或从对方购买技术使用权的一种国际贸易行为。国际技术贸易是有偿的技术转让，它是以协议形式按一般商业条件在主体之间进行的技术使

① 根据《国际货币基金协定》，本书所述及的“国家”为广义的概念，包含通常意义上的独立经济体。

用权的交换行为，技术所有人从中收取报酬。

国际技术贸易的标的是技术，而技术是一种无形的商品。但在国际技术贸易的实际运作中，只有发达国家之间的技术贸易，才会有单纯的软件贸易。发展中国家在开展技术贸易时，由于技术落后和应用科学技术的能力较差等原因，往往在进行软件贸易的同时，还伴随着硬件贸易，即引进技术与进口设备相结合。与此同时，许多发展中国家为解决资金的严重短缺，又往往将引用技术和设备与利用外资相结合。

二、国际技术贸易的特点

国际技术贸易是以技术作为交易标的而发生的国际交换行为。相比于一般商品的国际贸易，国际技术贸易具备以下特点。

（一）国际技术贸易转让的是技术使用权

国际技术贸易过程一般不转移所有权，只转移使用权。绝大多数情况是技术转让后，技术所有权仍归技术所有人拥有。因此，以上技术不需要经过再生产就可以多次转让。因为技术的所有权与使用权可以完全分离，技术转让只是扩散技术知识，转让的只是使用权、制造权、销售权，而非所有权。

（二）国际技术更容易受到政府干预

为了维护本国的政治和经济利益，世界上大多数国家都采取立法和行政手段，加强对技术贸易的管理和干预。技术的国际转让，包括技术的输出和引进，都必须遵循有关国家的法规。尤其是涉及国防高级工业等一些重要的技术转让会受到各国政府控制。技术输出国为了控制尖端技术和保密技术外流，通常规定对技术输出合同进行审批。而许多发展中国家规定，重要的引进技术协议，必须报政府主管部门审批和登记后才能生效。

为了协调国际技术贸易中的各方关系，一些国际或地域性的协定和公约应运而生，如《保护工业产权的巴黎公约》《商标国际注册的马德里协定》《联合国国际技术转让行动守则草案》等。

分析案例1-2

美国限制14类新技术出口

2018年11月19日，继美国宣布将福建晋华纳入《出口管理条例》(Export Administrative Regulation，EAR)下的实体经济清单，美国商务部工业安全局(Department of Commerce，Bureau of Industry and Security，BIS)出台了一份针对关键技术和相关产品的出口管制提案预告，涉及AI技术、AI芯片、机器人、量子计算等几项正在蓬勃发展的新兴技术。这意味着，一旦有进一步的管制措施出台，恐将影响英特尔、高通、英伟达、TI等美国半导体代表公司在海外的业务。工业安全局表示，这一举措是为了保证美国在科技、工程和制造领域的领导地位不受影响。

一、技术出口管理新提案

美国商务部工业安全局之所以有此新举措，主要是认为之前的管制清单管制的内容不够多，很多可能影响美国国家安全的新兴和基础科技没有涉及，该局在文件中表示，此举是为了保证美国在科技、工程和制造领域的领导地位不受影响。

其工业安全局通过包括商务管制清单(Commerce Control List,CCL)在内的《出口管理条例》(Export Control Reform Act,EAR),来控制出口军民两用和不太敏感的军用物品。由于对技术出口的控制是保护敏感美国技术的关键组成部分,CCL上列出了许多敏感技术,这些技术通常与美国所属多边出口管制制度的清单一致。

然而,某些新兴技术可能尚未列入CCL或受多边控制,它们还未被评估对美国国家安全可能造成的影响。对此,美国专门应对法规制定提案预告(Advance notice of proposed rule making,ANPRM)开始向公众征求关于识别影响美国国家安全的重要新兴技术标准的意见,比如因为这些技术可能具有潜在的常规武器、情报收集、大规模杀伤性武器、恐怖主义应用,或者可以为美国提供定性的军事或情报优势。在确定可能对美国国家安全至关重要的新兴和基础技术后,美国商务部将修改CCL上的出口管制分类编码(Export Control Classification Number,ECCN),凡在CCL上拥有ECCN编号且未得到豁免的商品将均受出口管制。

二、可能影响美国安全的技术类别

这份新的技术出口管理新提案内容相对简洁,清晰地罗列了可能会影响美国国家安全的14类新兴和基础技术。

1. 生物技术,例如:(1) 纳米生物学;(2) 合成生物学;(3) 基因组和基因工程;(4) 神经科学。

2. 人工智能(AI)和机器学习技术,例如:(1) 神经网络和深度学习(例如:脑建模、时间序列预测、分类);(2) 进化和遗传计算(例如:遗传算法、遗传算法);(3) 强化学习;(4) 计算机视觉(例如:物体识别、图像理解);(5) 专家系统(例如:决策支持系统、教学系统);(6) 语音和音频处理(例如:语音识别和制作);(7) 自然语言处理(例如:机器翻译);(8) 规划(例如:调度、博弈);(9) 音频和视频处理技术(例如:语音克隆);(10) AI云技术;(11) AI芯片组。

3. 定位、导航和定时(PNT)技术。

4. 微处理器技术,例如:(1) 片上系统(SoC);(2) 片上堆栈存储器(Stacked Memory on Chip)。

5. 先进计算技术,例如:内存中心逻辑。

6. 数据分析技术,例如:(1) 可视化;(2) 自动分析算法;(3) 上下文感知计算。

7. 量子信息和传感技术,例如:(1) 量子计算;(2) 量子加密;(3) 量子传感。

8. 物流技术,例如:(1) 移动电力;(2) 建模与仿真;(3) 全资产可见性;(4) 物流配送系统(DBLS)。

9. 增材制造,例如:3D打印。

10. 机器人,例如:(1) 微型无人机和微型机器人系统;(2) 集群技术;(3) 自动装配机器人;(4) 分子机器人;(5) 机器人编译器;(6) 智能灰尘。

11. 脑-机接口,例如:(1) 神经控制接口;(2) 意识-机器接口;(3) 直接神经接口;(4) 脑-机接口。

12. 高超音速空气动力学,例如:(1) 飞行控制算法;(2) 推进技术;(3) 热防护系统;(4) 专用材料(用于结构、传感器等)。

13. 先进材料,例如:(1) 自适应伪装;(2) 功能性纺织品(例如:先进的纤维和织物技术);(3) 生物材料。

14. 先进的监控技术,例如:面纹和声纹技术。

三、结语:中国自主创新的催化剂

美国这一举措虽然未有实质性的限制措施出台,但明显是进一步加强封锁技术对外合作,于美国本身的高科技不利,同时,也会进一步刺激中国这样的市场加强自主创新。

一方面,美国在科技领域政策的不断缩紧,似有“搬起石头砸自己的脚”之嫌,如果美国出口管制政策持续收紧并殃及芯片业,很可能会对英特尔、高通、英伟达、TI等这些半导体公司的海外业务造成巨大冲击。

另一方面,这一举措不但为中国的自主创新再度敲响警钟,而且也说明除美国外的其他国家在科技领域的快速发展已经开始挑战美国的科技霸主地位。

美国已然开始高度警惕,中国更不能有半分松懈。目前,无论是最先进的技术还是人才都仍然集中美国,中国要摆脱技术依赖,走向自主创新和自给自足,还需要技术、人才多手抓,艰辛的道路刚刚开始,但希望也就在前方。

资料来源:http://tech.ifeng.com/a/20181119/45228315_0.shtml.

(三) 国际技术贸易合同中通常会设置限制性商业条款

限制性商业条款(restrictive business clause)是指在国际许可协议中,由技术供给方施加给技术需求方的。它的作用在于保障技术供给方的竞争优势,从而获取高额利润。国际技术贸易的条件非常复杂,其中包括:转移的技术使用范围、技术需求方需承担的义务和责任等。由于技术市场本质上是卖方市场,一般来说,技术需求方总是处于较被动的地位。特别是当今各国都重视科学技术进步对经济发展的作用,采用新技术速度快、需求量大,使得国际技术贸易的卖方市场特征更加明显。因此,技术供给方常常利用提供新技术附带一些限制性条款。

(四) 国际技术转让往往同资本输出和机械设备出口结合

狭义的国际技术转让方式是指该转让仅仅是技术的转让,不包括其他标的的转让。此转让包括两种形式:技术所有权的转让和技术使用权的转让。国际技术贸易可以是单纯的技术知识交易。但实际上,国际技术贸易往往既包含了技术知识的转让,也包含了与实施技术相关的机器设备的买卖。前者称为软件贸易,后者称为硬件贸易,两者可以结合在一起交易,单纯的硬件买卖则不属于技术贸易范畴。也就是说,如果在一笔交易中,只有机器设备的买卖而不带有任何相关技术知识内容的转账,那么这种交易就不能称作技术贸易,只是一般的商品贸易。

第三节 国际技术贸易的产生与发展

要了解国际技术贸易的产生与发展历程,需要结合国际技术转让的发展历史来研究。事实上,国际技术贸易或技术转让有着悠久的历史。早在远古时代,技术转让的迹象就偶尔出现过,由于当时还没有出现国家,所以,技术转让也只是在部落之间通过居住地的迁移而实现。当时,尚无记载技术的文字资料,模仿就成为传播知识和技术的唯一方式。受到生产力发展水平的限制,这一时期的技术转让活动,只是一些简单的、偶然的活动,传播速度非常慢，对于社会经济发展的影响不大。因此，我们主要从工业革命前的技术转让开始讨论国际技术贸易的产生。

一、工业革命前的技术转让

早在公元6世纪左右，我国就有养蚕、织丝的技术。后来通过丝绸之路传到了中亚、西亚、欧洲。引起欧洲农业革命的耕作方法，源自中国公元6世纪的“精耕细作”。公元12世纪至15世纪，我国发明的造纸术、火药和印刷术先后传到了欧洲。公元13世纪，意大利发明了眼镜技术，于16世纪传到了日本。16世纪初，德国发明了机械表技术。在100多年后的17世纪初，日本和中国也先后获得了这种技术。

18世纪以前的技术转让还不属于现代意义上的技术贸易。一方面，国际技术转让主要是工匠技能的传播，而不是许可权的转让。另一方面，由于交通和通信条件的限制，技术传播速度非常缓慢，从技术的发明到技术向国外传播一般要经历几百年的实践。而且，各国的经济都以农业和手工业为主体，社会生产力水平低，技术不发达，导致技术交流的数量十分有限。如：中国的养蚕和丝织技术，用了1 800多年才传到欧洲；造纸、火药和印刷术也用了600多年传到欧洲；而意大利的眼镜技术和德国的机械表技术则分别用了300多年和100多年才传到了日本和中国。

二、现代意义上的国际技术贸易

（一）现代意义上的国际技术贸易发展历程

现代意义上的技术贸易是通过技术的商品化，并伴随着资本主义商品经济的发展而逐步发展起来的。17世纪，欧洲的工业革命和商品经济不断发展，推动了技术的进步。18世纪以来，工业革命为科学技术发展提供了广阔的空间。三大技术革命代表着世界科学技术的发展进入了崭新的阶段。它们的标志分别是18世纪中叶英国发明的蒸汽机和纺织机，19世纪电磁发明及其广泛应用和20世纪初的电子技术、原子能和空间技术。目前已经进入了以电子计算机、生物工程、激光技术和电子信息等高技术为标志的第四次技术革命阶段。技术革命大大推动了社会生产力的发展，也促进了技术贸易的迅速发展。

将技术知识作为一种商品来进行买卖，最早出现在18世纪的西欧。专利制度的建立是国际技术转让活动的催化剂和重要前提，极大地推动了当时技术转让活动的开展。西欧专利制度的形成和专利法的颁布，使专利买卖得以产生，并逐步发展为现代的专利技术许可证贸易。此后，许可证贸易的内容由专利技术扩大到专有技术和商标。

19世纪，技术贸易在一些科学技术发达、国内市场广阔的西方工业发达国家有了进一步的发展。但当时主要是在国内市场进行。直到19世纪末20世纪初，当大多数西方工业国家都建立了以鼓励发明创造和保护发明者权利为宗旨的专利制度后，以许可证贸易为主要形式的技术贸易才在这些国家间得以迅速展开。

第二次世界大战后，技术作为一种特殊的商品成为贸易的重要对象。伴随着新技术革命的深入发展和世界经济一体化的加速，技术贸易发展的速度、规模日益扩大。随着技术转让而进行的有：货物贸易、技术咨询和技术服务、知识性的贸易、物化技术的贸易，以及技术性服务。贸易方式扩大到许可证贸易、关键设备和高新技术产品贸易、技术咨询和技术服务等多种技术交易方式。“国际技术贸易”从“国际贸易”中逐步分离出来，成为有着自己独特的研究对象及规律的一门新兴学科。

第二次世界大战后，整个世界政治、经济形势都发生了巨大的变化。在这种情况下，国际技术贸易，不论其内涵还是方式都有了巨大变化。国际政治军事的因素开始影响技术贸易。国际化经营兴起后，直接投资、技术转让便成为当代企业经营战略上可供选择的经济活动内容。跨国公司在国际经济活动中举足轻重的地位，以及他们所拥有的庞大资本、先进技术，使他们成为当代国际技术贸易的重要实体。

在第三次科技革命的推动下，国际技术贸易得到迅速发展，成为战后国际贸易发展的一个显著特征。据世界银行数据库的统计，1965 年国际技术贸易总额仅约为 30 亿美元，1975 年达到 110 亿美元，1985 年增加到约 500 亿美元，而到了 2007 年，国际技术贸易额突破了 1.2 万亿美元。自 20 世纪 60 年代以来，国际商品贸易额年均增长 10.5%。而同期国际技术贸易额年均增长 16.5%，增长速度远远超过商品贸易额的增长速度。国际技术贸易在国际贸易中的比重迅速上升，从 1965 年的 1%上升到 2005 年的 10%以上。

20 世纪 80 年代以来，以信息产业、新能源、新材料等为主导的新技术革命突飞猛进，全球经济进入新的发展时期。各国之间的经济竞争归根到底是技术水平、科技竞争力的较量，唯有科技进步才能推动经济以最快速度发展。

（二）现代国际技术贸易的发展特点

科学技术就是生产力，已经成为普遍共识。后发国家竞相引进国际先进技术，国际技术市场的竞争日趋激烈，国际技术贸易呈现以下几个方面的特征：

1. 发达国家在国际技术市场上占有统治地位

长期以来，国际技术转让活动主要集中在发达国家之间，它们的技术贸易额占世界技术贸易额的 80%左右，而且主要集中在美、英、法、日、德少数国家。这 5 个国家的技术贸易额占发达国家技术贸易总额的 20%以上。

虽然近年来中国等新兴发展中国家广泛参与国际技术贸易，但是由于五大工业强国既是技术的出口大国，也是技术的进口大国，所以它们的技术贸易仍然主导全球技术贸易。尽管发展中国家的技术进出口无论在数量上还是在种类上均有所增长，但它们在国际技术市场上的份额仍极为有限，一般不超过国际技术贸易总额的 10%。而这 10%的技术贸易额还局限于少数几个新兴工业化国家之中。实际上，发展中国家在国际技术市场上主要扮演的是接受者的角色，这主要与它们经济发展水平低和技术水平落后相关。

2. 发达国家的跨国公司是国际技术贸易的主要载体

国际技术贸易不仅集中在少数几个发达国家，而且被这些国家的跨国公司所控制。据联合国国际投资和跨国公司委员会统计，发达国家的跨国公司控制着其技术贸易的 80%。而发展中国家技术贸易的 90%也控制在发达国家的跨国公司手中。这主要与它们资金雄厚、技术力量强大、重视技术开发，并拥有众多的专利技术有关。正是由于跨国公司在技术贸易中的垄断地位，它们在技术转让的谈判中往往处于有利地位。它们往往以垄断高价格向发展中国家出售其技术，并附加一些诸如限制性采购等条件。跨国公司转让技术一般与资本输出和商品输出相结合，主要通过在东道国建立子公司或合资公司实现。

3. 软件技术在国际技术贸易中的比重日益提高

20 世纪 80 年代以前，国际技术贸易主要是通过引进和出口先进设备等硬件来实现，以软件技术为交易对象的交易较少，进口国常常是以购买设备等硬件为目的附加购买软件技术。20世纪80年代以后，这种状况发生了根本性的变化，以许可贸易形式进行的软件交易占据主导地位。技术的进口国，常常为了购买某项专利或专有技术附带进口一些设备，尤其是发达国家间的技术贸易，软件技术的转让已占其技术贸易额的80%以上。其中，美国的软件技术销售额每年递增30%以上。近几年来，发展中国家开始注重技术引进的效益，并减少硬件技术的引进。

4. 国际技术贸易竞争日趋激烈

国际技术市场上的竞争主要表现为发达国家之间的竞争。美国的技术出口遍布全球，日本的技术市场主要是亚洲。法国多向非洲国家出口技术，东欧则是德国的技术市场。发达国家为了保持原有的技术市场或扩大其技术市场份额，都在不断地进行技术开发。例如，美国为保持其对尖端技术的垄断，严格控制本国先进技术的外流，并经常用国家安全机密法和出口管制法来限制某些先进技术出口。国际技术领域中的竞争成为新一轮贸易战的主要焦点。

◆内容提要

本章主要介绍了有关技术和国际技术贸易的基本概念，技术的特征、分类，国际技术贸易的产生和发展。

◆关键词

技术　软件技术　硬件技术　国际技术贸易

◆复习思考题

1. 技术的概念是什么？
2. 技术有哪些种类？
3. 现代意义上的国际技术贸易的发展呈现出哪些特征？

◆思考案例

美国将华为解禁？但5G相关技术贸易仍被禁止！

2019年7月11日，美国商务部部长Wilbur Ross表示，美国政府将向那些寻求向华为销售产品的公司发放许可证，前提是那些公司与华为的交易不会对美国的国家安全构成威胁。

与此同时，Ross也强调，华为仍然在美国商务部的“实体黑名单”上，并表示，美国商务部将在2019年10月中旬发布一项“临时最终规则”，该规则将立即生效，来保证行政命令的执行。同时他们还将寻求公众意见，以便日后修改相关规定。

目前，行业观察人士无法确定哪些产品能够通过审查。

据路透社报道，有消息人士透露，高通、英特尔、赛灵思等美国芯片供应商正在悄悄游说美国政府，要求其放宽对中国科技公司华为的销售禁令。

知情人士称，英特尔和赛灵思的高管5月底曾与美国商务部开会讨论了华为被列入黑名单一事。这些公司认为，华为销售智能手机和电脑服务器等产品的部门使用的均是常见零部件，不太可能像5G网络设备那样引发安全担忧。“这不是为了帮助华为，这是为了防止对美国公司造成伤害。”

高通也就此事向美国商务部施压，希望能够继续向华为输送芯片，用于手机和智能手表等常见设备。

数据显示，在华为2018年购买零部件的700亿美元中，约有110亿美元流向了高通、英特尔和美光科技等美国公司。

而美国商务部的这一决定，将给诸如高通、英特尔、谷歌和博通等美国企业带来利好。

研究公司欧亚集团科技主管特廖洛(Paul Triolo)说道，美国禁令对华为和全球供应链造成巨大的冲击。

"禁令可能会损害华为的消费者和基础设施业务，还可能破坏5G等先进技术的国际标准制定过程。这一行动的全球影响是巨大的。"特廖洛说。

不过，罗斯的言论缺乏清晰度，未明确解释哪些产品将通过审查。专攻出口管制的律师奥图尔(Timothy P. O'Toole)认为，业界只能通过提交许可证申请的方式确定哪些产品不危及美国国家安全，"这仍可能取决于申请人向商务部提出申请"。

但从英国路透社的报道来看，不少美国企业和业内观察人士仍对美国商务部的这一最新表态持观望态度。

资料来源：https://www.ednchina.com/news/201907111301.html.

试分析美国限制对华为技术出口对美国企业带来的弊端。

◆应用训练

查找2018～2019年美国限制对华为技术出口事件资料，并分析其产生原因。

第二章 国际技术贸易相关理论

本章结构图

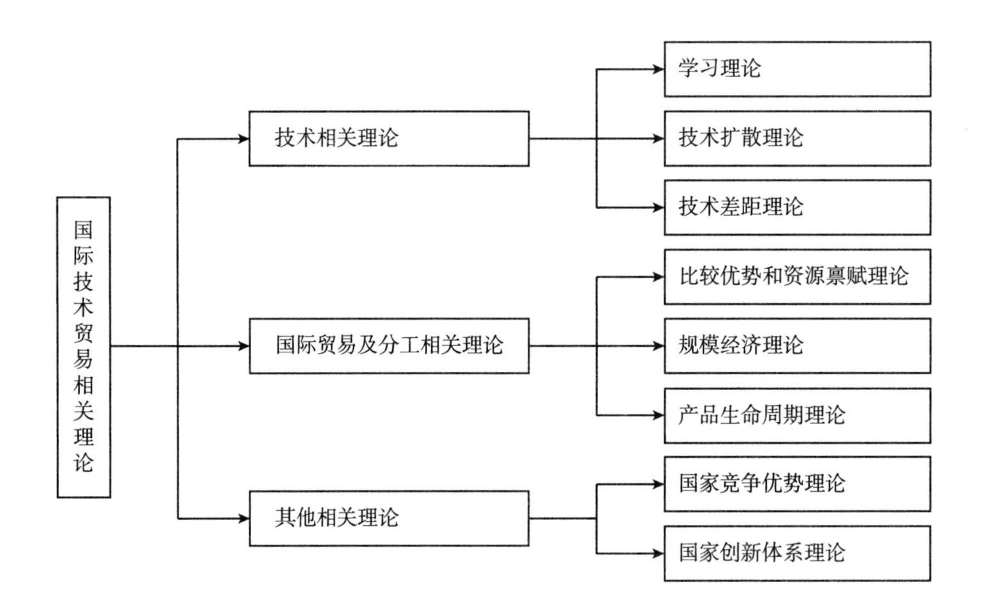

学习目标

熟悉掌握国际技术贸易相关理论的发展历史;了解学习理论、国家竞争优势理论、国家创新体系理论;掌握技术扩散理论、技术差距理论、比较优势和资源禀赋理论、规模经济理论、产品生命周期理论;了解各种理论的特点及优缺点;运用国际技术贸易相关理论解释现实政策措施。

导入案例

最近,华为再次成为新闻焦点,美国商务部将华为及其在20多个国家的68家关联企业列入出口管制"实体清单"。这意味着美国将对华为断供,而华为1/4的供应商都在美国,造成的打击可想而知。而这只是开始,后续还可能涉及更多技术、更多企业。5月14日,美国共和党参议员乔许·霍利(Josh Hawley)提出了《2019年中国技术转让控制法案》,将《中国制造2025》中的"核心技术"全部列入商务部出口管制清单。霍利办公室在一份声明中说,该法案旨在阻止中国获取美国的知识产权以发展其军事能力。

《2019年中国技术转让控制法案》提出，美国相关部门应在该法案通过后120天内列出管制清单，此后每年都要更新该清单。制定管制清单的依据是：①《中国制造2025》产业政策支持的产品；② 接受政府资助，已经或即将取代美国同类产品净出口的产品；③ 侵犯人权和宗教自由的产品。此外，该法案还专门提出，管制清单须包括以下16个产业的产品：民用飞机、涡轮发动机、汽车及车辆、先进医疗设备、先进建筑设备、农业机械、铁路装备、内燃机车、货物运输、半导体、锂电池制造、人工智能、高性能计算、量子计算、机器人、生物技术。Josh Hawley断言，如果美国公司被禁止向中国出口技术，从而停止在中国生产产品，这可能会激发美国制造业的复兴。

《2019年中国技术转让控制法案》的提出，正值中美贸易摩擦升级之际。尽管所有人的目光都集中在中美贸易谈判上，但Josh Hawley提案一下就将贸易的关注点转向了科技，这也使中美贸易摩擦的本质更清晰地呈现出来，即中美是面向未来的冲突，关税问题只是短期的、表象上的分歧。

资料来源：http://www.sohu.com/a/316274084_425345.

第一节 技术相关理论

一、学习理论

1885年，艾宾浩斯(H. Ebbinghaus)在心理学的学习行为研究中首次描述了学习曲线的内涵。学习曲线的概念于1909年首次被采用。1936年，莱特(Wright)首次描述了飞机制造工业制造成本的学习效应。飞机生产数量的递增与单位产品的平均直接工时成反比，即当累计产量较小时，平均直接工时较大；当累计产量较大时，平均直接工时较小，这种现象被称为“学习效应”，可以用学习曲线来表示。学习曲线(learning curve)反映的是这样一个过程：随着生产产量的累计增加，企业掌握的技术经验日益丰富，从而生产的平均成本不断降低。它表明了产品的平均成本与生产者的累积总产量之间的反向关系，如图2.1所示。

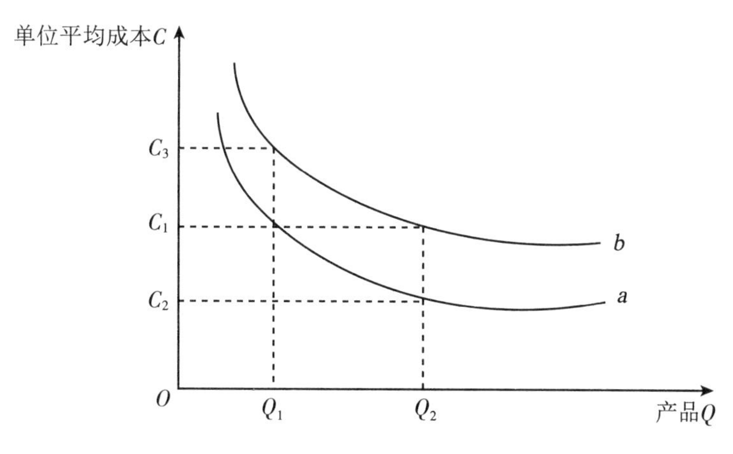

图2.1 学习曲线

图 2.1 中的曲线α表示，当产量由 Q_1 上升到 Q_2 时，单位产品的平均成本由 C_1 下降到 C_2，这就是学习曲线。在国际技术转移中，学习效应的作用尤为突出。假设我们以曲线 β 来表示技术先进企业的学习曲线，而曲线 α 则是技术落后企业引进先进技术后的学习曲线。图中 α 位于 β 下方，这表明在相同产量下，如产量为 Q_1 时，技术引进企业的生产成本 C_1 低于技术输出企业的生产成本 C_3，这可能是由于技术引进国的劳动力生产成本更低。这样，技术输出企业如果想要保持原有的产品优势，就必须使企业的产量倍增达到 Q_2。然而受到市场容量限制，产量基数较大的技术输出企业要进一步提高产量比较困难，而技术引进企业的产量基数较小，市场容量对其产量增长约束也较小。

基于对学习曲线的分析可以看出，贸易与投资是产生“学习效应”的基本渠道，后发企业可以通过学习比先进企业获得更多的收益。

二、技术扩散理论

西方学者研究技术转移往往都是从国内的技术扩散着手，而后延伸到研究国际技术转移。技术扩散是指一个社会系统内的个体和组织成员，在一定的时间内通过特定的渠道传递技术创新知识并采用新技术的过程。

技术扩散一般包括 4 个因素：技术发明、交流渠道、社会系统和时间。其中，技术发明是技术扩散的标的，它被潜在用户采用的机会与其自身的特点密切相关，如比较优势、兼容性、复杂性、可测试性、可观察性、再创新性等。交流渠道是指个人和组织间进行信息、知识交换所通过的一定的渠道。例如，个人间的交往、公司间的合作、学术会议、大众传播等。潜在用户接触新技术并通过一定的渠道获得和积累了与之相关的知识和信息之后，才会作出接受或拒绝该项新技术的决策。由于技术扩散都是在一定的社会系统中完成的，社会系统中的许多因素，如经济水平、技术设置、管理方式、价值观念等，都会对技术这一传播过程产生比较深刻的影响。

时间因素是影响技术扩散的最后一个极其重要的因素。技术扩散需要一个过程，从新技术潜在的用户角度来看，其是否采用一个创新技术的决定过程包括了解阶段（获得知识、寻求信息、评估）、说服阶段（从自己的处境评估新技术的优缺点、减少不确定性和风险、产生接受和拒绝的态度）、决定阶段（作出采用或拒绝的决定）、实现阶段（使用新技术）和确认阶段（维持和改变原来的决定）。从一个社会系统的整体来看，技术采用者可以按时间序列分为发明创新者、早期采用者、早期主体、后期采用主体和跟随者。与此相应，整个技术过程大致可以划分为早期准备、起飞、增长、稳定、下降 5 个阶段。这就是法国社会学家塔尔德在 1904 年提出并进一步完善的“S 型传播曲线理论”所提及的基本思想。可见，不论从哪个角度来探讨技术的扩散过程，时间都是必须要考虑的一个重要因素。

曼斯菲尔德（E. Mansfield）于 1961 年创造性地将传播学中的“传染原理”和“逻辑斯蒂”成长曲线运用到技术扩散的研究之中，从而建立了著名的“S 型扩散模型”。S 型扩散模型的基本思想是假设技术扩散过程主要是一个模仿过程。一种新产品投入市场后，它的扩散速度主要受到两种信息传播途径的影响：① 大众传播媒介，如广告等（外部影响），它在传播产品性能中容易得到验证的部分（如价格、尺寸、颜色及功能等）；② 口头交流，即已采用者对未采用者的宣传（内部影响），它传播某些短期难以验证的产品性能（如可靠性、使用方便性以及耐用性等）。

技术扩散理论的研究始终局限于一国内部的技术活动，即使开展国际合作研究，其研究兑现仍是在国内，同时不涉及传播机制这一根本性问题。正是由于技术扩散理论的这些局限性，人们研究的注意力开始转向对国际技术转移机制的研究。

三、技术差距理论

技术差距理论(technology gap theory)，又称技术差距模型(technology gap model)。在古典经济学中，主要的生产要素为土地、资本和劳动力，而技术差距理论将技术作为一种生产要素纳入其中，研究技术创新、发展、模仿对国际贸易的影响。在技术差距理论中，时间因素被引进模型(技术随时间而改变)。技术差距理论经常被看成是对赫克歇尔-俄林(Hechscher-Ohlin)理论的动态扩展。

在经济学家欧文·克拉维斯(Irving B. Kravis)研究的基础上，美国经济学家波斯纳(M. V. Posner)于 1961 年发表了《国际贸易与技术变化》(international trade and technological change)一文，他通过讨论工业化国家在技术上的差异来研究国际贸易，创建了技术差距理论。该理论认为，技术实际上是一种生产要素，并且实际的科技水平一直在提高，但是各个国家的科技发展水平不一样，这种技术上的差距可以使技术领先的国家因具有技术上的比较优势而出口技术密集型产品。随着技术被进口国模仿，这种比较优势逐渐消失，由此引起的贸易也就结束了。

波斯纳认为传统的赫克歇尔-俄林模型存在很多缺点：

(1) 随着时间的推移，总有新产品问世。新产品并不总是在所有的国家同时产生，这势必改变国与国之间的比较优势以及贸易结构。

(2) 即使没有新产品问世，也会发明新的生产技术和生产流程。这同样可以改变一个国家的比较优势。

(3) 技术投资、创新以及生产技术的更新换代在国与国之间的速度不同。

这些都促使波斯纳试图在传统的赫克歇尔-俄林模型的基础之上建立一个新的关于技术差距的理论，如图 2.2 所示。

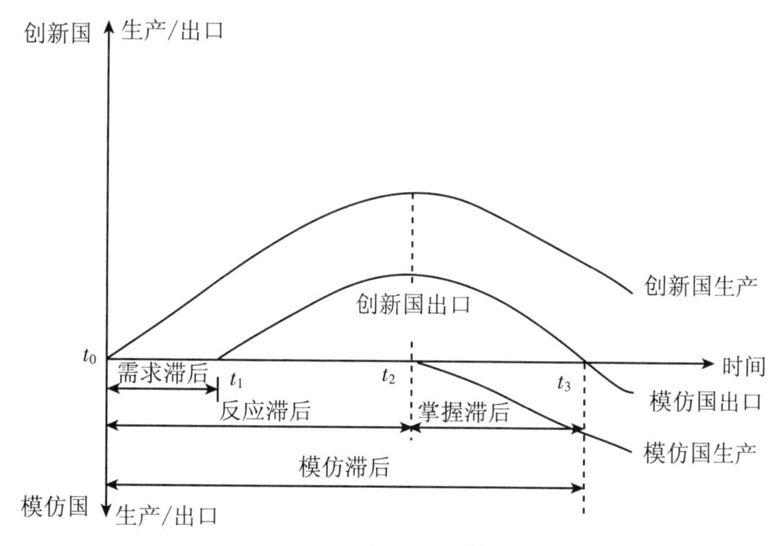

图 2.2 技术差距模型

波斯纳假设有两个国家：A 国和 B 国。两国的资源禀赋相同，但 B 国在技术上领先于 A

国。A国如果要掌握B国的技术，需要一段时间的学习。假设两国之间关税为零，两国消费者偏好相同，汇率不变，充分就业且交易成本为零。

在波斯纳的模型中，贸易源于创新速度和内容的差异。如果一个国家首先发明了一种技术，那么在其他国家模仿并且完全掌握此项技术之前，该国家将在比较优势及贸易上占据优势地位。

波斯纳的模型主要用来解释相似国家在类似行业中的贸易，即使两个国家的资源禀赋完全相同，由于技术差异也会产生贸易(解释了以往赫克歇尔-俄林模型无法解释的贸易行为)，同时，波斯纳在模型中融入了动态比较优势以及动态规模经济的概念。

技术差距理论认为，工业化国家之间的工业品贸易，有很大一部分其实是以技术差距的存在为基础进行的。该理论通过引入模仿时滞(imitation lag)的概念来解释国家之间发生贸易的可能性。在创新国(innovation country)和模仿国(imitation country)的两国模型中，当创新国开发的一种新产品成功后，在模仿国掌握这技术之前，创新国具有技术领先优势，可以向模仿国出口这种技术领先的产品。随着专利权的转让、技术合作、对外投资或国际贸易的发展，创新国的领先技术流传到国外，模仿国开始利用自己的低劳动成本优势，自行生产这种商品并减少进口。创新国便逐渐失去了该产品的出口市场，因技术差距而产生的国际贸易量逐渐减少，最终技术被模仿国掌握，技术差距消失，以技术差距为基础的贸易也随之消失。

波斯纳的理论文章还需要经过实证研究的进一步佐证。

1963年，戈登·道格拉斯(Gordon Douglas)运用模仿时滞的概念解释了美国电影业的出口模式，即一旦某个国家在给定产品上处于技术领先的优势，该国将在相关产品上继续保持这种优势。1966年，胡佛鲍尔(G. C. Hufbauer)利用模仿时滞的概念解释了合成材料产业的贸易模式，即一个国家在合成材料市场的出口份额，可以用该国的模仿时滞和市场规模来解释。当他按照各国的模仿时滞对国家进行排序时发现，模仿时滞短的国家最先引进新合成材料技术开始生产，并向模仿时滞长的国家出口，随着技术的传播，模仿时滞长的国家也逐步开始生产这种合成材料，并逐步取代模仿时滞短的国家的出口地位。对技术差距理论的经验研究支持了技术差距论的观点，即技术是解释国家贸易模式的最重要的因素。

波斯纳之后，许多经济学家继续致力于研究技术与贸易之间的关系。其中包括罗纳德·芬得利(Ronald Findley)和伯鲁伯特(H. Grubert)的文章《要素密集度、技术进步和贸易条件》(Factor intensity，technological progress and the terms of trade)；罗纳德·琼斯(Ronald W. Jones)于1965年发表的《简单一般均衡框架模型》(The structure of simple general equilibrium Mmodels)和1971年发表的《三要素模型：理论、贸易和历史》(A three——factor model in theory，trade and history)，以及鲁迪格·多恩布什(Rudiger Dornbush)、威尔逊(Wilson)、保罗·克鲁格曼(Paul Krugman)等人的研究。其中影响最大的是克鲁格曼于1990年出版的《国际贸易新理论》(Rethinking international trade)一书。

克鲁格曼假设有两个国家，生产多种产品，且产品的技术含量不同。发达国家技术进步拉大了发达国家和发展中国家的技术差距，生产高技术产品的国家获得福利，利润率提高，资本向获利高的国家(发达国家)流动。然而，如果考虑技术从发达国家向发展中国家转移之后，一部分得到技术的发展中国家用低成本劳动创造了较高的收益，资本则开始向发展中国家流动，改善了发展中国家的贸易条件，缩小了与发达国家的差距。发展中国家的技术进步及技术模仿带来的技术差距缩小同样会缩小发达国家和发展中国家的福利差距。

在贸易实务中，技术差距理论可以解释发达国家之间的贸易：即使两个发达国家在技术开发方面具有相同的能力，所开发出的技术与产品仍会有差异，从而促使国际贸易产生。这一理论同时也可以解释发达国家和发展中国家因技术水平差异引起的贸易。

与前人的研究不同的是，波纳斯、克鲁格曼等经济学家把对技术的研究引入对国际贸易的分析中，这是对国际贸易理论研究的重要创新。国家间技术差距与技术变化对国际贸易的影响，已越来越受到国际经济政策制定者的关注。技术差距理论考察了不同国家技术水平的不同层次、各种产品的不同要素密集度，以及在此基础上不同国家的技术和产品特点。技术差距理论从动态分析角度研究了发达国家以及发展中国家的技术进步、发达国家的技术扩散、发展中国家的技术模仿等引发的国家间不同程度、不同形式的技术进步对国家间贸易条件、贸易流量、贸易结构以及福利水平的影响。

第二节 国际贸易及分工相关理论

一、比较优势和资源禀赋理论

1817 年，大卫·李嘉图(David Ricardo)提出了比较优势理论，指出只要两国同时生产两种产品的成本(或劳动生产率)之间存在差异，两国就应该选择优势较大或劣势较小的产品进行生产，即“两优取重，两劣取轻”，通过交换双方均可获益，即用较少的劳动耗费得到较多的产量。比较优势理论论证了各国均能参与国际分工与国际贸易并获得利益，因此一直被视为国际贸易理论的基石。

瑞典经济学家赫克歇尔和俄林为了解释李嘉图的比较优势理论，在 20 世纪早期，提出了资源禀赋学说(H-O 理论)，用来说明各国参与国际贸易交换的商品具有比较成本优势的原因。1933 年，俄林出版的《区域贸易和国际贸易》(《Inter-regional and International Trade》)一书系统地提出了自己的贸易学说，标志着要素禀赋学说的诞生。要素禀赋学说指出，各国在土地、劳动力、资本等生产要素的禀赋方面存在差异，是导致各国具有不同比较优势的根源。一国应出口密集使用本国充裕要素的产品，同时进口密集使用本国稀缺要素的产品。李嘉图、赫克歇尔和俄林等的理论认为，各国的劳动生产要素是国家竞争优势的源泉。长期以来，该理论解释了许多产业的贸易模式，被作为各国对外贸易的指导原则。

近几十年来，随着高科技的迅猛发展，要素成本的重要性日益降低，比较优势理论和资源禀赋理论的缺陷日益突出。迈克尔·波特(Michael Porter)认为，大卫·李嘉图和赫克歇尔和俄林等的理论，好的说法是不完全，坏的说法是错误。由于比较优势理论与资源禀赋理论的前提条件与现实相距甚远，将复杂动态的国际贸易做简单静止的分析，导致它们作为国际贸易理论基石的地位早已动摇。这些前提条件包括市场完全竞争、生产技术与供给条件不变、不存在规模经济、生产要素在国际间不能自由流动等，它们在现实中早被打破，出现了一系列问题。

比较优势理论和资源禀赋理论无法解释第二次世界大战后的国际贸易现象，比如水平贸易、产业内贸易、非价格竞争、各国比较优势产业的变化等。第二次世界大战后，资源禀赋相似的发达国家之间的水平贸易蓬勃发展，迄今已占全球贸易的 50%；各国要素投入类似的同一产业内部产品进出口额也日益增加；贸易的主要竞争手段变为非价格竞争，有比较优势的廉价商品在国际市场上不一定有竞争优势；朝鲜战争后严重缺乏资本的韩国却在许多资本密集产业上取得了成功，如钢铁、造船、汽车；各国比较优势产业不断变化，比如日本的比较优势产业在20世纪50年代是造船业，60年代是化工产业，70年代是电子产业；而美国的比较优势产业自20世纪70年代开始从制造业转向服务业。学者们提供了系统否定资源禀赋论的经验证据，资源禀赋论正确预见贸易方向的比例只有50%，其成功率正好与抛硬币的概率相当。

国际贸易出现“比较优势陷阱”的现象。所谓“比较优势陷阱”是指不同国家按照比较优势分工与贸易时，生产并出口初级产品与劳动密集型产品的一方相对于生产资本、技术密集型产品的一方总是处于不利地位，并且这种差距还会扩大。这主要表现在两个方面：① 落后国家的产业结构永远落后，无法通过对外贸易带动国家经济长期有效发展。发展中国家的出口依赖发达国家的经济增长速度，造成前者依附后者。正如诺贝尔经济学奖获得者刘易斯(William Arthur Lewis)在论述国际贸易引擎作用时说：“如果经济增长的引擎是较发达国家的工业产品和欠发达国家的初级产品，那么，较发达国家的引擎就比欠发达国家的引擎转动得略快一些。”② 落后国家低层次的产业结构决定了其出口商品以初级产品和劳动密集型产品为主。贸易条件持续恶化，其贸易利益日益减少。因此，波特认为，产业竞争中，生产要素非但不再扮演决定性的角色，其价值也会快速消退。以生产成本或政府补贴作为比较优势的缺点在于，更低成本的市场环境会不断出现。今天以廉价劳动力看好的国家，明天可能会被更廉价劳动力的国家替代。由于新科技的快速发展，以往被认为不可能、不经济的资源异军突起，同样让以传统资源见长的国家，一夜之间失去了竞争力。比如，谁能想到遍地黄沙的以色列竟然能成为高效率的“农业生产者”。

二、规模经济理论

规模经济，又称“规模效益”，是指企业规模(产量)在最佳状态下所带来的经济效益。美国著名经济学家萨缪尔森(Paul A. Samuelson)指出：“在许多工业过程中，当你把一切投入量加倍时，你会发现，其产出量不止增加1倍。这个现象叫作‘规模收益递增’……规模的经济效果是非常重要的，它可以解释为什么我们购买的许多物品都是由大公司制造的。卡尔·马克思在一个世纪之前就强调了这一点。”规模经济理论认为，生产规模和经济效益是很重要的函数关系。生产同一种产品，生产成本随着产量的增加而降低；设备效能的发挥随着产量的增加而增加。

规模报酬递增(increasing returns to scale)是指产出水平增长比例高于要素投入增长比例的生产状况。也就是说，如果所有的投入都增加1倍，产出将增加1倍以上；如果所有的投入都增加2倍，产出的增加将超过2倍。大规模生产可以有效地利用劳动力进行专业化生产，从而提高劳动生产率。另外，大企业可以使用更加专业化和高效率的大型机器，而小企业却不能。

基于规模经济的贸易，如图2.3所示。如果两国在各方面完全一样，在规模报酬递增的基础上进行互惠贸易，可以用同样的生产可能性曲线和无差异曲线来表示两国的情况。规模报酬递增使得生产可能性曲线凸向原点，或是向内弯曲。如果由于生产可能性曲线和无差异曲线图完全相同，那么两国的孤立均衡相对价格也相同。在图2.3中，两国孤立均衡相

对价格为 $P_x/P_y=P_A$。这也是两国生产可能性曲线和无差异曲线Ⅱ在 A 点的公切线的斜率。

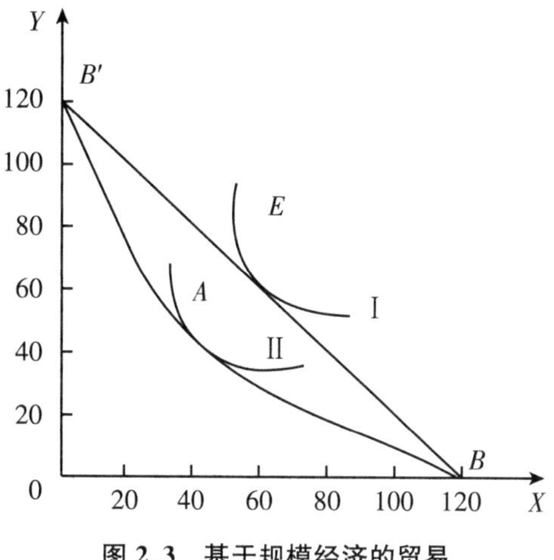

图 2.3 基于规模经济的贸易

开展贸易后，国家 1 将在 B 点完全专业化生产商品 X，国家 2 将在 B' 点完全专业化生产商品 Y；然后用 $60X$ 与 $60Y$ 彼此交换，两国的最终消费组合均将达到无差异曲线Ⅰ上的 E 点，两国在贸易过程中均获利 $20X$ 和 $20Y$。这些贸易获利产生于各国仅生产一种商品而获得的规模经济。在无贸易条件下，由于各国均想消费两种商品，所以每一个国家都不会完全专业化生产其中的一种商品。在相同的凸向原点的生产可能性曲线（由于规模经济）和无差异曲线图下，两国的孤立均衡相对价格是相同的，为 P_A。

值得注意的是，两国的无贸易均衡点 A 是不稳定的均衡点。如果出于某种原因国家 1 沿着其生产可能性曲线向 A 点右侧移动，则商品 X 的相对价格（生产可能性曲线的斜率）会不断下降，直至国家 1 在商品 X 上实现完全专业化生产。如果国家 2 沿着其生产可能性曲线向 A 点左侧移动，P_x/P_y 会不断上升（即 P_y/P_x 下降）直至国家 2 在商品 Y 上实现完全专业化生产。

不难看出，尽管两国在初始阶段完全相似，但两国的消费水平通过贸易都有所提高，经济福利也随之增加，达到了位置更高的社会无差异曲线。在这个意义上，我们可以认为专业化生产带来的规模经济效益客观存在，超过以往人们熟知比较优势的范畴，发现了贸易优势的新源泉。这个简单的模型清楚地告诉人们，在一个具有外部规模经济的世界里，以规模收益递增为基础的贸易通过提高生产率，可以使产业达到更大的国际规模并获利，参与国际分工贸易的双方均可从中获利。

波特认为，理论上，在全球竞争中，任何一个国家的企业都可以通过向全球销售来发展规模经济，但企业似乎无意这样做，产业在实际运作中未必都愿意遵循这套理论。规模经济理论认为，庞大的内需市场是促成规模经济的重要条件，但是如果意大利企业称霸五金市场，德国公司强于化工业，瑞典企业称雄采矿设备，瑞士企业在纺织机市场表现强势等，它们当中没有一个拥有强大的国内市场以支持这些产业成为世界盟主。即使在大国内部，规模经济与产业竞争优势的关系也相当薄弱。规模经济理论虽然有一定的理论价值，但对于哪些国家、哪些产业会获得规模经济与优势，怎样才能获得规模经济与优势，它却不能解释，其缺乏实际的指导意义。

三、产品生命周期理论

在波斯纳等人对技术差距理论研究的基础上，1966 年雷蒙德·弗农(Raymond Vernon)以《产品周期中的国际投资与国际贸易》(《International Investment and International Trade in the Product Cycle》)一文奠定了国际产品周期理论的基础。产品生命周期理论是 20 世纪第二次世界大战之后解释制成品贸易的著名理论。

弗农的产品生命周期理论源于世界各国的技术发展水平不同，并且各国科研能力及人力资本要素禀赋的充裕程度存在差异。技术领先的国家在开发新产品上具有比较优势，容易开发出新产品并出口至国际市场。随着时间的推移，技术较先进的国家掌握了这种技术，成为新的出口国。技术较落后的国家稍后才能掌握这种技术，直到最后才成为该产品的出口国。可见产品生命周期概念从国内市场扩展到了国际市场，经过这一扩展，产品生命周期理论可以解释国际产业转移现象。

通过产品生命周期理论可以看出，像美国这样的发达国家技术先进，科研能力强，具有产品创新的比较优势，往往可以研发出新产品。创新型产品的价格往往较高，同时美国消费者的收入相对较高。因此，部分新产品可以满足美国本国消费者的需求。但同时由于美国对新产品的生产技术具有垄断优势，因此在世界市场上，美国产品也具有垄断性。在此条件下，美国生产者可以放眼国际市场，根据利润最大化原则在国际市场销售新产品，获取利润。

新产品的利润往往会吸引潜在的模仿者。蕴含在产品中的技术往往不能长期保有其垄断地位。美国新产品生产者的潜在竞争对手通过各种渠道学习和了解制造新产品所需要的技术，当德国、日本这类技术较发达的国家掌握了新产品的生产技术后，它们就开始着手生产并销售这种产品。技术较发达、拥有充裕工程师和熟练技术工人的国家能以更低的成本生产并在国际市场上销售该种产品，美国在生产该产品上的优势逐渐丧失。

技术不发达的国家，尤其是发展中国家人力资本稀缺，人均收入相对较低，在新产品最初投放至市场时，不具备生产该产品的能力和消费能力。随着时间的推移，新产品越来越普及，价格随着规模的扩大逐渐下降，新技术的领先程度和模仿、学习难度逐渐降低，特别是当技术已经固化在产品生产流程时，技术不发达国家逐渐具备了生产该种产品的能力。拥有众多劳动力的国家往往能利用自身优势，一旦克服了产品生产中的技术难关，往往能以较低成本生产出该产品。在这种情况下，技术领先国家以及技术较发达国家不再具备生产该产品的比较优势，技术领先国家可充分利用自身的比较优势研发其他新产品，在其他新产品中再次获得比较优势。新开发出的产品也会依次经过技术领先国家的垄断、技术比较发达国家的模仿，到技术不发达国家的生产这些环节。

因此，产品生命周期理论认为，由于技术的创新和扩散，制成品和生物一样，也具有一个生命周期。制成品的生命周期大致可以划分为 5 个阶段：① 引入期(introduction)；② 成长期(expansion)；③ 成熟期(maturity)；④ 销售下降期(sales decline)；⑤ 衰亡期(demise)。在产品生命周期的不同阶段，各国在国际贸易中的地位是不同的。

图 2.4 以电视机的生产为例说明了产品生命周期理论。电视机首先在美国研制出来，美国便具有科研创新的比较优势，经过一段时间的生产后，美国具备了出口能力。从 t_1 这一时间开始出口，对应着图中的第一阶段。此时，美国作为出口国，而进口国主要是德国等人均收入水平相对较高的发达国家。德国的技术水平比美国稍落后，在美国开始出口后，德国率先从美国进口电视机。国际贸易由于两国技术水平的差异而发生。中国的技术水平更落

后，且人均收入水平较低，在电视机最初研制出口时，不具备进口电视机的消费能力，因此在更晚的时间才可能产生对电视机的需求并从美国进口电视机，随着时间的推移，德国企业掌握了电视机生产技术，开始生产这种产品。于是，德国从美国的电视机进口量开始减少，部分电视机需求由国内生产的电视机来满足。当时间发展到 t_2 时，德国企业已经具备了电视机出口能力，德国是资本及熟练劳动力充裕的国家，虽然德国在研发创新方面不及美国，但通过学习和模仿，德国逐渐具备了生产电视机的比较优势，从电视机的进口国转变为出口国。与此同时，美国电视机产业已经不再是新兴产业，利润和比较优势逐渐丧失，部分企业可能退出该产业去开发新的产品，美国电视机产业开始萎缩，电视机出口量开始减少。而此时，中国国内对电视机的需求不断扩大，并且国内尚未掌握生产技术，国内需求完全靠进口来满足。这是国际市场产品生命周期的第一阶段。

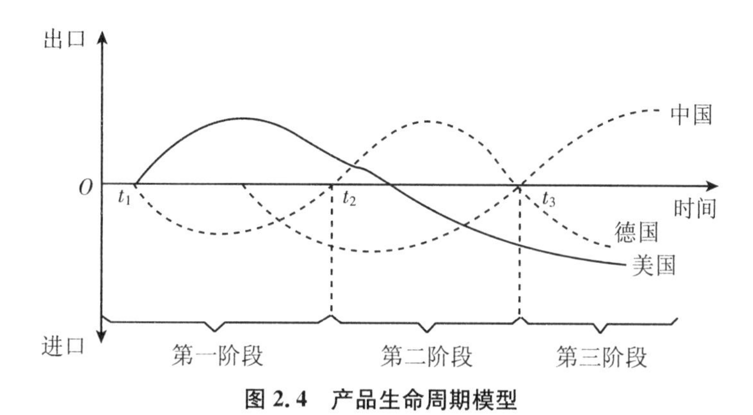

图 2.4　产品生命周期模型

在第二阶段，随着美国国内电视机产业的萎缩，资源转向了其他更新的产品的研究和生产，美国国内电视机的产量已经不能满足国内的需求，转而成为电视机的进口国。这时，德国后来居上，开始向世界其他国家出口电视机。也就是说，电视机产业生产的主力军已经从美国转移到德国。在这一阶段，中国国内也掌握了电视机生产技术，开始自己生产，于是中国的电视机进口量逐渐减少。中国是一个非熟练劳动力充裕的国家，当电视机的生产技术不再是秘密，电视机的生产已经可以用固化的流水线来实现时，中国就具备了生产电视机的比较优势。随着中国电视机产量的不断增加，中国从德国进口的电视机数量开始减少。这时，德国也面临着与第一阶段中美国相似的情形：电视机产业开始萎缩，新的产业开始取代电视机产业。当时间发展到 t_3 时，德国不再出口电视机，中国成为电视机的出口国。也就是说，电视机生产产业已经从美国和德国转移到了中国。1987 年，中国电视机产量已达 1 934 万台，首次超过日本，成为世界上最大的电视机生产国。

在第三阶段，只有中国在出口电视机，美国和德国已成为电视机的进口国。但中国的出口不会持续增加，中国所面临的情况与前两个阶段中美国和德国的情况是一样的。随着技术进步，中国电视机的出口量也会减少，当电视机这个产业被其他新兴技术产业取代后，国家间的电视机贸易也就停止了，因为各国对电视机都不再有需求。此时，电视机这种产品的生命周期也就结束了。

产品生命周期理论是一种动态经济理论，能够在一定程度上揭示不同发展水平国家间的梯度分工格局。

产品生命周期模型不仅考察了产品生产及出口国随时间改变的规律，而且考察了技术在国家之间转移、扩散的过程。产品生命周期模型将国家的资源禀赋特点、产品的要素密集性特点以及技术在国家之间转移、扩散的过程结合起来，在解释实现国际制成品贸易和原材料贸易随时间变化的特点方面具有较强的说服力。

第三节　其他相关理论

一、国家竞争优势理论

迈克尔·波特认为，一国的贸易优势并不像传统的国际贸易理论宣称的那样简单地取决于一国的自然资源、劳动力、利率、汇率，而是在很大程度上取决于一国的产业创新和升级能力。当代的国际竞争更多地依赖知识的创造和吸收，竞争优势的形成和发展日益超出单个企业或行业的范围，成为一个经济体内部各种因素综合作用的结果。一国的价值观、文化、经济结构和历史都成为竞争优势产生的来源。在国家竞争优势理论中，决定国家竞争优势的宏观因素共有 6 个方面（如图 2.5 所示）：生产要素条件（factor conditions）、需求条件（demand conditions）、支持性产业与相关产业（related and supporting industries）、公司战略、结构和竞争（firm Strategy，structure and rivalry）、机会（chance）和政府（government），其中前 4 个为核心因素，这些核心要素创造了企业竞争的基本环境，每一个核心要素都会影响产业国际竞争优势的形成。

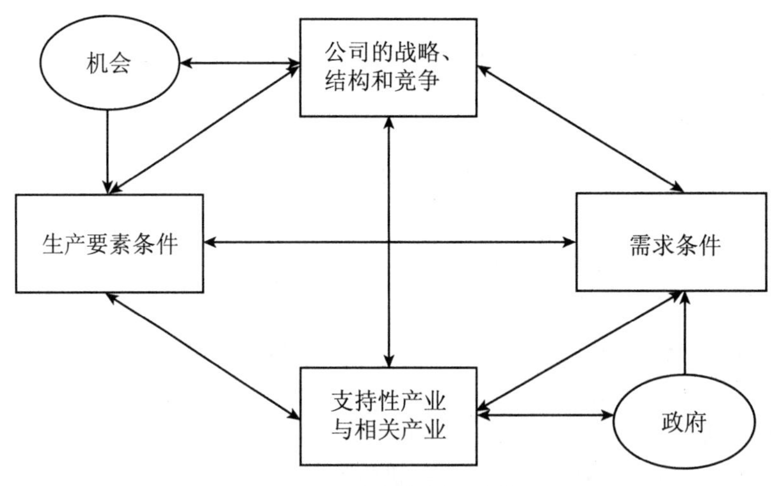

图 2.5　竞争优势"钻石"模型

（一）生产要素条件

为了便于分析竞争优势，迈克尔·波特把生产要素分为 5 类，即人力资源（human resources）、（自然）物质资源（physical resources）、知识资源（knowledge resources）、资本资源（capital resources）和基础设施（infrastructure）。为了准确把握生产要素在竞争优势中的作用，迈克尔·波特又把生产要素区分为初级要素（basic factors）和高级要素（advanced factors）以及一般要素（generalized factor）和专业要素（specialized factor）。

初级要素是指先天拥有的或只需要相对中等或不太复杂的私人和社会投资就能得到的要素，如自然资源、气候、位置、非熟练或半熟练劳动力等。在现实中，一方面由于科技的发展，对初级要素的需求减少；另一方面初级要素的来源广泛，靠初级要素获得的竞争优势难以持久，但对于农业、技术和技能要求不高的产业以及技术可以广泛获得的产业赢得竞争优势仍有重要影响。

高级要素是指需经过大量且持续对人力资源和物质资源进行投资才能获得的要素，如现代化的数据通信基础设施、受过高等教育的人才、高科技领域的大学研究机构等。想要创造高级要素，创造机构本身就需要高级的人力资源和技术资源，因此高级要素相对稀缺，在全球市场上较难获得。高级要素在当前的国际竞争中扮演着十分重要的角色，对赢得竞争优势起到至关重要的作用。

一般要素包括高速公路系统、一批具有大学教育水平且斗志昂扬的工作人员等。一般要素可以为范围广泛的产业所利用。专业要素是指专门领域的专业人才、特殊的基础设施、特定领域的专门知识、特别领域的知识以及其他与有限范围或者仅与一个产业有关的要素等，比如掌握光学技术的研究所、专门处理化学药品的港口等，越是高级的要素越可能是专业要素。对于竞争优势来说，专业要素比一般要素可以起到更具有决定性和可持续性的基础性影响作用。专业要素的创造往往需要更专注的且更具风险性的私人和社会投资。专业要素比一般要素更能为国家提供持久的竞争优势，在许多情况下，专业要素是在已经拥有的一般要素基础上创造出来的。今天的专业要素可能是明天的一般要素，专业要素对于较先进的产业形成竞争优势来说往往是必需的因素，尤其在高精尖的竞争领域。

当一个国家同时拥有高级要素和专业要素时，往往就可以赢得较为显著且可持续的竞争优势；相反，建立在初级要素和一般要素基础上的竞争优势往往是短暂的。高级要素和专业要素是人类创造出来的，而并非一个国家的天然禀赋。高级要素和专业要素的创造需要大量的持续性投资。要素创造机制包括公共和私人教育机构、学徒培训项目、政府和私人的研究机构、基础设施中的项目主体如政府拥有的港口管理部门或社区医院等。国与国之间在对要素创造的投资和要素创造机制的特点和质量上，往往存在巨大差异。没有一个国家能创造和改善各种类型的要素，一个国家会在那些它善于创造和改善所需要素的产业的国际竞争中赢得竞争优势。

（二）需求条件

需求状况，特别是国内市场需求状况是形成竞争力的重要因素。国内需求对竞争优势的影响是通过国内买方的结构和性质实现的，公司对于国内需求的压力比对国外需求的压力更强烈。国内需求给当地公司及早提供需求信号或给当地公司施加压力，促使企业比国外竞争者更快创新，提供更先进的产品，建立更先进的产业和部门，该国的企业和产业也会因此获得竞争优势。一般来说，企业对最接近顾客的需求反应最敏感，由于企业职员在国内，面对国内需求大于国外需求，来自国内市场的信息在决策中占支配地位，产品设计更多反映国内需求，所以国外需求替代不了国内需求的重要性。国内市场在 3 个方面对国家竞争优势有十分重要的影响，即“国内需求形态”“国内需求的规模和增长方式”和“国内需求偏好传播到国外市场的机制”。国内需求状况中的各个方面可以相互加强其对竞争优势的作用，同时它们在产业发展的不同阶段发挥着不同的作用。一些国内需求因素在创立竞争优势初期非常重要，而另一些国内需求因素则对加强和帮助维持这种竞争优势发挥着重要作用。

要使本国市场产生国家竞争优势，国内需求则要满足以下3个特色。

第一，需求的细分结构。一国在某一市场细分部分的需求量大，这个国家在此细分部分将占优势。

第二，苛刻、紧迫的需求。波特认为，如果一国国内的消费者是成熟、复杂和苛刻的，这会有助于该国企业赢得国际竞争优势。因为成熟、复杂和苛刻的消费者会迫使本国企业努力达到产品高质量标准和产品创新。

第三，前瞻性的需求。如果一国的买方需求比其他国家领先，则一国也可能获得竞争优势，因为国内领先意味着国际需求的到来。在这种情况下，企业在本国市场上发展起来的生产工艺、营销策略就成为企业今后开拓国际市场的一大竞争优势，促使企业产品向海外市场扩张。

（三）支持性产业与相关产业

一个国家想要获得持久的竞争优势，就必须在国内获得国际上有竞争力的供应商和相关产业的支持。上下游产业相互影响，上游产业有效率，下游产业才会有效率。一国的上游产业在国际市场具有优势，有助于下游产业在国际市场上建立自己的竞争地位。在产业链条中，具有竞争优势的供给者（上游产业）可以在以下几个方面帮助其下游产业创造竞争优势：① 以最有效的方式及早、迅速地为国内公司提供最低成本的投入，使下游产业有效、较早、快速、优惠地获得成本低廉的供给品；② 上下游厂商之间的协调合作；③ 促进下游产业的创新和技术改善。世界一流的供应商往往能帮助公司看到利用新技术的新方法、新机会，让公司最快地得到新信息、新见解以及供应商的创新产品。有竞争力的供应商还充当把信息和创新从一个公司传递到另一个公司的渠道，从而使整个行业的创新速度加快。

相关产业的作用也举足轻重。相关产业是因共用某些技术、共享同样的营销渠道或服务而联系在一起的产业或具有互补性的产业。如果能在技术开发、制造、分销、营销和服务上与本产业形成合理的分工，则相关产业的竞争优势可以帮助本产业产生新的竞争优势。相关产业的成功同样可以促进本产业的创新，也会带动本产业的成功，如电子计算机与应用软件之间就具有互补作用。

（四）公司战略、结构和竞争

公司战略、结构和竞争是指国内支配企业创建、组织和管理的条件，包括公司建立、组织和管理的环境以及国内竞争的性质。各类企业作为国民经济的细胞，有其不同的规模、组织形式、产权结构、竞争目标、管理模式等特征，这些特征的形成和企业国际竞争力的提高在很大程度上取决于企业所面临的各种外部环境，国家优势来自对它们的选择和搭配。

各个国家由于环境不同，需要采用的管理体系也就不同。不同国家有着特色各异的“管理意识形态”，它们帮助或妨碍形成一国竞争优势。比如在德国和日本企业中，有工程师背景的人在最高管理层占据重要地位，波特将其归结为这些国家的企业注重加工制造和产品设计。

在许多产业，获得竞争优势并保持这种优势的方法之一是持续的投资。换言之，一个国家只有存在不同寻常的投入和努力的产业才能获得成功，而要做到这一点，需要公司有准确和合适的目标，如美国企业注重短期目标，而日本和德国企业则注重长期目标，因此对经理和雇员也有不同的激励机制。公司的目标深受所有权结构、债权债务人的目标、公司管理的性质和高级管理人员的激励机制等影响。

国家竞争优势的获得还取决于国内的竞争程度。波特认为，激烈的国内竞争是创造和保持竞争优势最有利的刺激因素，是该行业产生竞争优势并强劲不衰的重要条件。波特反对传统理论“国内竞争是一种资源浪费”的观念，并明确提出：必须抛弃政府提供的特殊关照即扶持国内少数企业成长的政策，否则企业将走不出“政府保护—不思创新—竞争无力—进一步保护”的怪圈。国内企业之间的竞争，在短期内可能损失一些资源，但从长远来看，利大于弊。国内竞争能给企业带来创新、提高质量、降低成本、通过投资提升高级生产要素等压力，这一切都有助于产生具有世界竞争力的企业。同时，国内的激烈竞争也会直接削弱企业相对于国外竞争者所享有的一些优势，从而促进企业努力“苦练内功”，争取获得更为持久、更为独特的优势地位。最后，国内的激烈竞争可以迫使企业转向外部扩张，力求达到或超过国际先进水平，占领国际市场。

分析案例 2-1

迈克尔·波特出生于密歇根州的大学城——安娜堡，他在普林斯顿大学时学的是机械和航空工程，随后转向商业，获哈佛大学的 MBA 及经济学博士学位，并获得斯德哥尔摩经济学院等七所著名大学的荣誉博士学位。

波特 1983 年被任命为美国总统里根的产业竞争委员会主席，开创了企业竞争战略理论并引发了美国乃至世界的竞争力讨论。他先后获得过大卫·威尔兹经济学奖、亚当·斯密奖，五次获得麦肯锡奖，拥有很多大学的名誉博士学位。迈克尔·波特是当今全球第一战略权威，被誉为“竞争战略之父”，是现代最伟大的商业思想家之一，32 岁即获哈佛商学院终身教授之职，是当今世界上竞争战略和竞争力方面公认的权威。迈克尔·波特博士获得的崇高地位缘于他所提出的“五种竞争力量”和“三种竞争战略”的理论观点。作为国际商学领域最备受推崇的大师之一，迈克尔·波特博士至今已出版了 17 本著作，发表了 70 多篇文章。其中，《竞争战略》一书已经再版了 53 次，并被译为 17 种语言文字；另一本著作《竞争优势》，至今也已再版 32 次。波特博士的课已成了哈佛商学院学院的必修课之一。迈克尔·波特的三部经典著作《竞争战略》《竞争优势》《国家竞争优势》被称为竞争三部曲。

资料来源：https://baike. baidu. com/item/%E8%BF%88%E5%85%8B%E5%B0%94%C2%B7%E6%B3%A2%E7%89%B9/7856340? fr=aladdin.

二、国家创新体系理论

国家创新体系(national innovation system，NIS)一般是指国家创新能力形成的组织载体，是对国家创新能力构成及要素间作用关系的理论阐述。这一理论产生于 20 世纪 80 年代中期，但究竟是谁首先提出了这个概念，国内外学术界均存在较多争议。1987 年，集前人研究之大成的英国经济学家弗里曼(Freeman)在分析日本经济绩效的著作《技术和经济运行：来自日本的经验》中指出，想要推动一国创新能力的提升，仅靠企业是不够的，需要从国家层面上寻求资源最优配置以及推动技术创新的制度与政策。他首次明确提出了国家创新体系的基本概念和构成，将国家创新体系定义为“一种公共和私营部门的网状结构，这些公共和私营部门的行为及其相互作用创造、引入、改进和扩散新技术”。1992 年，弗里曼将国家创新体系定义为广义和狭义两种。广义的国家创新体系包括国民经济涉及引进、扩散新产品过程和系统的所有机构；狭义的国家创新体系涵盖与科技活动直接相关的机构，以及支撑这些机构的、由教育系统和技术培训系统提高的高素质人才。弗里曼的国家创新体系理论侧重分析技术创新与国家经济发展之间的关系，强调国家专有因素对一国经济发展实际的影响。他认为，技术创新是国家创新体系的核心，其他因素围绕这个核心发挥各自的作用。

国家创新体系的概念被提出之后，很多学者都从不同的角度对国家创新体系的概念和结构进行了深入研究。1992年。伦德瓦尔(Bengt-Aake Lundvall)将国家创新体系定义为："在生产、扩散和使用新的和经济上有用的知识过程中各种成分和关系的相互作用，相互影响……两者都位于或根植于一国的疆界之内。"他指出，国家创新体系的主要子系统应包括企业的内部组织、企业间的关系(产业结构)、公共部门的作用、金融部门以及其他部门的作用、研究开发部门。国家创新体系的存在决定了一国的创新能力，政府在技术创新中的作用是建立一种特殊的组织——介于用户组织与生产者之间，共享信息、激励生产和创新的扩散。

美国经济学家理查德·纳尔逊(Richard R. Neison)将国家创新体系定义为"其相互作用决定一国企业的创新实际的一整套制度"，并通过对美国国家创新体系的分析，指出美国国家创新体系主要是由市场制度、专利制度、研究与开发制度、大学和政府支持产业技术进步计划和政策等制度安排构成的。

1994年，经济合作与发展组织(简称OECD)启动了国家创新体系项目，该项目的任务是探索国家创新体系的"力量分布"(distribution power)。OECD对NIS的研究以"知识和信息的流动"为核心，认为创新过程需要强调的是市场和非市场知识在企业、组织和人力资源之间的转移，创新绩效依赖这些转移。OECD的研究在学术界表达以下几个方面的共识：第一，国家创新体系包括企业、大学、科研院所、中介机构等组织形成的网络；第二，国家创新体系是私人部门和公共部门互动系统的过程；第三，政府政策的关键是要促进知识和创造的流动；第四，创新集群是国家创新体系的核心动力。上述国家创新体系的早期研究主要是基于美国、日本和其他OECD国家的案例分析，提炼出国家创新体系的构成要素和结构。

国家创新体系的结构决定其功能，不同的国家由于其创新资源条件和社会制度状况的差异，导致创新体系的结构不尽相同，也使国家创新体系的外部功能有所区别(表2.1)。在国家创新体系结构研究中，人们逐渐发现创新体系功能和绩效的重要性，功能的实现和绩效水平的提升是创新体系推进经济发展的重要手段。系统功能是指系统作用于环境的功用和能力，是针对外界环境而言的。1992年，伦德瓦尔提出创新体系的基本功能是"学习"和"互动学习"，这种活动是创新体系运行的根本，许多其他功能都可以通过学习过程得到解释，或者具有促进学习过程的功能。之后很多学者也提出了国家创新体系的功能理论，上述学者从不同的视角提出了国家创新体系的功能，但是一直难以达成共识。OECD基于知识经济的研究(表2.2)，为国家创新体系功能的研究提供了基于知识维度的分析框架。

表2.1 国家创新体系功能研究的主要观点

提出者	对国家创新体系功能的阐述
Edquist C.,Johnson B. (1997)	制度通过提供信息来减少不确定性；管理冲突和合作；提供创新的动力
McKelvey M. (1997)	信息的保持和转移；创新导致多元化；在多种方案中选择；网络化
Galli R.,Teubal M. (1997)	硬功能：R&D，提供科学和技术服务；软功能：信息扩散，政策制定，制度设计和执行，科学文化扩散，科学合作
Johnson A. (2001)	提供激励；提供资源；研究引导；增长的潜能；知识和信息交换；刺激和创造市场；减少社会不确定性；抵消创新导致的社会变化

表 2.2 OECD关于国家创新体系的系统结构及主要功能的观点

名称	核心部门	其他部门	主要功能
知识创造系统	国立科研机构(国际科研机构和部门科研机构)、研究型大学	其他高等教育机构、企业科研机构、政府部门、基础设施	知识的生产、传播和转移
技术创新系统	企业	科研机构、教育培训机构、政府部门、中介机构和基础设施	学习、革新、创造和传播技术
知识传播系统	高等教育系统、职业培训系统	政府部门、其他教育机构、科研机构、企业等	传播知识、培养人才
知识应用系统	社会、企业	政府部门、科研机构等	知识和技术的实际应用

国家创新体系是由知识创新和技术创新相关的机构组成的网络系统,其主体部分是企业(以大型企业集团和高技术企业为主)、科研机构(包括国立科研机构、地方科研机构)和高等院校等。广义的国家创新体系包括政府部门、其他教育机构,中介机构和起支撑作用的基础设施等。国家创新体系的主要功能是知识创新、技术创新、知识传播和知识应用。具体包括创新活动的执行,创新资源(人力、财力和信息资源等)的配置,创新制度的建立和相关基础设施建设等大力促进和广泛进行知识的生产、传播与应用是国家创新体系的基本任务。

赫克特(Hekkert)和苏尔斯(Suurs)等将伦德瓦尔和OECD的工作进行了总结。他们认为,一个系统的功能可以定义为对系统目标具有正向贡献的系统组成,并且对国家创新体系的功能进行了不同维度的划分。一般而言,学习设计内容(学习什么)和一个社会或组织安排(怎样学习),所以可对学习做第一种区分,即认知维度和社会组织维度。第二种功能分类的方式是关于参与者。学习的过程涉及很多参与者,包括个人研究者、工程师、管理者和政策制定者,也包括集体参与者,例如公司和研究所。他们提出的一种区分方式是技术参与者和社会参与者。前者接近技术知识的产生和验证(内部者,内在核心),后者则远离知识的生产(外部者,外在核心)。在此基础上,他们建立了指标体系并试图对国家创新体系的功能进行测度。功能不是相互独立的,一个功能的实现将会影响其他功能的实现。例如,一方面,市场需求的升级对于知识的创新具有正向的影响;另一方面,一定数量的知识创造产生了对新技术的期望,最终导致需求的升级,因此影响绩效的功能之间具有多种活动性。

◆内容提要

本章介绍了技术进步与经济增长之间的关系,古典经济学将技术作为外生变量,内生增长模型将技术作为内生变量引入模型中,考查了技术进步和经济增长的相互作用,为理解技术在经济增长中的作用提供了有效的理论支持。技术差距理论考察了技术发明国和技术模仿国的收入、经济增长和福利方面的相互影响原理,将技术差距理论应用于生产和国际贸易领域,则产生了产品生命周期理论,产品生命周期理论能有效地解释当代国际贸易中某种新产品研究出来后不同国家先后拥有生产该种产品比较优势的原因。发展中国家不能盲目追求发达国家的高新技术,而应该选择最适合自身特点的技术。国家竞争优势理论认为当代的国际竞争更多地依赖知识的创造和吸收,竞争优势的形成和发展日益超出单个企业或行业的范围,成为一个经济体内部各种因素综合作用的结果。

◆关键词

技术差距理论　资源禀赋理论　规模经济理论　产品生命周期理论　国家竞争优势

◆复习思考题

1. 波斯纳技术差距理论的主要内容有哪些?

2. 以电视机的生产、消费、出口为例,说明产品生命周期理论在解释国际贸易中的作用。

3. 请简述在国家竞争优势理论中,决定国家竞争优势的6个宏观因素。

4. OECD关于国家创新体系的系统结构及主要功能的观点各是什么?

◆思考案例

根据资料显示,日本在第二次世界大战后的产业转移呈现如下趋势。20世纪60年代日本将劳动密集型产业,像纺织工业转移到韩国以及中国的台湾和香港地区;进入70年代,日本安排小型设备密集型产业,如小型电子元件、半导体装配以及机械零件工业,加入到韩国以及中国的台湾和香港地区已有的纺织服装工业的行列。80年代,排列方式又发生了变化,原先在韩国以及中国的台湾和香港地区的纺织服装工业不见了,它们出现在泰国和印尼。与此同时,小型设备密集型工业已开始在泰国和马来西亚设立,而在韩国开始设立中型设备密集型工厂,像家用电器批量生产工厂等。到了90年代,劳动密集型产业开始转移到中国、印尼和越南,而小型设备密集型产业开始转移到泰国、印尼和中国南方,中型设备密集型产业则转移到了马来西亚,韩国等已开始设立大型设备密集型产业。

试利用本章所学理论分析日本的产业转移现象。

◆应用训练

通过网络等途径查找相关资料,分析自2018年开始的中美两国在技术领域的贸易争端。

第三章　国际技术贸易标的物

本章结构图

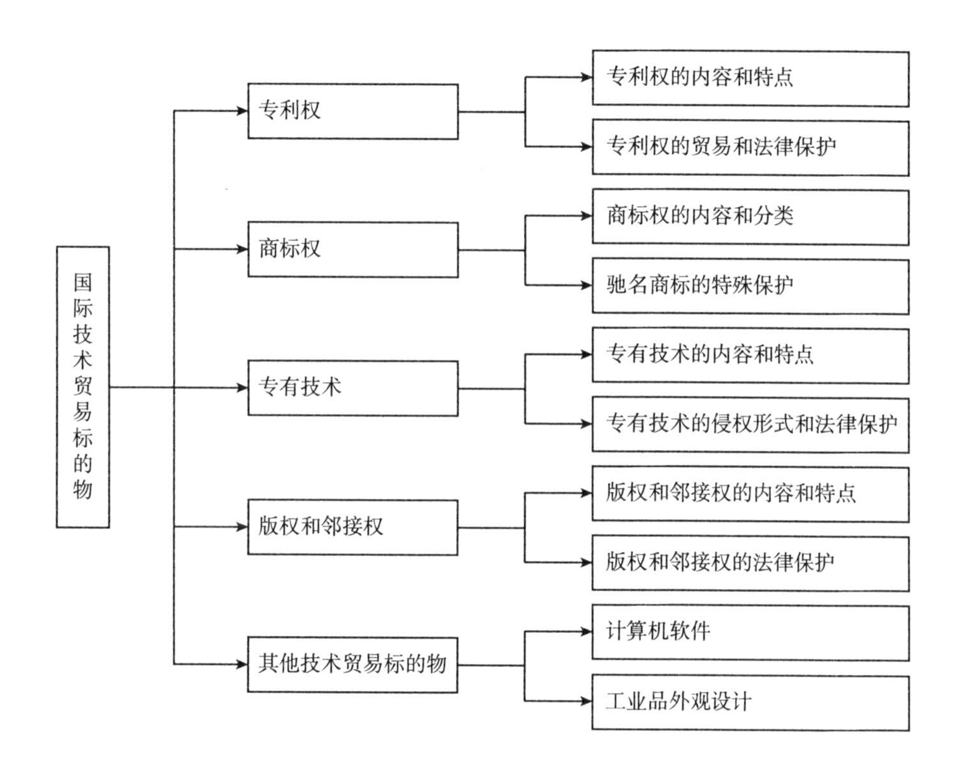

学习目标

掌握专利权的内容和特点，商标权的内容和分类，专有技术的内容和特点；熟悉专利权的贸易和法律保护；了解驰名商标的特殊保护；掌握专有技术的侵权形式和法律保护；掌握版权和邻接权的内容和特点，版权和邻接权的法律保护；了解计算机软件和工业品外观设计。

导入案例

著名的美国可口可乐公司成功地运用了技术秘密来保护自己的产品。尽管“可口可乐”饮料在全世界几乎是家喻户晓，但可口可乐的产品配方历时百年对外界而言仍是一个谜，可口可乐公司对外许可生产过程中，对其配方采用半成品保护措施即不提供生产技术和配方，只提供浓缩的原浆让被许可方配成可口可乐成品。

可口可乐的配方得以保护的原因在于公司将技术秘密与商标专用权保护相结合。在巨大的商业价值诱惑下，有无数的人试图破解可口可乐的配方，或者有人声称已经找到一个配方，但这毫无意义，只要权利人不主动承认，配方永远都是秘密，因为即使你能生产类似可口可乐的饮料，甚至你认为比可口可乐更好喝，也不可能是可口可乐，而只能是"百事可乐"或其他。

第一节　专　利　权

一、专利权的内容和特点

（一）专利的概念

"专利"一词源自拉丁文 littcrae palentes，具有公开之意。英文的 patent（专利）原意是指盖有国玺印鉴、不必拆封即可打开阅读的一种文件。1623 年，英国颁布了《垄断法》。该法规定国家将用 patent 的形式授予发明人以特权，于是 patent 就开始具有法律意义。

按照《中华人民共和国专利法》（以下简称《专利法》）及其实施细则的规定，我国对发明创造授予 3 种类型的发明保护：发明专利、实用新型专利和外观设计专利。《专利法》第 11 条规定："发明和实用新型专利权被授予后，除法律另有规定的，任何单位或者个人未经专利权人许可，都不得实施其专利，即不得为生产经营目的制造、使用、许诺销售、销售、进口其专利产品，或者使用其专利方法以及使用、许诺销售、销售、进口依照该专利方法直接获得的产品。""外观设计专利权被授予以后，任何单位或者个人未经专利权人许可，都不得实施其专利，即不得为生产经营目的制造、销售、进口其外观设计专利产品。"

（二）专利权的内容

1. 独占实施权

独占实施权是指专利权人对其发明创造享有的独占权，也称专有权。从正面讲，是指专利权人有权按照自己的利益和意愿实施其专利，任何人不得非法干涉；从反面讲，是指任何单位和个人未经专利权人许可，不得实施其专利。根据我国《专利法》的规定，这种独占权使专利权人取得一种独占的、排他的法律地位，只有专利权人有权实施取得专利权的发明创造；未经专利权人许可，任何单位或者个人都不得实施该发明创造，否则就是侵权行为，就要承担由此引起的法律责任。

2. 许可实施权

许可实施权，是指专利权人通过合同方式，许可或者禁止（不许可）他人实施其专利并收取使用费的权利。许可他人实施专利，应当订立书面的实施许可合同，并自合同生效之日起 3 个月内向国家专利局备案。我国《专利法》第 12 条规定："任何单位或者个人实施他人专利的，应当与专利权人订立实施许可合同，向专利权人支付专利使用费。被许可人无权允许合同规定以外的任何单位或者个人实施该专利。"

当然还存在强制许可的情况，我国《专利法》第6章规定了多种强制许可的情况。第48条规定："有下列情形之一的，国务院专利行政部门根据具备实施条件的单位或者个人的申请，可以给予实施发明专利或者实用新型专利的强制许可：① 专利权人自专利权被授予之日起满3年，且自提出专利申请之日起满4年，无正当理由未实施或者未充分实施其专利的；② 专利权人行使专利权的行为被依法认定为垄断行为，为消除或者减少该行为对竞争产生的不利影响的。"

3. 转让权

转让权，是指专利权人享有的将自己的专利所有权依法转让给他人的权利。我国《专利法》第10条规定："中国单位或者个人向外国人、外国企业或者外国其他组织转让专利申请权或者专利权的，应当依照有关法律、行政法规的规定办理手续。转让专利申请权或者专利权的，当事人应当订立书面合同，并向国务院专利行政部门登记，由国务院专利行政部门予以公告。专利申请权或者专利权的转让自登记之日起生效。"

4. 标记权

标记权，是指专利权人享有的在其专利产品或该产品包装上标明专利标记和专利号的权利。我国《专利法》第17条规定："专利权人有权在其专利产品或者该产品的包装上标明专利标识。"专利权人在其专利产品或者该产品的包装上标明专利标记的目的在于告知公众此产品已获得授权，以防止侵权行为发生。所以，它是专利权派生的一种权利。如果发现仿制、假冒，就可以此为证据，依照我国《专利法》的规定要求侵权人停止侵权行为，赔偿损失。

5. 放弃权

专利权人可以在专利权保护期届满前的任何时候，以书面形式声明或以不缴纳年费的方式自动放弃其专利权。我国《专利法》第44条规定，"有下列情形之一的，专利权在期限届满前终止：① 没有按照规定缴纳年费的；② 专利权人以书面声明放弃其专利权的。专利权在期限届满前终止的，由国务院专利行政部门登记和公告"。

6. 请求保护权

请求保护权是专利权人认为其专利权受到侵犯时，有权向人民法院起诉或请求专利管理部门调解以保护其专利权的权利。保护专利权是专利制度的核心，他人未经专利权人许可而实施其专利，侵犯专利权并引起纠纷的，专利权人可直接向人民法院起诉，也可以请求管理专利工作的部门调解。

（三）专利权的特点

1. 合法性

专利权是根据法律所规定的程序，经申请、审批而授予并受法律保护的一种工业产权。专利不同于物质所有权，它是技术成果，是依法申请、审查、批准、由国家主管部门授予的权利。我国《专利法》第39条规定："发明专利申请经实质审查没有发现驳回理由的，由国务院专利行政部门作出授予发明专利权的决定，发给发明专利证书，同时予以登记和公告。发明专利权自公告之日起生效。"

2. 专有性

相同发明创造只能授予一次专利权，它是一种排他实施权。我国《专利法》第11条规定:“发明和实用新型专利权被授予后,除本法另有规定的以外,任何单位或者个人未经专利权人许可,都不得实施其专利,即不得为生产经营目的制造、使用、许诺销售、销售、进口其专利产品,或者使用其专利方法以及使用、许诺销售、销售、进口依照该专利方法直接获得的产品。外观设计专利权被授予后,任何单位或者个人未经专利权人许可,都不得实施其专利,即不得为生产经营目的制造、许诺销售、销售、进口其外观设计专利产品。”

3. 地域性

一项专利只有在批准的国家范围内才有效,未授予专利权的国家对其不承担任何义务。一项发明如果没有在某个国家申请专利,或者虽然申请但没有批准,那么它在这个国家就无效。由于各国《专利法》的规定不同,一项发明在一个国家获得专利权,但在另一国家申请时却有可能不被授予专利权。此外,我国对专利权的跨国转让也有规定。我国《专利法》第10条规定:“中国单位或者个人向外国人、外国企业或者外国其他组织转让专利申请权或者专利权的,应当依照有关法律、行政法规的规定办理手续。转让专利申请权或者专利权的,当事人应当订立书面合同,并向国务院专利行政部门登记,由国务院专利行政部门予以公告。专利申请权或者专利权的转让自登记之日起生效。”

4. 时间性

法律对专利权所有人的保护不是无期限的,而有限制,超过这一时间限制则不再予以保护,专利权随即成为人类共同财富,任何人都可以利用。我国《专利法》第42条规定:“发明专利权的期限为20年,实用新型专利权和外观设计专利权的期限为10年,均自申请日起计算。”

5. 实施性

专利权人获得的专利必须具有实用性,只有实施专利,才能实现专利的实用性。大多数国家都要求在申请国家内实施专利,我国2008年修改的《专利法》第14条规定:“国有企业事业单位的发明专利,对国家利益或者公共利益具有重大意义的,国务院有关主管部门和省、自治区、直辖市人民政府报经国务院批准,可以决定在批准的范围内推广应用,允许指定的单位实施,由实施单位按照国家规定向专利权人支付使用费。”

二、专利权的贸易和法律保护

(一)专利权的贸易

1. 专利权贸易的概念与方式

专利权贸易是指专利权人在一定条件下转让专利权或者许可他人实施专利权的行为。转让专利申请权或者专利权的合同经国务院专利行政部门登记后予以公告,转让行为自登记之日起生效。专利权转让是指专利权人将专利权的所有权转让给他人。专利权许可使用是指专利权人许可他人为生产经营目的,制造、使用和销售其发明和实用新型的专利产品,或者使用其专利方法以及使用、销售依照该专利方法直接获得的产品,制造和销售外观设计专利产品,或为上述用途进口专利产品或者依照其专利方法直接获得的产品。专利权许可贸易方式是被普遍使用的专利权贸易方式。

2. 专利权贸易合同

目前,世界各国很少作出过关于专利权贸易合同的专门、具体的法律规定,多是在专利法中确认专利权作为一类特殊财产所具有的本能的流通能力，权利人可以在法律规定的范围内将专利申请权和专利权转让给他人，专利权人也可以将专利权许可给他人使用，并签订专利实施许可合同。例如，我国《专利法》第12条规定："任何单位或者个人实施他人专利的，应当与专利权人订立实施许可合同，向专利权人支付专利使用费。被许可人无权允许合同规定以外的任何单位或者个人实施该专利。"有些国家的专利法允许在专利登记册上注明专利权已许可他人独占使用的内容，并确定了签订专利实施许可合同的合法性。此外，专利法中有关强制许可的规定，肯定了专利实施许可这种实施专利的形式。

1999年10月1日施行的《中华人民共和国合同法》(以下简称《合同法》)第344～346条规定："专利实施许可合同只在该专利权的存续期间内有效。专利权有效期限届满或者专利权被宣布无效的，专利权人不得就该专利与他人订立专利实施许可合同。专利实施许可合同的让与人应当按照约定许可受让人实施专利，交付实施专利有关的技术资料，提供必要的技术指导。专利实施许可合同的受让人应当按照约定实施专利，不得许可约定以外的第三人实施该专利；并按照约定支付使用费。"《合同法》将专利实施许可合同的内容作为技术转让合同的重要组成部分，并对该合同当事人的主要权利和义务都作出了较为明确和具体的规定。

（二）专利权的法律保护

1. 专利权的保护范围

各国专利法都规定，对发明或实用新型专利权的保护以其权利要求书的内容为准，说明书及附图可用于解释权利要求书；对外观设计专利权的保护范围以在图片或照片中表示的该外观设计专利产品为准。

2. 侵犯专利权的行为

根据我国《专利法》的规定，属于侵犯专利权的行为有：① 未经专利权人许可，为生产经营目的制造、使用或销售专利产品或使用专利方法；② 假冒他人专利；③ 非法售与专利实施许可；④ 非法宣告有关专利无效等行为。

为了维护国家和社会的共同利益，保护善意第三人的合法权益，各国的专利法都明确规定了不属于侵犯专利权的几种情况：第一，使用或销售专利权人制造或许可制造的专利产品的行为；第二，使用或销售不知道是未经专利权人许可而制造并出售的专利产品的行为；第三，在专利申请之前就已经开始制造相同产品、使用相同方法或者已经做好制造、使用的必要准备，而在专利主管机关授予有关专利权以后，只是在原有范围和规模上所进行的制造或使用行为；第四，根据《巴黎公约》的规定，一成员组织的陆海空运输工具临时通过另一成员组织的领土，出于运输工具的需要在其装置和设备中使用了该另一成员组织批准的专利发明的；第五，专为科学研究和实验、非营利目的而利用专利发明创造等。

3. 专利权的保护方法

专利权受到侵害时，专利权人可以依法请求国家专利主管机关通过行政程序责令侵权人停止其侵权行为，并赔偿因该项侵权行为所引起的经济损失，也可以直接向有管辖权的人民法院提起诉讼，通过民事诉讼求得司法救济，或通过行政诉讼程序撤销有关专利主管机关的错误决定，恢复其对有关发明创造的宣传的专有权利。在侵权行为人故意侵犯其专利权情节严重、触犯法律时，可以依法向人民法院提起刑事诉讼，请求人民法院依法追究其刑事责任，以维护国家的社会经济秩序和保护其个人的合法权益。

知识链接3-1

世界知识产权组织2019年10月16日在日内瓦万国宫发布最新年度报告。报告显示，2018年亚洲的专利、商标和工业品外观设计申请量占全球总量的三分之二，中国的申请数量大大推动了全球知识产权申请的增长。

根据世界知识产权组织《世界知识产权指标》年度报告显示，2018年全球创新者共提交了330万件专利申请，实现连续第九年的增长，涨幅为5.2%。全球有效专利申请增长了6.7%。

此外，全球商标申请数量增长到1 430万件，而工业品外观设计的申请总量达130万件。亚洲成为全球专利申请的中心地带，在商标和工业品外观设计方面也表现突出。

世界知识产权组织总干事弗朗西斯·高锐："我们看到全球专利申请总量的约三分之二来自亚洲，中国是这个成绩的主要推动力量。我们看到中国知识产权局统计的专利申请的数量相当可观，在2018年，中国提交了154万多件专利申请，占全球总量的46.4%。"

资料来源：http://www.ipr.mofcom.gov.cn/article/gjxw/gjzzh/sjzscqzz/201910/1942771.html.

第二节　商　标　权

一、商标权的内容和分类

（一）商标权的内容

与贸易有关的知识产权协定(Agreement on Trade-related Aspects of Intellectual Property Rights)简称TRIPs协议，第16条对商标权作了如下规定：注册商标的所有权人享有专有权，以阻止所有第三方未经该所有权人同意在贸易过程中对与已注册商标的货物或服务的相同或类似货物或服务使用相同或类似标记，如此类使用会导致混淆的可能性。我国《商标法》第56条规定了注册商标专用权的范围："注册商标的专用权，以核准注册的商标和核定使用的商品为限。"注册商标专用权人只在核定使用的商品上享有专用权，他人在不类似的商品上申请注册或使用相同或近似的商标，原则上是允许的。

通常，要想取得商标权，商标所有者必须向商标主管部门（商标局）申请办理手续，经注册批准后才能取得商标专用权。在很多国家，驰名商标不需申请注册便可获得商标权保护，而且保护的范围更大。除了商标权保护，商标也可以通过制止不正当竞争行为来取得保护，在不拥有商标权的情况下，只要商标经过使用后已经产生了商誉，其他人就不得以不正当手段使用该商标或与它相类似的标记。英国的《商品表示法》，美国的《商标法》，德国、日本的《不正当竞争防止法》等都对此作了详细规定。然而，虽然可以通过制止不正当竞争来保护商标，但商标权保护仍是保护商标最重要的手段。

（二）商标权的分类

1. 商标使用权

商标的使用权即专有使用权，是商标的各项权利中最基本的一项，占据核心地位，其他权利均从商标使用权中衍生而来。

商标使用权是指商标权人在核定使用的商品上专有使用核准注册的商标，取得合法利益的权利。我国《商标法》第56条规定："注册商标的专用权，以核准注册的商标和核定使用的商品为限。"如果商标权人对注册商标进行改变，改变后的商标不享有专有使用权；专有使用权是以核定使用的商品为限，商标权人只有将注册商标使用在"核定使用的商品"上时才享有专有使用权，如果在超出"核定使用的商品"以外的商品上使用其注册商标，则不享有专有使用权。

2. 商标禁用权

我国《商标法》第57条第一款规定了商标权人所享有的禁用权，即未经商标注册人的许可，在同一种商品上使用与其注册商标相同的商标的，属于侵犯注册商标专用权。上述规定表明商标禁用权的效力范围不仅限于"核准注册的商标和核定使用的商品"，还扩展到与"核准注册的商标"类似的商标以及与"核定使用的商品"类似的商品。当注册商标是驰名商标时，禁用权的效力范围将进一步扩大到不相同或者不相类似的商品或服务上。

3. 商标转让权

商标转让权是指商标权人依据法律规定，享有将其注册商标转让给他人的权利。我国《商标法》第42条规定："转让注册商标的，转让人和受让人应当签订转让协议，并共同向商标局提出申请。受让人应当保证使用该注册商标的商品质量。转让注册商标的，商标注册人对其在同一种商品上注册的近似的商标，或者在类似商品上注册的相同或者近似的商标，应当一并转让。对容易导致混淆或者有其他不良影响的转让，商标局不予核准，书面通知申请人并说明理由。转让注册商标经核准后，予以公告。受让人自公告之日起享有商标专用权。"

注册商标的转让必须经过商标局核准，没有商标局的核准，即使双方就注册商标的转让达成一致，意思表示真实，受让人也无法取得商标权。

4. 商标许可使用权

商标许可使用权是指商标权人依据法律的规定，许可他人使用其注册商标的权利。注册商标的许可使用分为普通许可使用、排他许可使用和独占许可使用。商品的使用是实现商标功能的唯一途径，商标只有通过使用才能实现其价值。注册商标由商标权人自己使用，也可以与他人签订商标使用许可合同，许可他人使用其注册商标。

被许可人在使用被许可使用的商标时应当保证其商品或服务的质量。对此，我国《商标法》第43条规定："商标注册人可以通过签订商标使用许可合同，许可他人使用其注册商标。许可人应当监督被许可人使用其注册商标的商品质量。被许可人应当保证使用该注册商标的商品质量。经许可使用他人注册商标的，必须在使用该注册商标的商品上标明被许可人的名称和商品产地。许可他人使用其注册商标的，许可人应当将其商标使用许可报商标局备案，由商标局公告。商标使用许可未经备案不得对抗善意第三人。"

5. 商标续展权

商标续展权是指商标权的保护期届满时，商标权人有权依法定程序延展其已注册商标的有效期的权利。我国《商标法》第40条规定："注册商标有效期满，需要继续使用的，商标注册人应当在期满前十二个月内按照规定办理续展手续；在此期间未能办理的，可以给予六个月的宽展期。每次续展注册的有效期为十年，自该商标上一届有效期满次日起计算。期满未办理续展手续的，注销其注册商标。"续展注册可以无限次重复申请，续展注册经商标局核准后，商标权人就可以继续享有商标权。

（三）商标权的获取原则

1. 使用在先原则

使用在先原则是根据商标使用的先后确定商标权的归属，最先使用某一商标的人即为该商标的商标权人。使用在先原则注重的是商标的功能，因为商标的使用恰好是实现商标功能的唯一途径。美国是采用使用制度的典型国家，美国司法界认为商标是商业活动的附属物，只有在与商业活动相联系时商标才有可能存在，商标在受到保护之前必须是已在使用中，商标权的取得必须通过并且只能通过在先使用才能获得。

2. 注册在先原则

注册在先原则是指根据申请注册的先后来确定商标权的归属，谁的申请日期在前，商标权就授予谁，商标权应注册而产生。自1857年法国颁布的《注册商标法》以来，绝大多数国家的商标立法都规定了商标权由注册取得的制度，我国《商标法》也规定了商标权经由注册取得。注册在先原则的优点是在这种制度下产生的商标权相对于使用在先原则下取得的商标权具有更大的确定性，发生侵权纠纷时易于取证。

二、驰名商标的特殊保护

（一）驰名商标概述

驰名商标这一名称最早出现于1883年的《巴黎公约》，是指经过长期使用后，成为相关公众普遍熟知并享有卓越信誉的知名商标。随着经济全球化的发展，驰名商标在市场经济中的地位日益凸显，各国企业都将其作为企业的一项重要资产。目前《巴黎公约》、TRIPs和各国的商标法，大都确认对驰名商标进行法律保护，但对驰名商标没有作出统一定义，只是规定了认定驰名商标的标准。驰名商标一般具有以下两项基本特征：一是具有较高的知名度，二是具有卓越的社会信誉。

驰名商标的商品具有优良的质量和较强的信誉保证，在市场竞争中占有优势地位，能够为企业带来极大的经济效益。因而驰名商标本身就具有很高的商业价值。出于这个原因，驰名商标的侵权现象比普通商标的侵权现象更加普遍、频繁和严重。一项普通商标要成为驰名商标，商标所有人不仅需要付出长期艰辛的努力，而且要投入比普通商标更多的费用，如可口可乐、索尼等著名品牌，每年需要投入的宣传费用就达3 000万美元以上。因此，尽管目前世界各国对驰名商标的认定标准、认定方式以及保护范围规定不尽相同，但对驰名商标实行特殊保护的必要性已经基本达成共识。

（二）驰名商标的特殊保护制度

对驰名商标的特殊法律保护，通常是指一项商标只要被认定为驰名商标，则无论该商标是否已经被注册，商标所有人都可依据有关法律取得“跨类保护”的商标专用权。所谓跨类保护，是指不论他人将该驰名商标用于相同或类似的商品和服务上，还是用于完全不同的商品或服务上，商标所有人都可以对这种行为提起侵权诉讼，法院将依法判决认定该行为对该商标构成侵权。

各国对驰名商标特殊保护的立法形式不尽相同，但大都通过以下一种或几种法律加以保护，即商标法、反不正当竞争法和反垄断法。迄今为止，涉及驰名商标保护的国际知识产权公约主要是《巴黎公约》和 TRIPs。此外，世界知识产权组织为了协调各国对驰名商标的保护，正在酝酿一项新的驰名商标国际公约。目前，该公约草案仍在讨论之中。另外，近年来签订的一些地区性的国际条约，也都涉及驰名商标，如《北美自由贸易协定》和拉丁美洲安第斯组织的《卡塔赫纳协定》，这两个协定对驰名商标的认定标准都作出了相关规定。

第三节 专有技术

一、专有技术的内容和特点

（一）专有技术的内容

1. 专有技术的定义

专有技术指没有公开过，或者没有取得工业产权法律保护的制造某种商品、应用某项工艺以及产品设计、工艺流程、图样、技术资料、配方、质量控制等方面的技术和知识，有时还包括有关管理、商业、财务等方面的内容。“专有技术”这个术语来自英文“Know-How”，即“I know how to do it”的缩写。它是英美国家在技术转让实践中产生的，目前已成为国际技术转让中一个十分重要的名词。

关于专有技术的定义，长期以来世界各国的专家学者们有过各种各样的见解，一些国际组织也试图对这一概念进行界定，但至今没有统一的解释。从主题来看，对专有技术的定义大致可分为狭义和广义两种。狭义的定义通常把专有技术限定在工业范围内，认为专有技术是指用于工业生产的知识技术，如设计图纸、工艺流程、配方、公式生产数据等；广义的定义将专有技术的概念扩展到工业、商业和管理 3 个领域，认为除了工业技术，还包括生产管理和商业经验方面的知识。

事实上，世界各国对专有技术含义的解释不尽相同，明确“专有技术”这个概念的含义，是世界各国包括一些国际组织在探讨专有技术保护途径时要解决的一个问题。日本把专有技术看作技术秘密的同义词，但其外延又比技术秘密要广泛得多。日本学者把专有技术定义为：具有工业用途和秘密特征的技术知识、经验、资料以及其他情报信息；从广义理解包括无需保密的商业、管理和金融知识及经验。法国学者把专有技术定义为：从未受法律保护的发明成果、制造方法、设计及其他技术成果。

世界知识产权组织（WIPO）在《供发展中国家使用的许可证贸易手册》一书中对专有技

术的解释为:专有技术的供应可以是一项协议的主题,以输送有关工业技术的使用和应用方面的技术情报和技能。技术情报和技能可能在文件中说明或者通过口头或示范以及通过对工程师、技师、专门人员或其他专家的训练而提供。专有技术也可以通过从事工厂及机器设备的基本设备安装、工厂的投产与维修、培训工厂人员或企业的经营管理和工业活动的顾问或其他专家的服务和协助来提供。这样的专业知识可以扩展到一项工程设计投资前和投资后的阶段,包括有关技术、经济、财政和组织机构的研究和总体规划。

在我国,专有技术有时也称为非专利技术、技术诀窍或技术秘密等。1980 年 12 月 14 日,财政部出台的《中华人民共和国中外合资经营企业所得税法实施细则》最先在立法中把“Know-How”称为“专有技术”并写进了条文。因此,“专有技术”成为我国官方对“Know-How”的标准翻译。实际上,这一译名从含义上看并不是很恰当,与专利技术相对比,专有技术并不具有法律所赋予的排他性专有权。

综上所述,专有技术是指在生产经营活动中已经使用过、不享有专门法律保护、具有秘密性质的技术知识和经验。这一定义有三层含义:一是说明专有技术是成熟的技术;二是说明专有技术是非工业产权技术;三是说明专有技术属于知识的范畴,并且是秘密的。

专有技术的表现形式既可以是有形的,如图样、配方、公式、操作指南、技术记录、实验报告等;也可以是无形的,如技术人员所掌握的、不形成书面材料的各种经验、知识和技巧。无论哪一种形式体现的专有技术,其内容一般都是秘密的,而且在生产中具有一定的实用价值。

2. 专有技术的特点

(1) 实用性。专有技术属于工业技术范畴,专有技术是指对完成工业实施具有某种价值的技术知识或经验积累。由于专有技术具有商品的属性,具有价值和使用价值,因而专有技术具有实用性。人们可以把专有技术用于实践中,获得某种市场竞争优势,并获得经济效益。例如,一种工艺流程或一种管理方式,掌握它的企业与不掌握它的企业相比可以获得明显的经济收益并在竞争中取胜。专有技术可以在国际市场上有偿转让和许可使用。

(2) 以保密为条件的实施独占权。专有技术是不公开的、未经法律授权的秘密技术,众所周知或公众容易得到的技术知识内容不能作为专有技术。专有技术不需要像专利那样具有新颖性的标准,但必须是保密的。专有技术的所有人因他的技术处于保密状态而构成事实上的独占权。专有技术的所有者只能依靠自身的保护措施来维持其技术的专有权,专有技术一旦为公众所知,便成为公开的技术,从而丧失其商业价值。在国际技术转让中,经常存在这样的情况:在一个国家已经基本公开的专门知识、技能和经验,在另一个国家也许鲜为人知,因此它在另一个国家具有经济价值,仍可以通过技术转让获得利益。

(3) 具有可传授性和可转让性。专有技术具有可转让性,而且它在国际技术转让活动中占有十分重要的地位。专有技术作为一种技术,必须能言传身教或以图样、配方、数据等形式传授给他人。一般的专业人员应用同一技术,应当能够产生相同的结果,所以专有技术能够作为技术贸易的标的转让给他人;如果它是不可传授的,那就无法进行转让的。不可传授的生理技能或某些个人特长不属于专有技术,因为它往往与个人禀赋有关,无法进行转让。当前,国际上单纯的专利或商标的技术转让不多,大多数技术转让合同都是把专利和商标的使用权与专有技术结合在一起进行转让。这是因为一般关键技术并不在专利说明书中公开,而是以秘密的形式存在,如果只取得专利使用权,而不同时引进这部分保密的专有技术,就无法生产出预期的产品。

(4) 非独占性。在特定的时期、国家或地区内,同一专有技术的所有人可能不止一个,因为法律并不排斥他人对自己开发出来的相同技术的所有权，即只要是自己的智力成果，并以合理的措施予以保密，同一项专有技术可能有两个或两个以上的所有人。

(5) 无时效性和地域性。专有技术无法律限定的有效期和地域限制，只要其所有人愿意并予以保密，便可以长期拥有该项专有技术。典型的例子是可口可乐的配方已历时百年。

二、专有技术的侵权形式和法律保护

(一) 专有技术的侵权形式

雇员利用雇佣关系把雇主交托的或者在日常工作中接触的专有技术泄露给第三者；利用不正当手段发现或取得专有技术，自己利用或者泄露给他人；违反合同保密义务，泄露或者使用他人的专有技术；直接窃取或引诱他人窃取与泄露他人的专有技术；为了达到竞争或获利的目的无理利用在交易中获得的技术资料、图纸、配方或加工方法，自己使用或者泄露给他人；明知第三者是以不正当手段获得他人的专有技术，但仍向该第三者索取此专有技术；明知他人是由于过失而把专有技术泄露给他人，但仍加以利用和披露。

(二) 专有技术的国内保护

迄今为止，大多数国家都没有制定有关保护专有技术的专门性法律，对专有技术的保护分散在不同的法律中。各国通常援引以下法律中的有关规定对专有技术进行保护。

1. 合同法

合同法对专有技术的保护主要体现在以下两个方面。一是专有技术转让合同。专有技术转让一般通过专业技术转让协议来实现。协议除普通技术许可的一般条款外，还必须详细制定特殊条款，明确各当事人的权利与义务，其中保密条款最重要。二是劳动合同。专有技术对直接运用技术的雇员无法保密，所以在劳动合同中一般明确规定，雇员在受雇期间及解雇或离职后一定时期内，对其处于职务上的原因所接触的一切技术秘密承担保密义务，许多国家在其雇工法中都对此作出规定。

2. 侵权行为法

专有技术作为财产权，当权利受到侵害时，可直接运用民法中的侵权行为法对其加以保护。凡因过失、故意和不法行为侵害他人权利，使他人遭受损害就构成侵权行为，侵权者必须承担赔偿损失。侵犯他人的秘密技术构成侵权行为，受损害一方可以以侵权行为为理由对侵权者进行起诉。原告只要证明第三者以非法手段取得和使用了自己的秘密技术，就可以要求被告赔偿损失，而不需要以原告与被告之间存在合同关系为前提。

3. 反不正当竞争法

侵害专有技术作为一种不正当竞争的行为，为大多数国家的法律、判例及学者所认可。大多数市场经济国家均制定了反不正当竞争法来制止这种行为。反不正当竞争法对专有技术进行法律保护，可有效地约束他人对专有技术的侵害行为，保障经营者正当的竞争权利，创造公平竞争环境。

4. 刑事立法

利用刑事立法对专有技术进行法律保护，可以有效弥补民事立法的不足。许多国家都在刑事法典和刑事判例中规定了对专有技术保护的内容，也体现了专有技术在经济发展和市场竞争中的地位日趋重要。

5. 工业产权法

专有技术是否属于工业产权，这是长期以来一直争论不休的问题。自20世纪60年代起，一些国际组织在这方面做了大量的工作，试图按照保护工业产权法的某些原则，建立一种新的保护专有技术的法律制度。

（三）专有技术的国际保护

专有技术大量存在于实践中。在国际许可贸易中，专有技术许可协议的数量位居第二，占所有技术许可协议数量的30%，但关于知识产权的国际保护，发达国家和发展中国家之间存在较多歧义，对专业技术的国际立法则是近年才开始关注的事。

“专有技术”这一术语出现近70年来，从未独立出现在国际知识产权保护协定中。TRIPs首次将“未披露信息”作为知识产权加以保护。该协议第七节第39条规定，此类信息的3个要件为：一是作为一个整体或作为其组成部分的确切构造和组合，未被通常从事该类信息工作的人们普遍知悉和容易获得；二是由于秘密而具有商业价值；三是合法控制该信息的人根据情况采取了合理的保密措施。人们普遍认为，TRIPs中有关“未披露信息”的保护规定就是保护商业秘密的规定，但其中也包括专有技术的法律特点，可以说是第一次在知识产权国际条约中对专有技术持有人的权利予以保护。使用未披露信息的提法，无疑增加了条款适应的弹性。TRIPs的规定为以后与专有技术相关知识产权国际立法提供了示范型标准。

1. 利用《反不正当竞争法》

反不正当竞争这个概念自出现以来，便与知识产权保护有着密切的联系。国际民间组织多次指出，反不正当竞争应主要立足于对知识产权的保护。近年来，保护商业秘密，尤其是技术秘密，已经成为反不正当竞争的另一个热点。世界知识产权组织在1993年草拟的《对反不正当竞争的保护》及1996年起草的《反不正当竞争示范法》中明确规定侵犯商业秘密为不正当竞争。

2. 利用国际技术贸易规则

20世纪后期，各国均强烈意识到国际技术转让在国际贸易中的地位。自20世纪70年代初开始，在联合国的主持下，国际社会一直在努力建立调整国际技术转让行为的国际统一法。在发展中国家的推动下，联合国于1974年5月1日通过了关于起草国际技术转让行动守则的决议。经过几年的努力，1978年，77国集团、西方发达国家、前苏联，东欧集团和蒙古等分别提出草案大纲，然后由专家组整理写成《国际技术转让守则（草案）》，并正式提交国际贸易发展会议第五届会议讨论。但因在许多问题上，各国立场差异较大，该草案未能通过。而《联合国国际技术转让行动守则》则在1985年6月5日正式生效执行，它是第一部专门调整国际技术转让的全球性公约。

另外，联合国工业发展组织于20世纪70年代初到80年代初，提出了十多份有关技术转让的文件，如1979年提出的《合同评价指南》，侧重专业技术转让合同谈判中受方可提出的要求，包括要求供方明确专有技术的定义，明确标的物秘密的范围，提供该技术足够的情报及必要的辅助情报，保证技术的合格性和合法性等，为各国进行技术贸易提供了可借鉴的合同蓝本。

课堂讨论3-1

什么技术适合作为专有技术持有?

第四节 版权和邻接权

一、版权和邻接权的内容和特点

版权又称著作权,是指文学、艺术和科学作品的作者依版权法及相关法律所享有的权利。版权属于民事权的范畴,是知识产权的一个重要组成部分。版权是知识产权的传统形式,与专利权一样,版权持有者有权禁止或允许某人在某段确定年限内复制自己的材料,可以销售、遗赠和许可自己的权利。

版权的特点包括:版权只有在申请时才能确立,没有筛选和接受程序;版权可以跨越很长的时间段,通常是创作者的有生之年至其死后50年;版权争端要在法院解决;版权包含对某个创意的独特表达方式,并非创意本身。

版权法是有关智力创造者权利的一个法律分支,版权规定了智力创造者对其创作品的权利。这些权利为大多数国家的法律确认,其目的是鼓励和激发个人的创造力,保护通过包括物质载体和非物质载体表现出来的创造性知识成果,使这些成果发挥最大作用。在各国版权法中,版权的内涵有狭义和广义之分。狭义的版权包括著作人身权与著作财产权;广义的版权包括著作人身权、著作财产权和著作邻接权。

(一)著作人身权

著作人身权的内容主要包括发表权、署名权、作品修改权和保护作品完整权。

1. 发表权

发表权是作者所享有的决定作品是否公之于众的权利。文学作品完成之后,其作者有权决定是否将其公之于众,公开的时间、地点、地域范围以及公开的方式,都取决于作者的意愿。

2. 署名权

署名权是作者所享有的在其创作的作品及其复制品上标示自己姓名的权利。署名权只能由作品的实际作者和被认定为作者的法人和非法人单位享有,实际作者以外的其他任何人都无权享有署名权。署名权说明了只有实际作者署名才是合法行为,其他人员未经允许署名都是非法行为。作者在自己的作品上署上他人姓名是无效的法律行为,他人也不能享有署名权及该作品的财产权和人身权。

3. 作品修改权

作品修改权即修改或授权他人修改作品的权利。作品在完成或发表之后,作者可自行修改,也可以授权他人修改本人作品。

4. 保护产品完整权

与作品修改权相对应的是保护作品完整权,即保护作品不受歪曲、篡改、贬抑或其他更改的权利。此处所讲的歪曲是指故意改变事物的真相、事实和内容。篡改是指用作假伪造的手段,对作品进行改动或曲解。上述著作人身权也称作者精神权利,根据《与贸易有关的知识产权协定》的规定,各成员不对该精神权利的规定承担义务。

(二) 著作财产权

著作财产权是著作权人依据著作法及相关法律通过各种合法形式利用其作品,从而享有其带来的经济利益的权利。由于著作权人利用作品可以给其带来经济利益,故称之为著作财产权或版权的经济权利。著作财产权因作品的创作由依法获得著作权的著作权人拥有,也因法律规定的期限届满而消失,并不是永久存在。著作财产权可以分为复制权、演绎权和传播权 3 大类。具体而言,著作财产权至少包括以下 8 项经济权利:翻译权、复制权、公演权、广播权、朗诵权、改编权、录制权、制版权。除了上述经济权利,版权法还赋予原作者道义权,以确保作者即使在经济权利转让之后,也可以声明其作品的作者身份,反对任何歪曲和篡改行为,以防败坏或者损害作者的声誉。

(三) 著作邻接权

著作邻接权是指与版权相邻近的权利。它主要包括唱片制作者对其录制的唱片、表演者对其表演的节目、广播电视组织对其广播的节目所享有的权利。广义的版权除了包括著作人身权、著作财产权还应包括著作邻接权等。文学艺术作品创作的目的往往是在大众中传播,因此需要具有专业技巧和特长的人来赋予作品某种适当的形式,以便增加传播的效果并使社会公众较容易接受。除了保护作者的权利,还应对作品表演者、唱片制作者和广播者的权利进行保护,这些中间手段的权利随版权而形成,而且这些权利的行使与版权行使密切相关,故称之为著作邻接权。

(四) 版权中著作权与邻接权的关系

著作权和邻接权同属版权的范围,因而同属知识产权范畴。邻接权由著作权转化而来,是从属于著作权的一种权利。两者的区别具体表现为以下几个方面。

首先,主体不同。著作权的主体是智力作品的创作者,包括自然人和法人;邻接权的主体除了表演者,几乎都是法人。

其次,保护对象不同。著作权保护的对象是文学艺术和科学作品,邻接权保护的对象是经过传播者艺术加工后的作品。

再次,内容不同。著作权主要是指作者对其作品享有的人身权和财产权。邻接权的内容主要是出版者对其出版的书刊的权利、表演者对其表演的权利、音像制作者对其音像制品的权利、广播电视组织对其广播和电视节目的权利。

最后,受保护的前提条件不同。作品只要符合法定条件,一经产生就可以获得著作权。保护邻接权的取得,需要以著作权人的授权以及对作品的再利用为前提。

二、版权和邻接权的法律保护

(一) 版权邻接权保护原则

1. 独立性原则

除《伯尔尼公约》的规定外,世界贸易组织成员版权和邻接权受保护的程度及为保护作者权利而提供保护的方式，完全适用提供保护的所在国的法律，各国不得以本国原则为由拒绝为外国作品提供保护。

2. 国民待遇原则

国民待遇原则，即外国商品或服务与进口国国内商品或服务享有平等待遇的原则。

3. 自动保护原则

自动保护原则，即作品不论其来源国，只要享受国民待遇，无需经过任何手续就可以自动受到保护。按照这个原则，世界贸易组织成员和《伯尔尼公约》签署国国民、在成员组织有长期居住权的非《伯尔尼公约》签署国的国民，在其文学艺术作品创作完成时即自动享有版权。如果非签署国国民在签署国无长期居所地，则其作品首先在成员组织出版时享有版权。

（二）最低保护标准原则

各国进行版权保护时的最低标准原则主要包括以下内容。

无论作品表现形式如何，应当包括文学、科学和艺术领域的一切成果；各国版权法中的权利限定在一定的范围之内，可以未经作者允许，将讲课、演讲等公开发表的口头作品，以印刷、广播等方式复制并传播，但权利仍属于作者；只在特定条件下才能行使限制权利。

（三）版权保护范围

法律不仅保护智力作品创作者的权利，而且保护帮助传播这些作品的辅助者的权利。辅助者对文化成果的传播和保护起到十分重要的作用。特别是在发展中国家，这些辅助者起到连接国内外的桥梁作用，有利于国外先进技术信息引进国内，同时有助于保留本国传统文化遗产。

（四）版权保护的限制

1. 作品保护期限

一般作品保护期不少于作者有生之年及其死后 50 年。具体的保护时间如下所述。

电影作品不少于与观众见面起 50 年，若 50 年尚未与观众见面，则为拍摄完成的 50 年。

摄制作品及实用艺术作品为艺术作品在《伯尔尼公约》成员组织受到保护，该成员组织可自行立法决定其保护期，该保护期至少维持到该作品完成之后 25 年。

合同作品和被视为共同创作的作品，保护期为共同作者中最后一个去世者有生之年直至死后 50 年。

匿名或用假名作品，能用合法方式证明其假名身份，则保护期为作者有生之年加死后 50 年。只要能够合理推断匿名和假名作者去世已超过 50 年，则不再要求成员组织对其作品予以保护。

《与贸易有关的知识产权协议》第 14 条第 5 款规定，对唱片表演者和制作者的有效保护期为录制和节目表演当年年底开始起算至少 50 年。对广播作品的保护期限一般为广播开始那一年年底起至少 20 年。

2. 关于邻接权的保护范围

《与贸易有关的知识产权协议》第 14 条规定了表演者、唱片制作者和广播组织的保护范围。

表演者应有可能防止下列未经其授权的行为：固定其未曾固定的表演和复制该录制品。

表演者还应有可能阻止下列未经其授权的行为:以无线广播方式播出和向大众传播其现场表演。

录音制品制作者应享有准许或禁止直接或间接复制其录音制品的权利。

广播组织有权禁止下列未经其授权的行为:录制、复制录制品、以无线广播方式转播以及将其电视广播向公众传播。

唱片制作者享有出租权。

3. 对邻接权保护的权利限制、例外和保留

《与贸易有关的知识产权协议》允许各成员组织对邻接权的保护作出例外,也允许成员组织或地区降低对邻接权的保护标准。

4. 地域限制

作品版权所有人受到一国法律的保护,以禁止在该国内进行受版权限制的活动。为了在某个其他国家取得同样的保护以禁止这些活动,版权所有者必须求助于这个国家的法律。如果这两个国家都是国际版权公约的成员组织,那么由于地理界线所产生的实际问题就比较容易解决。

第五节 其他技术贸易标的物

一、计算机软件

(一) 计算机软件的概念

目前,世界上对于计算机软件的概念并没有完全一致的表述。世界知识产权组织在1978年发表的《保护计算机软件示范条款》中将计算机软件定义为:计算机软件包括程序、程序说明和程序使用指导3项内容。

我国2001年1月1日起实施的《计算机软件保护条例》(2013年修订版)提出,“计算机软件是指计算机程序及其有关文档”“计算机程序是指为了得到某种结果而可以由计算机等具有信息处理能力的装置执行的代码化指令序列,或者可以被自动转化成代码化指令序列的符号化指令序列或者符号化语句序列。同一计算机程序的源程序和目标程序为同一作品”。计算机程序包括源程序和目标程序。源程序是指用高级语言或汇编语言编写的程序;目标程序是指源程序经编译或解释加工后可以由计算机直接执行的程序。同一程序的源程序与目标程序应视为同一作品。“文档是指用来描述程序的内容、组成、设计、功能规格、开发情况、测试结果及使用方法的文字资料和图表等,如程序设计说明书、流程图、用户手册等。”

(二) 计算机软件的性质

计算机软件是一种编辑的作品,其性质与文字作品或图形作品一样。这一点在国际保护知识产权公约中均有体现,如《保护文学和艺术作品伯尔尼公约》《世界版权公约》以及《与贸易有关的知识产权协议》。特别是《与贸易有关的知识产权协议》第10条明确指出:“无论以源代码还是目标代码表达的计算机程序，均应作为《伯尔尼公约》1971 年文本所指的文字作品给予保护。”

在现实生活中，软件贸易包含两项具体内容：提供软件使用权和提供软件技术服务。软件贸易具有版权贸易和技术贸易的双重性质。计算机程序作为某种算法或逻辑思维的表达形式，具有版权性，因此可以通过版权法对其进行保护。程序的表达形式是软件保护的核心内容。权利人一旦失去了对软件程序表达形式的控制，也就丧失了软件的核心经济权利。因此，保护软件的表现形式不被随意复制是保护行为的关键。在软件贸易中，软件权利所有人向软件用户提供软件的表现形式，就必然存在软件的复制过程。因此，软件贸易是一种版权贸易。

软件贸易还包括提供软件技术服务。这是因为软件不同于文学作品之类的普通商品，用户仅获得使用权而不会使用就不能获得软件带给他的经济价值，不能达到购买该软件所期望达到的功能目的。软件贸易不仅提供使用权，还必须提供技术指导，确保用户能够使用该软件。因此，软件贸易又具有技术贸易的性质。

（三）计算机软件的贸易方式

(1) 软件发行销售。计算机软件著作权人拥有软件的使用权，发行是使用方式的一种。采用发行方式的软件一般是系统软件，如 Windows 操作系统，像发行书刊一样，采取买卖方式进行，无需签订合同。

(2) 软件使用权许可。软件的著作权人或其受让者，在软件著作权保护期内，根据有关法律与被许可方签订书面合同许可被许可方在合同规定的方式、条件、范围和时间内行使软件著作权人或其受让者拥有的使用权。一般软件使用许可的标的多为专用软件，如银行财会软件、项目评估软件、质量控制与检测软件。

(3) 软件使用权转让。在软件著作权保护期内，软件著作权人和使用许可权的享有者，可以把使用权和使用许可权转让给他人。转让之后，著作权人和使用许可权的享有者则不再享有软件的使用权和许可使用权。软件转让只涉及软件使用权，不涉及软件的人身权利，人身权利不能转让。软件使用权转让需根据我国有关法律规定，以签订和执行书面合同的方式进行。

此外，计算机软件交易中还包括一种综合的贸易方式，即将计算机硬件与软件使用许可或转让相结合，统称为交钥匙合同(System Turnkey Agreement)。计算机交钥匙合同一般包括：计算机系统详述，硬件、附件和外围设备，系统软件与应用软件，硬件与软件测试，技术服务，实现合同的规划等。

（四）我国计算机软件保护

随着信息经济的快速发展，计算机软件贸易在技术贸易中的比重不断增加，我国更加注重对计算机软件的保护。目前，我国对出口的计算机软件，无论是源程序还是目标程序，都是按照《保护文学和艺术作品伯尔尼公约》的规定作为版权给予保护，其保护期限为 50 年。从国内法的角度来讲，我国目前对计算机软件进行保护最有利的法律仍然是《著作权法》，这部法律对计算机软件的概念、特点和性质都进行了比较明确的规定。依托《著作权法》国务院出台了《计算机软件保护条例》，从而使法律的执行具体化。

目前，我国对计算机软件的保护仍然处于不利的状态，国内软件侵权、盗版的现象频发，国际软件市场纠纷不断，我国在计算机软件的保护上仍有相当长的路要走。

1. 建立健全法律保护体系

我国应该建立以著作权法为核心，包括专利法、商标法、反不正当竞争法等法律法规的保护体系，计算机软件作为软件开发者的脑力劳动成果，从其产生就属于著作权法的保护范围，因此首先要做的就是加强著作权的保护。同时计算机软件中会带有企业特有的商标等标记，属于专利法或者商标法的保护范围。由于计算机软件行业纷乱复杂，各企业为了获取更大的市场往往会采取不正当竞争手段扰乱市场秩序，因此必须在反不正当竞争法的范围内严厉打击这些行为，加大对软件侵权、仿冒等违法行为的打击力度，从而真正实现国内软件的有效保护，使软件行业在国内形成良性竞争、合作有序的行业气象，使国内软件行业真正提升竞争力，并借此减少其他国家与我国在软件知识产权保护方面的摩擦。

2. 提高我国软件国际保护力度

(1) 向技术引进国著作权管理机构办理登记手续，获取日后发生纠纷时，可用来提交行政处理或诉讼使用的初步证据。

(2) 我方软件版权所有人在掌握了确凿的盗版侵犯证据后，可通过受让方所在国相应的行政和法律机关对其盗版软件，不论其是进口还是出口，向海关申请予以扣留或销毁。

(3) 为了防止我国出口的计算机软件被任意扩散使用，我方应在软件许可合同中争取受让方同意，对软件的使用范围和地区给予合同限制。另外，应对软件权种的归属、最终用户的授权诸如不得进行销售、转租、转让等进行限制，对权利人的义务与免责条件等在合同中要作出明确规定。

3. 充分发挥技术贸易政策导向作用

为了推动我国软件产业和集成电路的发展，增强信息产业创新能力和国际竞争力，带动传统产业改造和产品升级换代，进一步促进国民经济持续、快速、健康发展，我国于2000年7月1日发布了《鼓励软件产业和集成电路产业发展的若干政策》，并于2011年1月28日印发了《进一步鼓励软件产业和集成电路产业发展的若干政策》。

在知识产权保护方面，一方面鼓励软件企业进行著作权登记，另一方面严格落实软件和集成电路知识产权保护制度，依法打击各类侵权行为。同时进一步推进软件正版化工作，探索建立长效机制。

在进出口方面，一方面对软件企业和集成电路设计企业需要临时进口的自用设备(包括开发测试设备、软硬件环境、样机及部件、元器件等)，经地市级商务主管部门确认，可以向海关申请按暂时进境货物进行监管，其进口税收按照现行法规执行；另一方面对软件企业与国外资信等级较高的企业签订的软件出口合同，政策性金融机构可按照独立审贷和风险可控的原则，在批准的业务范围内提供融资和保险支持。同时支持企业“走出去”，建立境外营销网络和研发中心，推动集成电路、软件和信息服务出口，大力发展国际服务外包业务。

二、工业品外观设计

(一) 工业品外观设计的概念、性质

1. 工业品外观设计的概念

工业品外观设计在英语国家一般被称为“Industrial Design”，直译就是“工业设计”。现今我国法律界以外的从事工业品外观设计理论研究与实践的人称其为“工业设计”。在工业

机械化和生产线大规模运用到生产中之前，每一种物品的工艺在很大程度上都相互独立，不会有大规模的单一设计生产。每一件产品都根据工匠的技艺，将实用和工艺结合为一体。

工业品外观设计是指产品上的形状、外形、式样和装饰的特征，可以被观察、识别和辨识，必须具有独创性和新颖性，其制作程序和方法不属于此范畴。工业品的外观作为事实的创造性智力活动成果，是民法和知识产权法的保护对象。工业品外观具有艺术性、技术性、显著性和可识别性等多种法律属性。根据著作法、专利法和商标法分别规定的作品、外观设计专利和注册商标的条件，工业品可以获得相应的知识产权保护。同时，基于诚实信用原则，工业品外观可以作为产品的装潢，得到《反不正当竞争法》的保护。对工业品外观的多重保护，使企业的无形财产得到了全面充分的保护。

2. 工业品外观设计的性质

一般意义上，工业品外观设计是为了使实用物品更加美观悦目，通过对物品的外观、形状和颜色进行组合的装饰。在大工业生产的背景下，各种外观设计都必须适合机器大生产，这样才能称为工业品外观设计。只有同时具有艺术观赏性和工业大生产这两种特性的外观设计，才能受到工业产权法的保护。

依据工业品外观设计对工业产品性能的影响，可以将工业品外观设计分为无实用性的外观设计和影响实用性的外观设计。

某些适用于批量生产产品的外观设计，不会增加产品的任何实用性，但是可以迎合广大消费者的消费偏好，影响其对潜在购买者的吸引力。例如，纺织品所采用的图案并不影响纺织品的质量，不同的图案却可以对不同的消费者产生不同的影响，进而就有了不同的市场效果。

有时，一件物品的外观设计，虽然可以增加物品的美感，但也可能降低或增强产品的实用性。例如，汽车挡风玻璃的不同流线设计，在给人带来不同美感的同时，也能使汽车的风阻不同，进而影响汽车的整体性能。

（二）工业品外观设计保护的目的

工业品外观设计能够给企业和国家带来经济效益，促进工业和经济的发展。工业品外观设计会对商品的销售产生影响，进而影响企业在该种商品上的盈利状况。外观设计会成为专业外观设计公司和使用这种设计的公司的重要产品。外观设计保护可以真正维护设计单位、外观设计使用企业和社会公众的利益。

确定外观设计保护范围。有比较明确的保护范围之后，外观设计公司能够清楚地知道自己在生产过程中可以复制哪些设计，避免由于特定设计保护的不确定造成阻碍。

方便转让和许可使用。好的设计往往会成为大家争相效仿的对象，这样会给原创单位带来经济利益的损失。在确定了保护对象和保护范围之后，原创单位可以基于这些保护内容，更好地保护自己的外观设计产品，并取得相应的经济利益。

防止过度保护而危害公众利益。过度保护会对同一行业内其他企业的合法利益造成损害。为了防止这种现象的发生，其他公司可以根据法律规定采取行动，反对或取消不公平待遇。

（三）工业品外观设计保护的条件

1993 年修订的《与贸易有关的知识产权协议》（TRIPs）中，第 25 条第 1 款规定，各贸易组织成员必须对工业品外观设计实施保护。此外，该协议还规定，若想获得工业品外观设计保护，该工业品外观设计必须满足独立创造性、新颖性、原创性。

各个国家对于新颖性的规定不尽相同，一些国家规定了一种世界性、新颖性标准，按照这些国家的法律规定，在申请注册日之前，一个工业品外观设计不能被世界上任何地方以任何形式预先使用过。有些国家通过立法，确立了一种限制性的世界性、新颖性标准，以印刷文件或任何其他有形出现的公开而言，新颖性标准是世界性的，但公开使用、会展销售等方式则属于国内性。

有些国家规定，如果外观设计注册申请是在一个特定的期限内，从可申请日算起 6 个月内出现允许某些例外和特定的公开情况不被视为破坏新颖性。这些例外包括在官方承认的展览会上公开外观设计有滥用，不守信用或其他违背工业品外观设计所有人的意愿而引起的公开可能也包括在内。

如果一个外观设计与一个已有的外观设计相同或实质上相同，只有不足以改变后者性质和影响其相同性的改动，则不具有新颖性，外观上的微小差别和将某种外观设计用于另一种产品，不足以构成新颖性要素。

外观设计必须是独立创作的，具有原创性，这是外观设计获得法律保护的前提。独创性主要是指授予专利权的外观设计，与现有的外观设计相比，应具有明显的特点，或者说用“不相近似”来判断两个外观设计是否近似，应比较使用外观设计的同类的两个产品，看他们从整体上是否相似。对于近似的外观设计，不能授予专利权。我国于 2009 年 10 月实施的《中华人民共和国专利法》第 23 条规定，授予专利权的外观设计，应当不属于现有设计；也没有任何单位或者个人就同样的外观设计在申请日以前向国务院专利行政部门提出过申请，并记载在申请日以后公告的专利文件中。授予专利权的外观设计与现有设计或者现有设计特征的组合相比，应当具有明显区别。授予专利权的外观设计不得与他人在申请日以前已经取得的合法权利相冲突。

（四）工业品外观设计保护的内容

1. 工业品外观设计的保护申请

工业品外观设计的保护并不是自动赋予，而是依照法律的规定条件和正式要求，向工业品外观设计局提出注册申请后才被赋予。申请资料包括申请人或代办人的身份证明和申请书，工业品外观设计产品的样品，如是委托关系，还应提交委托代理书。在提交上述申请材料之后，工业品外观设计保护的主管部门会对其进行形式审查，有些国家的主管部门还会进行实际审查。在审查公示期间，如果有人提出异议，工业品外观设计保护的主要部门将异议通知申请人，请其在 3 个月内提出自己的意见。主管部门如果认定异议合理，则拒绝提出的保护申请。审查通过之后，在主管部门进行备案登记，即可取得法律赋予的权利。

2. 工业品外观设计的保护范围

各国对工业品外观设计的保护立法的重心在于其“外观设计”，而非产品的功能及技术方面的保护。产品的功能和技术为消费者带来的效用，不是工业品外观设计保护的重点。通过颁发注册证或授予专利权给予工业外观设计所有人利用其外观设计或授权他人利用外观设计的专有权。立法可以在许多方面对专有权加以限制。工业产品外观设计注册授予的权利是典型的工业和商业行为，科学和教育范围内的行为被排除在外。例如为了公共利益，政府或由政府授权的第三方可以征用、废除和使用专用权。

3. 工业品外观设计的保护期限

根据《与贸易有关的知识产权协定》第26条第3款规定，工业品外观设计的保护期限不少于10年，这是对工业品外观设计保护的最低期限。但这并不排斥一些国家可以签订协议，进而推动对工业品外观设计实行较长时间的保护期。与工业产权的其他形式相比，这个相对较短的期限反映了工业品外观设计作为一种创造仅受到暂时保护的特点。

◆内容提要

国际技术贸易的标的物是无形的技术知识。专利权是指政府主管当局根据发明人的申请，经审核认定其发明符合法律规定的条件，而在一定期限内授予发明人的一种法定权益，即在法律规定的有效期内专利所有人对其发明依法享有的制造、使用和销售的权利。商标是指生产者或者经营者用以标明自己所生产和经营的商品与其他人生产或经营的同类商品有所区别的标记。这种标志可以由文字、数字、字母、图形、颜色等组成，也可以是几种形式结合在一起组成。专有技术是指那些未经公开、未申请专利、可以转让和传授、从事生产和经营管理所必需的技术知识、技能和经验。专有技术不像专利和商标那样经过法律的认可而得到保护，它是一种非法定的权利。知识产权是指法律赋予人们对其智力成果享有的专门利用的权利。版权又称著作权，是指文学、艺术和科学作品的作者依版权法及相关法律所享有的权利。计算机软件包括程序、程序说明和程序使用指导3项内容。集成电路是指半导体集成电路，也就是我们通常所说的芯片，它是整个电子工业的基础、信息产业的核心。工业品外观设计是指产品的形状、外形、式样和装饰的特征，可以被观察、识别和辨识，必须具有独创性和新颖性，其制作程序和方法不属于此范畴。

◆关键词

专利权　商标权　专有技术　版权和邻接权

◆复习思考题

1. 专利权的主要内容是什么？
2. 简述商标权的分类。
3. 简述专有技术的法律保护。
4. 版权和邻接权的保护原则是什么？
5. 计算机软件的贸易方式有哪些？

◆思考案例

苹果三星专利案，指的是苹果公司产品与三星产品之间存在的知识产权纠纷案件。苹果公司因为三星第一代Galaxy手机与iPhone的相似程度极大，并且在向三星发出专利授权要约遭到三星拒绝以后，将三星告上法庭。2012年8月份，美国加州地方法院已作出一审判决，称三星电子侵犯苹果若干专利，须向对方赔偿10.5亿美元。对此三星表示不服，并提起上诉。2012年12月7日，苹果与三星电子在美国加州圣何塞联邦法庭再次开庭，重新审理这场双方各具高风险的法律诉讼。2012年12月19日，三星撤销在欧洲各国对苹果提出的专利侵权诉讼。

2014年2月，双方未达成和解方案，致使双方的专利侵权案于3月启动新庭审。2014年8月份，微软再次对三星提起诉讼，请求美国联邦法庭认定，微软收购诺基亚手机业务的交易并不违反该公司与三星之间的合同协议。

2018年5月，美国陪审团重新审理此案，并达成一致裁决，将赔付金额改为5.386亿美元，其中5.333亿美元是因为侵犯苹果三项设计专利，而530万美元是因为侵犯了苹果两项实用专利。

2018年6月26日，美国加州北部地区法庭公布的法律文书显示，两家手机制造商已就专利诉讼达成和解。

试用本章所学知识分析此案例。

◆应用训练

试通过网络等途径查找案例来说明我国企业专利保护的现状。

第四章　国际技术贸易主要方式

本章结构图

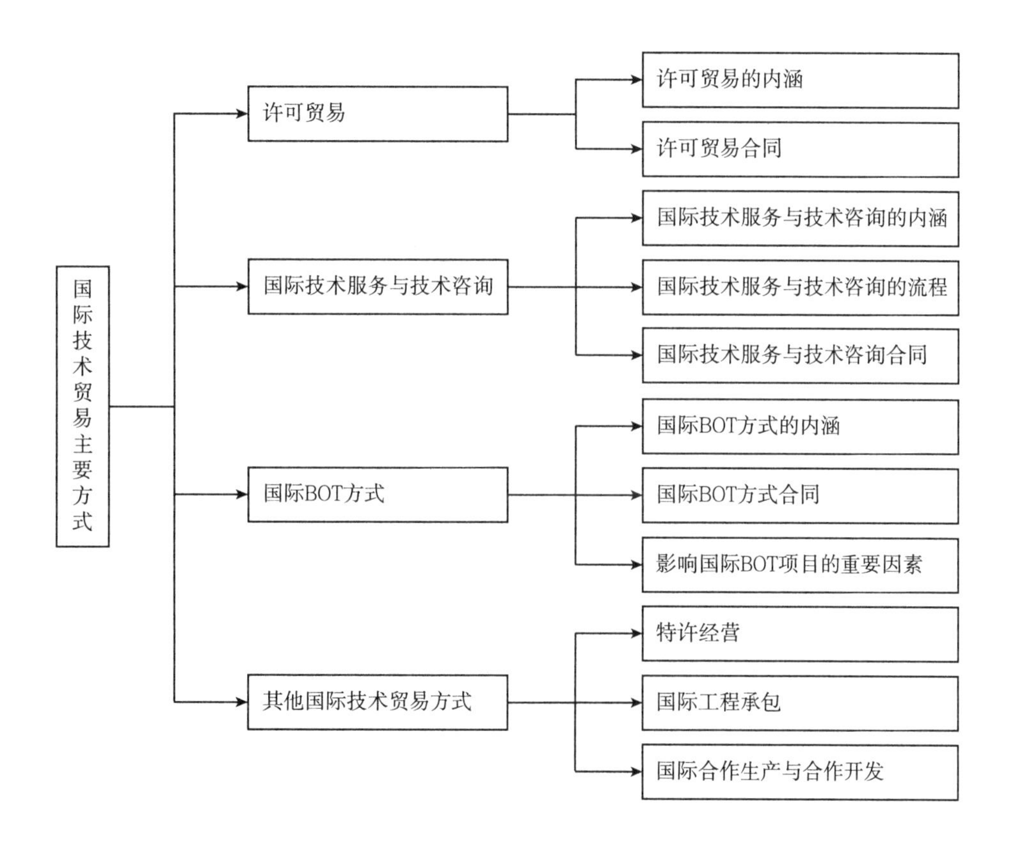

学习目标

了解国际技术贸易的主要方式，熟悉许可贸易、国际 BOT 方式、国际技术服务与技术咨询这几种主要的技术贸易方式的内涵、合同或流程，了解特许经营、国际工程承包、国际合作生产与合作开发的概念、主要特征和合同等。

导入案例

2018 年，美国当地时间 3 月 22 日，特朗普签署美国总统备忘录，称依据“301 调查”准备对中国多领域进口产品施加高额关税，限制中国在美高科技投资，还将针对中国“歧视性的技术许可行为”在 WTO 提起贸易诉讼。中美贸易战由此拉开帷幕，持续升级的中美贸易战对很多国内外公司都产生了极大的影响,国内首当其冲的则是民营企业——华为技术有限公司。2019 年 8 月 28 日,根据路透社报道,自 2019 年 7 月 9 日特朗普政府宣布松绑华为禁令以来,美国商务部已收到超过 130 个华为贸易许可证申请,然而,知情人士透露,直到目前为止商务部并没有核准任何申请。路透社指出,这种僵持的局面也许和特朗普对于中美贸易战的做法有关,使得商务部无法快速决定是否要提供许可证。美国总统特朗普一直将华为视为国家安全威胁,在 2019 年 5 月将该公司加入贸易黑名单,在最近受访时也表示,并不想与该公司做生意。前美国贸易官员芮恩希(William Reinsch)表示,商务部高层没人知道特朗普总统想要怎么做,因此不敢在一无所知的情况下做决定。商务部发言人则表示他们已经着手审核与华为相关的贸易许可证。

资料来源:http://www.sohu.com/a/226281449_132567.

第一节　许 可 贸 易

一、许可贸易的内涵

(一) 许可贸易的概念

许可贸易(licensing)有时也称为许可证贸易,它是指知识产权所有人作为许可方(技术转让方),在一定的条件下,通过与被许可方(技术引进方)签订许可合同,将其所拥有的专利权、商标权、专有技术和计算机"软件著作权"等授予被许可方,允许被许可方使用该项技术制造、销售、进口合同产品的技术交易行为。许可贸易是一项专业性、法律性很强的贸易活动,是目前国际技术贸易中使用最广泛、最普遍的一种贸易方式。

(二) 许可贸易的特征

1. 许可贸易中转让的技术会耗费大量财力、物力和人力

与普通贸易相比,许可方不仅想通过出让技术使用权收回其投资并获得一定利润,同时也希望在出让技术使用权后,最大限度地使自己仍处于技术上的垄断地位,以防被许可方获得技术使用权后获得竞争优势,从而威胁到许可方的经济利益。然而,正是这样许可方强加于被许可方的种种限制,严重妨碍了公平竞争原则,特别是对技术引进国家的经济发展造成不利影响,破坏了国际经济新秩序的建立以及国际经济的良好循环。因此,很多国家通过国内立法、双边或多边国际公约形式,对某些限制性商业条款予以限制。

2. 许可贸易涉及的法律比较广

一般的货物买卖合同,主要是适用于合同法和买卖法的有关条文。而许可贸易除了以上法律的一般规定外,还适用于工业产权法、国际贸易法、国际投资法,特别是技术转让法的有关规定。因为,技术的转让不仅是企业行为,它还与一个国家的长远经济发展战略和国民经济发展有着密不可分的关系,它直接关系到社会的公共利益。

3. 技术贸易涵盖了生产的全过程

技术贸易不仅仅是交易标的的买卖,还包括了技术的传授、吸收和实践并转化为生产力的全过程。许可贸易合同比一般的商品合同历时要长,通常都是一些长期合同。但如果这个许可贸易的转让期限过长,会对技术引进国及企业的科技进步与经济利益产生不利影响。因此,国际上有些国家在法律上规定了技术合同的最高年限。

4. 许可贸易比一般有形商品贸易复杂

许可贸易是一种综合性强、内容复杂的经济活动,通常涉及技术、投资、贸易、价格、税法、外汇管理、劳动管理等方面的问题。且有些技术贸易标的的所有权是无法转让的,如专有技术的专有性要靠保密来维持,而专有技术的使用权实际上就是技术的所有权。

(三) 许可贸易的类型

技术许可合同是国际技术贸易合同的主要和基本形式。它是双方当事人为共同实现专利权、商标权和专有技术的使用权转让的特定目标而规定双方权利和义务的法律性文件。技术许可合同可以按不同的标准进行分类。通常根据授权性质和使用的地域范围,技术许可合同可划分为以下几种类型:

1. 普通许可(simple license contract)

普通许可又称非独占许可合同。指在合同规定的有效时间和地域范围内,被许可方有权利用许可标的从事使用、制造、进口和销售等活动。同时,许可方自己仍然可以继续保留这些权利,也可以将这些权利转让给任何第三方使用。普通许可是许可方授予被许可方权限最小的一种授权,转让费较低。因此,许多发展中国家在技术引进时大都采用这种形式。按照国际许可贸易的惯例,如果在许可合同中没有特别指明是什么性质的许可,则视为普通许可。

2. 排他许可合同(sole license contract)

排他许可合同又称全权许可合同。指在合同规定有效时间和地域范围内,被许可方和许可方自己都可使用该许可项下的技术和销售该技术项下的产品,但许可方不得再将该项技术转让给第三方,即排除第三方使用的权利。这种许可合同在实际业务中并不多见,只有特定条件下才使用。如大学、研究所、实验室等科研机构,它们拥有技术,但没有制造条件,可以采用这种许可方式把技术转让出去,这样既可以获得一定的报酬,又可以利用这种技术继续进行科研攻关。

3. 独占许可(exclusive license contract)

独占许可指在合同规定有效时间和地域范围内,被许可方对转让的技术享有独占的使用产品、生产产品、销售产品和进口产品的权利,许可方不得在该地域内继续使用该商标,也不得再将该项权利许可给合同区域内的任何第三方。因此,许可方授予被许可方独占许可时,向引进方索取的技术使用费远高于普通许可费。国际许可贸易工作者协会公布的资料表明:独占许可合同的使用要比普通许可合同的使用费高出60%~100%。

目前,独占许可的形式在日本、美国和西欧一些发达国家和地区使用得较为普遍,这些国家和地区的市场竞争较为激烈,引进方为垄断产品的销售市场,通常愿意出高价以独占的形式获得先进技术,从而获得高额利润。

知识链接4-1

国际许可贸易工作者协会

国际许可贸易工作者协会(Licensing Executives Society,简称 LES)是一个从事研究与发展许可贸易、国际技术转让和知识产权保护的国际性专业组织,一直遵循积极促进各成员组织家和地区从事许可贸易、技术转让和知识产权保护工作专业人士业务素质发展、职业道德提高和积极向各国政府相关机构提供有价值的咨询意见及广泛向公众传播此领域知识的宗旨,为各国专业人士提供广泛的学术交流和专业培训机会,从而使会员及时了解此领域最新学术发展动态及业务实践技巧,以及有关技术转让和知识产权许可方面的最新交易信息。

LES 现有 30 个国家和地区分会及数十个工作委员会,会员共约 11 000 多人,主要是在各国大中型私人及国有企业、公司、律师和会计师事务所、科研和教育机构、政府机构和国际组织等部门,从事知识产权保护、许可贸易和技术转让工作的负责人。

资料来源:http://www.leschina.cn/.

4. **分许可合同**(sub-license contract)

分许可合同又称从属许可合同。是指在合同规定有效时间和地域范围内,被许可方经许可方允许,将其被许可所获得的技术使用权再全部或部分地转让给第三方。出让这种分许可的企业多为跨国公司或垄断集团的子公司或其驻海外的机构。这些跨国公司或垄断集团由于某种原因不能直接出让许可给第三方,因而将技术先出让给子公司或海外机构,然后再由它们与第三方签订这种分许可合同进行技术的转让。

5. **交叉许可合同**(cross license contract)

交叉许可合同又称互换许可合同。是指交易双方或各方以其所拥有的知识产权或专有技术,按各方都同意的条件互惠交换技术的使用权,供对方使用。这种许可多发生在原发明的专利权人与派生发明的专利权人之间。采用交叉许可的方式对双方都有利,交叉许可中相互交换的技术通常是有联系的内容。

上述 5 种许可贸易方式各有利弊,在国际技术贸易中,双方究竟采用哪种方式签订许可合同,取决于多种因素,技术价格和市场销路是两个主要因素。如果在被许可方的国家或地区内,技术产品的销售市场不大,签订排他许可合同较为合适。被许可方虽然支付的费用比普通许可高,但可以减少竞争对手,增强对市场的垄断性,许可方一般也愿意提供排他许可。如果销售市场很大,许可方一般愿意提供普通许可,一方面许可方也想在该市场销售其产品,另一方面通过技术的多次转让,获取更大的利润,对于被许可方,虽然可能存在其他几个被许可方的竞争,但由于市场广阔,对产品的正常销售不会产生严重影响,加之普通许可的技术转让价格较低,这种方式较容易接受。独占许可和分许可在技术贸易中所占的比例较小,对于能够大量生产和大量销售的技术产品,这两种方式的技术转让价格通常很高,难以被一般企业接受。

课堂讨论

乙公司由于改进了甲公司的某项专利技术,而获得了新的专利,但乙公司在生产中实施自己新的专利技术时却涉及甲公司的专利技术,采用交叉许可,就可以使双方同时使用甲、乙两方的专利技术,提高了技术水平,达到互利互惠的目的。目前,交叉许可已由两个企业之间的相互许可，发展为多个企业之间的多边许可。例如，美国的汽车工业取得迅速发展的原因之一，是美国在汽车发动机方面形成了“专利同盟”，专利技术实施多边交叉许可，使各企业共同获利，促进了汽车工业的发展。在西方，有些大企业为了合伙垄断市场，而采用交叉许可方式实现对技术的垄断，这些企业的技术发明仅限于他们同盟内部相互许可使用，而不对外界转让。

请讨论许可合同在这种意义上的许可使用是否合法、有效?

二、许可贸易合同

从法律上说，许可贸易合同是一种“授权协议”。在许可贸易中，技术的所有者或持有者在特定的时间和地域内授予被许可方使用其技术，被许可方支付费用，同时，被许可方还要承担保密等义务。国际技术许可贸易合同条款分为两大部分，即合同的一般条款和合同的特殊条款。

(一) 许可贸易合同的一般条款

一般而言，许可贸易合同由下面 4 个部分构成:前言、合同主体、尾部、合同附件。

1. 前言

前言是合同的重要组成部分，通常包括合同的名称、编号、签约时间和地点、双方当事人的名称和地址及“鉴于条款”，它一般附在合同的正式条文之前。

(1) 合同的名称要与合同的内容、类型和性质相符。如:“××专利申请许可合同”“生产××产品商标许可合同”等。为了方便合同的执行，便于立卷归档查阅，也为了便于当事人双方通信往来，每个合同都有其特定的编号。

(2) 要在合同中写明签订合同的时间和地点。需要注意一点，签约时间并不一定就是合同生效的时间，因为有些国家规定，合同签订后必须履行审批手续，经过批准后的合同才能生效。另外，前言中一定要写明签约地点。按照国际司法中的原则，签订合同的地点，可以成为日后发生合同争议时，法院或仲裁庭确定合同适用哪一国法律的依据。

(3) 由于合同双方是整个合同权利、义务和一切法律责任的承担者，合同中的全部条款都是以这两者为中心拟定的，因而完整、确切地写明双方当事人的名称和法定地址有着重要的意义。

(4) 鉴于条款，英文以“Whereas”开头，用以说明合同双方当事人的背景，阐述当事双方签订合同的理由，表达双方想实现合同规定目标的愿望，陈述工业产权或专有技术的拥有情况、合法性和实施情况，及表明合同双方当事人为达到预期目标而共同合作的意愿。与其他部分相比，鉴于条款并不是特别重要，但它有助于对合同的解释和理解。

2. 合同主体

合同的正文是整个许可贸易合同的主体部分。它包括以下 11 个方面的内容。

(1) 定义条款。在国际技术贸易中，由于交易双方当事人所在国家不同，语言、文化和法律等方面存在差异，各国对同一名词的理解使用可能不完全一样，为了避免当事人日后在合同执行过程中产生分歧，便于当事人在合同中明确表达双方达成的一致意见，就必须对一些关键词语确定明确的定义，譬如合同产品、技术服务、技术资料、净销售价、专利、专有技术、改进与发明、子公司、附属公司、合伙人、第三方等。定义在合同中往往是单独作为一条列出的，一般置于各条款之首。

（2）技术的内容和范围条款。这是整个合同的核心部分，是合同中规定的当事人双方各项责任、义务和权利的基础。它主要规定了以下内容：

① 对技术的基本说明。包括合同产品的名称、系列、型号、规格、地域（即可以销售和生产该项产品的国家和地区）、期限以及要达到的性能和技术指标等内容。

② 被许可方使用技术的方式。例如，是独占许可还是排他许可，或是交叉许可，被许可方有无权利发放分许可证等，以此明确许可证的类型。

③ 转让技术的方式。技术的转让可以有3种方式来完成。

首先，提供技术资料。许可方提供合同产品的设计图纸、数据，生产工艺的资料和说明，技术资料清单以及文字说明，还应包括使用公制度量衡制，以便技术引进方对许可方提供的技术资料可进行合理的修改和转化。

其次，提供技术服务。对于一些需要特殊技巧和诀窍的项目，被许可方就需要许可方提供技术服务，派遣有关技术人员到被许可方的合同工厂进行实际操作、安装调试、传授技术、提供技术指导和服务，这对被许可方迅速掌握技术会有很大帮助，但技术服务费较高。

最后，还可以采用技术培训的方式。技术培训是指许可方负责培训被许可方有关人员，使之掌握和运用技术。但是双方要在合同中把人员培训的目的、范围、内容、方法、人数、专业、工作时间和实施的条件规定清楚，使得合同双方都有章可循，以免许可方逃避责任，影响培训效果。

④ 其他说明。除了基本技术以外，是否还有其他技术转让，若有，应写明相应的条款。例如，在签订一揽子许可合同时，要写清楚转让的技术标的。

（3）技术修改与改进、发展条款。技术的修改是指如果许可方提供的技术资料不能完全适用于被许可方实际的生产条件，许可方应当允许被许可方根据本企业的实际情况作适当的修改，并给予必要的帮助。

事实上，被许可方能否对许可方提供的技术进行修改，这是合同双方当事人有争议的问题。被许可方认为，为使引进的技术适应其自身条件，有权对许可方的技术进行修改，许可方应当给予必要的协助，并对此仍承担技术上的担保责任。而许可方认为，为保证技术的完整性、安全性和可靠性，被许可方不得擅自对引进技术进行修改，如若修改，必须事先征得许可方的同意，否则，对因此而产生的一切后果概不负责。从根本上说，双方争议的焦点在于对技术修改后产生的风险和责任由谁负责的问题。

技术的改进与发展在这里不是研究如何改进技术，而是关于许可贸易合同各方改进或发展了原技术并取得新的专利权之后，应当如何以优惠条件向对方提供新技术的问题。对此，各个国家的看法是很不一样的，争议广泛存在于发达国家与发展中国家之间。世界知识产权组织在其编著的《供发展中国家使用的许可证贸易手册》中指出，改进是指在不改变已有技术本质的基础上，对已有技术的工艺、性能进行局部的完善和提高。而发展则是指超出了原有技术的本质和主题，使原有产品或工业发生了实质性的进步。这一合同条款应该包括以下内容：

① 改进和发展技术的所有权和使用权。我国法律明确规定，互相提供改进和发展技术，是使用许可的问题，不应是所有权的转让。除非合同另有约定，改进和发展技术的所有权应属于作出改进或发展的一方，另一方享有使用权，如另一方意欲将使用权许可转让给第三方，应征得作出改进和发展的一方同意。

② 当事人之间应按互利、互惠和权利与义务相一致的原则，约定相互提供后续改进的信息，彼此互惠利用后续改进的成果。首先，有关后续改进和发展的技术成果分享的约定必须是自愿的，而不是强迫的。其次，双方给予对方使用其技术授权的性质和条件应该是相同的，而且这种授权的性质在原则上应与合同中许可方给予被许可方授权的性质相一致。最后，要防止技术许可方规定"片面回授"的不合理、不对等的条件和要求。

③ 约定分享改进和发展的技术成果应当是有偿的。完成改进和发展的一方有义务向另一方提供新的技术，并有权利按照合理的商业条件取得收益。改进技术通常免费提供给对方，而发展技术可以是有偿的也可以是无偿的。一般来说，在合同有效期内，双方均承担互相交换改进和发展原有技术的义务。

(4) 支付条款。许可贸易合同价格又称使用费，技术价格的构成与商品价格的构成有很大差异，影响技术价格的因素与比一般贸易商品要复杂得多。因此在合同中规定交易标的的价格，不能简单按照一般商品价格的确定方法来定价。

在计算技术使用费时应注意：许可方在被许可方所在国内因取得该使用费而应支付的所得税额，包括在该使用费之内，不应由许可方另行负担。许可方要求以外汇支付，汇率如何确定必须在支付条款中明确规定，否则，如外汇汇率发生较大波动，合同双方难免在支付时发生争执。对于被许可方来说，支付条款是一切合同条款中最重要的，因而在签订这个条款时要格外慎重。

(5) 保证与索赔条款。在许可合同中，许可方保证主要有以下两个方面：

① 许可方权利的担保。许可方权利担保的含义与内容随着交易的技术内容、授权的性质而异。但一般而言，许可方权利的担保是指：a. 许可方是其所转让技术的合法所有者或持有人；b. 许可方有权进行转让，并在合同所确定的范围内保证此种转让没有侵犯任何第三方权利；c. 如果在执行合同的过程中，发生任何第三方指控，许可方应负责与此侵权行为有关的一切谈判事宜，并按照约定承担由此引起的一切后果。

② 许可方对技术资料的担保。许可方要对其所转让的技术及相关设备的性能和质量进行保证。包括：a. 保证所提供的技术是许可方实际使用的最新技术；b. 保证该技术资料是完整、正确和清晰的；c. 保证许可方将按合同规定的时间和内容交付技术资料；d. 保证被许可方在正确应用技术资料时，能达到双方规定的技术目标和各项性能指标；e. 保证在产品达不到合同规定时能与被许可方共同分析原因、采取措施，争取在再次考核时能达到合同要求。若许可方交付的资料内容有误、数量短缺，许可方还要保证按期更正和补全。

如果许可方未能很好地履行上述合同保证条款，在法律上就构成了违约行为，受损害的一方有权要求对方承担损害赔偿责任。所以，在合同中还要规定具体的索赔条款。签订保证与索赔条款主要是为了被许可方的利益，防止许可方在执行合同时以次充好、以假乱真，或者对应该履行的合同义务采取不认真、不负责的态度。为此，被许可方会在许可合同中要求许可方对技术的合法性、可靠性和有效性承担保证责任。对于非故意违约，而确实是技术上或者其他客观原因所导致的未能履约的或达不到合同中的某些规定标准的，被许可方有权向许可方索赔。因此，索赔是一种在合同不能按规定执行时，对被许可方的损失进行补救的处理方法。

(6) 考核与验收条款。考核和验收是对许可方是否按照合同规定交付技术资料、提供技术服务、正确有效履行合同义务的最终检验。对产品的考核和验收可以起到对技术转让的各个环节进行综合考核的作用。该条款主要包括以下 6 个方面的内容：

① 考核验收时间和地点。一般在技术引进方生产出第一批合同产品时，在合同工厂进行。

② 考核验收内容。主要是指合同产品的型号、规格、数量技术指标和经济指标。

③ 考核验收标准。当事人双方在合同中规定产品的各种质量和数量的参数和指标。

④ 考核验收组织工作，即由谁来进行考核。一般是由双方派人组成专门的考核小组，要具体规定该小组成员的组成条件。

⑤ 考核验收方法。这一般在附件中加以规定。考核合格后双方签署验收合格证书。若考核不合格，应检查原因，分清责任，限期进行下一次考核。如果不合格的责任在许可方，下一次考核所需费用应由许可方负担；反之，则应由被许可方负担。若规定的最后一次考核仍不能通过验收，并且责任在许可方，被许可方有权视情况要求许可方给予经济补偿，或按许可方违约终止合同。具体处理方法可参照“保证与索赔”条款中的规定。若责任在被许可方，而且被许可方仍愿意继续完成合同，许可方则仍有义务协助被许可方查出原因，继续调试，直至考核合格为止。

⑥ 拟定考核验收条款应注意的问题。主要包括：a. 考核验收的内容、标准、方法的规定应与技术内容和范围条款中所规定的技术指标和参数相适应，不能有任何矛盾；b. 考核验收的标准要在签订合同前就确定下来，不要留到合同签订后再协商解决，否则极易产生纠纷；c. 对被许可方最重要的是应要求许可方权利尽量合理。例如，因产品质量达不到标准而终止合同前，必须有一个提前警告，如要求被许可方提高质量，在一定时期内仍提高不上去时，才可终止合同。

(7) 保密条款。保密条款包括两方面的内容：

① 被许可方要为许可方的专有技术等秘密技术保密。在签订合同时，许可方会要求把保密条款规定得尽量详细。在尚未正式签订合同之前，就会先谈保密问题。否则，一旦谈判不成，许可方已经告知被许可方的部分秘密技术也有被泄露的危险。订立了这种合同后，在合同因故中止时，被许可方仍应继续保密；合同正常履行完毕后，如果有关秘密尚未进入公共领域，也要继续保密。但是，技术保密也不单纯是被许可方的义务，许可方也必须保证不泄密。尤其是在独占许可合同的情况下，一旦技术从许可方那里泄露给第三方，独占合同就失去了意义。

② 双方均有义务为对方的经营状况保密。因为在合同履行过程中，双方当事人都有可能会掌握对方的经营信息。如许可方为了保证质量需要检查被许可方的产品，还有可能为了解销售额而检查被许可方的账目等，这些情况都需要许可方承担保密义务。

(8) 税收条款。由于税收问题直接关系到技术转让的价格和收益，因而税收条款是贸易合同极为重要的一个条款。

由于国际技术贸易当事人涉及在不同国家纳税，因而不可避免地要产生双重征税问题。

(9) 争端解决条款。在合同的执行过程中，当事双方发生争议的解决办法通常有 4 种：友好协商、调解、仲裁和诉讼。

① 友好协商。在合同双方当事人发生纠纷以后，双方尽量在彼此认为可以接受的基础上友好谈判，相互让步、协商，最终达成一致意见形成和解协议，解决双方争端。

② 调解。如果通过友好协商不能达成和解，可以把争议提交给第三方，由其提出解决办法，从中调解。双方当事人可以在合同中指定一名独立的专家作为调解人，并对这位专家应具备的条件，专家指定的方式和提出的解决方案及其法律效力、专家费用的分担等，都作

出具体的规定。

③ 仲裁。仲裁是指合同当事人双方达成协议，在双方发生争议时，愿将有关争议提交双方都同意的第三者进行裁决，裁决的结果对双方都有约束力，双方都必须遵照执行。仲裁条款是合同当事人双方同意把争议提交给仲裁机构审理的协议，它是仲裁机构受理争议案的法律依据。若合同中未设仲裁条款，合同双方必须另行签订仲裁协议，否则仲裁机构不受理双方案件。仲裁协议内容要明确全面，一般包括：a. 仲裁机构和地点；b. 仲裁规则；c. 仲裁的事项及范围；d. 仲裁裁决的效力和费用的负担。

④ 诉讼。如果当事人双方不能以友好协商方式解决，而双方当事人之间又没有订立仲裁协议，任何一方当事人都可以向有管辖权的法院起诉。但是，一般而言，并不鼓励合同双方采用诉讼方法解决争端，因为诉讼会破坏双方当事人友好合作关系，不利于双方长期合作。

(10) 适用法律条款。合同的适用法律条款是指合同的成立和条款的解释受哪一个国家法律的约束，双方当事人的义务应以哪个国家的法律为准。由于各国法律不同，按照不同国家的法律处理争端，可能产生不同的结果。一般情况下，许可合同的当事人都各自熟悉本国的法律，因而都会希望合同能选择自己所在国的法律为适用法，以便在发生合同争议时可以自己国家的法律对合同作出解释。世界上大多数国家都允许当事人有选择合同所适用法律的自由，注明法律选择条款的目的在于，使合同在法律上具有确定性，以免将来发生争议时在选择适用法律上产生分歧。

知识链接 4-2

国际技术贸易合同法律适用

我国国际技术贸易合同有许多是含有知识产权的技术贸易合同，这类合同的法律适用的原则和方法，没有统一的法典，散见于不同的法律之中，主要体现在我国的《民法通则》《合同法》以及相关司法解释当中。

《民法通则》第 145 条规定："涉外合同的当事人可以选择处理合同争议所使用的法律，法律另有规定的除外。"《合同法》也对当事人选择适用法律的自由作了相同的规定。《合同法》第 126 条规定："涉外合同的当事人可以选择处理合同争议所适用的法律，但法律另有规定的除外。"由此可以看出，允许当事人选择法律是我国对该问题的一贯态度。但我国立法对意思自治原则的具体适用，如当事人选择法律的时间、方式、范围等没有具体规定。在司法实践中，依我国冲突规范指定的法律一般仅指现行的实体法，不包括冲突规范和程序法。并且，我国的司法实践要求当事人选择法律应该采用明示的方式。

《民法通则》第 145 条第 2 款规定："涉外合同的当事人没有选择处理合同争议所适用的法律的，适用与合同有最密切联系的国家的法律。"《合同法》第 126 条也规定："涉外当事人没有选择的，适用与合同有最密切联系的国家的法律。"这表明在我国最密切联系原则是意思自治原则的补充。

资料来源：http://www.shcntect.com/zcfg/14357.htm.

(11) 合同有效期和终止条款。许可贸易合同都会规定一个有效的期限，一般不超过 10 年。有效期的长短可由双方当事人根据具体情况协商，有效期太长必定限制某一方当事人或双方当事人选择与其他人进行交易的自由，尤其对技术更新快的技术领域，将会造成技术已过时而还需要支付提成费的不合理现象。在许可合同期限届满时，如果双方当事人同意，可以适当予以延长。但通常国家会在审批条例中规定，如果需要延展许可合同的期限，必须提出申请，经过有关部门审批通过后才能延展。合同终止有3种情况：

① 自然终止，合同规定的有效期届满，双方当事人不再延展合同，则合同自然终止。

② 不可抗力终止，合同签订后，某一方当事人遇到了不可抗力事故，致使合同无法执行，则可以中途终止，双方当事人可以免除法律责任。

③ 违约终止，因一方违约造成合同中途终止，则后果的处理比较复杂，一般会在保证与索赔条款等许多条款中，对何种情况下一方如何行使终止权，分别作出规定。

3. 合同尾部

合同尾部主要包括合同生效与签字等内容。合同成立与合同生效是两个概念，不能简单地等同。我国《合同法》规定："依法成立的合同，自成立时生效。法律、行政法规规定应办理批准、登记等手续生效的，则依照其规定。"

所以，许可合同经双方代表签字后即为成立。如果双方签字日期不同，则以最后一方的签字日期为签约日期。但是，根据大多数国家的法律规定，国际技术贸易合同须经国家有关部门审查批准才能生效。所以，一般会在合同中规定："本合同于某年某月某日在某地经双方代表签字，并须经双方政府批准，以最后批准一方的批准日期为本合同生效日期。彼此应以电传或其他方式及时通知对方，并以信件确认。"

4. 合同附件

合同附件是附在合同之后用以说明合同正文不便详细罗列内容的部分，其法律地位与合同正文是同等的。双方当事人有必要在合同中明确这一点，例如，"本合同附件是合同不可分割的一部分，与合同正文具有同样效力"。在附件中至少含有技术附件与产品附件。技术附件包括许可方将提供的各种技术的名称、资料细目、向被许可方发送的步骤及具体日期等。产品附件中包括适用该技术生产的产品将在性能、功能、质量等方面达到怎样的指标。许可方日后如不能履约，一般都表现为不能按时或按量送交技术文件，或所提供的技术并不能使被许可方产品达到应有的指标。所有附件应与合同正文提到的附件相对应，并按前后顺序一一排列，不能任意颠倒。

（二）许可合同的特殊条款

专利、商标和专有技术作为技术贸易的主要标的，它们各有其特点，并且在交易过程中，所涉及的问题也有所不同。因此，除了前面介绍的许可贸易的基本条款外，还应针对合同中的具体转让标的，在许可合同中加入一些特殊条款。

1. 专利许可合同的特殊条款

(1) 专利条款。由于专利问题涉及许多别的法律方面的问题，应要求许可方把项目中所包含的专利内容一一列出，包括专利号、申请类别、申请时间和有效期限等。这样有利于被许可方鉴别专利真伪，并能较准确地支付应支付的专利技术使用费。

(2) 专利有效性的保持。按照各国专利法的规定，专利申请后，专利人应按期向主管部门缴纳一定的年费。年费的缴纳金额通常采取累进制，即越接近专利末期，年费越高。所以，为了保持专利在合同有效期内的有效性，合同应规定，许可方应按期向专利主管部门缴纳年费。这样做对于当事人双方，特别是被许可方是有利的，否则，合同有效期尚未届满，专利却可能因为未缴纳年费而失去法律的保护。

(3) 关于侵权的处理。侵权是指未经专利权人许可,第三者即实施其专利,而专利权人或者其利害关系人被指控侵犯了第三者的专利时所产生的一种违法行为。在许可方为转让专利权而与被许可方签订合同时,被许可方利用许可方专利技术生产并出售产品时,有时会受到第三者的指控,从而发生侵权纠纷。合同中一般规定:“如果第三方指控侵权时,由许可方负责与第三方交涉,并承担由此产生的法律和经济上的全部责任。”

(4) 专利被宣布无效时的处理。通常有以下3种处理方法。

① 如果合同签订后出现双方尚未执行而专利被宣布无效的情况,被许可方可以宣布合同无效。

② 如果合同签订后出现专利被宣布无效,但被许可方仍认为所转让的技术是有用的,则可要求许可方提供担保,即担保许可方本人是专利所有人。

③ 如果出现专利被宣布无效,但合同仍有存在价值的情况,则应对原签订的合同条款进行修改,以使双方当事人的权利、义务规定适应已经变化了的情况。

2. 商标许可合同的特殊条款

商标是工业产权的一种,商标所有人可以将商标转让给他人使用。在商标许可合同中,须明确规定以下几项内容。

(1) 商品的内容条款。主要用来说明商品的名称,附有商标图样、使用该商标的商品类别。

(2) 商标权的合法性和有效性条款。为说明商标权的合法性和有效性,合同中必须明确说明商标注册的国别、有效期和适用的地域范围,必要时还要提供注册证明或批准的影印件。此外,许可方还应声明,许可方是该注册商标的合法所有者,有权授予该商标的使用许可。

(3) 授权的性质及许可使用的地区和商品条款。商标许可使用主要分为独占许可和非独占许可,一般多为非独占许可方式,也就是商标权人许可被许可方在合同规定的地区销售带有该注册商标的商品,许可方自己保留使用该商标的权利,即有权销售带有该商标的商品。

(4) 被许可方使用商标方式条款。在一项商标许可或包含商标许可的合同中,究竟采用哪种方式,我国法律和政策都没作限制性规定。被许可方应该从企业的长远发展考虑,同时要根据自己产品的销售情况及市场需求决定采用的方式。

被许可方使用商标的方式,大致有以下几种:

① 原样使用许可方商标。是指将许可商标原封不动地使用在被许可方的商品上。原样使用的一般是商标知名度很高,特别是国际驰名商标,以不改变原有形式为宜。我国在加工贸易中大多采用这种方式,如“定牌生产”或“贴牌生产”。

② 联结商标。是指将许可方商标的主要特征和被许可方商标的主要特征联结在一起,组成一个新的商标,而联结商标的所有权属于被许可方。这种做法有利于使消费者产生联想,将被许可方的产品质量与许可方的产品质量和制造技术联系起来,逐步树立起新商标的信誉,扩大产品销路,又不会受许可合同有效期的影响。

③ 联合商标。联合商标是指将许可方原商标与被许可方自有商标并列使用。如上海汽车制造厂和德国大众汽车公司进行合作生产,其小轿车的商标使用“上海-桑塔纳”;又如“索爱”手机是索尼公司和爱立信公司共同生产的。这种商标使用形式与联结商标的优点基本是一样的。

④ 将许可方的商标与制造地点联系起来的商标,即注明由××国××厂根据××号许可证制造的商标。这种使用形式一方面可以利用许可方商标的信誉,另一方面又便于与许可方自己制造的产品相区别。如果产品质量存在缺陷,则易于查找产品来源。这种使用形式在国际转让中是比较常见的。

企业在实际操作中,一般选择上述可供选择使用形式的后三种,因为这涉及企业的商标战略问题。被许可方引进商标使用权的主要目的在于利用许可方商标的信誉,以利于产品的推销,并且希望以此建立被许可方自己产品的信誉。而第一种形式由于在合同期满后,被许可方不得继续使用许可方的商标,这就大大影响将来产品的销路和市场。为了避免这一情况的发生,也可以在合同中规定若干年先用许可方商标,若干年后改用许可方和被许可方的联合或联结商标,再过若干年后变为完全使用被许可方的商标。

分析案例

奇瑞捷豹路虎合资项目在江苏常熟举行奠基仪式

2012年11月18日,奇瑞与捷豹路虎的合资项目正式在江苏常熟奠基。仪式现场,奇瑞汽车和捷豹路虎共同宣布,双方的合资申请已经正式通过了国家的相关审批手续,并宣布合资公司名称为"奇瑞捷豹路虎汽车有限公司",奇瑞汽车有限公司董事长尹同跃与捷豹路虎全球首席执行官施韦德共同发布了合资公司的新LOGO—"奇瑞-捷豹路虎"。成立的合资公司总投资额109亿元人民币,合资双方股比50∶50。除了整车生产基地外,合资公司还将建设联合研发中心、发动机生产基地,同时还将销售自产的捷豹、路虎产品以及推出全新的、为中国市场量身定做的合资自主品牌。施韦德表示,该生产基地是"路虎在英国以外建立的首家工厂",之所以选择中国,是因为"捷豹XF、XJ以及揽胜极光在华需求远超我们的预期,中国已成为世界上豪车增速最快的国家之一"。

请思考:奇瑞和捷豹路虎的合作方式属于哪种?双方合作会带来哪些机遇与挑战?

资料来源:http://finance.people.com.cn/n/2012/1118/c70846—19614336.html.

(5) 质量控制与监督条款。被许可方使用许可方商标直接关系着许可方的产品和企业的信誉,因此,许可方十分重视被许可方生产产品的质量。为了保证其质量与许可方所生产的产品质量相同,避免因被许可方产品质量达不到标准而破坏商标名誉,甚至影响许可企业的声誉,许可方会要求对被许可方产品的质量行使控制权和监督权。质量控制和监督条款的主要内容应视合同内容而定。这一条款规定的宽严程度,一般是根据产品的特性和被许可方的技术水平加以规定,有的只笼统规定,有的则比较详细具体。

(6) 备案或注册。根据各国商标法的规定,商标使用许可合同签订之后均需向被许可方国家主管商标的管理机关办理备案或注册,使许可的商标在被许可方国家受到法律的有效保护。在许可商标受到第三者侵权时,合同当事人可以提起侵权诉讼,以制止侵权行为,否则,将使合同当事人处于不利地位。

办理备案和注册一般是有区别的。合同许可的商标已在被许可方国家注册过,只需办理备案。如果合同规定的商标使用方式不同于原商标,譬如联结商标或联合商标,那么,这种商标视为一种新商标,需要办理注册手续,以得到被许可方国家法律的批准。

3. 专有技术许可合同的特殊条款

秘密性是专有技术的特点之一,专有技术的商业价值就在于保密。专有技术一旦被外界所知晓，其商业价值就立即降低，甚至完全消失，因此，许可方转让技术时会要求被许可方承担保密义务，限制被许可方扩散或泄露专业技术内容。

(1) 初期保密协议。在专有技术转让谈判过程中，被许可方必须取得必要的技术情报资料才能对拟议中的项目进行评价，这难免要涉及一些技术细节，许可方不得不透露一些技术秘密。而许可方由于担心若谈判破裂对自己不利，而不愿意把技术细节告知对方。为了避免这种两难的境地，双方在开始谈判的阶段，就应在合同正式签订之前首先签订一项初期保密协议，以此约束对方，维护自身的利益。这是国际技术贸易中较为通常的做法。

(2) 被许可方的保密义务。包括的内容有：

① 保密的范围。是指被许可方应当对哪些技术内容承担保密责任。在技术转让中，许可方提供的技术资料包括两类，即非机密资料和核心资料。合同订立时，既要保证许可方的秘密不被泄露，也应防止对许可方提供的所有资料不加区分，一概要被许可方承担保密义务和保密责任，束缚被许可方的发展。对被许可方应当承担的保密责任，一般在合同附件中一一列出。这不仅有利于使保密的内容具体化，也有利于将不需要保密的部分排除在外。

② 保密的地域范围。是指保密者承担的不向任何第三方泄露所负责保密的技术的区域范围。这个区域范围取决于合同的性质，即取决于该合同授权条款中规定的授权性质。如果该合同授权条款规定的授权属于普通许可，那么，被许可方承担的保密义务则不受地域范围的限制；如果合同中的授权是一种分许可，被许可方有权根据合同规定将许可方转让的技术向第三方转让，则被许可方承担的保密义务的地域范围就是有限的。

③ 保密的期限。即被许可方承担保密义务的期限。保密期限的长短应根据所转让技术的实际寿命，以及国家的有关法律规定来确定。对一般技术，保密期限与合同有效期相等。对尖端、先进技术或经济价值很大的技术，保密期可以长于合同有效期，特别是合同有效期届满后，专有技术的内容仍未被公众所知晓，而且该技术在当时仍是有效的，被许可方可以承担长于合同有效期一定时限的保密义务。

保密的期限也可以续展，这指的是在合同执行过程中，由于某种情况的发生，合同当事人双方同意将合同原定的保密期限予以延长。在许可合同中，一般都订有技术的改进和发展条款，当许可方在合同有效期内根据合同规定将其新发展的技术提供给对方时，保密期的续展也就随之发生。一般来说，续展的时间为该合同已经实际执行的时间。如某一合同规定的保密期为10年，当合同执行到第5年时，许可方将新发展的技术提供给被许可方，被许可方对新发展的技术的保密期也同样为10年，自被许可方收到许可方提供的新发展的资料之日起计算，由此该合同的保密期的续展时间为5年。

④ 保密的措施。保密措施的规定可根据专有技术本身的特点，作宽严不同的规定。对于一般技术，保密措施的规定可以简单、笼统一些；对于尖端专有技术或经济价值很高的技术，保密措施应该严格。

⑤ 泄密的责任。在合同中规定承担违反义务的违约责任条件，实际上是规定不承担违约责任的例外情况，即免责条件。哪些情况可以作为免责条件由双方约定，一般仅限于由于保密义务人自身以外的原因，使继续执行保密义务成为不必要或不可能等情况才能免除承担违约责任。

在合同的有效期内，泄密不但可能发生在被许可一方，也可能发生在许可一方。就合同当事人的责任而言，被许可方泄密即构成违约行为，应承担违约责任，赔偿给许可方所造成的经济损失。反之，许可方泄密，如全部泄密，被许可方有权终止合同，并要求赔偿损失；如属部分泄密，被许可方对泄密的部分不再继续承担保密义务，并可要求降低技术使用费。如泄密非合同当事人所为，而是当事人雇员的行为，则应追究泄密人员的刑事责任，可根据情节轻重，移交司法部门进行查处。

(3) 许可方的保密义务。在国际技术贸易中，许可方也要承担一定的保密义务。许可方的保密义务至少表现在以下3个方面：

① 许可方对被许可方提供的合同工厂的厂址、水文和地质资料、生产能力、产品种类、经销渠道等生产经营情况应承担保密义务。因为合同工厂的厂址环境、生产经营情况等属于该厂的重要经济情报或商业秘密，一旦泄露，势必有碍于该厂在商业上的竞争地位。

② 许可方在订立合同后，一般也应对其转让的技术进行保密，不得以危害被许可方为目的将其技术公开。被许可方与许可方签订专有技术转让合同后，为了最大限度地从其购买的技术中获得利润补偿，被许可方会要求许可方对其所转让的技术予以保密，以防一旦泄露或公开，增加强有力的竞争对手，或者丧失该技术的商业价值，遭受损失。

③ 在被许可方将其发展的技术回授给许可方时，许可方应承担保密义务，不得泄露被许可方回授的技术内容。

第二节　国际技术服务与技术咨询

一、国际技术服务与技术咨询的内涵

随着科学技术的迅猛发展，解决一个问题通常需要众多部门共同完成，而对于一些规模较小的企业来说，并不具备这样的组织结构，因而需要寻找提供技术服务或咨询的部门来帮助和解决这些技术难题。广义上说，技术服务和咨询也属于国际服务贸易的范畴，但技术服务和技术咨询是以提供技术知识为主的特殊服务，因此，与一般贸易又有所不同。

（一）国际技术服务和技术咨询的概念

1. 国际技术服务的概念

国际技术服务(international technical service)，是指受托方应委托方的请求，运用所掌握的专业技术知识和经验，就解决特定技术课题为委托方提供的知识性服务。特定的技术课题，是指有关改进产品的结构、改良工艺流程、提高产品质量、降低产品生产成本、节约原材料和能源消耗、生产安全操作、治理污染等特定技术课题。

2. 国际技术咨询的概念

国际技术咨询(international technical consultance)，是指受托方应委托方请求，就解决重大技术课题或特定技术项目，运用其掌握的理论知识、实践知识和信息，通过调查研究，运用科学方法和先进手段进行分析、评价、预测，为委托方提供建议或者几种可供选择的方案。国际技术咨询课题或项目一般包括技术评估、技术预测、专题技术调查、重大工程项目可行性论证、技术项目招投标文件拟订或审查等。

（二）国际技术服务与技术咨询的共同点

1. 二者都是解决技术课题

技术服务与技术咨询的课题都是技术领域的课题。不同于一般服务或咨询，如政治、法律、医疗保健等非技术问题，它们不属于技术服务或技术咨询范围。

2. 二者所用的知识都是普通知识

普通知识，是指某一技术领域从业人员普遍掌握的、成熟的、实用的，甚至是经验等一般知识。在技术服务和技术咨询中，普通知识完全可以满足解决约定的技术项目和技术课题的需要。因为服务、咨询项目或课题并不一定是新问题，可能是他人早已解决，而委托方尚未解决的问题。再者，委托方如需要新技术，如专利技术或技术秘密等，要通过签订专利实施许可合同，或者技术秘密转让合同加以解决。

3. 二者的机构是完全独立的

国际技术服务与技术咨询的“价值”在于其科学性和可靠性，而科学性与可靠性来源于从事服务、咨询机构与人员的“独立性”。因为只有独立机构才能排除外界利害关系的干扰，完全站在客观的立场上，凭借广泛的专业技术知识，高尚的职业道德进行工作，提出正确、可靠的技术解决方案或咨询结论。因此，技术服务和技术咨询机构的独立性是技术服务、咨询产业的生命。

4. 二者的受托方和委托方的关系是买卖关系

国际技术服务和技术咨询业务中，受托方提供给委托方的成果是咨询报告、技术方案，以及技术课题的最终解决方案等。技术服务或咨询机构将成果提供给委托方。委托方支付报酬后，成果“所有权转移给委托方”，受托方无权再使用，或者允许其他人使用。所以，技术服务和技术咨询类似于商品买卖。

（三）国际技术服务与技术咨询的区别

如上所述，国际技术服务与技术咨询既有很多共同之处，也存在很大差别。在实际业务中，当事人不能混淆两者的界限，否则，人们很难判断合同的性质和当事人的权利义务。因此，人们不仅应该了解它们的共同点，而且应该了解它们的区别点：

1. 二者适用的范围不同

国际技术咨询适用的范围主要是宏观的、重大的、前瞻性技术课题，包括产品设计、质量控制、材料鉴定、工艺流程改进、降低原材料或能源消耗等，具体有：科学发展战略和规划的研究，技术政策和技术路线选择研究，重大工程项目、科技成果转化项目、重要技术改造、科技成果推广可行性分析研究，特定技术领域、行业、技术发展的研究，产业、技术开发与技术创新分析论证，产品换代技术方案、工艺路线分析研究，传统企业改造、升级、转型的建议或方案。

2. 二者机构的责任不同

国际技术服务受托方的责任，是提出技术课题解决方案，并负责方案的实施，使委托方的技术课题得到圆满解决。如开发一项新产品、产品更新换代、降低原材料和能源消耗，最终成果必须达到规定的技术指标。如成果实施未达到规定的技术指标，或者实施给委托方造成经济损失，技术服务受托方应承担赔偿责任。

国际技术咨询受托方的责任，是按合同约定的时间、质量，提供符合咨询合同要求的咨询报告，但不负责咨询报告的实施。实施咨询报告的责任在委托方，委托方按咨询报告实施，即使结果不理想或者失败，造成经济损失，咨询受托方也不承担责任。除非失败或经济损失是因受托方未遵循咨询职业道德，未恪尽职守或故意行为所致。

3. 二者使用的知识范围不同

国际技术服务过程中，技术服务受托方使用的知识是专业技术知识和经验，即解决实际问题的知识，其知识能满足解决约定技术问题要求，不需要无助于技术课题解决的高深理论或大道理。

国际技术咨询过程中，咨询受托方使用的知识，是理论与实践结合的知识、广泛的专业技术知识以及前沿技术信息。在技术咨询过程中，受托方必须在实地考察、评价，以及科学分析、逻辑推理、精确计算的基础上，实事求是地提出有创见性的咨询报告，报告的质量应体现在 4 个方面：经济上合理、技术上先进、生产上可靠、实践上可行。

4. 二者的成果形式不同

国际技术服务的成果，是委托方所期望的“结果”，即技术课题或疑难技术问题的圆满解决。例如委托方开发一项新产品，遇到技术难题，经多方努力，仍不能达到设计的技术标准，聘请受托方克服了遇到的技术难题，取得了满意结果。

国际技术咨询的成果，是书面咨询报告、建议书、方案，通常还包括咨询过程中的图纸、图表、资料等。

5. 二者提供咨询和服务的时间不同

委托方要求技术服务的时间，一般是现有老企业或新建企业时出现的技术课题。

委托方要求技术咨询的时间，一般是在项目规划阶段、实施阶段或企业建成之前出现的技术课题。

（四）国际技术服务与技术咨询产业形成的基础

1. 技术课题复杂化与企业技术知识的专业化矛盾日益突出

在生产社会化程度不断提高，国际产业分工不断深化的形势下，企业面临各种错综复杂的技术问题，单靠自身的技术资源、人力资源解决面临的技术课题已力不从心，企业不得不寻求社会人力资源和智力资源提供协助，以弥补企业人才资源和学科知识的不足，因此，面对这种需求，技术服务和技术咨询机构应运而生。国际技术服务与技术咨询产业在特定业务范围内，掌握了多学科专业知识，拥有丰富的实践经验，具备前瞻性的预测能力，有能力满足企业的迫切需要，而且服务或咨询的效果实用、可靠、经济、节约，深受委托方的欢迎。因此，在其为委托方提供智力服务过程中，其自身也得到发展和壮大，并逐步形成和发展为一种独立的产业部门。技术服务与技术咨询产业形成和发展，除了其自身的优势之外，更主要是社会需求旺盛、市场广阔。

2. 科学技术迅猛发展

经济全球化趋势加快了技术创新步伐，技术发展滞后的国家和企业越来越被边缘化。在这种形势下，它们为了发展本国经济和改造落后的产业，急需国外的人力和智力资源提供专业智力服务，客观上为技术服务和技术咨询产业的国际化发展提供了有利条件。

3. 中小企业技术先天不足为技术服务和咨询产业提供了用武之地

综观世界各国,无论是工业化国家,还是发展中国家,中小企业在企业总数中都占很大比例,有的国家甚至占到90%以上。它们大都具有一定专门技术知识,可以满足市场对产品的多种需求;或者成为产业链中的一个环节,为大企业产品配套。但是,中小企业大都资金不足、人才缺乏、专业知识面狭窄,遇到复杂的技术课题难以依靠自身的力量来解决。因此,它们对技术服务和咨询机构的智力资源有很大需求。

4. 国际技术服务与技术咨询机构的独立性为自身发展创造了有利条件

国际技术服务与技术咨询机构的独立性形成了超脱性,使它们可以排除其他机构或人员的干预和制约,运用其掌握的专业技术知识,独立地对特定的技术课题作出高质量客观的结论,这一特性深得社会的重视和欢迎,也大大推动了技术服务与技术咨询产业自身的发展。有些大企业即使自身具有较强的技术实力和充足的智力资源,但本企业专家和技术人员为本企业解决某项技术课题时,也往往因人员之间的利害关系、领导或其他人员的制约,难以作出正确和客观的结论。而技术服务和技术咨询机构是独立企业,与其他企业不存在隶属关系,与机构外人员也无直接的利害关系。因此,技术服务和技术咨询机构完全可以避开不利影响,站在局外人客观的立场上,以高度的职业道德,运用所掌握的专业知识,作出符合实际的判断和高质量成果,为委托方缩短解决技术课题的时间、节省费用。

二、国际技术服务与技术咨询的流程

国际技术服务与技术咨询的业务范围很广,课题难易程度有别,致使业务程序也不完全相同。但是,国际上还是有可以遵循的规则和业务程序的,其规则和一般业务程序大致如下:

(一) 选择合适的技术服务或技术咨询机构

技术服务和技术咨询机构很多,不同机构的业务范围、专业化程度和经验各异。因此,在邀请服务和咨询之前,委托方必须对社会上各种技术服务、技术咨询机构进行认真的调查了解,选择最能胜任的合适机构。社会上的技术服务和技术咨询机构主要有以下几种类型:

1. 独立开业的服务、咨询专家或专家组

有名望的专家或若干位专家、学者、教授单独或组成小组独立开业。他们是某个技术领域公认的权威,具有较深的专业造诣和知识水平,特别擅长解决所属领域专业性很强的技术课题,或对技术课题提出有价值的评估建议。他们的优点是解决课题质量好、速度快、费用低,缺点是组织不够严密、专业范围较窄、缺乏实验设施、办公条件较差。因此,他们适合解决特别专门的技术课题。

2. 专业技术服务和技术咨询公司

专业技术服务和技术咨询公司,是专门从事技术服务和技术咨询的法律实体,有完善的组织机构、固定的业务范围、多学科专业人员。它们的优点是人员学科知识面广、素质高,服务、咨询经验丰富;拥有测试、试验手段和辅助人员,以及工作程序和管理规范。因此,这类机构有能力解决多学科、多专业的复杂技术课题,承担大型项目的各种技术服务、咨询任务。缺点是服务费用较高。

3. 工程公司

工程公司的主要任务是，承担项目的建设和施工，但也具有工程设计力量和项目前期准备的实际经验。因此，它们除承担工程项目建设和施工外，也可以承担其所属领域的技术服务和技术咨询工作。

4. 科学研究机构

科学研究机构集中了大量理论和专业人才，他们不仅善于基础研究，也善于应用研究，并能把研究成果转化、应用到工业生产领域。他们理论知识虽然丰富，但解决生产实践经验不足。而且，技术服务和技术咨询工作不是他们的主要业务，接受服务和咨询任务后，往往投入的人力不足，时间上难以保证。

5. 高等院校

高等院校是科学技术发展的一支重要力量，它们拥有著名的专家、教授等各类专业人才，不仅理论知识丰富，而且又有很强的研究能力和实验手段。如果雇主委托他们进行专题研究、技术服务或咨询，或者将企业生产与服务、咨询结合起来，效果非常理想。

总之，社会上技术服务和技术咨询机构很多，它们都有各自的专业范围和特长。因此，在邀请进行技术服务或技术咨询时，委托方应根据课题的性质、范围、难易程度，通过各种途径了解各机构的组织规模、业绩、水平、人员构成、信誉及其经营状况，从中选择专业对口、经验丰富、信誉卓著者。

（二）拟定技术服务和技术咨询业务程序

1. 拟定技术服务和技术咨询任务书

技术服务和技术咨询任务书，是委托方拟定的服务、咨询项目的初步说明书，其内容包括项目名称、主题、范围、质量和时间要求，以及工作环境、条件、资金来源等。委托方拟妥服务、咨询任务书之后，要将其发送给选定的技术服务或技术咨询机构。发送方式有两种：一是由委托方做成“标书”，在主要的报刊上发布，让技术服务或技术咨询机构购买；二是做成询价书，向选定的技术服务和技术咨询机构发出询价，邀请它们按标书或询价书的要求进行投标或报价。

2. 对报价或投标书进行比价或评标

技术服务或技术咨询机构收到询价书或买到咨询、服务标书后，要认真研究服务、咨询询价书或标书的内容，确定课题是否属于本机构的专业范围；评估课题难易程度、所需知识结构和知识水平、工作量大小等。如认为有能力承担该课题，就按询价书、标书的要求，拟定报价书或投标文件，并在规定的最后时限之前，向询价方或招标方提出报价书或投标书。询价方或招标方收到报价书或投标书后，进行综合分析、比较、评标，从中选择最符合要求者作为受托方。

3. 磋商技术服务或技术咨询条件

根据技术服务或技术咨询报价书、投标书的评定结果，双方要就咨询或服务的条件进行磋商，澄清双方的立场，缩小双方在服务或咨询条件上的差距，取得相互谅解后，最终达成交易。磋商的内容一般包括：服务、咨询的主题和工作范围，成果形式及质量要求，双方的责任和义务，工作进度和提供服务或咨询成果的最后期限，成果验收与接受，服务咨询费的金额与支付办法和违约责任等。

4. 签订技术服务或技术咨询合同

双方经反复磋商，对各项条件达成一致后，签订具有法律约束力的书面合同。书面合同是受托方执行技术服务或技术咨询工作的依据和成果的考核标准，也是委托方承担责任、权利、义务的依据。因此，当事人应该仔细斟酌合同的各项规定，避免出现错漏，以保证合同顺利履行。

三、国际技术服务与技术咨询合同

技术服务与技术咨询合同是指技术受方（雇主）与技术供方之间为解决雇主所提出的有关技术专题、技术方案或某项服务内容所达成的具有法律约束力的文件，它既可以说成是一种技术转让合同，也可以说成是一种劳务合同。技术咨询与服务合同与许可证协议下的技术转让合同不同，其内容和条款没有固定样本，主要是根据技术咨询的内容和特点制定合同的条款。

（一）技术服务与技术咨询合同的内容

技术服务与咨询合同主要条款包括：合同名称和编号、前言，合同的主题，咨询服务的要求，咨询服务方式、价格、支付、双方责任范围、税费、保证条件、违约及其补救的办法，不可抗力或情势的变迁、争议的解决，合同的生效及法定地址。另外还有与合同具有同等法律效力的附件。合同中的条款除与许可合同有相同的以外，还有一些特殊的条款，主要有以下几类：

1. 技术服务与技术咨询的范围

该条款主要规定雇主需要咨询与服务的主题。它规定咨询服务具体的内容、详细的技术指标和技术参数，通常以合同附件的形式逐项列明。

2. 技术服务与技术咨询的要求和形式

该条款主要规定：

(1) 完成咨询与服务的时限。

(2) 担任咨询任务的人数，人员的学历、资历和等级。

(3) 应提供的资料、最终报告、图纸、计算数据、最终审查的办法等。

(4) 受方派遣培训人员的人数和培训时间。

3. 供方的责任

(1) 按照合同规定的期限，完成技术咨询或技术服务。

(2) 保证服务、咨询工作的质量。

(3) 负责解答委托方提出的问题。

(4) 咨询成果的验收。

应特别注意以下几个问题：

一是规定咨询人员的责任与义务。咨询服务人员的责任与义务通常包括对咨询与服务人员的职责范围、保证条件、违约的补救等给予明确的规定，比如要求咨询公司在所派遣人员中指派一名总代表负责合同范围内总的技术咨询服务工作，并与雇主方的总代表联系协商解决有关工作和技术问题。另外，要明确咨询服务人员讲授的内容，包括技术资料、图纸和与合同有关的其他技术问题。咨询服务人员还要进行技术示范和实际操作。咨询服务人员应保证咨询服务的内容准确、公正、科学、正确，如果有错误应由咨询服务方及时补救。

二是明确规定咨询服务的时间。因为咨询服务一般以工作量计算收费额，工作量是以咨询服务人员每天的工作时间来计算的。在合同中要明确规定总的咨询服务时间和每周工作的天数及时数。另外，咨询服务时间要与咨询服务项目进度相衔接，在总的咨询服务时间下要规定具体的工作进度，每天的工作进度也要记载下来并由双方代表监督审查，以保证咨询服务项目进度按计划完成。

三是对加班的规定。在咨询服务业务中，双方常常因对咨询服务人员的加班规定不明确而产生争议，有的合同把加班时间不计算在总的咨询服务时间之内，而有的合同将其计算在内，所以应根据实际情况在合同中作出明确规定。正常加班要经双方总代表共同协商同意才能按规定支付加班费用。

4. 受方的责任

该条款主要规定：受方为供方专家履行咨询服务业务所应提供的条件，包括工作条件、生活条件、必需的技术资料等。具体为：

(1) 说明技术咨询的主题。说明技术咨询的主题是受方的一项重要责任，供方只有清楚了技术项目所面临的主要问题，才能真正弄清咨询的目的和方向，从而有针对性地进行咨询工作，使咨询意见符合受方的要求。

(2) 提供技术项目的背景资料、有关技术资料和数据。这些是供方分析、研究咨询主题的基础和依据。供方只有明确了咨询主题的出发点才能找出问题的关键和解决办法。

(3) 接受供方的工作成果。供方的工作成果即供方根据合同完成的技术咨询报告、建议书，只要这些符合合同的规定，受方就必须接受。

(4) 支付约定的技术咨询费。技术咨询是一种商业活动，是咨询成果和咨询服务费的交换。所以，支付约定的技术咨询费是受方的基本义务。

5. 技术服务与技术咨询计价和支付

技术服务与技术咨询合同中的计价和支付条款主要包括计价内容、计价方法和支付方式。

(1) 计价内容。计价内容是指应该计价议付的款项，其中包括专家费、技术服务的时间与工作量、直接费用、间接费用、交付给技术服务公司或咨询公司的营业税。其中，专家费包括专家基本工资、附加工资(包括专家的福利费、人身保险费)、地区津贴费和其他补助费；直接费用包括专家出国准备费、差旅费、通讯费、资料费(包括购买、编印、复制、绘制资料的费用)；间接费用是指支付给技术服务公司或咨询公司的费用，包括技术服务公司管理人员的工资、办公费、固定资产折旧费以及营业税。

(2) 计价方法。在技术服务与技术咨询合同中主要有以下 3 种计价方法。

① 开口价，是指在洽谈时技术服务方只提出一个有一定误差范围的估计技术劳务量，再由双方依据各级技术人员每单位(每人日或每人时)劳动量的收费标准确定总的价格，该价格包括成本加酬金。

② 估计工程费或实际工程费百分比计价，用这种方法计算时一般要考虑整个工程费的金额大小与提供技术的复杂程度。工程费用越大，技术服务费所占比例越小，但是技术服务与工程复杂程度成正比。

③ 一揽子计算技术服务费用计价。按这种方法，在双方谈判时确定一个固定咨询费的金额。

(3) 支付方式。支付方式主要有支付货币、支付时间和支付单据3个方面。

① 支付货币。用于支付的货币一般与表示技术咨询与服务费用的货币相同，可以采用供方国家的货币，或者受方国家的货币，也可以采用双方同意的第三国货币。

② 支付时间。第一种是一次性支付，即在合同签订之后一定时日，或供方所派专家抵达受方，或供方专家提交最终报告后一次性支付。这种方式在实际中应用较少，如果在咨询结束之后一次性支付，供方必须垫付大量资金，而要在咨询前一次性支付，受方将承担很大的风险，故一般采用第二种方式，即分期支付。分期支付是按技术咨询与服务的工作进度，根据任务完成的情况将合同规定金额分为若干批次支付的一种办法。这种办法既可以促进供方更好地完成任务，也能减少受方所承担的风险。

③ 支付单据。受方履行支付义务之前，需要供方提供有关单据，包括商业发票、汇票、资料及咨询报告的邮寄单等。当受方收到上述单据并审查无误后，将有关款项通过当事人双方所同意的银行汇给供方。

6. 保证和索赔条款

供方应保证按合同规定时间提供报告，若未按期完成，受方可以提出索赔。供方应保证咨询报告文字清晰，并有责任对其中的差错、遗漏及时进行修改、补充和完善。这些是供方最起码的义务。有的需要供方承担技术担保责任，如工程项目、产品设计等。另外，如由于供方原因未达到合同规定技术指标，供方有责任采取措施加以改进，甚至承担经济赔偿责任。

除上述条款之外，合同中还包含其他一些条款，如不可抗力、仲裁、税费等条款，这些条款与其他类型合同中的条款基本相同。

（二）签订技术服务与技术咨询合同应注意的问题

企业通过签订各种各样的技术咨询与服务合同，达到引进技术知识、管理方法和工程设计等目的。为了保证雇主这些目的的顺利实现，签订合同时应注意以下几点。

1. 明确区分各种合同的界限

技术咨询合同与技术服务合同的主要内容基本相同，但两者也有不同，区别主要在于实施技术咨询方案与技术服务方案的责任不同。

《中华人民共和国合同法》第359条规定："技术咨询合同的委托人按照受托人符合约定要求的咨询报告和意见作出决策所造成的损失，由委托人承担，但当事人另有约定的除外。"这意味着实施技术咨询方案的责任在委托方，在实施技术方案时造成的损失由委托方承担。因为受托方履行技术咨询合同，按合同要求完成技术咨询报告和意见并通过验收，至此，受托方对委托方的合同义务已经履行完毕，至于咨询报告的实施与否或者实施效果如何完全由委托方负责。

技术服务合同则与技术咨询合同不同，《中华人民共和国合同法》第361条规定："技术服务合同的委托人应当按照约定完成服务项目，解决技术问题，保证工作质量，并传授解决技术问题的知识。"根据上述规定，供方首先要保证委托方的技术问题按约定获得解决；其次要保证传授解决技术问题的知识。如果违反了以上约定，要减少或免除报酬，严重的要支付违约金或赔偿损失。

所以，要严格规定技术服务人员和技术咨询人员的职责与义务，明确服务、咨询人员传授技术的内容，包括技术资料、图纸和与合同有关的其他技术问题。服务、咨询人员还要进行技术示范和实际操作，保证服务、咨询的内容准确、科学，如有错误应及时补救。

2. 明确规定咨询服务时间

咨询服务一般按工作量计算收费额，工作量是以咨询服务人员每人每天的工作时间来计算。在合同中要规定总的咨询服务时间与每周工作的天数和小时数。咨询服务时间要与咨询服务项目进度相衔接，在总的咨询服务时间下面要规定具体的工作进度，每天的工作进度要记载在工作日志上，由双方总代表监督审查，经双方总代表同意签字。工作日志一式两份，双方各执一份，以保证咨询服务项目进度按计划进行。

3. 建立工作联系制度

技术咨询与服务工作要有工作联系制度，一般把建立工作联系制度订立在合同正文中或作为合同附件。建立工作联系制度的目的在于双方在执行合同中对有关事宜互通情况，加强工作联系，特别是监督服务项目的实施，发生问题通过联系及时予以纠正和解决。如在项目实施过程中发现技术资料、数据、材料或工作条件不符合合同规定，就可以通过工作联系制度及时予以协商解决。

4. 对加班的规定

在咨询服务业务中，双方常常因为对咨询与服务技术人员加班规定不明确而产生争议，有的合同将加班时间计入总的咨询服务时间，而有的不计算在内。究竟如何规定，应根据实际情况在合同中详细规定，但无论采用哪种方法都要明确“加班”的含义。所谓加班是指正常工作8小时以外的额外工作及双休日、节假日的工作，但咨询服务人员在投料试车、考核项目期间等在48小时内的倒班不算加班。凡属上述情况应尽量在短期内安排倒休，不计加班费。正常加班，必须经过双方总代表共同协商同意，才能按规定支付加班费用。

5. 对税费的规定应符合中国税法

技术咨询与服务合同通常会涉及服务费和咨询人员的个人所得税问题，其有关问题应按税法规定扣缴所得税，并督促咨询人员向税务主管当局缴纳个人所得税。

第三节　国际BOT方式

一、国际BOT方式的内涵

（一）BOT方式的概念

国际BOT(Build Operate Transfer)方式有时被称为“公共工程特许权”，是政府吸引非官方资本进入基础设施的一种投资、融资方式，是一国利用外资引进大型工业技术和进行基础设施建设的一种较新的、有效的国际经济技术合作方式，是国际经济技术合作发展到一定阶段的产物。其运行过程是：政府与非官方资本签订项目特许权经营协议，将基础设施项目的建设和投产后一定时间内的经营权交给非官方资本组建的投资机构，由该投资机构自行筹集资金进行项目建设和经营，在特许经营期内非官方投资机构收回项目建设成本，并取得合理利润，经营期满后将该基础设施无偿移交给政府。因此，BOT 方式不仅是一种投资方式，也是一种融资方式，它作为基础设施项目的建设方式，其融资性质比投资性质更明显。

（二）国际 BOT 方式的主要特点

国际 BOT 方式的一方是政府部门（项目方），另一方是外国私营部门（建设方）。对于国际 BOT 方式的政府部门来说，该项目具有引进技术与利用外资相结合的效用。与传统意义上的合资、独资等方式相比有以下特点：

1. 主体不同

传统的利用外资方式的主体一般为企业与企业之间，而国际 BOT 方式的主体为政府部门与外国私营部门。在该方式下，私营公司由项目公司投资和金融机构提供项目资金，具有一定的风险，政府的支持至关重要，政府是实施国际 BOT 项目融资最具权威性的因素。例如，是否能在基础设施方面提供便利，是否允许对项目的支付货币进行兑换，保证其可以自由汇出境外等。

2. 经营管理差异

传统的利用外资的经营管理是依照双方合同约定或项目方国家的有关法律进行的，而国际 BOT 方式下的经营管理模式是在政府这个项目方许可的范围内，由建设方依照自己的经营管理模式来进行的。

3. 转让对象不同

传统的利用外资合作方式期满后，合同项下的工程项目就会依照合同的约定被转让给另一方或合同约定的其他单位，而国际 BOT 方式合作期满后，建设方将把建成的基础设施转让给政府。

4. 项目复杂程度不同

国际 BOT 方式项目的执行往往涉及经济和金融因素，而且，由于国际 BOT 方式涉及公共利益，并需要一个大规模的“系统工程”，国际 BOT 方式项目的成功很大程度上取决于能否获得政府强有力的支持。

5. 成交方式不同

国际 BOT 方式一般采用国际招标方式来选择建设方，即采用竞争方式选择合作者，这是国际 BOT 方式的一个最基本的特点。而传统的合资、独资等方式则是在公平和双方协商的基础上达成合作协议。

（三）国际 BOT 项目运作的步骤

一般而言，国际 BOT 项目的运作要经过以下步骤：

1. 项目选择阶段

项目的选择可以通过两种方式：一是由政府根据自己的经济发展程度，技术水平及法律上的可行性，确定适合进行国际 BOT 方式的建设项目；二是由私营部门经过对各种因素的分析，根据政府的需要，向政府部门提出项目建议。

2. 项目招标阶段

政府部门首先对候选承包商进行资格审查，分析候选公司的情况，确定有资格参加投标的公司名单。投标商提交技术及融资方案，政府部门根据自己的标准对各投标者的建议进行综合评价和选择，确定中标者。

3. 合同谈判阶段

政府部门同中标者就项目进行实质性的谈判。双方就项目的合同条款进行协谈、磋商，所有的法律文件都将在这一阶段形成，双方将签订项目合同作为谈判成果。

4. 项目建设阶段

由项目承包商负责项目的设计、施工、设备供应和安装，直至试生产等一系列工作，并在产品质量、产量和原材料消耗等方面完全符合合同规定标准的条件下移交项目。

5. 项目经营阶段

项目经营期内，项目公司全权负责整个项目生产经营管理。在此阶段，项目公司要通过生产经营回收投资，包括负担经营成本、偿还贷款和股东分红。

6. 转让结束阶段

项目期限一到，项目公司按照合同规定，把项目无偿移交给政府。至此，建设、运营和转让的全过程结束。

二、国际 BOT 方式合同

一个典型的国际 BOT 方式项目，有关当事人之间要签订一系列的合同。这里介绍有关国际 BOT 方式的一系列主要合同，但并不一定是完整的。这些合同包括：

（一）项目协议

项目协议是指东道国政府与项目公司之间签订的合同。该合同的主要内容包括：东道国政府允许项目公司建设并运营某特定的项目；对项目公司设计、建设、运营、维护等提出一定的条件；确定项目公司运营期限、使用当地设施的条件等。项目协议是国际 BOT 项目的关键性法律文件，是最基本的合同，其他合同均以它为基础。

（二）股东协议

股东协议是在股东之间签订的合同，它规定招股条件和合同文件。项目公司的主要股东一般为土建公司、设备供应商、国际贸易公司和金融机构。在特定的领域中，如石油、电力工业等领域，东道国政府可以作为股东参股。

（三）工程承包合同

工程承包合同是项目公司与承包商签订的，该合同一般是固定价格的交钥匙合同。在许多情况下，交钥匙承包合同的生效，可以以项目公司取得贷款为条件。

（四）采购协议

如果东道国政府机构是某项目的唯一用户，项目公司则与政府机构洽谈单独采购协议。该协议明确政府保证最低采购数额并确定价格结构。这样，只要政府履约，按时付费，项目公司就有充足的资金承担项目成本，偿还债务并获取利润。

（五）贷款协议

项目公司与贷款人之间需签订贷款协议。国际 BOT 项目的融资方式和贷款条件样式繁多，没有统一模式。一般采用两种方法来规避还贷的风险。首先，采用标准形式的担保措施，如固定交钥匙工程的价格、提供履约保函和约定损害赔偿、不动产抵押、违约救济条款、保险合同的转让等；其次，可以采用国际 BOT 方式项目的特殊担保措施，如政府对政府机构的履约担保、有条件的所有权转让协议和股东对项目的支持协议等。

（六）运营、管理合同

项目公司一般与专业的管理公司签订运营、管理合同。该合同规定经营人在一定期限内的经营范围、设备维护标准、经营成本和奖励等。

（七）保险协议

项目公司一般在项目建设和运营期间都要与保险公司签订保险协议，一旦发生意外事故，项目公司可从保险公司得到补偿。

三、影响国际 BOT 项目的重要因素

在国际 BOT 方式下，企业的项目投资、金融机构提供项目资金均面临一定风险，以下所列各项均是影响一个国际 BOT 项目成功与否的重要因素。

（一）东道国的政治环境和法律环境

东道国应有良好的投资环境，其政治、社会的稳定性和法制建设情况是影响国际 BOT 项目成功与否的最重要因素，这是企业承办任何项目的前提条件。东道国只有具备稳定的政治环境和健全的法律制度，投资者的投资回报率才会得到保障，才能够保护外国投资者的合法利益，依法给予投资者一系列的批准和许可。

（二）政府的支持

政府是实施国际 BOT 项目融资最具有权威性的因素。确定项目立项与选择项目融资方式均由政府决定，在项目实施过程中，也需要政府的支持。特别是东道国政府的支持尤为重要，具体体现在：

1. 保证对基础设施服务的需求

对于许多能源开发项目来说，项目公司通过与一定数量的顾客签订产品或服务购买协议来确保日后对项目的市场需求。但是，对于除海港和机场设施以外的基础服务设施来说，项目公司通常要求和东道国政府或有关公共部门之间签订协议来避免市场风险或力争将市场风险降到最低。

2. 确定合同的服务价格

一般来说，项目服务的价格对于东道国的工业政策和人民生活会产生重要影响。其价格水平受制于诸多因素，特别是东道国的国内政治、经济情况及社会舆论。所以，在大多数情况下，东道国政府或其公共部门往往保留确定服务价格水平的权利。因而，项目公司须从政府那里得到确保其能够获得一定水平的服务价格的保证。

3. 外汇担保

项目公司经营项目的收益通常是以当地货币的形式来表现的，因而外国的私营公司和银行一般都要求东道国政府允许其将当地货币收入转换成其他外汇形式，以便可以自由汇出境外。

（三）项目公司能够吸收足够的股金

这是关系到一个国际 BOT 项目成败的关键之一。项目公司的长期负债与自有资产的比例一般应在 9：1 和 6：4 之间，东道国政府和贷款人往往要求项目公司在运营阶段或贷款期限内，在项目中有一定的经济利益，以便使项目公司不能随意放弃项目。

（四）正确的项目经济评价与财务评价

国际 BOT 项目的经济评价目标是分析项目给国民经济带来的净效益，评价项目经济上的合理性。财务评价是从项目公司效益好坏角度评价项目是否可行。只有两者都可行，才允许按国际 BOT 项目立项。

（五）做好签约前的准备工作

国际 BOT 项目的合同准备工作是一项复杂、费时的工作。所有的合同都要从整体来考虑，同时也不能忽视对具体的合同条件的推敲。合同内容既要满足东道国政府的目标，又要照顾承办人和贷款人的要求。因此，国际 BOT 项目的有关合同一般要由经验丰富的律师来完成。

（六）投足保险

在一个国际 BOT 项目的整个建设、试运转和运营阶段，项目公司都要投足保险。保险单还可以转让给贷款人。

（七）融资担保

在一个国际 BOT 项目的融资过程中，项目公司能否向贷款人提供足够的担保十分重要。按照国际惯例，如果项目公司违约，贷款人对股东和东道国政府一般没有追索权，而且贷款人一般也不会同意项目公司以其未完成的工程项目作为其申请贷款的有效担保。因此，贷款人要考虑采用不同的违约补救方式。通常采用的方式有：在海外设立由第三人监管的账户，将该项目各个合同的利益，如有履约保函的交钥匙工程合同、保险合同供应商的担保等转让给贷款人；在贷款协议中规定，在项目公司违约的情况下，贷款人可以提前接收并行使项目公司的权利等。

（八）运营期限

国际 BOT 项目的运营期是固定期限。这个期限应能使项目公司有足够的时间偿还债务、收回投资并有一定的合理盈利。

第四节　其他国际技术贸易方式

在国际技术贸易方式中，除了以上几种主要贸易方式外，还有其他的一些国际技术贸易方式。

一、特许经营

（一）特许经营的概念

特许经营(franchising)，也称经营模式特许，是指由一家已经取得商业成功的企业(特许方)，将其商标、商业名称、专利、专有技术、服务标志和经营模式等授予另一家企业(被特许方)使用。被特许方用特许方的商业名称经营业务，遵循特许方制定的方针和程序。同时，特许方有义务不断地对被特许方的经营提供资金、技术、商业秘密、人员培训或管理等方面的援助和支持，而特许方从被特许方得到连续提成费或其他形式的补偿，一般称此为特许费。

在特许经营合同中，特许方一般会在技术操作和经营方式上起到控制和监督被特许方的作用。而特许方和被特许方之间既不是总公司和分支机构、母公司和子公司的关系，也不是独立企业的自由联合，而是各自独立经营、自负盈亏的企业，双方并没有隶属关系。特许经营涉及的行业类型相当多，在美国它几乎囊括了所有零售业，如餐饮、旅店、休闲旅游、汽车用品和服务、零售商店、印刷、影印、招牌服务、人力资源开发、猎头、家庭服务、住宅装修等。

（二）特许经营的类型

商业特许经营按其特许权的形式、授权内容与方式、总部战略控制手段的不同，可以分为下列3种类型：

1. 生产特许

受许人投资建厂，或通过OEM(original equipment manufacturer)的方式，使用特许人的商标或标志、专利、技术、设计和生产标准来加工或制造取得特许权的产品，然后经过经销商或零售商出售，受许人不与最终用户(消费者)直接交易。典型案例包括：可口可乐的灌装厂、奥运会标志产品的生产。

2. 特许商标产品

受许人使用特许人的商标和零售方法来批发和零售特许人的产品。作为受许人仍保持其原有企业的商号，单一地或在销售其他商品的同时销售特许人生产并取得商标所有权的产品。

3. 经营模式特许

受许人有权使用特许人的商标、商号、企业标志以及广告宣传，完全按照特许人设计的单店经营模式来经营，受许人在公众中完全以特许人企业的形象出现。特许人对受许人的内部运营管理、市场营销等方面实行统一管理，具有很强的控制力。

（三）特许经营的优点

第一，特许经营是实现商业资本扩张的一种比较好的形式，使一些中小企业能在节省资本投入的前提下，不用自建经销机构就可以扩大外围销售组织来实现商品的价值。

第二，特许人和受许人在保持其独立性的同时，经过特许合作双方获利，特许人可以按其经营模式顺利扩大业务，受许人则可以减少在进入一个新领域投资所面临的市场风险。

第三，特许人为提高自身的商誉，会随时开发独创性、附加值高的商品，以此形成差异化竞争力,受许人则可不必自设研发部门就可以受益。

第四,由于特许人对周围环境随时做市场调查,包括顾客层形态的变化、消费倾向的变化等,因此,受许人也能及早采取应对措施。

(四)特许经营的特征

首先,特许人不对受许人投入资金,受许人在财务、法律上同特许人相互独立。

其次,受许人向特许人购买特许经营权,被允许在限定的区域和期限内使用特许人的商号、经营方式等开展业务,并每年向特许人支付年金。如果受许人违约不支付年金,特许人有权禁止其在限定区域和期限内经营相同业务。

再次,特许人专门提供包括经营技巧等方面的全套方案(即无形知识产权),该方案通常包括在"操作手册"中。受许人根据"操作手册"中的规定提供有形产品或服务,以保证所有分支店提供的商品或服务保持同一质量标准。

第四,特许人提供的经营模式必须在其直营店中经过全面的市场测试,并被证明是成功的商业模式后,才能出售给受许人,受许人经营的成功得益于特许人的良好品牌商誉。

第五,在受许人开业之前,特许人须对其进行专业培训。在开业之后,还应提供持续不断的支持和协助,包括各种必要的指导以及广告和促销活动。

二、国际工程承包

(一)国际工程承包的概念

国际工程承包是指国际经济技术合作公司或一国的承包公司,以自己的资金、技术、劳务、设备、材料、管理和许可证等,在国际承包市场上通过投标、议标或其他协商途径,按国际工程业主的要求,为其营造工程项目或从事其他有关经济活动,并按事先商定的合同条件收取费用的一种国际经济合作形式。

国际工程承包涉及的主要当事人有承包商和业主。承包商,是承包某项工程的自然人或法人,负责采购物资、建设工程项目、提供咨询等业务;业主,也称为发包人,是工程的所有人,负责发包工程,提供建设项目所需资金,并按规定向承包商支付费用。此外,国际工程承包涉及的当事人还有二包商、工程师及其代表、承包商的代理人、设计师、业主的工程管理机构和供应商等,他们按照各自的分工直接或间接参与工程项目的建设。

(二)国际工程承包的特点

1. 内容较复杂

国际承包工程不仅涉及项目所在国的社会政治、经济、文化和参加人员,还涉及工程、技术、金融、保险、贸易、投资、管理和法律等领域,内容广泛且复杂。即使是从承包工程本身来看,从筹备到完成也要经过一系列复杂过程,其中包括可行性研究、基本设计与估价、招标、签约、采购、施工、移交以及处理善后事宜等。

2. 营建时间长

由于国际承包工程项目大,一般都有一个较长的施工期,短则1～3年,长则10年左右,最短的也不会少于半年。

3. 合同金额大

国际承包工程项目的交易金额较大，少则数十万美元，多则上亿美元，有的甚至高达几十亿美元。由于商品、技术和劳动力在各地区的成本和价格差异较大，承包人可赚取巨额利润。

4. 经营风险大

国际工程承包作为一种资本、技术、设备、劳务和其他商品的综合输出，承包商在实施的过程中要受到各种条件的制约和影响，其中有许多条件是承包商自己无法估计和控制的，这就使这项经济活动潜伏着较大的风险。国际承包项目多在国外，合同金额大，建设周期长，项目所在国的政策和法律以及政局的风云变幻难以预测，货币贬值，承包市场的激烈竞争，这些都会影响到材料设备价格、工人工资、承包商对设备和外汇的转移等。因此，签订一项国际工程承包合同时，对可能构成和造成风险的因素，要进行慎重认真的分析研究，并在合同谈判中尽量订立避免和转移风险的条款。

5. 工程差异大

国际承包工程由于项目所在国家地理位置不同，社会制度、风俗习惯、自然条件、法律法规等也都不同，加上工程项目本身的性质、规模、要求不同，施工条件、施工组织、施工方法也各有特色。所有这些不同都反映出国际承包工程差异大的特点。在国际承包中没有两个完全一样的项目，需要针对每一个项目的具体情况做具体分析。

6. 涉及关系广

虽然国际工程承包合同的签约人只有业主和承包商两方，但在合同实施过程中，却要涉及多方面的关系人。业主方面有咨询公司、业主代表等；承包商方面有合伙人或分包商、各类材料供应商等。在业主和承包商之间还有银行和保险公司一类的担保人或关系人。另外，由于工程项目的规模和性质不同，有的大型工程项目的实施，不仅包括业主和承包商两方，还涉及几十家公司，需要签订几十个合同。因此，承包商不仅要处理好与业主的关系，还要认真处理好与实施工程有关的各方面关系。

（三）国际工程承包的方式

国际工程承包按其承包方式划分，可以分为总包方式、分包方式、转包方式和联合承包方式等类型。

1. 总包方式

也称独立承包方式，即从投标、报价、谈判、签订合同到组织合同实施，不论是否有对内、对外转包或分包，都由主包人或第一承包人对业主或发包人负全部责任。

2. 分包方式

这是相对于总包而言的，是在整个项目工程中只承包单项工程或其子项目，或某项工程的承包业务，分包人只对合约方负责。

3. 转包或转让方式

这是指经业主或监理工程师同意，在不改变已签订合同内容的条件下，把工程项目的全部或部分转让给另一承包人的承包方式。

4. 联合承包方式

这是指两个或两个以上不同国家的承包商以合同的方式组成联营体或合资公司，共同参加某项工程的资格审查、投标、签约，并共同完成承包任务。

（四）国际工程承包的基本程序

国际工程承包的成交主要有两种方式：一是委托成交，二是招标成交。目前国际上采用招标方式较多，下面就招标成交介绍一下国际工程承包的基本程序。

1. 广泛收集招标信息并对项目所在国进行各项调查

承包公司须在参加投标前通过各种渠道获取有关该工程项目的所有信息，包括通过驻外使领馆、国际金融机构、报纸杂志、驻外商务机构、中间代理人等，广泛收集有关该项目建设计划，并结合自身的条件和技术力量进行准备。在投标报价前，承包公司必须对项目所在国的政治、经济、法律、自然条件和基础设施、市场行情等方面进行细致的调查，基本掌握这一项目的有利条件和不利因素，以便在谈判中占据主动地位。

2. 详细准备好报送的预审资料

为了确保参加投标者具备工程的承包能力，在国际工程公开招标时通常要对投标者进行资格预审。只有通过资格预审，才能购买招标文件，成为合格的投标者。所以，承包公司必须事先准备好各方面的资料，包括本公司的技术设备能力、施工经验和财务状况等，并根据招标者的工程特点，有针对性地报送给对方，以便符合招标的要求。

3. 深入研究招标文件并参加标前会议

招标文件体现了招标者对工程项目各方面的具体要求，也是投标人编制投标书的直接依据。通过对招标文件的深入研究，可以了解工程的各项技术指标和要求，明确承包这项工程的责任和报价范围。标前会议是招标者提供解答招标文件有关问题的机会，所以承包公司应认真参加。可要求招标者对招标文件含糊不清的地方进行解释，并可以要求招标者复发书面文件，作为招标文件的补充。

4. 正确确定报价水平

在国际工程承包市场上，投标者之间的竞争非常激烈。但是价格竞争仅是其中一个方面，更重要的是要看投标者的技术条件、施工经验及资信状况等综合条件是否符合招标者的要求。很多国际招标文件上都明确注明，报价最低者不一定就能得标，但并不公布理由，也就是说，招标者要参照很多其他因素来做决定。因而，投标者在认真研究招标文件的基础上，应根据工程所在国和国际市场的原料和机械设备的价格、运输费、税率和汇率等情况，参照国内外相似同类工程的施工成本或报价资料，再估计竞争对手们可能提出的报价范围，最后根据自己的技术力量和条件，在综合分析的基础上作出判断，确定自己的最终报价。

5. 评价、中标后签订承包合同

招标者收到标书后，按照招标文件所规定的时间和地点，当众将所有标书逐一启封，宣读其中内容，并由评标委员会对所有投标书进行逐个审查比较，评选出符合招标书要求的最适合的承包人。最后，由招标者向中标者发出书面的中标通知，双方签订承包工程合同。签订的承包合同按不同的方法可划分为不同的类型。

（1）按价格构成和确定方法划分，国际工程承包合同可以分为总价合同、单价合同和成

本加酬金合同。

总价合同是指在承包合同中规定承包价格，业主按合同规定分期或一次性支付给承包商的一种合同形式。总价合同中所确定的价格是根据工程的图纸和承包的内容计算出来的，其价格一般是固定不变的。

单价合同是一种按承包商实际完工量和合同的单价来支付价款的合同形式。合同中所确定的单价，既可以固定不变，也可随机调整，这主要取决于合同的规定。

成本加酬金合同是以工程实际发生的成本（施工费和材料费等），再加上双方商定的管理费和利润向承包商支付工程款的一种合同形式。

（2）按承包内容划分，可以分为施工合同、设备的供应与安装合同、工程咨询合同、工程服务合同、交钥匙合同、交产品合同。

施工合同是业主与承包商签订的工程项目的建造实施合同。在国际工程承包活动中，这类合同所占比例较大。

设备的供应与安装合同的形式根据承包商责任的不同而有所不同，一是单纯的设备供应合同，即设备的供应者只负责提供设备；二是单纯的设备安装合同，即承包商只负责设备的安装；三是设备的供应商既负责提供设备又负责安装的合同；四是设备的供应商负责提供设备，并负责指导业主自行安装的合同。

工程咨询合同实际上是一种专业技术服务合同，业主咨询的主要内容有投资前的可行性研究、图纸的合理性和实施方案的可行性等。

工程服务合同是业主与能够提供某些服务工作的公司签订的合同，其主要目的是为工程项目提供服务，这类合同只有在建造规模较大且较复杂的工程项目中签署。

交钥匙合同是指承包商对项目的可行性研究、规划设计、勘察选点、工程施工、原材料的购买、设备的供应与安装、技术培训、试生产等一系列工作承担全部责任的一种承包方式。

交产品合同是指承包商不仅负责项目的可行性研究、规划设计、勘察选点、工程施工、原材料的购买、设备的供应与安装、技术培训、试生产等工作，还应负责指导业主生产出一定数量的合格产品，并在原材料及能耗达到设计要求后才能正式移交给业主的一种承包方式。这种承包方式往往适合技术含量较高的大型项目。

（3）按承包方式划分，可分为总包合同、分包合同和二包合同。

总包合同是指从投标报价、谈判、签订合同到组织合同实施的全部过程（其中包括整个工程的对内和对外转包与分包），均由承包商对业主负全部责任。这是目前国际工程承包活动中使用最多的一种承包形式。

分包合同是指业主把一个工程项目分成若干个子项或几个部分，分别发包给几个承包商，业主分别与各承包商签订的承包合同，各分包商均对业主负责。在整个工程项目建设中，由业主或业主委托某个工程师，或业主委托某个分包商负责各分包工程的组织与协调工作。

二包合同是指总包商或分包商将自己所承包工程的一部分转包给其他承包商，总包商或分包商与二包商签订的合同。二包商不与业主发生关系，只对总包商或分包商负责，但总包商或分包商选择的二包商必须征得业主的同意。一般来说，总包商或分包商愿意把适合自己专长、利润较高、风险较小的子项目留下来，而把利润低、施工难度较大且自己不擅长、风险较大的子项目转包出去。

知识链接 4-3

商务部等 19 个部门关于促进对外承包工程高质量发展的指导意见

党的十八大以来，在共建“一带一路”倡议引领下，对外承包工程发展进入新阶段，取得显著成效，一批重大项目已成为共建“一带一路”的可视性成果。对外承包工程涉及境外工程项目投融资、设计咨询、设备采购、建设施工、运营管理等多个方面，对带动中国产品技术服务“走出去”和深化国际产能合作、促进国内经济转型升级、实现我与相关国家共赢发展发挥了重要作用。当前，国际国内环境正发生深刻复杂变化，对外承包工程发展既存在较好机遇，也面临诸多风险挑战。为了加强宏观指导，促进对外承包工程高质量发展，商务部等部门提出了具体意见。要坚持企业为主、质量优先、互利共赢和规范有序的基本原则，加快形成对外承包工程发展新优势，加强对外承包工程的促进和服务，完善对外承包工程的监管和保障。

资料来源：http://www.sohu.com/a/342860184_610982.

三、国际合作生产与合作开发

国际合作生产和国际合作开发是国际经济技术合作中经常采用的方式，它们与国际合作经营方式有相似之处，都属于合作关系，但在形式上略有不同。

（一）国际合作生产

1. 国际合作生产概念

国际合作生产(international cooperative production)是指两个或两个以上属于不同国家或地区的公司、企业，共同研制某个产品或完成某项工程项目。在合作过程中，各方分别承担某些部件的生产，并相互转让技术，达到发挥各自优势、有效提高生产效益的目的。合作生产的各方都是具有法人资格的独立经济实体，在合作过程中始终独立。合作生产的主要特点是各方独自生产，分别核算。合作各方相互之间可以提供技术、机器设备、配套件和零部件等，但不论是软件还是硬件都要分别计价，按双方议定的价格进行买卖，技术转让一般按许可贸易方式进行。在合作生产中，各方分工明确，责任清楚，为共同完成合同目标而相互合作。合作生产可充分利用合作各方在技术、设备、劳力、原材料等方面的差异，取长补短，综合各方优势，达到节省人力、物力和取得较大经济效益的目的。在国际技术许可贸易中，专利技术和专有技术的转让如与合作生产相结合，往往能取得更为显著的效果，技术的供方和受方不仅是技术转让的当事人，而且是使用技术进行共同生产的合作者，这种合作关系会使技术转让的效率大为提高。因此，合作生产已成为技术传播的重要途径。

合作生产与合资经营或合作经营有明显的区别。合作生产中所有技术和设备的转让都是买卖关系，合作生产各方独自经营自己的企业，实质上各方并没有共同组成一个经济实体。而合资经营必须组成具有法人地位的经济实体，共同进行投资经营。合作经营虽然可以不组成具有法人地位的经济实体，但仍然要对合作经营企业共同投资，因而合资经营和合作经营具有共同投资、共同经营、共担风险和共负盈亏的共同特征。

2. 国际合作生产的特点

(1) 合作生产所涉及的当事人是多方的。合作生产的当事人不仅有合作生产的签约双方，还涉及合作生产产品的制造工厂和终端用户。所以在合作生产方式下，会以产品为中心，形成多方合作合同关系。

（2）合作生产的各方当事人的权利、义务关系主要表现在交换技术、提供劳务和生产成果上。合作生产从其国际范围来看，其实只是专业分工的生产形式，通过合作实现技术的转让，推动技术的进步。

（3）合作生产是双方生产或多方生产，分别核算。合作生产的环节很多，技术转让，机器设备、配套件、零部件的提供，提供者可以是互相的，也可以是单方的。无论是哪一种，对于提供技术和其他零部件要分别进行计价。双方的关系是买卖关系，零件部分属于一次性卖断或买断。技术转让的计价和支付可以按许可贸易的形式进行结算。

3. 国际合作生产的基本形式

（1）当事人双方分别生产不同的部件，由一方或双方装配成完整的成品出售。这种方式通常是在生产的部件方面按各自的特长或技术力量强弱加以分工，一般由技术力量较强的一方生产关键性部件，并提供全套图纸和技术指导，然后，互相提供各自生产的部件，分别组装成完整的成品出售。

（2）由技术较强的一方提供关键部件和图纸，并在其指导下，由较弱的一方生产次要部件，并组装成完整产品，在本国市场或国际市场销售。技术较强的一方不收取图纸资料费，其报酬从出售的关键部件中得到补偿，技术力量较弱的一方在合作生产的过程中达到引进技术的目的。

（3）由一方提供生产或设备，按各自的专业分工制造某种零部件、配套件或生产某种产品。在这种合作方式下，技术与设备按技术转让办法和买卖关系处理。

4. 国际合作生产合同的内容

合作生产合同和许可合同有相同的条款，如侵权与保密、不可抗力、合同的生效、终止和其他条款等。除此之外，合作生产合同还要根据生产合同的特点及形式，对合作双方的合作内容、范围和各方的权利义务等加以明确规定。下面主要介绍合作生产合同的一些特别重要的条款。

（1）定义条款。合同当事人双方会在合同中对一些重要、关键的名词加以定义，以防止和减少因理解不一而产生的纠纷。具体对哪些名词加以定义，由双方协商而定。一般情况下，要对制造单位、最终用户、合作产品、技术服务等名词加以定义。

（2）合作生产合同的范围。合作生产合同的范围是说明合作生产的性质和内容。一般应规定，受托方向委托方或制造单位提供专利技术的种类、名称、份数和交付日期，提供关键机械设备的型号和名称等，提供技术培训的方法，对合作生产所提供的材料、配套件及劳务和合作生产产品的名称、规格、重量、数量及交货的日期等。

（3）双方的责任和义务。委托方主要是要保证向受托方和制造单位提供正确、完整的技术资料，提供性能良好的机器设备、配套件和工具等。委托方要对合同产品的规格、性能和设计参数负责，并对因提供错误技术资料所造成的损失负责。受托方的主要责任和义务在于保证根据委托方提供的技术规定，生产制造合同产品并按期向用户交货和支付技术服务费。

（4）技术服务。在合作生产合同中的技术服务主要是技术培训，也就是由委托方培训制造单位的技术人员。要在合同正文或附件中明确具体的培训方式，包括委托方的技术指导人员的责任、培训内容和技术指导人员生活待遇等。

(5) 技术资料的交付。技术资料的交付一般要详细规定技术资料交付的时间、地点、方式、份数、包装和包装标志。

(6) 机器设备、配套件和工具的交付。进行合作生产的委托方除了负责提供技术外，有时还要提供机器、设备、配套件和工具等。这些机器部件的交付通常按陆运或海运交货条件的规定办理，以陆运运单或海运提单的日期作为实际交货日期。

(7) 价格和支付。合作生产的形式很多，其计价和支付的规定也不尽相同。计价内容包括实物部分和技术服务部分。实物部分是指委托方提供的机器、设备、配套件和工具等，按一般商品买卖计价和支付。技术服务部分是指委托方提供专有技术，以技术资料和培训的方式转让给受托方。需要计价时，由受托方向委托方支付费用，有时委托方免费提供技术资料，另外收取技术培训费用。

(8) 销售合作。合作生产一般是为用户制造合同产品或向市场销售合同产品。合作生产合同中订立销售合作的条款，主要内容包括：

① 合作产品的接收条件。接收条件包括合同产品向用户交货的质量担保，如果合同产品在保证期限内出现质量问题，经检验和鉴定属于哪一方的责任，就应由承担责任的一方向用户进行补救和赔偿。

② 合作产品的销售范围。合作产品销售范围要根据需求情况而定，可以专为受托方工厂企业制造机器设备，也可以将合作制造产品分别在双方国家销售，销往国际市场。无论在哪个范围进行销售，必须在合同中予以明确规定。

③ 合作产品的销售价格和商标。合作生产一般是长期合作，双方合作制造的产品销售价格一般只能确定近期价格，长期生产的产品，其销售价格可能会发生变化，不能一次确定。为了扩大合作产品的销售，往往要使用委托方产品的商标或双方联合商标或联结商标。

(二) 国际合作开发

1. 国际合作开发的概念

国际合作开发(international cooperative development)是指不同国家的两个以上的自然人、法人或其他组织，为完成一定的研究开发工作，如就新技术、新产品、新工艺或者新材料及其系统的研究与开发，由当事人各方共同投资、共同参与研究开发活动、共同承担研发风险并共同享有研发成果。

2. 国际合作开发的特点

(1) 共同投资是合作开发的一个重要特征。投资的方式可以是资金、技术、设备和厂房等的投入。当事人投资额比例与其拥有研究开发成果的权利密切相关，因而当事人需约定所有投资中各方所占的比重。

(2) 合作开发的合作各方既可以约定共同进行全部的研究开发工作，也可以按照合同约定进行分工研究开发，分别承担设计、工艺和试验等不同阶段或不同部分的研究开发工作。不管是哪一种方法，当事人必须以自己的技术力量共同参与研究开发工作。

(3) 由于合作开发方式是由当事人共同投资、共同参与研究开发工作，所以合作各方必须积极协作确保研究开发工作的顺利进行，最终实现合同的预定目标。

3. 国际合作开发的技术成果的归属和分享

在进行国际合作开发时，重要的是关于技术成果的归属和分享的问题。技术成果的归属是指因技术成果所产生的专利申请权、专利权、非专利技术成果的使用权和转让权归谁所有。而技术成果的分享，是指技术成果和上述知识产权，由谁使用和转让，以及由此产生的利益在当事人之间怎么分配。

作为合作开发的技术成果，是由合作开发人共同投资、共同研究开发的，在研究开发过程中，合同各方当事人共同承担开发风险。因此，依照合同权利义务相一致的原则，如合同中并无相反规定，则双方当事人对合作开发的发明创造同时享有权利。即合作开发的技术成果同时属于双方当事人，双方当事人共同享有该技术成果的各种知识产权。

除了发明创造获得的专利权，在技术研究开发中还存在许多专有技术。专有技术也是一种无形的财产权，具备商业价格，可以为持有人带来经济效益，可以转让。由于专有技术的所有权是以对其采取保密措施而形成的事实上的占有，所以当事人可以在合同中约定技术开发形成的专有技术的使用权、转让权和收益的分配办法，同时约定保密义务。如果合同中对此未作出相关规定，则当事人均有权使用和转让该项专有技术。

知识链接 4-4

爱尔兰技术市场活跃，技术许可年增长 33%

2019 年 9 月，爱尔兰知识转移中心(KTI)与高等教育管理局(HEA)发布第五次知识产权转移年度报告。2018 年，爱尔兰大学、理工学院和国立研究机构的技术许可和技术转让活动比上年增加了 33%，其中 76%的技术转移协议是与爱尔兰企业签的，绝大部分(61%)是中小企业。技术许可和转让的内容主要是专利和软件。爱尔兰政府对技术市场的发展十分重视，近年来相继采取了一系列措施，包括发布关于加强技术转移工作的意见、制定科研成果转化的政策和知识产权协议模板、投入巨资建立了国家知识转移中心(KTI)及其全国技术转移网络。爱尔兰知识转移中心的目标是促进企业和研究机构的合作，使国家资助的科研活动成果实现转移转化和效益最大化。知识转移中心帮助企业和投资人寻找需要的技术和相应知识产权，为企业和研究机构开展合作研究、咨询、技术许可和创建新企业等方面提出建议，还提供有关激励创新的资金支持渠道。爱尔兰知识转移中心的门户网站上可以找到政府扶持政策、国家研究能力分布图、研究机构目录和研究人员目录等。中心还发布了系列实用指南指导技术转移的过程和整套协议模板。今年的调查涵盖了技术许可、合作协作、技术咨询和派生企业等活动。调查显示，大学与产业的研究合作增长 38%，76%的合作项目申请了专利，再次合作的数量增长了 19%，派生企业数量增长 42%，相关数据是历次调查中结果最好的。爱尔兰支持技术市场的政策和绩效引起了国际同行的关注和赞赏。

资料来源：http://www.most.gov.cn/gnwkjdt/201909/t20190910_148692.htm.

◆内容提要

国际技术贸易的主要方式有许可贸易、国际 BOT 方式、国际技术服务和技术咨询，其中许可贸易是目前国际技术贸易中使用最广泛、最普遍的一种贸易方式；国际 BOT 方式则是一国利用外资引进大型工业技术和进行基础设施建设的一种较新的、有效的国际经济技术合作方式，是国际经济技术合作发展到一定阶段的产物。而国际技术服务与技术咨询的产生主要是顺应了国际产业分工不断深化，企业面对各种错综复杂的技术问题而提供的技术课题支撑。除此之外，还有特许经营、国际工程承包、国际合作生产与合作开发等其他贸易形式。

◆**关键词**

许可贸易　国际BOT方式　国际技术服务和技术咨询　特许经营　国际工程　承包　国际合作生产与合作开发

◆**复习思考题**

1. 简述技术许可贸易的类型。
2. 简述技术许可合同的特点。
3. 简述国际BOT方式的主要特点。
4. 简述国际技术服务和技术咨询的共同点。
5. 当前我国企业引进国外商标有哪几种使用方式?
6. 举例说明国际合作生产与开发的区别。

◆**思考案例**

BOT项目——以色列卡梅尔隧道(carmel tunnel)

海发(Haifa)是以色列北部的一个大城市。近年来,随着城市的扩展和行人、车辆的增加,交通阻塞问题日益严重,从海发的西边到达东边是一件困难的事。但这些问题可以通过建设4.5千米长的公路隧道来解决。该项目预计要投资1亿美元,需3年时间建成。

以色列政府缺少资金,所以它希望实施一项BOT计划,而且渴望以色列的第一个BOT项目能取得成功。为吸引国外投资,以色列政府邀请永道为该项目的顾问。虽然一家以色列公司正在率领国际联合体建造上海—南京收费公路,但BOT的概念对以色列投资者是陌生的。以色列人在长回收期项目方面是经验丰富的,然而他们并不喜欢通过计算今后20多年内该隧道的交通量而建立的投资计划。

外国投资者对这类项目有全面透彻的理解,但只有当外国公司被允许深入地参与到项目的建设和运营中,他们才乐意来投资。因此应该鼓励国外合作者、银行家和投资者对该项目在一个从未涉及此类项目的国家里实施产生兴趣。

首先,顾问做了可行性研究。其中包括利用先进的计算方法,估算使用隧道的交通量,并且与许多潜在的赞助商和投资商进行会谈。随后,顾问就法律法规的调整向以色列政府提出建议,以使该项目吸引外商,例如必须通过专线收费公路法规。

顾问还提出了一个完善的投资过程,这将很快地确定由谁来获得政府的特许权。国际大财团和投资者对该项目表现出相当大的兴趣。以色列与巴勒斯坦人和其他周边阿拉伯邻国的关系改善,更进一步地提高了投资者的兴趣,13个国际财团提交了首期投标书,4个或5个财团将被应邀做正式投标书。一旦这些投标书被考虑,政府将与两家公司开始详细的谈判。最强有力的竞争者很有可能是那些以色列与外国公司的合资企业。

案例思考与讨论:

1. 该案例体现了BOT项目,试说明什么是BOT?
2. 从案例中我们可以吸取哪些经验?

◆**应用训练**

我国某研究所与美国客户签订了一份进口合同,欲引进一台精密仪器,合同规定9月份交货。9月15日,美国政府宣布该仪器为高科技产品,禁止出口。该禁令自公布之日起15日后生效。美国客户来电以不可抗力为由要求解除合同。请问美国客户的要求是否合理?我方应如何妥善处理?

第五章　国际技术贸易价格与税费

本章结构图

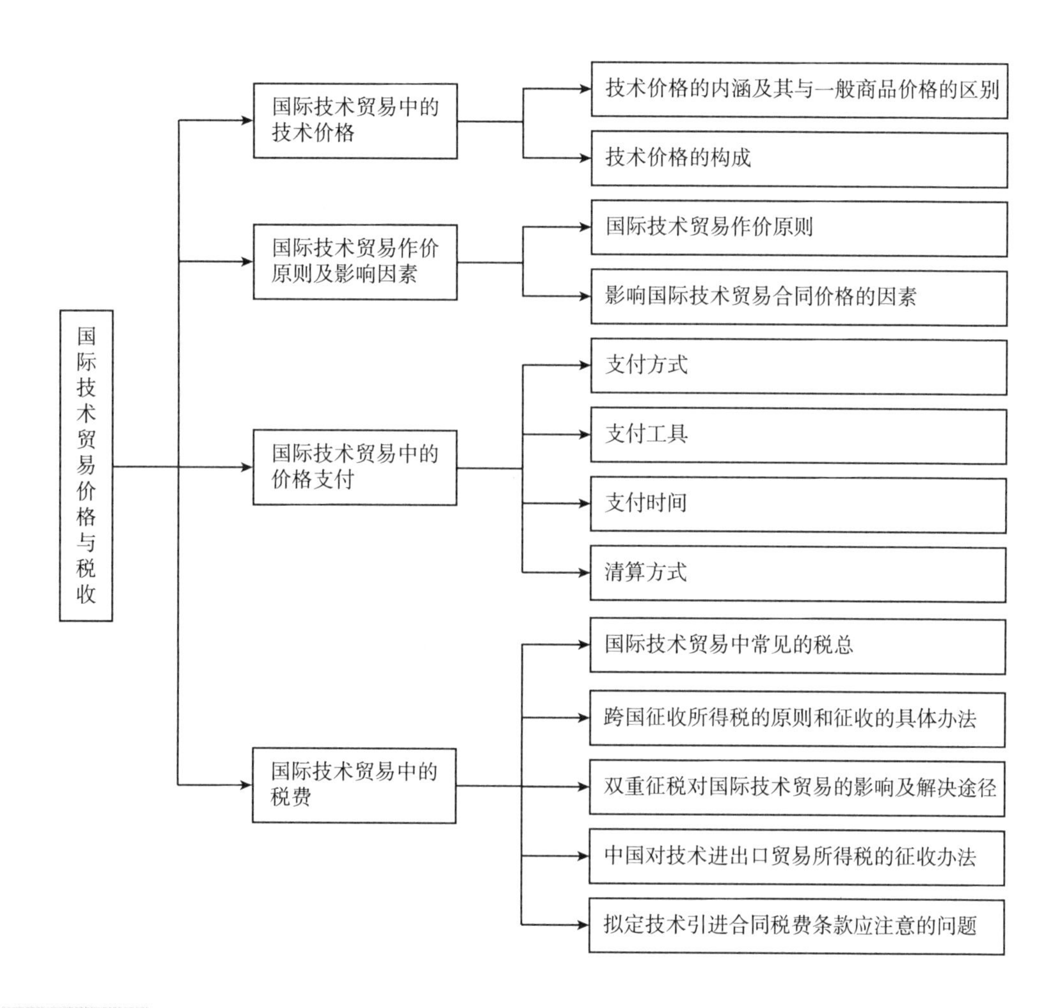

学习目标

了解国际技术贸易中的技术价格与一般商品价格的区别，领会国际技术贸易作价原则及影响因素，熟悉技术价格的构成，价格支付的方式和工具等，能正确运用国际技术贸易中不同的价格支付，并能运用国际技术贸易中的税费问题管理办法解决实际问题。

导入案例

2017年4月20日，第五届中国(上海)国际技术进出口交易会在上海世博展览馆开幕。科技部副部长李萌出席开幕论坛并致辞。李萌副部长在致辞中说，开放创新是中国科技政策的重要导向。目前，中国已经与156个国家和地区建立了科技合作关系，加入了200多个政府间科技合作组织。中国将坚持以全球视野谋划和推动创新，全方位融入全球创新网络，促进创新资源流动和开放。在中国实施创新驱动发展战略中，技术交易具有重要地位，是促进科技成果转化的重要渠道，成为创新发展的倍增器，去年全国技术市场交易额超过11 000亿元。几年来，在各方共同努力下，上交会规模不断扩大，国际化程度不断提高，品牌影响力不断增强，成为展示中外科技发展趋势和创新成果的重要窗口，成为促进技术与产业对接、技术与资本融合、技术与市场互动的重要桥梁，为推动科技成果转移转化和产业升级作出了积极贡献。目前，上海正在加快推进具有全球影响力的科技创新中心建设，这为上交会的开拓发展提供了前所未有的机遇。作为会议主办方之一，科技部将与上海市和相关部门一起，使得上交会能为各国围绕技术研发、技术标准、知识产权、跨国并购等加强交流合作提供更多便利，推动国际技术合作、创新合作、贸易合作和产能合作，实现互利共赢。

资料来源：http://www.most.gov.cn/kjbgz/201705/t20170512_132759.htm.

第一节　国际技术贸易中的技术价格

一、技术价格的内涵及其与一般商品价格的区别

(一) 技术价格的含义

世界知识产权组织编写的《技术贸易手册》对技术价格做了如下定义：技术价格是指技术受方为取得技术使用权所愿意支付的、供方可以接受的使用费的货币表现。如在许可贸易中，我们可以从许可方和被许可方双方所处的不同角度出发，把技术贸易价格称为“技术使用费”“技术补偿费”；根据不同的计价方式，我们把提成计算方式中的合同价格称为“提成费”，其他方式称为“技术转让费”“入门费加提成费”；对于其他类型技术贸易方式中的合同价格，则称为“技术咨询费”“技术服务费”“计算机软件许可使用费”等。不管采用哪一种提法，这些都是技术贸易中合同当事人协议的技术受方向技术供方支付的技术使用费的货币表现。

与一般商品不同，技术价格不仅不由价值决定，而且与供求的关系也不大。技术价格不反映其价值，成交价格与实际价值往往不相关。技术价格的调节对技术供求的影响也很小，技术的需求一般不能通过降低使用费来刺激，甚至对刺激需求不起任何作用。

(二) 技术价格与一般商品价格的区别

技术作为一种特殊的商品，其价格与一般商品相比有自身的特征。

1. 技术价格的不确定性

与一般商品的价格不同，技术价格在现有的社会生产条件下，在社会平均的劳动熟练程度和劳动强度下，不是由生产某种使用价值所需要的社会必要劳动时间决定的，多方面因素

使技术价格在一定程度上具有不确定性。

(1) 技术具有专有性和垄断性。一般来说,某一专利技术只能从唯一的一个供方获得,即使存在近似技术或非近似的替代技术,某类技术的供求双方的数量也是有限的。因为技术买卖双方的数量比大多数商品贸易的参与者的数量要少,定价就具有明显的不确定性,尤其是买方在多数情况下对技术价格没有清晰的概念。

(2) 技术研发成本具有差异性。技术的研发成本是技术价格的底线。技术转让的价格要在收回部分甚至全部技术研发成本的基础上才可以确定。同样的技术所采用的研制手段和研究条件不同,所花费的劳动和时间也不同,劳动的价格也因地而异,因此技术研发的成本不同,技术价格也会有所不同。

(3) 技术的潜在价值具有差异。在确定技术价格时,技术价格不仅取决于技术的研发成本,还要能反映出受方使用该技术带来的未来现金流的现值。使用技术给受方带来的经济效益比技术的研发成本更重要。即使技术研发成本不高,但是技术的潜在价值很大,技术的价格也可以很高。

(4) 技术市场是信息不对称的市场。在技术市场中,供求双方的信息严重不对称,由于交易的信息不能广泛传播,受方在价格谈判时也没有完善的国际市场信息可以参照。因此,技术价格的确定在很大程度上受谈判中双方的地位、谈判的技巧和议价能力的影响。

2. 技术价格的相对性

有形商品一般采用固定价格,随供求关系波动,而技术价格则以受方使用技术的经济效益为基础,因而是相对的价格。以技术带来的潜在收益而不是技术研发的成本作为技术价格的参照主要是因为以下两点:

(1) 技术转让前,技术研发费用一般已得到部分或全部的补偿。通常一项技术的开发是为己所用,解决自身生产中的关键问题。技术研发成功后,首先受益的是技术持有方,其在技术转让前已经通过运用该技术生产和销售而部分或全部收回了研发成本。因此,技术转让价格中只需对研发成本进行部分补偿或不补偿。

(2) 同一技术可进行多次转让。同一技术可以同时或先后转让给多个受方,由于研发费用固定,并不因交易次数的增加而增加。每次交易的买方使用技术能获得的利润则不同,利润总和会因交易次数的增加而增加,技术使用费的总和也会越大。

二、技术价格的构成

技术价格的确定比一般商品价格的确定更为复杂,但供受双方在评估技术价格时,通常要考虑技术转让的各种成本和受方使用技术时带来的潜在收益,因此技术价格中主要包括技术的转让成本、沉没成本、机会成本和利润补偿。

(一) 技术的转让成本

技术的转让成本(transfer cost)是指技术供方为了签订和履行该项技术贸易合同所支出和需要支出的各项费用,包括直接转让成本和间接转让成本。

1. 直接转让成本

直接转让成本是指在签订和履行技术贸易合同过程中,技术供方所支付的与技术受方直接相关的费用,一般是根据开支的有关项目计算出来的,其中包括以下费用:

(1) 技术资料费,即合同所需的全部技术文件、图纸资料、技术规程等的编制费。

(2) 技术交易费,即技术供方派遣谈判人员谈判技术转让合同的差旅费,准备报价及相关资料的费用,执行合同人员的差旅费等。

(3) 技术服务费,即根据受方提出的特殊要求而进行实验研究和修改基本设计的费用,受方技术人员进行技术考察和接受技术培训给供方带来的花费,供方提供技术服务和技术指导的费用等。

(4) 其他实际花费和机动用费,如通信、邮寄、营销服务等产生的费用。

2. 间接转让成本

间接转让成本是指在签订和履行技术贸易合同过程中,技术供方所支付的与技术受方间接相关的费用,包括公司综合行政管理费、法律咨询费、监督与审计费等费用的分摊。

(二) 技术的沉没成本

技术的沉没成本(sunk cost)又称历史成本,是指研发该项技术所投入的人力、物力和财力。与技术的转让成本不同,研发费用是由使用该项技术的所有企业分摊的,并不完全包含在技术价格中。其具体包括以下费用:

(1) 技术研发专项费用分摊,即专门用于该项技术的研究和开发的费用。其主要包括:① 人力成本,即科研人员和辅助人员的工资、津贴、奖金、福利费等。② 资料成本,即为该项技术的研究与开发所购买的图书文献、技术资料、参考资料等费用。③ 设备成本,即为该项技术的研究与开发所购买的设备、仪器等费用。④ 咨询费,即为该项技术的研究与开发而咨询或消费技术服务费用。⑤ 人力资本,即为该项技术的研究与开发对科研人员的培训费用等。⑥ 差旅费,即为该项技术的研究与开发而发生的有关人员的公务出差费用等。

(2) 技术开发企业已有设备使用的成本分摊和购买非专用新设备成本的分摊。

(3) 技术开发企业为研究与开发该项技术而产生的管理成本、组织成本、协调成本等的分摊。

(4) 技术开发企业在研究与开发该项技术过程中失败的技术开发项目的成本分摊。

(5) 与该项技术的研究与开发直接或间接相关的其他支出,如水电费、保险费、贷款利息、运输与仓储费、科研劳动保护支出等的分摊。

研发费用虽然包括上述基本项目,但是比转让费用更难确定,主要因为技术的研究与开发通常是多项同时进行的,很难将某项技术的研发费用清楚地划分出来,而且很多新技术的问世是有必然性的偶然,是长期从事研究、生产、管理的一种附带的成果,并不是有明确目标的开发,更难界定对其投入的多少。因此,沉没成本不能成为确定技术价格的主要依据,更不应由技术受方独自承担。

(三) 技术的机会成本

技术的机会成本(opportunity cost),是指供方因转让技术而失去部分或全部销售市场和销售机会所导致的利润损失。一项技术的成功转让会使受方获得新的生产能力并开辟新的市场,但技术供方可能因此引入了新的竞争对手,甚至失去部分市场,这种由技术转让而失去的市场份额和利润损失通常要计入技术价格中,成为技术使用费的构成部分,作为对技术供方的补偿。

机会成本的大小难以准确衡量,一般取决于技术转让合同的性质和技术供方对目标市场的预测。若供受双方签订的是独占许可合同,受方拥有在供方原有市场的特定地域内对某项技术的独占权或拥有在该特定地域市场对某项技术产品的独家销售权,技术供方的机会成本就是完全失去合同规定地域市场的全部利润损失。若供受双方签订的是非独占许可合同,技术供方的机会成本就是由于技术受方的竞争而在合同规定地域失去部分市场所造成的利润损失。若技术供方在合同规定地域内没有市场份额,未来也没有销售计划,或因政策法规等不能进入该地域销售,则技术供方的机会成本应为零。

(四) 技术的利润补偿

技术转让中的技术转让费除了可视为转让方的利润外,也有为补偿转让方向受让方让出部分产品销售市场或潜在市场损失的考虑。因为对于技术供方来说,将技术授权给受方使用,由受方进行生产和销售,意味着技术供方将失去合同许可的地域范围内的部分甚至整个市场,将使自己损失掉原先由自己生产销售可能获得的利润,这部分利润必须通过收取技术使用费得到补偿。由此可见,转让技术预期创造的利润的高低将直接影响利润补偿的大小,并成为确定技术使用费的主要因素之一。预期利润是指使用这项技术所能获得的实际经济效益,这是技术价格高低的决定因素。对于技术受方来说,是否引进该技术主要取决于该技术可能获得的经济效益的高低。

影响技术预期利润的因素有很多,主要包括:技术的水平和成熟程度;许可产品的市场、销量和价格;技术所处的生命周期阶段;专利技术的范围、期限、有效性以及专有技术的保密情况;许可使用权的独占情况;其他因素,如合同的条款规定等。由于影响合同价格的因素有很多,这些因素在进行技术转让交易初期很难全部和准确预测,使得对于其利润的估算成为计算技术使用费的一个关键问题。这就是为什么在技术转让中大都采用技术使用费与生产销售相结合的提成方式的原因。

第二节 国际技术贸易作价原则及影响因素

一、国际技术贸易作价原则

在确定技术转让价格时,供受双方所考虑的方面和因素不同,往往不能达成一致。影响技术价格的因素众多,如何确定一个让双方都可以接受的合理价格,需要遵守世界上普遍接受的判断原则。

(一) 利润分享原则

利润分享原则(licensor's share on licensee's profit,LSLP)又称利润分成原则,在国际上被称为 LSLP 原则,指技术使用费是技术受方使用该项技术所获利润的一定份额,是技术供方享受的技术受方利润的一部分。在国际技术贸易中通常以供方占受方在该技术项目中所获得利润的合理份额作为计价标准,以供方分成率表示,即:技术价格=技术受方利润×供方分成率。

供方分成率的确定目前没有统一的标准,可以参考国际惯例和通行做法确定一个合理范围。联合国工业发展组织(UNIDO)对印度等国家引进技术价格进行调查、统计和分析后,提出供方分成率在 16%~27%之间较为合理,并建议不要超过 30%。我国《技术引进合同审批办法》规定，技术引进的总费用一般应占受方利润的10%～30%。LSLP原则是国际上较多采用的技术价格判定原则，它更进一步明确了技术价格与利润之间的关系，使技术的价格取决于技术受方引进技术所能产生的潜在新增利润。但在实际操作中，供受双方可以根据技术转让的具体情况围绕该原则确定的技术价格进行适当调整。

（二）许可方的作价原则

许可方主要以构成技术价格的各个项目为估算基础，在保证收回部分或全部技术研发费用、各种技术服务费、技术转让直接费用的基础上，确保自身能获得一定量的利润。这部分内容在本节技术价格的构成中已经阐述说明，此处不再赘述。

（三）被许可方的作价原则

被许可方主要考虑技术的使用价值和价值，根据技术的预期收益和引进成本，分析比较确定技术的价格，主要从以下几个方面进行考虑。

(1) 引进技术的总成本或支付的技术使用费应当低于自主开发该技术的成本。技术受方应该事先估算自主开发所需技术的成本，并综合考虑时间因素、风险因素等，与技术引进成本进行比较，作出更加有利的决定。

(2) 引进技术的净利润应当为正。新增利润是引进技术价值的体现，但是技术供方从自身利益和掌握的信息出发，可能与技术受方所估计的新增利润有出入。技术受方应该根据自己的实际情况，作出自己的估计。

(3) 充分考虑技术引进的间接成本。引进技术要进行消化、吸收、创新，需要对原有技术设备进行改造或更新，增添新的基础设施和配套设施，以及对技术人员、生产人员、管理人员进行专项培训，这些都会对技术引进的预期效益产生影响，从而成为考虑技术价格不可缺少的因素。

被许可方在充分考虑上述因素之后，可以根据自身条件保守地提出报价，待与技术供方谈判商讨后，在不损害自己利益的基础上确定最终价格。

二、影响国际技术贸易合同价格的因素

一般来说，技术价格的四个构成部分只能确定技术转让的基本价格，在技术市场中有许多因素会影响技术贸易合同价格的确定。下面就从与技术本身相关的因素、与技术环境相关的因素和各国税收政策的不同角度分析这些因素对技术贸易价格的影响。

（一）与技术本身相关的因素对技术贸易价格的影响

1. 技术的生命周期

技术的生命周期(图5.1)，即技术的寿命长短，是技术买方估算技术价格的重要依据，也是影响技术价格的重要因素。技术的生命周期长，技术卖方可以多次转让，多次获利，从而可以降低技术转让的价格；技术买方可以获得技术较长时间的使用，以获得更高的经济利益，从而可以提高技术转让的价格。对技术转让的价格有更重要影响的是技术所处的发展阶段。技术的发展通常经过三个阶段：发展阶段、成熟阶段和衰老阶段。处于不同阶段的技术，其价格也会有所不同。

在技术的发展阶段，技术尚处于试验期，多以蓝图、原理等形式出现，商业价值不明显，

商业生产有待开发，此时技术买方引进技术存在较大的风险，将其应用于生产也需要投入很多额外费用。因此，处于这一阶段的技术的转让价格一般比较低。当然，对于某些开发前景良好，商业潜力较大，经济收益可观的技术也可能价格较高。

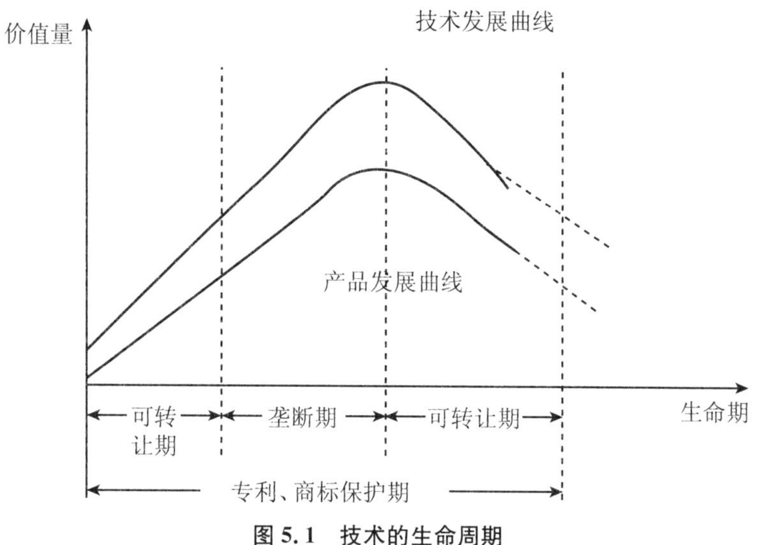

图 5.1 技术的生命周期

在技术的成熟阶段，技术的商业化生产已成规模，商业利润丰厚，商业价值明显，技术垄断出现，此时技术买方引进技术承担的风险小、见效快、收益好，但是引进的门槛较高，因此，处于这一阶段的技术的转让价格一般比较高。

在技术的衰退阶段，技术已经成熟到不再需要保护或垄断，新技术已经开始或很快将会替代该技术，该技术的商业价值逐渐下降，此时技术买方引进技术的利润空间不大，虽然引进技术用于生产的成本很小，但是技术供给方较多。因此，处于这一阶段的技术的转让价格一般也会较低些。

2. **技术的开发费用**

每项技术的研发都需要投入较大的物力和财力，只有大型企业或大型垄断组织承担得起技术研发的费用，技术的持有者自然会对研发出来的技术有较高的回报要求。所以，技术的持有者往往对研发出来的技术采取垄断的做法，以追求高技术附加值，在结束技术垄断前，也希望通过转让收回部分研发费用。

(1) 在技术的发展阶段，技术是先进的，甚至是领先的(对于重大的领先技术或关键技术，持有者是不会卖出或转让的)，此时研发费用的补偿将在技术价格中占有相当份额。

在技术处于发展阶段时，使用该技术所生产产品的需求常常是刚性的，产品价格提高并不会影响需求量。此时受方为节约时间而选择引进技术，放弃自行研制，并接受技术输出方对研发费用的补偿要求。费用的补偿量一般都接近技术供方对受方独立自行研制该项技术费用的估计量，且不低于供方研发费用的实际花费。

技术在发展阶段容易被仿制，因此，供方也要求尽快补偿其技术研发费用，补偿量一般都相当于泄密费。这类技术交易多发生在较先进和新兴的产业，且供受双方的技术水平相差不大。

(2) 某些大型跨国公司从其全球技术许可战略出发，依靠许可贸易的手段来控制市场，以保持自己在技术领域的领先地位。这些跨国公司通过要求对其技术研发费用的补偿来维持研发机构的运转，当然，跨国公司绝不会转让自己所有的核心技术，而是严格按照技术生命周期或技术的有效利用程度来实施技术转让。在这种情况下，技术研发费用的补偿量仍根据供方对受方独立研制该项技术费用的估计量来确定。

（3）在技术的成熟和衰退阶段，一般不过多地考虑技术的研发费用，由于技术的长期使用，其研发成本已从产品利润和多次技术转让的收益中收回。在特殊情况下，如技术供受双方的技术水平相差很大时，供方仍要求受方承担研发费用。

3. 技术的转让费用

技术转让过程要消耗大量的人员、物力和财力。作为供方的直接花费，技术的转让费用是决定技术转让价格的基本因素，成为供方报价的下限。

通常转让费用包括以下几方面内容：

（1）技术供方的基本费用。如技术转让过程中的可行性研究、技术资料的准备、接待方人员来访等所支出的费用，往往由供方垫付，并打入供方的报价。

（2）由技术受方的技术服务要求决定的费用。如依技术转让过程中的培训量、技术转过程中的相关软件和相关硬件等确定的费用。

（3）由技术受方的技术服务性质决定的费用。不同的受方由于技术能力的差异，对技术服务性质的要求各异，这主要体现在受方所需技术的核心程度及受方所需技术的类别上。

4. 技术的市场费用

技术的市场费用是指技术供方转让技术的机会成本，即技术的成功转让不但使受方获得了一种新技术，得到了一块新市场，同时也使供方失去了一块市场，乃至培养了自己的竞争对手。因而，供方要对自己因转让技术而失去的市场份额和利润损失作出估算，并把这一数量反映在技术贸易价格中。供方的利润损失主要包括：

（1）技术供方在转让期内继续使用此技术于某市场预期会获得的利润。这个预期利润根据行业的平均利润水平和预期销量算出。

（2）技术供方在转让期内因合同约定而产生的利润损失。若受方在某地域内享有技术独占权，则供方及第三方在该地域内不得使用及销售该技术和技术产品，此时供方提出的技术贸易价格也比较高。

（3）技术供方会对受方使用转让技术产生利润进行估值。受方使用转让技术产生利润完全是受方的经济行为，但供方常根据由此产生的利润估值。

5. 对技术转让过程中的开发费用、转让费用及市场费用的综合分析

从技术转让过程中的开发费用、转让费用及市场费用来看，实际的技术贸易价格会因三类费用在技术生命周期不同阶段的重要性不同而在价格上下限内波动，见表5.1。

表5.1 影响技术价格的主要因素与技术生命周期的关系

技术生命周期	开发费用	转让费用	市场费用
发展阶段	A	C	B
成熟阶段	B	B	A
衰退阶段	C	A	B

注：A代表费用最高，B代表费用中等，C代表费用最低。

技术供方收回开发费用的主要渠道首先是销售产品，最后才是技术本身的销售。当销售处于发展阶段的技术时，开发费用才显得重要。对于成熟的技术，由于产品市场完善，产品利润有可靠的保障，市场费用在技术转让时最重要。对于衰退的技术，由于产品市场趋于饱和，开发费用大部分也已回收，此时供方更看重转让费用。

（二）与技术环境相关的因素对技术贸易价格的影响

一项技术的成交价格除了与技术本身相关外，还受技术环境的制约，主要表现在以下几个方面：

1. 技术贸易双方所在国的宏观环境

国际技术贸易双方所在国的政治、经济、法律等宏观环境，都会直接关系到技术转让的风险，转化为技术转让成本并计入技术的价格中。特别是技术受方的政治环境和法律保护状况。

若技术受方所在国政治经济环境不稳定、政局混乱、政府工作效率低、行政管理不健全，技术供方就会担心合同不能顺利履行，成本和预期收益不能收回，因而提高技术价格，还可能在合同中规定各种限制性条款。若技术受方所在国关于知识产权保护的法律不健全，对引进技术缺少应有的保护，技术供方则会担心技术会无偿扩散，为弥补可能招致的损失，往往也会大幅度提高技术使用费。

此外，技术供受双方国家的政府干预也会影响到技术的价格。一些国家出于国家安全考虑，限制某些技术的出口或进口，也有一些技术引进国单方面规定技术使用费的上限，这些都会成为供受双方考虑技术价格的因素。一般来说，向技术发达国家或地区转让技术比向技术落后国家或地区转让技术收取的费用要低。

2. 技术的许可方式

许可方式一般有普通许可、排他许可、独占许可三种。技术贸易许可方式的不同，技术买方对技术的占有程度就不同，可获得的未来收益也不同，技术转让的价格就不同。

独占许可意味着技术卖方在合同规定时间内不得向某一地区范围的其他企业转让该项技术，技术买方有使用技术、生产产品、销售产品和出口产品的专有权利，甚至技术卖方也不得在合同期限和规定地域内生产或销售，从而保证了技术买方的市场占有率和潜在利润，但对技术卖方来说，既损失了将技术转让给其他客户的技术转让费，又损失了在该地区获利的机会。因此，独占许可方式下的技术的价格最高。

排他许可是指技术买方对合同项下的技术享有排他的实施权，技术卖方在同一地域范围内不得再将该技术许可给第三方使用，但技术卖方自己有权实施所转让技术。与独占许可相比，排他许可排除的是第三方，但不排除技术卖方，技术卖方的损失相对小些。因此，排他许可方式下技术的价格比独占许可方式下技术的价格低一些。

普通许可方式对技术卖方没有任何限制，供方可以将技术转让给同一地域的其他技术受方使用，也可以自行生产销售。因此，普通许可方式下技术的价格最低。

3. 技术的使用限制

技术供方往往在技术转让合同中对技术受方的技术使用规定了多种限制，以减少受方作为潜在对手带来的竞争威胁。规定的内容一般包括：技术的使用范围、产品的销售范围和技术的使用权限。

一项技术可能用于多种产品的生产。技术受方是将引进技术用于一种产品生产还是多种产品生产,是应用于一个领域还是多个领域,技术的价格都会有很大差别。

技术供方为避免在市场上增加竞争对手,经常在技术转让合同中规定技术买方销售产品的地域限制。技术受方要求的销售区域越大,支付的技术使用费就越高。

此外,技术的使用权限不同,技术转让的价格也不同。合同中如果有限制技术受方在允许的范围以外再扩大生产能力或重新建厂的条款,则转让的是一次使用权;如果没有上述限制性条款,技术受方可以使用转让的技术随意扩大生产能力和建厂,则是一次买断。一次买断支付的费用比购买一次使用权支付的费用高出很多,但第二次购买使用权的费用比第一次购买的费用要低。

4. 技术使用费的支付方式

技术使用费的支付方式不同,供受双方所承担的风险也不同,技术的价格也因此不同。总价支付方式下,技术供方不必分担受方技术引进和生产经营的风险,风险小则价格低。提成支付方式下,技术供方要承担受方技术引进失败的风险,收回技术使用费的风险相对高,价格就高。入门费与提成费结合方式下,价格则适中。

5. 技术使用费的支付货币

国际技术转让合同执行的时间比较长,技术使用费的支付往往贯穿于整个合同有效期内,因此供受双方在考虑技术的价格时必须考虑货币的汇率风险和利率风险。

若计价货币与支付货币是同一种货币,则使用技术供方所在国的货币或其他国家的硬币对技术供方有利,面临的货币风险较小,技术的价格则相对较低;而使用技术受方所在国的货币或其他国家的软币对技术受方有利,面临的货币风险较小,技术的价格则相对较高。

若计价货币与支付货币不是同一种货币,而计价货币是硬币,支付货币是软币则对技术供方有利,基本不会遭受损失;而计价货币是软币,支付货币是硬币则对技术受方有利,所以技术的价格会相对较高。

在国际技术贸易中,为了达成协议取得某些方面的利益,有时不得不接受对己方不利的支付货币,不利方可以采取相应的对策,如调整技术报价,或在衍生工具市场上采取规避措施,或通过其他渠道进行保值,以降低货币风险可能带来的损失。

6. 技术供受方的竞争程度

国际技术市场上的交易对象常常是尖端技术或是受知识产权法保护的技术,技术供方数量不多,而且处于垄断地位,有的甚至是独家垄断。买方为了获得专有权利,抢占世界市场,获取高额收益,而不得不提高技术引进报价,以压制其他竞争对手。

但是,国际技术转让中也有相当数量的已成熟的非垄断技术,技术供方数量比较多,它们为了能在竞争中取胜,就不得不压低技术转让报价。竞争的激烈程度对技术转让费有明显影响,竞争越激烈,价格差距越大。

7. 技术的垄断程度

在国际技术市场上,如果某一技术被极少数技术供方垄断或被独家占有,而又没有该技术的替代技术,就形成了该技术的卖方市场,技术转让的价格也会很高。在我国当前经济环境中,大多数技术属于买方市场,技术买方可在多种同类技术和多家转让方之间选择,技术转让价格也较为有利于买方。

（三）供受双方所在国的税收政策对技术贸易价格的影响

与技术贸易价格相关的税种可归结为四大类：所得税、财产税、流转税和关税。大多数国家均把所得税作为主要的税种和税制中心，对技术转让费用的税收也多采用征收预提税的方式。由于国际技术转让费用是跨国界的收入，技术供受双方所在国都要对收入征税，这就产生了双重征税的问题。技术供受双方所在国双重征税对技术供受双方都有不利影响。对供方来说，削弱了在国际技术市场上的竞争力；对受方来说，削弱了在国际技术市场上的引进优势。另外，技术转让会带动商品贸易，增加间接税收，所以技术供受双方所在国都力求避免双重征税。

目前，各国之间主要是通过政府间谈判，缔结避免双重征税协定来解决双重征税的问题。总之，影响技术价格的因素很多，除与上述因素有关外，还与技术转让的次数、技术是否受知识产权法保护、技术的社会效益、技术合同条款的规定等因素影响有关，应当多方面综合考虑。

第三节 国际技术贸易中的价格支付

国际技术贸易双方在确定技术价格后，还应明确技术使用费支付的具体办法，在合同中详细规定使用费的支付方式、支付工具、支付时间以及清算办法，避免在合同执行过程中引起双方纠纷，影响合同的顺利履行和技术的引进进程。

一、支付方式

技术价格的支付方式多种多样，由技术贸易标的的性质、技术贸易合同的规定、提供服务的内容、交易双方的谈判能力等因素共同决定，但基本上可以归结为三种形式，即总价支付、提成支付、入门费与提成费相结合支付。

（一）总价支付

1. 概念

总价支付(lump-sum payment)是指国际技术贸易双方经谈判商议后，在合同中确定一个固定的技术转让使用费金额，由技术受方在合同签订或生效后的一定时间内一次或分期支付的办法。一次付清的时间通常规定在技术资料交付完毕并经受方验收之后；分期支付也称“里程碑”式支付方式，可按合同执行的进度，分若干批次付清。

2. 总价支付方式的特点

(1) 被许可方支付使用费的时间早。被许可方支付使用费的时间是在合同生效后，而非被许可方使用技术之后，其支付使用费的时间比其他支付方式早。

(2) 总付金额在合同有效期内不变。总付金额是双方签订合同时商妥的，不随被许可方利用技术效果的好坏或者市场价格的变动而变动，即使被许可方因市场不利因素影响，未取得预期的收益，规定的金额也必须照付。

(3) 使用技术的风险全部由被许可方承担。合同签订后，只要许可方履行了合同规定的义务，使用技术就是被许可方的事。至于技术使用效果如何，与被许可方支付使用费的多少并没有联系。因此，被许可方承担了使用技术的全部风险。

(4) 许可方可能会提供技术协助不积极。由于许可方的技术使用费收入与被许可方使用技术效果的好坏没有直接联系，许可方收的使用费所得有确定保证，因此，对许可方来说，积极与不积极提供技术服务都不会增加或减少技术使用费收入，以致许可方在提供技术服务方面缺乏主动性。

3. 总价支付方式的利弊分析

总付方式对许可方和被许可方各有利弊。总的来说，总付方式对许可方利多弊少，对被许可方则利少弊多。

(1) 对许可方有利的方面：

① 许可方的使用费收入有保证，使用费不受被许可方生产状况或销售量变化的影响，能确保许可方获得一定数量的技术使用费收益。

② 可以避免大量的查账、计算等烦琐工作。

(2) 对许可方不利的方面：

签订合同时，如果许可方对被许可方利用技术可能获得的新增利润估计不足，而被许可方的生产状况或销售状况好于预期，取得的新增利润大于原来的预期。那么许可方无权要求分享超额利润。

(3) 对被许可方有利的方面：

① 可以较快地摆脱对技术许可方的依赖。

② 可以避免货币汇率变动对支付产生的汇率风险。

③ 如果利用技术获得的新增利润好于预期，不必支付额外的技术使用费。

(4) 对被许可方不利的方面：

① 采用总付方式，被许可方在实际生产前就要付出大笔资金，如果此项资金需要向银行借贷，由于融资费用高，经济负担比较重，将影响资金周转。

② 总付有类似一笔销售或购买行为的财务效果，支付之后，许可方就不再分担市场变动的风险，因而技术和市场风险全部落在被许可方身上。

③ 采用总付方式，许可方不再积极承担提供技术改进和传授技术情报的义务，即使合同规定许可方必须承担此项义务，但由于被许可方产销量的增加对许可方没有直接好处或收益，许可方大都采取表面上履行但实际上并不完全履行的做法，或只提供一些简单的技术情报，不提供真正有价值的技术改进和技术情报。

4. 对总付方式使用的限制

鉴于总付方式对被许可方存在明显的不利，世界上很多国家，特别是发展中国家，往往通过法律或审查转让合同等形式，对总付方式加以限制。限制方式有如下几种：

(1) 总付金额必须在估计的销售额的基础上决定，并且该金额应当是在对该部门或该项产品所能规定的最高金额以内。例如，印度可以批准的使用费通常为销售价的5%，并且规定要分期支付。

(2) 有条件地采用总付方式。如新西兰政府规定，一次总付的合同通常不予批准，除非它能表明这种支付方式是完全必要和合理的。

(3) 有的国家拒绝采用总付方式。如斯里兰卡规定，列有总付方式的合同将不予批准。

(4) 限定总付方式的适用范围。有的国家法律规定,只有在通过转让和购买来取得专利权以及某些类型的技术服务时,才允许采用总付方式。对用于消费品或一般原料的生产,或用于机器、设备或其他资本货物的专利或商标许可或技术秘密转让合同,则不允许采用总付方式,只能采用提成支付方式。

5. 总付方式的使用条件

鉴于总付方式对当事人双方利益存在明显的不均衡,不少国家对使用总付方式存有疑虑,所以许多国家在使用总付方式时,要求被许可方应满足以下条件:

(1) 被许可方有能力接受并掌握许可的技术。在短时间内,许可的技术可以全部转移给被许可方,而且被许可方有能力全部接受并能很快掌握所许可的技术。

(2) 被许可方不需要许可方提供技术协助。许可的技术并非尖端、复杂的技术,被许可方不需要许可方不断提供有关技术进步或产品推销方面的技术情报,也不需要许可方不断提供技术服务与协助。

(3) 被许可方有充足的资金,并打算尽快摆脱对许可方的依赖。

如果上述条件具备,被许可方也可以适当使用总付方式。

(二) 提成支付

1. 概念

提成支付(royalty)是指国际技术贸易双方在合同中确定,由技术受方根据其使用所引进技术后的经济效益按照一定的比例,提成技术使用费支付给技术供方,而并没有确定一个固定的技术使用费金额。提成基础可以是产量或销售额,也可以是新增利润或其他。

2. 提成支付的特点

(1) 支付使用费的时间较晚。合同生效后,被许可方不支付使用费或只支付少量入门费,只有当被许可方利用技术并取得实际经济效果之后,才根据合同规定的计算方法,计算各期的提成费,由被许可方将使用费按期支付给许可方。因此,使用费的计算与支付不是在合同生效后,而是在被许可方生产并取得经济效果之后。

(2) 使用费总额与利用技术的效果直接相关。许可方获得的技术使用费总量与被许可方利用技术的效果直接相关。被许可方利用技术的效果好,许可方获得的使用费就多;相反,许可方获得的使用费就少,甚至完全收不到使用费。因此,在提成支付方式下,当事人的利益和风险是捆绑在一起的。所以,许可方和被许可方是利益共享、风险共担的。

(3) 许可方会积极主动地提供技术服务和技术协助。在提成支付方式下,许可方获得的使用费完全取决于被许可方利用技术的效果。许可方考虑到自身利益,会积极主动地提供技术服务和技术协助,甚至主动提供技术情报和产品销售信息。

3. 提成基础

提成基础有三种:产品产量、产品销售价和利润。有时还在上述提成基础上附加些调整的方法。下面就三种提成基础和附加的调整方法分别加以说明。

(1) 按产品单位或数量提成。提成费按照所制造的每件产品、每单位产品的重量(每吨或每公斤)、容积(每加仑或每公升)或符合产品特点的其他单位(如功率、马力)等,规定一个固定的金额(如每单位产品支付提成费 XX 美元),以此为基础乘以产品总产量,即为应支付的提成费。因此,这种做法又称为“固定提成”。

例如，法国雷诺公司与日本一家公司签订技术转让合同，规定装配一辆汽车，支付技术使用费 25 美元。以产品单位或数量作为提成基础有以下特点：

第一，使用费金额与生产成本、销售价格和利润无关。只要被许可方开始生产，根据被许可方的总产量，就可以计算出技术使用费总量，而且被许可方的生产量越大，许可方获得的收益就越多。这种做法对许可方十分有利，因为许可方不必过问是否售出产品，也不必过问产品售出后是否盈利，只要被许可方生产出产品，许可方就可以获得收入。

第二，被许可方的产品数量与许可方的收益直接相关。因此，许可方愿意提供技术改进和技术协助，以增加被许可方的产品产量。因为被许可方的产品产量增加，许可方的技术使用费收入就会增加。

以产品单位或数量作为提成基础应注意以下几方面问题：

① 谨慎地确定产品的单位金额。产品的单位金额，除了包括许可技术创造的价值之外，还包括很多其他因素，如许可方所提供的零部件或中间产品或原材料价值，被许可方投入的人工、材料、设备折旧费，其他来源的技术创造的价值等，所有这些因素都是产量的组成部分。如果不加区别，将产量增加部分笼统地包括在产量中，对被许可方是很不利的。因此，应将上述三种因素从总产量中扣除，只计算许可技术所创造的价值部分。

解决这个问题的办法是：在确定产品单位提成金额时，扣除非许可技术所创造的产量部分。例如，在不作任何扣除的情况下，单位产品的提成费为 10 美元，扣除许可方提供的原材料 2 美元，其他来源技术 1 美元，被许可方本身投入的设备、原材料、劳动力成本 2 美元，最后确定单位产品的提成费应为 5 美元。

② 要明确规定单位产品产量的衡量标准。单位产品产量的衡量标准应选择最能代表一项产品生产量的主要指标，如尿素的产量既可按自然吨计量，也可按产品中的含氮量折成标准吨计量。

③ 注意某些国家的法律规定。有的国家不允许根据产量计算提成费，而要求按产品的销售价格计算提成费。也有的国家规定，只有利用技术生产的产品的国内价格比国际销售价格高得多时，才允许按每一单位产品的固定金额计算提成费。

上述问题都是从保护被许可方利益的角度出发的。为了维护许可方的利益，许可方应注意防止被许可方不利用技术进行生产。为此，许可方应在合同中明确规定，被许可方应保证在合同生效后，尽早开始商业化生产，以防止被许可方将所转让的技术束之高阁，致使许可方无法获得技术使用费收入。

(2) 按产品销售价提成。此指以产品销售价作为计算提成费的基础，又称“从价”提成费，是以产品的销售额为基础，按合同规定的一定百分比，如 3%或 4%等，计算提成费的方式。

这种以销售价作为提成基础的方式具有如下特点：

① 利用许可方技术生产的产品实际售出后，被许可方有了实际销售收入，才开始向许可方支付使用费。

② 支付的责任与产品出售后是否获得利润无关。也就是说，被许可方产品售出后，不管被许可方是否盈利，都要支付使用费。

以销售价作为提成基础时，要注意的问题是，销售价可以划分为总销售价和净销售价，确定以哪一种价格作为计算提成费的基础，其结果是不一样的。

第一种，以总销售价为基础。根据某些国家有关技术转让的法律，总销售价是指工厂实际销售产品或付出劳务的发票价值。按总销售价计算提成费简便易行，只要检查被许可方的销售发票或销售账册，即可确定应付提成费金额。但是，这种计算方法对被许可方不利，因为总销售价中不但包含许可技术所创造的价值，而且包含非该技术所创造的价值。对许可方而言，按总销售价提成无疑会增加额外的收益，而被许可方则多支付了技术使用费。所以，以总销售价为基础计算提成费对被许可方不利。

第二种，以产品净销售价为基础。以产品总销售价为基础包含很多不合理的因素，因此，有些国家法律规定，应当以产品净销售价为基础计算提成费。产品净销售价是指从产品总销售额中扣除许可技术以外的其他特定项目的成本、价值或其他费用后得出的价格。应该扣除哪些项目，不仅取决于双方当事人的意愿，还取决于产品的性质、产品销售习惯以及各国技术转让的法律规定。

(3) 按利润提成。以利润作为提成基础，是指以被许可方生产的产品销售后所获利润为基础，按约定的一定百分比计算提成费的办法。

从理论上讲，在引进技术之前，被许可方已具备了一定的技术水平和生产能力，引进技术后，被许可方提高了劳动生产率，改善了生产管理，提高了原有产品质量，增加了产品销售价，使被许可方的利润较引进技术前增加了，亦即获得了利用技术的增值利润。因此，以增值利润作为提成基础是最合理的。

但是，以增值利润作为提成基础存在些实际问题，主要包括：

① 由于提成费与被许可方的利润联系在一起，在其获得利润之前，可以不支付提成费，特别是使用技术初期，由于被许可方对技术的掌握不熟练，或由于市场尚未打开，可能不得不薄利推销，甚至亏本出售，结果不能获得利润，许可方也就无法提取技术使用费。因此，许可方大都不愿接受按利润计算提成费的方式。

② 以利润为基础计算技术使用费，还存在一些实际困难，例如各国对利润定义的解释分歧很大。而且，企业大都不愿意公布实际利润，即使公布，实际利润和公布利润也不一定完全一致。因此，要了解和确定引进技术的增值利润，存在较多困难。

③ 利润也有税前利润和税后利润之分。按税前利润对被许可方不利，按税后利润，因各国征税税率不同，会影响许可方的实际使用费收入，对许可方不利。

由于上述原因，在国际技术转让交易中，采用以增值利润为基础，按百分比计算提成费的极少，除非许可方直接负责引进企业的经营管理，并对获利的前景极为乐观。否则，许可方一般不会接受这种方式。

(4) 提成基础的调整方法。计算提成费的基础主要有上述三种。而提成基础的调整方法，是指许可方或被许可方为了维护自身利益，在基本提成的基础上采取的变通办法。比较常见的有以下几种：

① 按公平市场价格(fair market price)。在按销售价格计算提成费时，许可方担心被许可方以低价将产品出售给有特别关系的第三者或其子公司，使许可方的提成费减少，为避免这种损失，许可方要求计算提成费时，以该产品的公平市场价格或现行的国际市场价格或其他类似产品的价格作为基础。

② 最低提成费(minimum royalty)。是指在以产品产量或产品销售价或利润为计算提成费基础的同时，确定一个最低限度的提成费金额。如果按提成方式计算的使用费金额大于最低限度的提成费金额，则按提成方式计算提成费；如果按提成方式计算的使用费金额小于最低限度的提成费金额，则按最低限度支付提成费。规定最低提成费的目的是保证许可方在一定时间内可以获得最低限度的收益。尤其是在授予被许可方独占使用权的情况下，

许可方不能再向其他第三方转让合同项下技术，只能依赖该被许可方的生产和推销能力。因此，最低提成费一方面作为保证许可方取得一定收益的一项辅助措施；另一方面，促使被许可方尽快安排生产，扩大生产，充分发挥引进技术的作用。

值得注意的是，一些国家技术转让的法律，例如印度、哥伦比亚、新西兰等，不允许支付最低提成费。或合同中已规定按产量或销售价或利润来确定提成费，就不得再规定最低提成费，包括最低提成费规定的合同将不予批准。

③ 最高提成费(maximum royalty)。是指被许可方为了维护自身利益而规定的支付提成费的最高限额，在以生产数量、销售价或利润为计算基础的提成费超过规定限额时，超过限额的部分不再支付提成费，其超额收益由被许可方一方所得。

最高提成费的规定适用于市场不断扩大，销售价格或销售额稳步上升，或被许可方努力扩大销售，销售前景较好的情况。这种做法有利于维护被许可方的利益。如果被许可方消化、吸收许可的技术能力有限，在短期内不能使产量或销售额迅速增加，规定最高提成费限额就没有什么实际意义。在大多数情况下，最高提成费限额是作为接受最低提成费限额的对等条件来使用的。

④递减提成费(progressive decrease of royalty)。是指根据产销量计算提成费时，提成比率随产销量增加而逐步降低的做法。如产量少于 1 000 台时，提成率为 3%；产量在 1 001～5 000 台时，提成率减为 2%；产量在 5 001～10 000 台时，提成率减为 1.5%。

递减提成费的安排对被许可方有利，它可以不必因生产销量的增加支付过多的提成费，同时可获得产销量增加部分的收益。这种做法对许可方也没有什么不利，因为虽然提成率降低了，但由于被许可方产销量的增加，其提成费绝对金额不但不会减少，还可能略有增加。因此，递减提成费安排对双方都是有利的，而且可以起到鼓励被许可方扩大生产和增加销售的作用。

但是，这种做法可能会形成最低提成费安排的效果，因为它保证了许可方最低限度的收入。不过总的看来，递减提成费对被许可方是有利的。因此，我国的技术引进合同中有相当比例采用递减提成安排。

⑤ 滑动提成(sliding royalty)。是指在按单位产品固定金额计算提成费时，许可方担心被许可方国家发生通货膨胀，造成技术使用费收入减少，要求按签订合同时的工资和原材料物价指数调整单位产品提成费金额，以保证许可方在签约时预计的技术使用费收入不致减少。

4. 提成率

提成率(royalty rate)，是指许可方在被许可方新增利润中所占份额的比率。在技术贸易合同中，一般不直接将许可方在新增利润中的份额表示出来，而是采用间接表示方式，即将所占份额换算为一个百分数，通常称为提成率。但是，由于直接使用新增利润存在很多困难，新增利润也经常使用产品净销售价、成本等代替。则提成率应为

$$R=\frac{S\times(P_1-P)}{P_1}$$

式中：R 为提成率；P_1 为单位产品现在的售价；P 为单位产品原来的售价；S 为供方所占净销售价的份额。

例如，双方经过谈判确定，许可方在估计的新增利润(或产品净销售价)中占 20%的份额，提成基础为净销售价，单位产品净销售价为 10 美元，其未利用技术前的净销售价为 8 美

元，则

$$提成率=\frac{20\%\times(10-8)}{10}=4\%$$

5. 提成期限

提成期限是指许可方提取使用费的年限。在提成费基础和提成率确定以后，提成期限的长短直接关系到被许可方支付使用费总量的多少。提成期限越长，支付的使用费总量就越多。因此，被许可方应争取缩短提成期限。一般提成期限有两种规定方式：提成期限较合同有效期短和提成期限与合同有效期相等。提成期限长于合同有效期是各国法律所禁止的。

在国际技术贸易合同中，提成期限较合同有效期限短的理由是：在提成基础或提成率不变的情况下，产品销售价下降，许可方在被许可方净销售价中所提取的使用费将会增加，出现利润分配不合理的状况。若使用费比率为6%，产品销售价为5美元/公斤，被许可方利润为1.5美元，许可方在被许可方新增利润中所占的份额为20%。但当被许可方产品销售价格下降，被许可方利润为0.5美元，许可方使用费在被许可方产品净销售价中的份额为60%。这种情况表明，当被许可方利润率下降时，收入分配有利于许可方。为了防止这种不利的分配情况，技术使用费应推迟到被许可方盈利较高时再支付。另外，在引进技术的最初年份，被许可方的利润率是较低的，支付技术使用费应在引进技术投产后一两年开始，直到合同期限到期。这也进一步表明，提成的期限比合同期限短是合理的。

（三）入门费与提成支付结合方式

入门费与提成费结合支付(initial payment plus royalty)是指技术受方在签约后的一定时间内先向技术供方支付一笔约定的费用，即入门费或初付费，其余技术使用费再按合同中规定的提成方式计算支付。这种支付方式综合了前两种方式的特点，既可以保证供方先得到部分补偿，又可以减轻受方的经济负担，使双方共同承担风险，因此是目前国际上最普遍的支付方式，也是我国技术引进合同中比较常见的一种支付方式。

入门费的金额应在充分分析供方转让技术的各项成本费用的基础上合理确定，原则上要包括的部分主要有以下内容：

(1) 技术转让的直接费用，如供方在谈判中接待受方的来访与考察，准备和提供某些资料发生的费用。

(2) 技术供方为满足受方需要，提供专门设计或特殊技术协助的费用。

(3) 技术披露费或技术公开费，是技术转让前供方为向受方介绍技术的有关情况而泄露某些技术秘密，受方所给予的一定的经济补偿，以弥补供方已经发生或可能发生的损失。

(4) 定金，是一笔技术受方的预付款项，以进一步确定双方的买卖关系，可以在以后的提成费中分批扣除。

从理论上来说，入门费与提成费之和应高于总价支付的技术使用费，但是通常提成率或提成费和提成期限都会相对较低。目前，国际上出现入门费小额甚至完全取消的趋势，这主要是因为技术受方在其所在国的生产销售，相比技术供方直接出口的费用要小很多，入门费的减少也就成为国际上的普遍要求。

但是在我国的实际业务中，支付的入门费水平一般偏高。主要原因是：首先，对技术资料选择不细，要求许可方提供资料的种类和套数偏多；其次，我方要求派遣的培训人员数量较多，而且培训人员费用通常包括在合同中，结果增加了入门费金额，加重了我方的经济负担，也加大了我方的经济和技术风险。因此，在技术引进实践中，我们应力争不付或少付入门费，如果入门费中包括预付提成的因素，应明确规定入门费应在将来支付提成费时予以扣除。同时规定采取入门费分期支付的办法，将支付时间与许可方传授技术、交付资料以及培训进度安排等环节联系起来，以对许可方有所制约。

总的来看，各种支付方式都有利弊，供受双方应在平等、公平的基础上友好协商，确定一个双方都愿意接受的合理方式，以利于国际技术贸易合同的顺利履行，建立良好的合作伙伴关系，共同赢得国际技术贸易利益。

二、支付工具

（一）支付货币

支付技术使用费的货币可以是技术供方国家的货币，也可以是技术受方国家的货币，还可以是供受双方以外的第三国的货币。具体使用哪种货币，供受双方应该通过协商决定，并在合同中明确规定，以免在费用支付过程中造成不必要的麻烦，影响双方的合作关系。

支付货币的选择一般要考虑货币发行国的宏观经济状况，特别是通货膨胀情况和一段时间的汇率波动情况。一般使用币值比较稳定的货币，以减少由于汇率变动和通货膨胀变化可能造成的损失，这样对贸易双方都是有利的。目前国际上结算时经常使用的货币一般有美元、英镑、欧元、日元等。随着中国经济实力在国际地位上的提升，人民币也日益成为一些国家支付时愿意选择的币种。

考虑技术使用费支付问题时还应注意合同中规定的计价货币。计价货币是衡量技术使用费额度的工具，计价货币的选择直接关系到技术使用费支付的额度，特别是按支付时的市场汇率换算的情况。若按合同规定汇率或按签约时的汇率计算支付以后的使用费，则不存在上述问题。最为稳妥的方法是计价货币和支付货币采用同一种货币，这样可以避免很多麻烦。

课堂讨论 5-1

走向世界的人民币

2014 年 9 月 29 日，经中国人民银行授权，中国外汇交易中心宣布在银行间外汇市场开展人民币对欧元的直接交易，人民币国际化再次成为关注的焦点。

中国人民大学编制的“人民币国际化指数(RII)”显示，截至 2014 年第二季度，该指数值为 1.96，比 2013 年末的 1.69 提升 16%，而在 2013 年初，该指数值仅为 0.92。近年来，随着我国成为世界第二大经济体，人民币币值的国际认可度不断提升，在新的经济格局中，人民币不断寻找突破口，成为世界货币体系中不可忽视的新生力量。央行发布的数据显示，2014 年上半年跨境贸易人民币结算业务发生 3.27 万亿元，比去年同期增长 59.5%。据环球同业银行金融电讯协会统计，人民币已经取代欧元，在国际贸易融资中成为第二大最常用货币。
讨论：人民币能否成为代替美元的国际储备货币？人民币应该国际化到何种程度？

资料来源：http://money.163.com/18/1002/15/DT4F2U25002581PP.html.

（二）汇票

汇票是技术转让交易最主要的支付工具。合同中虽然规定支付货币，但是国际技术贸易中很少直接进行货币支付,而是利用汇票,通过银行进行支付。

我国2004年8月28日公布的《中华人民共和国票据法》规定:汇票是出票人签发的,委托付款人在见票时或者在指定日期无条件支付确定的金额给收款人或持票人的票据。国际上多数采用的对汇票的定义出自《英国票据法》,其中规定:汇票是一个人向另一个人签发的,要求见票时或在将来的固定时间或可以确定的时间,对某人或其指定的人或持票人支付一定金额的无条件的书面支付命令。

按照付款时间的不同,汇票分为即期汇票和远期汇票,前者是指在提示或见票时立即付款,后者是指在一定期限或特定日期付款。国际技术贸易中,技术受方一般开立即期汇票,连同有关单据通过银行向技术供方支付款项。

课堂讨论5-2

欧洲创建新支付机制　绕过美国对伊朗制裁

德国之声中文网2019年1月31日报道,德、法、英三国正式成立一个用于与伊朗贸易的支付体系,名为INSTEX(Instrument in Support of Trade Exchanges)(意为贸易支持工具)。由此,欧洲向美国作出有象征意义的挑战举动。德国之声中文网"看,我们在帮助你们"——这是欧洲向伊朗发出的信号。欧洲人希望以这一支付渠道,帮助德黑兰政府减轻美国强硬制裁的后果。

目前已知的是,该机构将设址巴黎,由一名德国人任经理。据称,这是一名来自法兰克福的有经验的银行业人士。除德国和法国外,英国也是股东。英国也将在监事会承担主席一职。监事会将由这三国外交部各派一名高级官员加入。其他欧盟国家可自愿决定是否加入INSTEX。由于银行担心触犯美国制裁而受到处罚,与伊朗的支付交易极为困难。INSTEX即旨在绕过制裁。但这样做并不容易。这一新的支付渠道的确是迄今以来三个欧洲国家向美国总统特朗普发出的最明确信号,即:三国认为特朗普在2018年5月宣布退出伊朗协议是错误的决定。但是,凭借INSTEX的帮助,伊朗贸易是否就能起死回生、重新复苏,充满疑问。因为许多大企业已经告别了在伊朗的业务。对于德黑兰政府而言,INSTEXT有助于其说服国内强硬派:欧洲在贸易问题上站在伊朗一边。但该支付渠道的经济效果至少在初期恐怕相当有限。

思考讨论:欧洲创建的这一新的支付机制,能否真正地对多方贸易产生影响?请说明原因。

资料来源:https://news.ifeng.com/c/7iY9fl4BdEu.

三、支付时间

技术转让过程通常比较长,技术使用费支付时间的长短与技术的总价直接相关,因此技术使用费的时间价值也应成为贸易双方应该关注的问题之一。

技术供方为尽早收回技术转让的各项成本和预期收益,倾向于尽早完成付款,而技术受方为降低技术和商业风险,以技术使用费的支付促使供方保质保量地履行合同义务,倾向于较晚完成付款。供受双方应在综合考虑技术价格、支付方式、货币时间因素等基础上,友好协商解决技术使用费的支付问题,并在技术转让合同中明确。

(一) 总价支付的情况

总价支付的情况下,通常采用分期支付,支付的次数和每次的数额一般根据技术的难易程度、技术引进的进度等由双方协商确定。如在条款中双方规定:合同生效后30天内,支付合同金额的10%;合同生效后3个月内,收到第一批资料后,再行支付合同金额的15%;合同生效后12个月内,完成技术培训后30天内,再行支付合同金额的15%;合同生效后18个月内,收到第二批资料后,再行支付合同金额的15%;合同生效后24个月内,完成产品考核验收后,再行支付合同金额的20%;合同生效后36个月内,再行支付合同金额的10%;合同生效后第四年至第六年内,每年支付合同金额的5%。

(二) 提成支付的情况

提成支付的情况下,支付时间一般规定为季度、半年或一年,并据此计算每个时期的提成费总额。如在条款中双方规定:本合同提成费的计算时间从合同生效之日后的第4个月开始,按日历年度计算,每年的12月31日为提成费的结算日,结算日之后30天内交付。

(三) 入门费与提成费结合支付的情况

在入门费与提成费结合支付的情况下,入门费的支付时间以及技术引进每一阶段提成费的支付条件和支付时间都应在合同中写明。如在条款中双方规定如下:

1. 本合同第×章规定的合同费用,甲方按下列办法和时间向乙方支付:

(1) 甲方收到下列单据,并审查无误后30天内向乙方支付入门费的20%。

① 由乙方出具的保证函。在乙方不能按照合同规定交付技术资料时,保证偿还甲方××美元。

② 即期汇票正、副本各一份。

③ 支付金额为入门费总价的形式发票正本一份,副本三份。

④ 乙国政府当局出具的出口许可证影印件一份。

(2) 甲方收到乙方交付第一阶段产品的下列单据并审查无误后30天内向乙方支付入门费的20%。

① 即期汇票正、副本各一份。

② 商业发票正本一份,副本三份。

③ 空运提单正本一份,副本三份。

④ 乙方出具的第一阶段产品的技术资料、样机、铸件和备件交付完毕的证明信正、副本各一份。

(3) 甲方收到乙方交付第二阶段产品的下列单据并审查无误后30天内向乙方支付入门费的30%。

① 即期汇票正、副本各一份。

② 商业发票正本一份,副本三份。

③ 空运提单正本一份,副本三份。

④ 乙方出具的第二阶段产品的技术资料、样机、铸件和备件交付完毕的证明信正、副本各一份。

(4) 合同产品第一批样机验收合格后,甲方收到乙方下列单据并审查无误后30天内向乙方支付入门费的30%。

① 即期汇票正、副本各一份。

② 商业发票正本一份,副本三份。

③ 双方签署的"合同产品考核验收合格证书"影印本一份。

2. 本合同第×章规定的提成费,甲方将在抽样产品考核验证合格后按下述办法和条件向乙方支付:

(1) 甲方收到乙方下列单据并审查无误后的30天内向乙方支付提成费。

① 发票正、副本各一份。

② 商业发票正本一份,副本三份。

③ 该年提成费计算书一式四份。

(2) 甲方在每日历年度结束后30天内,向乙方提交一份甲方在上一日历年度的每种型号的产品实际销售量的报告。

(3) 在合同期满年度内,甲方在合同终止后60天内将提交一份最后销售合同产品数量的报告,以便乙方计算提成费。

四、清算方式

国际技术贸易中各种费用和款项的清算通常是通过托收和汇付两种方式进行的。

(一) 托收

根据国际商会制定的《托收统一规则》(The Uniform Rules for Collection,简称URC522)的定义,托收(collection)是指在进出口贸易中,出口方开具以进口方为付款人的汇票,委托出口方银行通过其在进口方的分行或代理行向进口方收取货款的一种结算方式,包括D/P(付款交单)与D/A(承兑交单)。

在国际技术贸易中,一般是技术供方开立即期汇票,连同有关单据一起交由双方选择的银行,由该行委托技术受方所在地银行,向技术受方收取技术使用费。托收使用费时,技术供方应提供以下单据:

(1) 供方政府出具的有效出口许可证或不需出口许可证的证明文件。

(2) 即期汇票正、副本各一份。

(3) 寄送技术资料的商业发票,作为供方履行合同义务的证明,也是双方核对账目的根据,可根据需要规定正、副本份数。

(4) 邮寄技术资料、正式技术咨询报告的邮运单或空运单影印件,以反映供方履行寄送技术资料义务的真实日期和情况,一般要求一式两份。

(5) 银行保函,由技术供方申请银行开立,银行保证供方未能按双方协议履行责任或义务时,由银行代其履行一定金额、一定期限范围内的经济赔偿责任。

(二) 汇付

汇付(remittance)又称汇款,是指付款人主动通过银行或其他途径将款项汇缴收款人。在国际技术贸易中,通常在采用入门费与提成费结合的支付方式时,技术受方才会采取汇付方式,通过银行向技术供方支付使用费。

汇付入门费通常发生在供方开始履行合同之前,为减少受方因此承担的风险,供方需要提供银行开立的以受方为受益人的保函,保证收到入门费款项后,若不履约或违约,由银行退回所付款项及利息。

托收和汇付的基本区别在于:托收是收款方(供方)主动向付款方(受方)索取款项,而汇付是付款方主动向收款方付款。

第四节 国际技术贸易中的税费

在国际技术贸易中,技术的供受双方均需履行依法纳税义务。各国政治、经济和法律制度不同,税法规定存在较大差异,因此了解各国技术贸易的税收,特别是税种和税收关系,对签订技术转让合同、避免不必要的损失、保护自身正当权益、争取最大效益都有直接影响。

一、国际技术贸易中常见的税种

从各国税收体系来看,税种大致可分为三个类型:所得税类(如个人所得税、企业所得税)、财产税类(如房产税、土地使用税)、流转税类(如关税、增值税)。三种税型国际技术贸易都有涉及。

(一) 所得税

所得税(income tax)是国际技术贸易涉及的最主要税种,征税对象是技术使用费所得。所得税的征收涉及双重管辖权,即地域管辖权和公民管辖权,技术供方需在受方所在国就所得使用费履行纳税义务,同时作为居民在本国也要履行纳税义务。对于同一笔来自国外的所得由两个国家征税,这就涉及不同国家之间的利益分配,涉及国家征税权。

(二) 财产税

与技术贸易相关的财产税(property tax)多指对通过许可贸易转让的技术发明所征的税,按照不同国家的法律,技术发明的财产税不尽相同。通常技术发明在本企业使用时免征财产税,以许可形式出让时需征收财产税。实践中,计征的依据以估算的许可收益为准,常与许可使用费有关,由技术供方缴纳,供方转而计入转让技术的直接费用之中,将税负转嫁给技术受方。

(三) 流转税

1. 关税

关税(tariff)是各国海关对进出该国关境或国境的商品征收的税种,是对有形流转商品计征的一种税。因为国际技术贸易的对象是无形的,关税通常对国际技术贸易影响不大。但是,海关可以根据国家的有关技术政策,对特别的技术商品给予减免税的优惠。

2. 增值税

增值税(value added tax,VAT)是指对纳税人生产经营活动的增值额征收的一种间接税。是以商品(含应税劳务)在流转过程中产生的增值额作为计税依据而征收的一种流转税。在实际当中,商品新增价值或附加值在生产和流通过程中是很难准确计算的。因此,中国也采用国际上普遍采用的税款抵扣的办法。即根据销售商品或劳务的销售额,按规定的税率计算出销售税额,然后扣除取得该商品或劳务时所支付的增值税款,也就是进项税额,其差额就是增值部分应交的税额,这种计算方法体现了按增值因素计税的原则。

二、跨国征收所得税的原则和征收的具体办法

(一)跨国征收所得税的原则

为了促进国际经济技术合作的发展,提高国际间商品、技术、劳务、资本交流水平,实现国内外两种资源、两个市场的合理配置,各国的交往越来越密切,随之而来的是各国的利益分配和再分配问题,这个问题解决不好就会事与愿违。解决之道就是通过税收机制,平衡分配作为税收核心的所得税。以下介绍的就是所得税的征税原则:

1. 征收所得税是针对纳税人的一切所得

世界大多数国家对纳税人征收所得税,都是针对纳税人的一切收入,包括国内收入和国外收入,技术使用费就属于许可方的国外收入。

2. 使用费所得税的征收涉及双重管辖权

(1) 税收管辖权的概念。税收管辖权(tax jurisdiction),是指国家行使的征税权力,是国家行政管辖权的组成部分。税收管辖权的范围就地域而言,包括国境以内的全部地区。就人员而言,包括本国所有公民和在本国居住一定期限的外国自然人和法人。

(2) 征收所得税原则。世界上确定税收管辖权的基本原则是属地原则(territorial principle)和居民原则(resident principle)。按属地原则确定的税收管辖权,称为"从源管辖权(revenue from its jurisdiction)";按属人原则确定的税收管辖权,称为"居民管辖权(resident jurisdiction)"。许可方来源于被许可方的技术使用费属跨国收入,涉及两个国家税收管辖权,即"从源管辖权"和"居民管辖权"。

3. 跨国所得涉及国家间税收利益的分配

许可方的技术使用费来源于被许可方国家,同时许可方又是其所在国的居民。因此,许可方的技术使用费受双方国家的管辖,以致许可方的一笔技术使用费需要缴纳两次所得税,通称"双重征税"(double taxation)。

知识链接5-1

一土耳其承包商接受埃塞税务部7 000万美元的罚款

《埃塞俄比亚资本报》2019年4月1日报道,在埃塞修建铁路的土耳其大型跨国工程企业Yapi Merkezi接受了税务部开出的约合7 000万美元的逃税罚单。企业已经支付了约合1 800万美元的当地币,余款将在3个月内付清。

纠纷起源于对土耳其进出口银行提供的一笔贷款的异议。这笔3亿美元的贷款是该行历史上提供给其他国家的最大一笔贷款。铁路项目所需的剩余14亿美元由瑞士银行等欧洲融资机构提供。税务部最初对Yapi Merkezi公司开出的罚单约合8 000万美元,公司声称遭到了双重征税。自2018年10月起,该公司在埃塞的资产遭到了冻结,业主埃塞铁路公司也被要求将对该公司的到期款项支付给政府。

资料来源:http://et.mofcom.gov.cn/article/jmxw/201904/20190402851378.shtml.

（二）跨国征收所得税的具体办法

跨国征收所得税，大多数国家都是依据居住地征收和所得来源地征收相结合的办法。其具体办法是：

1. 对收入来源地设有营业机构的纳税人

对收入来源地设有营业机构的纳税人，其技术使用费所得并入营业利润，计征企业所得税，美国称为公司所得税，日本则称为法人所得税。

2. 对收入来源地未设营业机构的纳税人

对收入来源地未设营业机构的纳税人，税务机构对使用费采取“从源”控制，即要求被许可方向许可方支付使用费时，由其代税收机构扣缴。称为“预提所得税（withholding tax）”。代税务部门扣缴的被许可方称为扣缴义务人。预提所得税不是一个独立的税种，而是所得税的一种征收方式。这种方式主要是针对所得来源地未设立机构的外国公司、企业、外国人。因为其来源于被许可方的技术使用费所得，当地税务部门直接向其征税比较困难，而要求其主动缴纳，税务部门也很难控制。因此，税务部门将征税的任务交给被许可方，并作为被许可方（本国公民或法人）的一项义务。如我国税务部门规定，我方企业向许可方支付使用费时，把许可方应缴的使用费所得税预先扣留下来，上缴国库，并向当地税务部门报送扣缴所得税报告表，同时向纳税义务人出具纳税证明。

3. 以预提方式扣缴使用费所得税，税率一般低于公司所得税

因为在来源地未设营业机构的纳税义务人是外国自然人或法人，税务部门很难按正常征税程序和税率计算应纳税所得额，只能采取按使用费全额计征。但是，税务部门按使用费全额计征，纳税人的税负过重。因此，税务部门以降低税率的方式来平衡纳税人的税负。有关资料显示，很多国家预提所得税的税率比对一般企业所得税率低10%～20%，即相当于在纳税额中扣除了费用部分，使纳税人的实际纳税额与一般企业扣减费用后的应纳税额保持平衡。

三、双重征税对国际技术贸易的影响及解决途径

（一）双重征税对国际技术贸易的影响

在国际技术贸易中，由于各国对技术使用费所得平行行使征税权，导致许可方一笔使用费收入两次纳税，造成许可方实际使用费收入减少，这不仅影响了许可方转让技术的积极性，而且也对国际技术贸易的发展造成阻碍和不良影响。该影响具体表现在以下几方面：

1. 许可方提高转让技术报价，增加被许可方引进技术成本

假如在正常情况下，许可方向中国企业转让某项技术，可以获得技术使用费 1 000 000 美元，在双重征税下，如按中国所得税率 20%，许可方国家所得税税率 30%双重征税后，许可方实得技术使用费为：

$$
\begin{aligned}
\text{实得使用费} &= 1\,000\,000-(1\,000\,000\times 20\%)-(1\,000\,000\times 30\%)\\
&= 1\,000\,000-200\,000-300\,000\\
&= 500\,000(\text{美元})
\end{aligned}
$$

在这种情况下，许可方要保持使用费收入仍为 1 000 000 美元，就必然提高技术使用费

报价。报价为：

$X(l-0.2-0.3)=1\ 000\ 000$

$X=1\ 000\ 000\div(1-0.2-0.3)$

$X=2\ 000\ 000$(美元)

这说明许可方要保持1 000 000美元的使用费收入，就得将报价从1 000 000美元提高到2 000 000美元，使被许可方引进技术的成本增加1 000 000美元。

2. 双重征税减低了许可方的市场竞争力，减少了成交机会

在两个国家，企业均可提供相同技术，两国许可方均要求技术使用费1 000 000美元。在被许可方国家所得税率20%不变的情况下，甲国许可方本国所得税率为30%，乙国许可方本国税率20%，可以计算两家报价：

甲国许可方报价＝1 000 000÷(1－0.2－0.3)＝2 000 000(美元)

乙国许可方报价＝1 000 000÷(1－0.2－0.2)＝1 666 666(美元)

两个报价相差＝2 000 000－1 666 666＝333 334(美元)

结果，乙国许可方比甲国许可方报价少333 334美元，税率上的差别使甲国许可方失去了这笔生意，而乙国许可方获得了该笔生意。

3. 双重征税对许可方和被许可方国家的国际收支带来消极影响

许可方国家原本希望扩大本国技术出口，带动技术相关设备、零部件等产品出口，从而达到改善本国国际收支的目的。但双重征税降低了本国企业在国际技术市场的竞争力，减少了技术贸易成功的机会，也使相关产品出口减少，影响了外汇收入，恶化了许可方国家的国际收支。同样，双重征税造成被许可方多花费了引进技术的费用，增加了技术引进成本，被许可方国家外汇支出增加，恶化了被许可方国家的国际收支。

综上所述，双重征税无论对许可方和被许可方，还是对双方国家，都不能带来任何好处。同时，双重征税还伤害了有关国家和当事人从事技术贸易的积极性，恶化了国际技术贸易宏观环境。

（二）解决双重征税的途径

双重征税是有关国家平行行使税收管辖权所致。因此，解决双重征税问题，减轻技术贸易当事人的税务负担，还得由当事国采取减税措施。解决的途径主要有两种：

1. 许可方国家通过国内立法，确定一种减免税原则

例如，许可方国家立法规定，承认使用费来源国先行行使征税权，然后依据纳税义务人(许可方)在所得来源国纳税的实际情况，采取免税措施。也有的国家规定，无论纳税人是否在所得来源国纳税，只要将国外所得汇回国内，一律免税。采用这种做法的国家主要是欧洲国家，如法国、荷兰、比利时等，用以解决双重征税问题。

2. 通过政府间避免双重征税协定，共同解决使用费双重征税问题

(1) 避免双重征税协定的概念。避免双重征税协定(convention for the avoidance of double taxation)，是指国家间为了避免和消除对同一纳税人，在国外已纳所得税基础上，在居住国再次纳税的重复征税问题，根据平等互惠原则签订的双边税收协定。

现在，国家间签订避免双重征税协定都是参照两个范本：

第一个是经济合作和发展组织(Organization for Economic Co-operation and Development,OECD)范本,简称经合组织范本,范本全称为《关于对所得和资本避免双重征税协定范本》(《Model Convention for The Avoidance of Double Taxation With Respect to Income and Capital》)。

第二个是联合国经济及社会理事会范本,简称联合国范本,范本全称为《联合国关于发达国家和发展中国家间避免双重征税协定范本》(《Model Double Taxation Convention between Developed and Developing Countries》),这个范本是由工业发达国家和发展中国家的税务专家联合起草的,比较能够兼顾多方的税收利益,特别是对发展中国家吸引外资、引进技术比较有利。

(2) 避免双重征税协定的宗旨:

① 所得来源国承诺降低所得税率,居民所在国承诺对纳税人已纳税费进行抵免,使税收利益在有关国家间均衡分配。

② 兼顾多方的税收利益,是指保护投资者、技术转让者、服务业者的合法利益,提高其投资、转让技术的积极性,同时使投资和技术转让的接受者通过降低征税标准,达到吸引外资、引进技术、促进本国经济发展的目的,进一步促进国际经济技术合作健康发展。

(3) 避免双重征税协定的文本内容。大体是协定范围、用语定义、分类定税、排除双重征税方式、纳税无区别待遇、有关事项的协商程序、税收情报交换等。有的协定还列有防止逃税、漏税条款。避免双重征税协定中最核心的条款是协定适用的人和限定的税种。

① 协定适用的人。协定在适用人方面,通常只限缔约国一方的居民,或者同时是缔约国双方的居民,没有特别规定的情况下,不适用于其他人。"居民",是指按所在国法律,基于居住期、居所、总机构或管理机构所在地负有纳税义务的自然人、法人和其他在税收上视同法人的团体。

② 协定限定的税种:

a. 企业所得税。对设有常设机构,或者与设有常设机构经营的业务相同或属于同一类,对其获得利润视同常设机构的利润进行征税。

b. 个人所得税。在收入来源地征税原则下,主要是劳务所得在其居住国依居民管辖权原则征税。征税人的人所得主要包括:从事国际运输的船舶、飞机乘务员的所得;缔约国一方的教学、研究人员到对方国家讲学、研究,为期不超过两年的报酬所得。

c. 对投资所得(股息、利息、特许权使用费)。对投资所得直接涉及双边权益,在协定中,一般明确双方具有征税权,所得来源国家享有优先征税权。征税的方式为"预提所得税",并限制所得来源国征税的税率。如经济合作与发展组织范本提出股息税率不超过15%,利息税率不超过100%等。

(三) 解决双重征税的具体方法

由于各国所得税率存在差异,各国税收政策又有所不同,导致具体税收抵免做法也有所不同。归纳起来,解决双重征税主要有下列几种做法:

1. 全额抵免(自然抵免)

全额抵免(tax credit in full),是指在许可方国家和被许可方国家的所得税率相同,或者双方国家签有避免双重征税协定的情况下,许可方来源于被许可方的使用费已在所得来源国缴纳所得税,其回国后,提供已纳税证明,经本国税务部门审查核实,被许可方在本国不再纳税,即全额抵免。

2. 补差抵免(差额抵免)

差额抵免(balance of tax credits),是指在许可方国家所得税率高于被许可方国家所得税率情况下,许可方可办理申请抵免。首先向本国税务部门提交申请税收抵免书,并须附上在所得来源国的纳税证明。经本国税务部门核准后,即抵免许可方在国外所缴纳税款之后,还要按照本国和外国的所得税率之差,向本国税务部门补交差额税款。

例如,许可方国内所得为 8 000 美元,来自被许可方所得为 2 000 美元,许可方国内税率为 40%,国外所得税率为 30%。许可方全部所得为 10 000 美元。

许可方向被许可方国家缴纳使用费所得税后,再向本国政府补交税款。具体计算公式为:[(8 000+2 000)×40%]-(2 000×30%)=3 400(美元)

须向本国税务部门补交的因外国所得税率低于本国所得税率而形成的差额税款为:(2 000×40%)-(2 000×30%)=200(美元)

任何居民应缴纳的所得税,绝不能低于其原应该在国内所承担的本国税赋。

3. 最高限额抵免

最高限额抵免(maximum amount of tax credits)是指在许可方国家所得税率低于被许可方国家所得税率的情况下,如许可方国家税率为 20%,被许可方国家税率为 30%。许可方国内所得为 8 000 美元,来源于被许可方的所得为 2 000 美元;许可方在本国的最高抵免限额为:

最高抵免限额=许可方全部所得应缴纳的本国的所得税×(来自被许可方所得÷许可方全部所得)

最高抵免限额=(8 000+2 000)×20%×(2 000÷10 000)
=10 000×0.2×0.2
=400(美元)

这说明,许可方来源于被许可方的所得为 2 000 美元,已缴纳所得税=2 000×30%=600 美元,国内最高抵免限额为 400 美元,许可方境外所交 600 美元税款,只能抵免 400 美元,其余 200 美元境外所得税不能抵免。

4. 费用扣除法

费用扣除法(fees deduction of credit)是指跨国纳税人将其国外已缴纳的所得税作为已开支费用,从其总所得额中扣除,汇回本国,按本国所得税率进行纳税。例如,许可方来源于被许可方的 10 000 美元技术使用费,被许可方国家所得税率为 20%,许可方国家所得税率为 30%。按费用扣除法计算,结果如下:

税前所得 10 000 美元扣除被许可方国家所得税 20%后的余额
=1 0000-(10 000×20%)=8000(美元)

则许可方在本国应纳税额为:

纳税额=8 000×30%=2 400(美元)

许可方少交所得税=3 000-2 400=600(美元)

5. 使用税收抵免法应注意的问题

(1) 解决双重征税的四种抵免法,一般不会单独只使用其中一种方法,通常是根据一个国家的具体情况同时使用。

(2) 在实际业务中,一个跨国纳税人同期向数个国家出售技术,并同时向数个外国税务局缴纳所得税。在这种情况下，一般采用“分国不分项限额法”，即将来源于同一个国家的所有收入(技术使用费、特许权使用费、红利等)汇总，统一办理所得税抵免。

(3) 根据本国税法办理所得税抵免，纳税人须提供在所得来源国已纳税的证明，经税务部门审查后，才可以进行抵免。

分析案例

欧盟成员组织之间税收争端解决新规则生效

欧委会官网2019年7月1日消息：旨在解决成员组织之间的税收争端、实现公平税收的欧盟新规则今天生效。这将为遭遇双重征税问题的企业和个人提供更多的税收确定性，提升税务纠纷解决的透明度，减少不必要的成本，清除现金流动过程中的主要障碍，使人们的生活和企业经营更为轻松顺畅。据估计，欧盟目前正在审理的此类纠纷多达2 000起，其中约900起已拖延两年以上。主管经济、财政、税务和海关的欧委会委员莫斯科维奇称，公平有效的欧盟税收制度应确保两个不同的成员组织不会对同一收入重复征税，如果发生这种情况，也应该迅速有效地加以解决，新规则的生效将使解决税务纠纷更加容易，进一步保障个人、企业特别是小型企业的权利。双重征税可能源于国家间司法规则的不匹配，或者双边税收协定对同一条款的不同解读。目前为止，只有一项多边公约赋予税务机关将此类争端提交仲裁的可能性，但纳税人却没有触发这一程序的任何手段，而税务机关也未被要求就争端达成最终协议。请分析：双重征税给欧盟成员组织之间带来哪些影响？欧盟税收新规则将会带来哪些变化？

资料来源：http://www.mofcom.gov.cn/article/i/jyjl/m/201907/20190702882264.shtml.

四、中国对技术进出口贸易所得税的征收办法

(一) 引进技术使用费所得税征收的规定

从国外引进技术时，国外许可方有来源于中国的技术使用费收入，根据“从源管辖权”原则，要求其就该项收入依照中国法律，应按2008年1月1日起施行的《中华人民共和国企业所得税法》及我国财政部于1994年2月4日发布的《中华人民共和国企业所得税实施条例》，缴纳企业所得税。根据上述法律及条例的有关规定，国内企业源于境外的特许权使用费收入应全部并入企业收入总额。企业从该收入总额中扣除法律所允许的项目后，按25%的税率缴纳企业所得税。

(二) 技术出口境外所得纳税的规定

按照国际惯例，一个国家的公司或居民均应承担无限的纳税义务，即其源于境内和境外的全部所得都应计入应纳税所得额，缴纳所得税。就我国有关所得税的法律而言，涉及境外所得的税务处理问题基本可以分为两个方面，即对企业(包括国内企业和外商投资企业)境外所得的税务处理及对个人境外所得的税务处理。

1. 纳税的主体

根据我国有关所得税的法律，涉及境外所得税务的处理分为：国内公司、外商投资企业和有境外所得的个人。

2. 公司境外所得的税务处理

总的原则是纳税人就源于中国境外的所得,已在境外实际缴纳的所得税税额(不包括减免税或纳税后又得到的补偿,或他人代为承担的税额),准予在汇总纳税时从其应纳税额中扣除。但是,扣除额不得超过其境外所得依照中国税法规定计算的应纳税额。如果中国与相关国家已签订避免双重征税协定,且该协定已生效,则可按协定的有关规定办理。

3. 个人境外所得的税务处理

基于国家之间对同一所得应避免双重征税的原则,我国在对个人行使税收管辖时,对个人已就境外所得在国外缴纳的所得税税额,采取区分不同情况从应纳税额中予以扣除的做法。总原则是准许个人在其应纳税额中扣除已在境外缴纳的个人所得税税额。但扣除额不得超过该纳税义务人境外所得依照我国税法规定计算的应纳税额。

4. 避免双重征税协定的税务处理

纳税人在与中国缔结避免双重征税协定的国家,双边协定所遵循的一般原则是:发生于缔约国一方而支付给缔约国另一方居民的特许权使用费,可以在该缔约国另一方征税。然而,这些特许权使用费也可以在其发生的缔约国,按照该缔约国法律规定征税。但是,如果收款人是该特许权使用费的受益人,则所征税款不应超过特许权使用费总额的10%。有的双边协定则将使用或有权使用技术、管理监督、咨询服务等的报酬作为“技术费”单列一条。规定对这种所得按“调整数额”(即技术费总额的70%)征收所得税。我国对外签订的避免双重征税协定都明确规定,中国居民(公司和个人)在缔约对方国家取得的所得,按协定规定在对方国家缴纳的所得税,应允许在对其征收的中国税收中抵免。但是,抵免额不应超过对该项所得按照中国税法规定计算的应纳税额。

知识链接5-2

携手推动“一带一路”税收合作再上新台阶

2019年4月25日,在第二届“一带一路”国际合作高峰论坛“贸易畅通”分论坛上,国家税务总局局长王军表示,截至目前,中国税务部门已与包括“一带一路”沿线国家在内的121个国家和地区税务主管当局建立了双边税收合作机制;已与111个国家和地区签订了税收协定,居世界前列,其中,2017年以来新签署12个。为有效解决跨境税收争议,2017年以来,先后与14个国家税务主管当局就248例(次)案件开展相互协商,占过去5年协商案件总量近六成,共计为跨境纳税人避免或者消除国际重复征税50.5亿元人民币。随着“一带一路”建设向纵深推进,进一步深化税收合作、构建增长友好型税收环境,对于消除跨境贸易投资壁垒,推动贸易畅通,发挥着越来越重要的作用。在优化跨境税收服务,促进贸易投资便利化方面,截至目前,中国税务部门已发布84份国别税收投资指南,涵盖67个“一带一路”沿线国家。

资料来源:http://www.chinatax.gov.cn/n810219/n810724/c4292279/content.html.

五、拟定技术引进合同税费条款应注意的问题

各国税收制度不尽相同,对技术使用费征税的规定也有出入,在实际操作中还可能遇到双重征税问题,因此,国际技术贸易双方都应充分了解两国税收法律法规及国际惯例和通行

做法，在技术转让合同中对税费条款进行明确具体的规定。在实践中，要注意以下几点：

（一）技术转让中要明确税收的缴纳方

税费条款中应明确划分技术输出国和输入国的税收负担问题，指明两国税收的缴纳方。一般规定，被许可方政府依据中华人民共和国税法，对许可方征收的与执行合同有关的一切税收，由许可方支付；被许可方政府依据中华人民共和国税法，对被许可方所征收的与执行合同有关的一切税收由被许可方支付；在中国境外，有关国家政府课征的与执行合同有关的一切税收，由许可方支付。

（二）技术引进合同中规定不得违反我国税法的条款

2007年，《外商投资企业和外国企业所得税法》与《企业所得税暂行条例》“两法”合并为《中华人民共和国企业所得税法实施条例》，我国内外资有别的企业所得税法带来的税负差异、税收普惠制不利于产业升级，以企业性质来界定纳税人和实施税收优惠越来越困难等弊端日益凸显。因此，合并之后的所得税法更能满足国内外企业的需求。

（三）转让技术给予减、免税优惠待遇必须依法办理手续

根据国家法律，如所转让技术属于给予减、免税优惠待遇的范围，必须履行法定手续。根据规定，凡是依法可以给予减税优惠的，应由技术受让方代技术转让方连同有关文件、资料送当地税务机关审核确定，其中技术先进、条件优惠需要给予免税的，由商务部及其授权登记技术进口合同的地方商务部门提出书面减免税意见，并出具减征或免征所得税建议函，呈报国家税务总局批准。因此，引进单位未履行有关减免税手续，即自行确定给予转让方使用费所得税减、免优惠，不仅是越权行为，而且也是违法行为。

（四）技术进口单位必须履行扣缴义务人的职责

根据规定，税款由支付人在每次支付的款项中扣缴，扣缴义务人每次所扣的税款，应当于5日内缴入国库，并向当地税务机关报送扣缴所得税报告表。这是法律赋予技术进口单位的义务。如其不履行该项扣缴义务，不扣或者少扣应扣税款，或未按规定期限缴入国库，支付人将受到罚款的处罚。情节严重的，将追究其法定代表人和直接责任人员的刑事责任。

◆内容提要

技术价格与一般商品价格不同，技术价格不反映其价值，成交价格与实际价值往往不相关。它的确定比一般商品价格的确定更为复杂，供受双方在评估技术价格时，通常要考虑技术转让的各种成本和技术使用给受方带来的潜在收益，由于供受双方所考虑的方面和因素不同，往往不能达成一致。如何确定一个让双方都可以接受的合理价格，既要遵守世界上普遍接受的判断原则，也要多方面考虑其影响因素。当双方确定技术价格后，还需要明确技术使用费支付的具体办法。同时，技术的供受双方均须履行依法纳税义务。因各国政治、经济和法律制度不同，税法规定存在较大差异，需了解各国技术贸易的税收等避免不必要的损失，保护自身正当权益。

◆关键词

技术贸易价格　LSLP原则　提成费　技术价格构成　作价原则　总付　提成支付

双重征税

◆复习思考题

1. 技术价格与一般商品价格有什么区别?
2. 技术许可方在估算技术价格中应考虑哪些因素?
3. 技术被许可方在估算技术价格中应考虑哪些因素?
4. 世界上普遍接受的技术价格判断原则是什么?
5. 哪些因素影响国际技术贸易合同价格?
6. 总付方式对被许可方有哪些不利之处?
7. 如何计算提成费?
8. 双重征税问题产生的原因及解决的途径是什么?

◆思考案例

我国南方某制药厂(以下简称受让方)与美国某制药有限公司(以下简称转让方)签订了一份技术许可合同。合同中规定,转让方向受让方提供生产某一系列品种西药的配套技术,受让方从生产这一系列药品的净销售额中提取10%作为向转让方支付的技术使用费。合同生效之后,双方履行合约顺利,产品在国内国际市场均打开了销路,但是关于受让方向转让方支付技术转让费出现了争议。按受让方对合同的理解,合同中所说的“产品净销售额”是指产品销售总额扣除掉销售退回、销售折让、包装费、运输费、保险费、销售费用以及税金后的余额;而转让方则称,合同认定的“产品净销售额”是指产品销售总额扣减掉销售退回和销售折让后的余额。双方对“产品销售净额”这一关键概念理解的争议导致双方对技术使用费的计算结果相去甚远。按受让方所理解的含义,其产品销售净额为500万美元,应支付转让方50万美元的技术使用费;而按转让方所下的定义,受让方的产品净销售额应为600万美元,受让方应支付的技术使用费应为60万美元。双方各持己见,为争议的10万美元进行了多次谈判交涉后,最终采用折中的办法,签订了和解协议。受让方向转让方支付55万美元,并在提成期限的余下年度中也按此方法支付技术使用费,即采用双方因对“产品净销售额”不同理解而算出的不同数额技术使用费的中间数。

思考:双方产生争议的主要原因是什么?该如何避免该类问题?

◆应用训练

上海某企业计划从美国或加拿大引进一项专利技术,分别向美国的A公司和加拿大的B公司进行询价。收到A公司的报价为总付200万美元,3年内分6次支付。B公司的报价为入门费加提成,入门费为80万美元,另加销售额10%的提成,提成年限与合同有效期限相同,为7年。合同有效期内估计销售总额为1 500万美元。计算比较A公司和B公司的报价,该企业应该与哪一家公司成交?

第六章　国际技术贸易涉及的法律与惯例

本章结构图

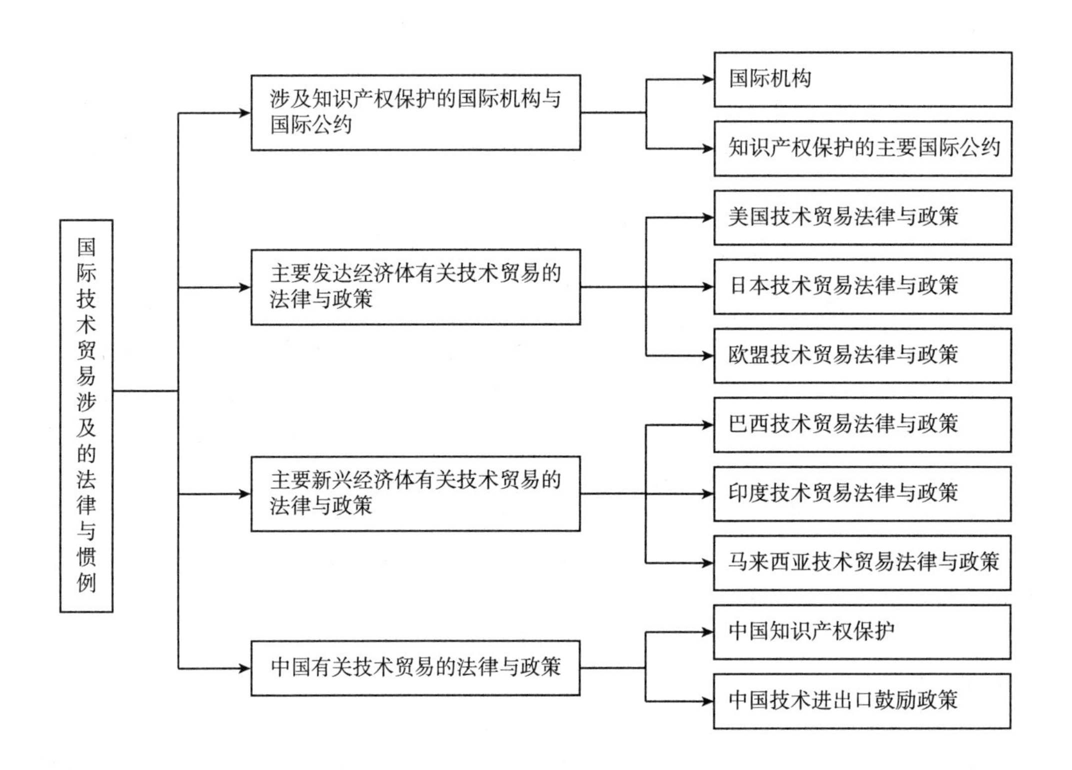

学习目标

了解国际技术贸易中知识产权保护的国际机构与国际公约，了解美国、日本、欧盟发达经济体和新兴经济体有关技术贸易的法律与政策，熟悉中国有关技术贸易的法律与政策。

导入案例

PERSON'S是一家日本制衣公司最先在日本注册并使用在服装上的商标，一个名叫Christman的美国人在美国根据该日本公司的服装设计式样开始生产服装，并在其生产的服装标牌上使用PERSON'S商标及日本公司的地球图标。

随后Christman就该商标在美国联邦专利商标局获得了商标注册，日本公司随向美国联邦专利商标局提出请求，要求撤销Christman的商标注册。美国联邦专利商标局的商标初审与复审委员会在对该请求作出审查后认为，根据美国商标法规定的“使用”方可获得商标权的原则，日本公司不享有受美国法律保护的商标权。

日本公司随后提起行政上诉，而法院认为，虽然Christman明知PERSON'S是原告在日本注册用的商标，并且基本上原样复制该商标在美国使用后注册，但在其开始使用该商标时，日本公司并没有在美国使用相同的商标或在美国就该商标享有盛誉，也没有理由认为Christman应当知道日本公司将来肯定会进入美国市场。

因此，上诉法院认为美国专利商标局关于Christman注册该商标没有恶意的认定是正确的，从而判决维持商标初审与复审委员会的裁决。

上诉法院在判决书中称：

PERSON'S公司试图依据其在日本的商标使用而支持其在美国提出的商标优先权主张。此种在外国的使用对美国的商业没有影响，不能成为日本公司在此主张商标优先权的基础。地域性是商标权的基本特征，每一国家的商标权仅得依据该国的法律制度而存在。

资料来源：根据国家知识产权局(http://www.sipo.gov.cn/)资料编写。

第一节 涉及知识产权保护的国际机构与国际公约

一、国际机构

(一) 世界知识产权组织

1. 世界知识产权组织的建立

世界知识产权组织(World Intellectual Property Organization，WIPO)是联合国系统下16个专门机构之一。目前，WIPO管理着世界上现有的绝大多数全球性知识产权多边协议，是知识产权领域最重要的国际组织。

WIPO的前身是一个政府间组织。1883年《保护工业产权巴黎公约》(以下简称《巴黎公约》)签订，当时的14个成员组织成立了国际局来执行行政管理任务，并由该国际局负责举办成员组织会议。与之类似，1886年签订的《保护文学艺术作品伯尔尼公约》(以下简称《伯尔尼公约》)生效后，也成立了相应的国际局来执行行政管理任务。1893年，这两个国际局合并成立了保护知识产权联合国际局(BIRPI)，总部设在瑞士伯尔尼，该组织即为世界知识产权组织的前身。随着对知识产权国际保护要求的提高，建立一个权威性的知识产权国际保护组织的必要性也日益显现。1967年7月14日，“国际保护工业产权联盟”(巴黎联盟)和“国际保护文学艺术作品联盟”(伯尔尼联盟)的51个成员组织在瑞典首都斯德哥尔摩签订了《建立世界知识产权组织公约》，建立了世界知识产权组织。1970年4月26日，《建立世界知识产权组织公约》生效。1974年12月，世界知识产权组织成为联合国系统的专门机构之一。世界知识产权组织的总部设在瑞士日内瓦，在美国纽约联合国大厦设有联络处。1995年12月，世界知识产权组织与世界贸易组织在日内瓦达成了《世界知识产权组织与世界贸易组织协议》，进一步扩大了WIPO在知识产权全球化管理中的作用。截至2018年，WIPO共有成员组织192个。

2. 世界知识产权组织的宗旨

《建立世界知识产权组织公约》第3条明文规定了世界知识产权组织的宗旨:通过国家间的合作,并在适当的时候与其他国际组织协作,促进世界范围内的知识产权保护;保证并加强各种保护知识产权国际联盟之间的行政合作。

3. 世界知识产权组织的职责

为了实现上述宗旨,公约第4条规定了世界知识产权组织的职责为:

促进旨在便利全世界对知识产权的有效保护和协调各国有关这方面的法令的措施的发展;执行巴黎联盟及其有关专门联盟和伯尔尼联盟的行政任务;可同意担任或参加其他旨在促进知识产权保护的国际协定的行政工作;鼓励缔结旨在促进知识产权保护的国际协定;对请求知识产权方面的法律、技术援助的国家给予合作;收集和传播有关知识产权保护的情报,从事并促进这方面的研究,并公布这些研究的成果;提供促进知识产权国际保护的服务,并适当办理这方面的注册并公布有关注册的资料;采取其他适当的行动。

除此之外,WIPO的主要活动还包括:确定国际知识产权规范和标准,特别是通过国际条约确定标准;对那些体现出这类规范和标准的条约以及那些有助于保护发明、商标和工业品外观设计申请提出的其他条约进行管理;提供工业产权信息,特别是专利文件和国际标记注册中所载的法律和技术信息。WIPO还实施向发展中国家和经济转型期国家提供法律和技术援助的实质性方案。

(二) 世界贸易组织

1. 世界贸易组织概述

世界贸易组织(Word Trade Organization,WTO)建立于1995年1月1日,总部设在日内瓦,其前身为1947年创立的《关税与贸易总协定》(General Agreement on Tariffs and Trade,GATT)。世界贸易组织的宗旨是:提高生活水平,保证充分就业,大幅度和稳定地增加实际收入和有效需求,扩大货物和服务的生产与贸易,按照可持续发展的目的,最优运用世界资源,保护环境,并以不同经济发展水平下各自需要的方式,加强采取各种相应的措施;积极努力,确保发展中国家,尤其是最不发达国家在国际贸易增长中获得与其经济发展需要相称的份额。其具体目标是:建立一个完整的、更具活力和永久性的多边贸易体制,以巩固原来的关贸总协定为贸易自由化所作的努力和乌拉圭回合多边贸易谈判的所有成果。为实现这些目标,各成员应通过互惠互利的安排,切实降低关税和其他贸易壁垒,在国际贸易中消除歧视性待遇。

2. 世界贸易组织与知识产权保护

1986年以前,《关税与贸易总协定》主要是通过解决关税和非关税壁垒问题来促进国际间货物的自由流通,早期的GATT多边贸易谈判也大都集中在削减关税方面。20世纪80年代起,随着参加国际贸易的产品中知识、技术含量不断提高,投入大量资金和人力研制的高技术含量的产品进入市场后开始被人仿制或假冒,使得研制者、生产者失去了进一步取得报酬的机会。

此时,发达国家与发展中国家在国际知识产权制度方面产生了争论。以美国为代表的发达国家认为,知识产权是一种私有权利,应当受到其他财产权那样的保护;而发展中国家则认为,知识产权是一种公众物品,应当用于促进经济发展。

在美国和其他发达国家的极力坚持与推动下，知识产权最终被列为1986年开始的乌拉圭回合谈判的新议题之一，并成立了知识产权谈判小组。1991年底，GATT的总干事邓克尔提出了乌拉圭回合最后文本的框架，其中包括了《与贸易有关的知识产权协议》(Agreement on Trade-Related Aspects of Intellectual Property Rights，TRIPs)草案，该知识产权协议草案基本获得了通过。1994年4月15日，在摩洛哥马拉喀什召开的部长级会议上乌拉圭回合谈判各项议题均获通过，经104个参加方政府代表签署，于1995年1月1日起正式生效。1995年1月1日世界贸易组织诞生，自此知识产权保护开始成为WTO关注的一个重要方面。

（三）联合国教科文组织

1. 联合国教科文组织简介

联合国教科文组织(United Nations Educational，Scientific，and Cultural Organization，UNESCO)，正式成立于1946年11月，同年12月成为联合国的一个专门机构，总部设在法国巴黎。

2. 宗旨和功能

UNESCO的宗旨是通过教育、科学及文化促进各国间合作，对和平与安全作出贡献，以增进对正义、法治及联合国宪章所确认之世界人民不分种族、性别、语言或宗教均享人权与基本自由之普遍尊重。

为实现这个宗旨，联合国教科文组织设置了五大功能：

(1) 前瞻性研究：明天的世界需要什么样的教育、科学、文化和传播。

(2) 知识的发展、传播与交流：主要依靠研究、培训和教学。

(3) 制定准则：起草和通过国际文件与法律建议。

(4) 知识和技术：以“技术合作”的形式提供给会员国制定发展政策和发展计划。

(5) 专门化信息的交流。

3. UNESCO与知识产权保护

联合国教科文组织的基本目标之一就是保护文学、艺术和科学作品。1952年，在教科文组织的主持下，《世界版权公约》在日内瓦通过，并由教科文组织负责管理。此外，教科文组织还主持或参与主持缔结了以下国际公约：①《罗马公约》；②《录音制品公约》；③《卫星公约》；④《避免对版权使用费收入重复征税多边公约》。

（四）国际劳工组织

国际劳工组织(International Labor Organization，ILO)成立于1919年。联合国于1945年成立后，国际劳工组织成为其负责劳工事务的专门机构，是联合国机构中历史最悠久、地位十分重要的一个专门机构。国际劳工组织是联合国中唯一具有三方(政府、雇主和工人)代表性结构的机构，总部设在瑞士的日内瓦。国际劳工组织的宗旨是：促进充分就业和提高生活水平，促进劳资合作，改善劳动条件，扩大社会保障；保证劳动者的职业安全与卫生，获得世界持久和平，建立和维护社会正义。

国际劳工组织与联合国教科文组织以及世界知识产权组织共同管理着一些保护知识产权的国际公约，在知识产权的国际保护上起到了一定的作用。

二、知识产权保护的主要国际公约

(一)《与贸易有关的知识产权协定》

1.《与贸易有关的知识产权协议》概述

《与贸易有关的知识产权协议》(Agreement on Trade-Related Aspects of Intellectual Property Rights,TRIPs),是在世界知识产权组织管理的知识产权国际条约之外,最重要的一部知识产权保护国际公约。TRIPs与《货物贸易多边协议》《服务贸易总协定》一起共同构成WTO法律框架的三大支柱。TRIPs协议共有73条,分为7部分:总则与基本原则,知识产权的效力、范围及使用的标准,知识产权执法,知识产权的获得、维持及有关当事方间的程序,争端的防止与解决,过渡安排,机构安排与最后条款。TRIPs规定的是知识产权保护的最低标准,TRIPs第1条第1款规定:各成员可以,但是无义务在其法律中实施比本协定要求更广泛的保护,只要此种保护不违反本协定的规定。TRIPs如何在国内法中使用,也没有强制性规定,"各成员有权在其各自的法律制度和实践中确定实施本协定规定的适当方法"。

2. TRIPs的基本原则

(1) 国民待遇原则。TRIPs第3条规定,"在知识产权保护方面,每个成员给其他成员组织民的待遇不应低于它给本国国民的待遇,除非《巴黎公约》(1967)、《伯尔尼公约》(1971)、《罗马公约》或《关于集成电路的知识产权条约》中已分别有例外规定。对表演者、唱片制作者和广播组织,该项义务仅适用于本协定规定的权利。"

除了上述4个公约中规定的例外,TRIPs国民待遇的例外还包括有关知识产权在司法和行政程序方面的例外,包括指定服务地点和指定某一成员司法管辖内的代理人,但这些例外是为确保遵守不与本协定规定抵触的法律和规章所需,且实施这种做法不对贸易构成变相限制。

(2) 最惠国待遇原则。TRIPs的第4条是最惠国待遇条款。根据规定,"在知识产权保护方面,一成员给任何其他成员组织民的任何好处、优惠、特权或豁免,应立即无条件地给予所有其他成员的国民",把最惠国待遇原则引入知识产权的国际保护,这是世界贸易组织所首创的。

3. TRIPs对有关知识产权的保护

(1) 版权及相关权利。TRIPs明确了与《伯尔尼公约》的关系:"各成员应遵守《伯尔尼公约》(1971)第1至21条及其附录的规定。然而,各成员对公约第6条之二所给予或派生的权利在本协定下不具有权利和义务。"

(2) 商标。TRIPs对商标进行了明确的定义:任何标记或标记的组合,只要能区分一企业和其他企业的货物或服务,就应可构成一个商标。这些标记,特别是单词,包括个人名字、字母、数字、图形和颜色的组合以及任何这些标记的组合,应有资格作为商标进行注册。

(二)《保护工业产权巴黎公约》

1.《保护工业产权巴黎公约》概述

《保护工业产权巴黎公约》(简称《巴黎公约》),签订于1883年3月,于1884年7月正式生效,是世界上最早签订的关于保护工业产权的国际公约。

《巴黎公约》对全世界所有国家开放，只要自愿、直接向世界知识产权组织总干事提出申请，由总干事通知全体成员组织，不经资格审查，3 个月即可自动生效。截至 2012 年 3 月 31 日，《巴黎公约》共有 174 个成员组织。我国已于 1985 年 3 月 19 日正式加入该公约，成为该公约第 95 个成员组织，并且根据中国政府的声明，自 1997 年 7 月 1 日起，该公约适用于中国香港特别行政区。

《巴黎公约》保护的范围涉及专利、实用新型、工业品外观设计、商标、服务商标、厂商名称、产地标记或原产地名称、制止不正当竞争等。此处"工业产权"也应以广义理解，包括工业，也包括商业、农业和采掘业以及全部制成的或天然的产品。由于《巴黎公约》是世界上最早的知识产权国际公约，后来许多工业产权领域的国际公约都是在它的基础上发展、延伸出来的，如《专利合作条约》《国际专利分类协定》《商标注册条约》等。这些条约或公约均规定只有先参加《巴黎公约》，才可以参加这些公约。由此，这些公约或条约被称为是《巴黎公约》的子公约，而《巴黎公约》是工业产权的母公约。

2.《巴黎公约》的基本原则

(1) 国民待遇原则。《巴黎公约》第 2 条规定："本联盟任何国家的国民，在保护工业产权方面，在本联盟所有其他国家内应享有各该国法律现在授予或今后可能授予各该国国民的各种利益；本公约所特别规定的权利不得遭受任何损害。

(2) 优先权原则。《巴黎公约》的第 4 条详细阐述了关于优先权的原则。公约第 4 条规定："已经在本联盟的一个国家正式提出专利、实用新型注册、外观设计注册或商标注册的申请的任何人，或其权利继受人，为了在其他国家提出申请"，在"对于专利和实用新型应为 12 个月，对于外观设计和商标应为 6 个月"的期间内享有优先权。

(3) 专利、商标独立原则。《巴黎公约》第 4 条之二规定："本联盟国家的国民向本联盟各国申请的专利，与在其他国家，不论是否是本联盟的成员组织，就同一发明所取得的专利是相互独立的。"第 6 条则规定："在本联盟一个国家正式注册的商标，与在联盟其他国家注册的商标，包括在原属国注册的商标在内，应认为是相互独立的。"独立原则的制定，是对各成员组织的法律及实施管理的一种尊重，同时也与国民待遇原则保持了一致。

（三）《专利合作条约》

1.《专利合作条约》概述

《专利合作条约》(Patent Cooperation Treaty，PCT)，1970 年 6 月 19 日于华盛顿签订，1978 年 1 月 24 日生效，由世界知识产权组织管理。在签订《专利合作条约》的同时，还成立了专利合作条约联盟(PCT Union)。该条约签订之后先后于 1979 年 9 月和 1984 年 2 月进行过两次修订，截至 2012 年 3 月 31 日共有 144 个成员组织。我国于 1993 年 9 月正式向世界知识产权组织总干事提出申请加入专利合作联盟，并于 1994 年 1 月 1 日成为该条约的第 64 个成员组织。原中国专利局同时成为 PCT 的受理局、国际检索单位和国际初步审查单位，中文也成为 PCT 的工作语言。

《专利合作条约》是在《巴黎公约》的原则指导下产生的关于统一国际专利申请的专门性公约。《巴黎公约》的签订解决了专利权的国际保护问题，但并没有就专利权的国际申请及审查程序作出国际性的统一规定。因此，如果一项专利需要在若干个成员组织获得保护，申请人要分别到这些成员组织去申请，由这些受理申请的各成员组织分别进行审查，然后决定是否授予专利权。这种做法既不利于专利申请人，也不利于各有关国家的专利管理机构。

为了减少专利申请人和有关国家专利管理机构的重复劳动，减少专利申请人的专利申请费用，简化专利申请手续和审批手续，加快国际间科学技术的交流，一些国家经反复磋商后，共同缔结了《专利合作条约》。该条约完全是程序性的，只对专利申请案的受理及审查程序作出国际统一规定，并不涉及专利的批准问题，因此不影响成员组织的专利实体法。

《专利合作条约》是一个非开放性的国际条约，只有《巴黎公约》的成员组织才可以申请加入该条约。

2.《专利合作条约》的主要内容

《专利合作条约》规定了申请国际专利的主要程序，并为成员组织政府及其国民，特别是为发展中国家的成员组织提供专利情报服务和技术援助等作出了指导。实现国际专利申请及审批合作的具体步骤为：

(1) 提出国际申请条约规定。成员组织的所有居民或国民均可按本条约中的相关规定提出国际申请，国际申请的内容一般包括一份申请书、一份说明书、一项或多项的权项、一幅或多幅的附图(如果需要)，以及一份摘要。

(2) 国际检索。进行国际检索的目的是为了检验现有的技术中是否有与申请专利的发明相同或类似的技术，因此，《专利合作条约》要求每一项国际申请都要经过国际检索。国际检索应在权项的基础上进行，并适当考虑到说明书和附图。

(3) 国际公布条约规定，国际局应在国际申请提出之日起算满 18 个月(有优先权的自优先权日起算)后对国际申请进行早期公布。公布即是将国际申请的全文以小册子的形式进行公布，以促进有关专利申请的技术情报的传播。国际局每周会出版公报，宣布有关公布的通知及索引等。

(4) 国际初步审查。国际专利申请人收到检索报告后可自行决定是否要进入国际初步审查阶段。国际初步审查，是依据申请人的请求对发明的新颖性、创造性以及工业实用性进行审查的实质阶段。

(5) 指定国专利局的最后审查。国际初审通过后，国际初审单位需将国际申请的原件和初步审查报告送交国际局，由国际局对被选定的指定国进行告知，并送交该申请的译文给各指定局，最后各指定局按照本国专利法对该申请进行审查，作出是否授予专利权的决定。

(四)《国际专利分类斯特拉斯堡协定》

1.《国际专利分类斯特拉斯堡协定》概述

《国际专利分类斯特拉斯堡协定》简称《斯特拉斯堡协定》，是有关建立专利国际分类的专门协定之一，签订于 1971 年 3 月 24 日，于 1974 年公布生效。该协定由世界知识产权组织管理，只有《巴黎公约》的成员组织才可以参加该协定，截至 2012 年 3 月 31 日，该协定已有 62 个成员组织。我国在 1985 年 4 月 1 日实施《专利法》时采用了该协定所确定的发明和实用新型专利的分类法，并于 1997 年 6 月 19 日加入了该协定。

《斯特拉斯堡协定》的签订是为了规范专利的国际分类方法。20 世纪初，随着现代科学技术的迅猛发展，各种专利申请层出不穷，逐年增多。到了 20 世纪 70 年代以后，上百个建立了专利制度的国家平均每年公布的专利文件共计达到了 100 万份左右。各国专利机构为了处理大量的专利申请和专利文献，迫切需要建立一个统一的、科学的国际专利分类方法。1954 年，世界上第一个由几个国家统一适用的专利分类法——《发明专利国际分类欧洲公约》在欧洲委员会的主持下由几个西欧国家正式签订。但是，由于该公约限制欧洲委员会成员组织以外的国家参加修改国际分类法，影响了许多国家参与的积极性，世界知识产权组织的前身(BIRPI)开始与欧洲委员会一起着手准备一个世界性的统一专利分类法。1971年3月14日，《斯特拉斯堡协定》正式签订，成为一部在《巴黎公约》框架内、对《巴黎公约》成员组织开放的统一专利文献分类的世界性协定。

2.《斯特拉斯堡协定》的主要内容

《斯特拉斯堡协定》正文共有17条，条文本身主要是对相关国际分类法的管理、加入该协定的国家应遵循的规章进行了规定，具体包括：专门联盟的建立；国际分类法的采用；分类法的定义、语言、使用；专家委员会；专门联盟的大会；国际局；财务；修订；缔约国；生效；有效期；退出；签字、语言、通知、保存职责；过渡条款等。按照协定建立起来的国际分类法现行文本共有1 000多页，分别有英文和法文两种版本。分类法由9卷组成，第1卷是导言，指明了国际分类法的作用并对国际分类法的使用方法进行了介绍。其余8卷将专利技术分为8大类，20个分类，118个小类，617个细类，总共约有5.5万个细目。一个完整的分类号由代表部、大类、小类、组的符号结合而成，该分类号由专利局确定后标记在每一份申请文件和每一份专利上。

（五）商标国际注册马德里体系

1.《商标国际注册马德里协定》概述

《商标国际注册马德里协定》简称《马德里协定》，于1891年4月14日在马德里签订，并于1892年7月15日生效。该协定自生效以来先后经历了6次修订，因此相应产生了6个文本：1900年11月14日布鲁塞尔文本、1911年6月2日华盛顿文本、1925年11月6日海牙文本、1934年6月2日伦敦文本、1957年6月15日尼斯文本以及1967年7月14日斯德哥尔摩文本。目前，只有尼斯文本和斯德哥尔摩文本是有效文本。截至2012年3月31日，该协定共有56个成员组织，我国已于1989年10月4日加入该协定。

19世纪末，国际市场日益扩大，商标的国际注册需求也与日俱增。然而，由于工业产权具有地域性的特点，商标所有人要在不同国家获得注册保护就必须分别在每个国家根据其各自的程序、格式、语言等进行申请，具体过程可谓耗时耗力，困难重重。为了解决上述种种弊端，就需要通过某种国际合作制定相应的法律法规，减少和简化注册手续并减少费用。由此，《国际商标注册马德里协定》应运而生。该协定适用的商标注册包括商品商标和服务商标，可以应用该协定提出国际注册申请的人须是该协定成员组织的国民，或者是在成员组织中有住所或实际营业场所的非成员组织国民。

《马德里协定》生效一个多世纪以来，为其成员组织提供了简便的商标国际注册途径，但是由于该协定也存在一定的弊端，使得许多国家(包括美国、英国、日本等重要国家)都未能参加到其中，在某种程度上限制了协定产生效应的范围。

2.《马德里协定》的主要内容

《马德里协定》共有18条98款，主要规定了商标国际注册的程序以及一些具体细节。该协定在第1条第1款中规定：“本协定所适用的国家组成商标国际注册特别同盟”，因此协定的后面部分的条款交代了一些联盟大会的组织结构情况。

商标国际注册的程序与条件：

(1) 申请人首先将自己的商标在本国商标主管部门取得注册，然后由原属国主管部门向世界知识产权国际局提出申请。

（2）商标原属国注册当局应先对申请的项目进行审查，“证明这种申请中的具体项目与本国注册簿中的具体项目相符合，并说明商标在原属国的申请和注册的日期和号码及申请国际注册的日期”。

（3）国际局接到申请后即开始对该国际申请进行审查。如果审查合格，国际局应立即对该申请的商标予以注册。

（4）如果国际局对该国际申请的审查没有通过，国际局将通知申请人所在国主管部门，要求在3个月内修改申请案，否则将予以驳回。

知识链接6-1

《尼斯协定》

《尼斯协定》是《商标注册用商品与服务国际分类尼斯协定》的简称。该协定于1957年6月15日在法国的尼斯签订，1961年4月8日生效，后经4次修订，最后一次修订是1983年。截至2008年12月31日，已有83个成员组织，参加该协定的成员组织必须是《巴黎公约》的成员。《尼斯协定》的主要内容是对商标注册用商品和服务的国际分类作了专门的规定，其中把商品分为34类，服务项目分为8类。此外，该协定又把各类中的具体商品和服务项目分为1万项。《尼斯协定》规定各成员组织应当使用该商品和服务国际分类方法，但没有强调缔约国必须把它作为唯一的商品和服务的分类方法。《尼斯协定》为商标国际注册提供了一个系统的国际分类表，使商标注册和检索更加方便，同时也有利于对商标的管理。中国曾于1988年11月1日就开始采用国际分类，并于1994年8月9日正式成为《尼斯协定》的成员组织。

资料来源：https://www.wipo.int/portal/zh/.

（六）《工业品外观设计国际保存海牙协定》

1.《工业品外观设计国际保存海牙协定》概述

为了方便权利人就某一工业品的外观设计在不同国家获得专利，避免重复履行备案手续的麻烦，1935年11月6日在海牙缔结了《工业品外观设计国际保存海牙协定》，简称《海牙协定》。该协定由世界知识产权组织管理，有1928年伦敦议定书、1960年海牙议定书、1961年摩纳哥附加议定书、1967年斯德哥尔摩补充议定书、1975年日内瓦议定书、1999年日内瓦文本等。由于在财政开支的分摊、加入及退出该协定文本的条件等方面成员组织尚未达成一致意见，1960年海牙文本一直没有生效，但该文本中的一些实体条文已经被收入到1975年的日内瓦议定书中。《海牙协定》规定，只有《巴黎公约》的成员组织可以加入该协定。截至2012年3月31日，已有60个国家加入了《海牙协定》。

2.《海牙协定》的主要内容

《海牙协定》共分五部分，分别由1934年伦敦议定书、1960年海牙议定书、1961年摩纳哥附加议定书、1967年斯德哥尔摩补充议定书、1975年日内瓦议定书组成。《海牙协定》规定，缔约国的国民，以及虽非缔约国的国民但在缔约国领土内有住所或有真实有效的工商业营业所的人，可以向国际局提交外观设计保存。国际保存应包括外观设计，其形式或者是使用该外观设计的工业品，或者是该外观设计的绘图、照片或其他能充分体现该外观设计的图样。申请人只要向世界知识产权组织国际局提交一次申请，就可以在想要得到保护的成员组织内获得工业品设计专利保护。申请国际保存时，只要通过一次保存即可同时在几个国家得到保护，无须先在一个国家的专利局得到外观设计的专利批准。国际保存每五年可以续展一次，续展时只需在每五年一期的最后一年内按施行细则的规定缴纳续展费。此外，协定还声明加入《海牙协定》的国家组成海牙联盟，并规定了联盟的组织结构及各机构的职能。

（七）《保护文学和艺术作品伯尔尼公约》

1.《保护文学和艺术作品伯尔尼公约》概述

1878年，由雨果主持在巴黎召开了一次重要的文学大会，建立了一个国际文学艺术协会，并起草了一份关于版权国际保护的文件，这份文件后来成了《伯尔尼公约》的基础。

1886年9月，由英国、法国、意大利等10国发起在瑞士伯尔尼召开的多边版权会议上通过了《保护文学和艺术作品伯尔尼公约》(Berne Convention for the Protection of Literary and Artistic Works，简称《伯尔尼公约》)。《伯尔尼公约》的产生，标志着国际版权保护体系的初步形成。该公约曾先后于1908年11月在柏林、1928年6月在罗马、1948年6月在布鲁塞尔、1967年7月在斯德哥尔摩、1971年7月在巴黎进行过修订。截至2012年3月31日，该公约已有165个成员组织。我国于1992年10月15日加入该公约。

《伯尔尼公约》的保护范围涉及文学、艺术及科学领域中的各类作品。凡是文学、科学以及艺术作品，不论采取什么表现形式或表达方式，都受该公约的保护。现行的《伯尔尼公约》的核心规定了每个缔约国都应自动保护在伯尔尼联盟所属的其他各国中首先出版的作品和保护其作者是上述其他各国的公民或居民的未出版的作品。公约从结构上分为正文和附件两部分，从内容上分为实质性条款和组织管理性条款两部分。正文共38条，其中前21条和附件为实质性条款，正文后17条为组织管理性条款。

《伯尔尼公约》是一个世界性的开放型公约，它确定的对文学、艺术作品的作者就其作品享有的著作人身权和著作财产权的广泛保护构成了以后的著作权法律保护制度的基本框架。由于《伯尔尼公约》具有提供保护早、权利多的特点，所以在著作权国际保护中一直起主导作用，许多版权的国际公约都是在该公约的基础上建立的，《伯尔尼公约》也因此被认为是版权的母公约。特别是TRIPs中明确规定，缔约方应遵守《伯尔尼公约》1971年巴黎文本的有关内容，更加明确了《伯尔尼公约》在世界范围内保护知识产权方面的主导地位。

2.《伯尔尼公约》的基本原则

《伯尔尼公约》主要确立了三个基本原则，即国民待遇原则、自动保护原则、版权独立性原则。

(1) 国民待遇原则。国民待遇原则贯穿于《伯尔尼公约》的大部分实体条文之中，其中又集中体现在第3条至第5条。《伯尔尼公约》的国民待遇原则可以概括为以下几点：

第一，本公约成员组织应按照本国法律现在给予本国作者的权利来保护其他成员组织作者的权利；

第二，本公约成员组织应按照本国法律今后可能给予本国作者的权利来保护其他成员组织作者的权利；

第三，本公约成员组织应按照本公约特别授予其本国作者的权利来保护其他成员组织作者的权利；

第四，此外，对于非成员组织的国民，如果在本同盟某一成员组织有居住地，也享受《伯尔尼公约》项下的著作权国际保护。

(2) 自动保护原则。《伯尔尼公约》的第5条第2款规定:“享受和行使这类权利不需履行任何手续,也不管作品起源国是否存在有关保护的规定”,说明享有国民待遇的作者在公约成员组织内受到的保护是自动生成的,其享受和行使这些权利不需要履行任何手续,也不管作品的“起源国”是否对作品进行保护。所谓“手续”,是指一个国家就著作权的获得所规定的行政程序或其他义务,如登记注册、缴纳相关费用等条件。

(3) 版权独立性原则。《伯尔尼公约》第5条第2款同时规定:“除本公约条款外,只有向之提出保护要求的国家的法律方的规定保护范围及向作者提供的保护其权利的补救方法。”即本公约成员组织可以按照本国著作权法保护其他成员组织的作品,而不用顾及该作品在其他成员组织是否受到保护。

(八)《世界版权公约》

1.《世界版权公约》的概述

《世界版权公约》是继《伯尔尼公约》之后又一个具有普遍性的保护版权的国际公约,是由联合国教科文组织管理的。该公约于1952年9月6日在联合国教科文组织的主持下于日内瓦签订,并于1955年9月16日开始生效。1971年7月24日,该公约在巴黎进行了修订,修订文本于1974年7月10日正式生效。1992年7月1日,七届全国人大常委会第二十六次会议通过了我国加入该公约的议案,于1992年7月30日正式向联合国教科文组织递交了加入申请,并于同年10月30日正式成为该公约的成员组织。截至2012年3月31日,加入1953年文本的已有100个成员组织,加入1971年文本的已有65个成员组织。

该公约保护的版权主要包括文学、艺术和学术三个方面,维持了国民待遇和独立保护的原则。公约由7条实体条文与14条行政条文组成,核心为关于条款的规定,即作品受到国际保护的要件为在作品各复制本的版权栏内标明作者姓名、初版发行年月,同时标有这样一种符号。一个成员组织对其他成员组织的作品,只要是符合这一规定的,都须承认其著作权。

《世界版权公约》提供的保护水平同《伯尔尼公约》相比相对较低,其主要内容大都被《伯尔尼公约》所覆盖。由于《与贸易有关的知识产权协议》特别规定,加入世贸组织的国家都应遵守《伯尔尼公约》1971年巴黎文本的相关规定,因此在TRIPs生效后,《世界版权公约》的原有成员组织在加入世贸组织后也必须将自己的著作权保护水平向《伯尔尼公约》看齐。

2.《世界版权公约》的基本原则

(1) 国民待遇原则。《世界版权公约》也规定了国民待遇原则。公约中规定:“任何缔约国国民出版的作品及在该国首先出版的作品,在其他各缔约国中,均享有同那一国家给予其本国国民于本国首先出版之作品的同等保护,也享有本公约特许之保护”;“任何缔约国国民未出版的作品,在其他各缔约国中,享有同该国给予其国民未出版之作品的同等保护,也享有本公约特许之保护”;“为实施本公约,任何缔约国可依本国法律将寄居该国的任何人看作本国之国民”。此外,《世界版权公约》议定书中还规定,联合国所属各专门机构或美洲国家组织首次出版的作品,也享有其出版地成员组织给予本国国民的保护。

(2) 非自动保护原则。与《伯尔尼公约》自动保护的原则相反,《世界版权公约》采取的是非自动保护原则。公约规定,任何成员组织依其本国法律要求履行特定手续作为版权保护条件的,对根据本公约加以保护的一切作品,和在该国领土以外出版而其作者又非本国国民的作品,只要这些作品是作者或版权所有者授权出版的、并且自初版之日起在所有各册的版权栏内标有的符号,注明版权所有者之姓名、初版年份等,应视为符合上述要求。

3.《世界版权公约》的主要内容

(1) 公约保护的作品范围。《世界版权公约》保护的作品范围是文学、科学、艺术作品,包括文字、音乐、戏剧、电影作品,以及绘画、雕刻和雕塑的作者及其他版权所有者的权利。

(2) 公约保护的作者权利。公约所保护的作者权利主要涵盖作者的经济权利,包括复制权、表演权、广播权、翻译权等,这些权利延及受本公约保护的各种作品。公约还允许各成员组织在不违反公约精神和有关规定的基础上,根据本国立法对上述几项权利作出例外规定。与《伯尔尼公约》不同,《世界版权公约》对作者的精神权利没有作出明确的规定。

(3) 对作品的保护期限。公约中对一般作品的保护期限都规定为不得少于作者有生之年及其死后25年;若是某成员组织在尚未加入该公约之前已将某些作品的保护期限规定为自该作品首次出版后的某段时间,或是该成员组织还尚未根据作者有生之年确定保护期限,则对于这类作品公约规定其保护期限自作品首次出版之日或出版前的登记之日起算,不得少于25年。公约中规定对摄影作品和实用美术作品的保护期限不得少于10年。

(4) 溯及力。该公约不具有溯及力,即不保护在该国加入公约时已经在该国超过保护期的外国作品。

第二节 主要发达经济体有关技术贸易的法律与政策

长期以来,发达国家在国际技术贸易中一直占据着优势,并且凭其先进的技术和发达的经济来垄断技术、垄断产品、垄断市场。发达国家主要是通过知识产权法、反托拉斯法、反不正当竞争法、投资法、技术转让法等法律和法规对知识产权实行保护,建立技术贸易原则和行为规范。发达国家有关知识产权贸易的立法比较早,对世界其他国家的技术贸易立法影响较大。例如,美国、德国、法国、比利时、荷兰等国的反托拉斯法,英国的公平交易法,法国的关于与外国人订立获取工业产权和专有技术合同的法令,日本的"禁止私人垄断与保护公平贸易法"以及"欧洲共同体的竞争法"等。

一、美国技术贸易法律与政策

作为世界上科学技术最发达、经济实力最强的国家,美国非常重视科学技术在本国的发展,并力求保持世界领先地位。美国技术贸易中,高新技术含量不断增加。高新技术特别是信息技术产业的发展对美国经济的增长起着十分重要的作用。美国历来对技术转让的管理和知识产权技术的保护十分重视,有十分完善的法律保护和管理制度。

(一) 知识产权保护

1. 专利法

美国在建国初期就制定了专利法。1790年1月,华盛顿总统督促国会制定专利法,同年2月签署了美国历史上第一部专利法案《促进实用技术进步法案》。现行专利法制定于1952年,1982年后美国对专利制度进行了一系列较大的调整。最近的修改可追溯至2003年的

《21世纪战略计划》。2011年,《美国发明法案》最终在参众两院获准通过。

《美国专利法》共293条,载于《美国法典》第35篇。该法保护的专利包括机器专利、制品专利、合成物专利、方法专利、植物专利和外观设计专利6种。发明专利权的有效期限为17年,从专利证书颁发之日算起。外观设计专利权的有效期限为3年、7年或14年,由申请人在提出申请时自行选定。详细内容可参见知识产权出版社出版的《美国专利法》一书。

2. 商标法

美国第一部商标法为1870年制定的《美利坚合众国联邦商标条例》,同年8月补充了对商标侵权行为适用刑事制裁的规定。该法施行7年后,被联邦最高法院判决为违反宪法而予以废止,并于1881年制定了新的商标法。1946年,美国议会重新制定了现行商标法,即《兰汉姆法》,共50条,载于《美国法典》第15篇。该法曾于1975年1月和1982年10月两次进行修改。

美国商标包括服务商标、集体商标和保证商标。商标可以是平面视觉商标,也可以是立体(三维)视觉商标,还允许音响商标即听觉商标注册。美国对商标专用权的确立采用"使用在先"的原则,一个商标只要投入商业使用,即使没有注册,也拥有商标专用权,在发生商标专用权争议时,美国专利局将裁定商标专用权属于最先使用者。

3. 版权法

美国于1790年制定第一部版权法,现行美国版权法是在1909年版权法的基础上全面修订的,于1976年颁布,于1978年1月1日生效,载于《美国法典》第17编,共8章73条。1988年,美国为了加入《伯尔尼公约》,又通过了一系列修正案,使之适应该公约的要求。该法对著作权的保护期限是直至作者死后70年,假如作品是集体创作或是1978年1月1日以前发表的,其版权保护期限保持75~95年。

4. 商业秘密法

在美国,对于版权、专利权和商标权的保护,都有联邦的法律予以规范,但对于商业秘密的保护,仍属于州法的范畴,不存在联邦法意义上的商业秘密法。

各州的商业秘密法都是判例法。从理论上说,各州可以在有关商业秘密保护的判例中自由发展自己所认可的保护规则。事实上,美国各州的现代商业秘密法的差异很小,甚至可以说是基本相似。这是因为各州的现代商业秘密法主要受到1939年的《侵权法重述》和1979年的《统一商业秘密法》支配。

5. "特殊301条款"和"337条款"

自20世纪80年代以来,由于美国制造业的竞争力降低,日本等国的大量低成本"仿制商品"严重冲击了美国市场,为保护本国的市场和企业利益,美国政府通过法律手段加大了知识产权保护,并把这种保护延伸到国际市场,主要措施如下所述。

(1)"特殊301条款"。"特殊301条款"是指经《1988年综合贸易与竞争法》修改补充后,美国贸易法在原"301条款"的基础上新增加的"1303节",其标题为"确定拒绝为知识产权提供充分、有效保护的国家"。该条款规定,一旦确定哪些国家拒绝对美国的知识产权给予充分、有效的保护,或者哪些国家剥夺了依赖知识产权保护的美国公民公平与平等地进入其市场的机会,要把这些国家列入"重点国家"名单之中。自列入名单之日起,美国贸易代表必须决定是否采取报复性措施,报复决定一旦作出,30天内必须执行。美国贸易代表在是否采取报复性措施及采取何种报复行动方面享有较高的决定权,而无须征得总统的同意。

(2)"337 条款"。"337 条款"是指美国 1930 年颁布的《关税法》第 337 条款。根据《关税法》第 337 条的规定,美国国际贸易委员会有权拒绝一切侵犯美国知识产权的产品进入美国。在美国,专利权人有权依法禁止他人在美国生产其受保护的专利产品和在海外仿制其专利产品后销往美国。专利权人可以利用"337 条款",通过两条途径起诉这种侵权行为:一是向美国国际贸易委员会提出;二是向联邦地区法院提出。作为"准司法机构",美国国际贸易委员会起到保护美国公司免受外国公司的不公平竞争的作用。美国国际贸易委员会一旦认定某项进口货物存在不公平贸易,遭受不公平贸易的美国公司可以向其提出拒绝侵权货物进入美国的请求。

(二) 美国的反托拉斯法

美国反托拉斯法是联邦及州法律体系的组成部分,其目的在于阻止和预防大企业独占或垄断,以维持自由竞争,保护中小企业和消费者的利益。美国历史上第一部反托拉斯法是于 1890 年制定的《谢尔曼法》,该法规定垄断为非法行为。垄断行为包括:具有在某一市场垄断的能力以及有意取得或维护这种能力。1914 年通过的《克莱顿法》更加明确地规定了价格歧视等非法行为,法律禁止只涉及商品的捆绑销售,并且规定反竞争的合并和收购是非法的。从 1914 年开始,联邦贸易委员会被指定为负责执行联邦反托拉斯法和消费者保护法的实体。

美国反托拉斯法对知识产权许可的规定主要包括以下几个方面。

1. 知识产权的特殊性使其在反托拉斯法中成为例外

例如,厂商之间就一般产品的销售联合或某种定价的行为属于违法行为,该行为违反《谢尔曼法》第 1 条,但作为知识产权人的许可人和被许可人,在某些情况下,却可以按共同确定的价格出售专利产品而不构成违法。

2. 知识产权人对市场具有较强的支配力,因而会受到限制

在反托拉斯法的经济分析中,市场支配力一般是指厂商在较长时期将价格维持在高于或将产量限制在低于竞争水平上,而不遭受利润或市场份额损失的经济实力。对于有市场支配力的厂商,由于其行为影响竞争的可能性和程度更大,反托拉斯法一般对其适用更严格的标准。

3. 鼓励知识产权许可对竞争的作用

知识产权许可能够发挥许多有益的社会经济作用,通过许可方式,可以使知识产权与其他生产要素结合起来,从而推动生产和流通的发展,并使知识产权的商业价值得以实现。即使是那些对竞争有一定限制性影响的许可条款,如加入使用领域或使用地域方面的限制条款,也可能会产生一些有益的社会经济作用。

知识链接 6-2

2019 年 10 月 8 日,美国商务部产业安全局(BIS)把 28 家中国实体加入"实体清单",包括大华科技、海康威视、科大讯飞等 8 家中国科技企业。清单中的实体须在有许可证的情况下才可购买美国技术与产品,但美政府有权拒绝许可申请。美国商务部在美国股市收盘后宣布此消息。美国商务部在公告中称,"这 28 家中国实体参与与美国的国家安全或外交政策利益背道而驰的活动"。8 家中国科技企业包括人工智能、人脸识别、视频监控等领域。

从2019年5月16日将华为列入“实体清单”后，这是美国商务部产业安全局第四次将中国企业列入“实体清单”。上一次是2019年8月19日，当时BIS将对华为的临时通用许可证再度延长90天，但同时宣布将46家华为旗下子公司列入清单。此外，2019年6月21日，包括中科曙光(34.420,0.09,0.26%)、天津海光、成都海光集成电路、成都海光微电子技术、无锡江南计算技术研究所在内的5家机构组织也被BIS列入清单。

被列入“实体清单”后，这些组织和企业无法购买美国的技术和产品，除非有美国政府的临时通用许可证。此前华为在被列入“实体清单”后获得90天临时通用许可证，其后在8月19日再度延长90天至11月18日。

资料来源：http://mail.bjcps.com.cn/brow.asp? nID=90585.

（三）美国技术贸易政策

1. 美国技术出口管制政策

美国的技术转让包括但不限于：通过直接的技术援助、人员交流、资源共享、合作研究和合作开发等形式与私营部门的使用方及开发者进行技术合作和交流；通过发明专利注册及许可、市场及用户确定进行商业化活动；通过报纸、文章、报告、研讨会的形式与潜在技术用户进行信息交流。

美国的技术贸易管理主要体现在对技术出口的限制。1949年美国正式制定了第一部《出口管制法》，1965年美国国会通过了《出口管理法》，1984年出台了《出口管理条例》，1988年又通过了《出口管理法修正案》。美国技术出口管理政策的演变反映出美国对外政策的变化。美国对技术出口的管理主要遵循三项原则：国家安全管理原则、对外政策管理原则、稀缺物资管理原则。长期以来，美国通过出口许可证、管制货单和输往国别分组管制表等办法对向部分国家出口“战略性物资”和敏感性商品进行十分严格的限制。

2. 对技术出口实行许可证制度

美国对技术出口限制最重要的措施是许可证制度。除加拿大以外，美国对其他国家或地区的技术产品和服务出口，均需美国商务部审核和发放许可证。许可证由美国商务部出口管理署发放，有普通许可证和核准许可证两种类型。实际上，普通许可证不需要出口商的申请，也不需要美国商务部的签证，所需要的技术出口管制文件就是海关申报单。出口商只需在海关申报单上如实填写出口的技术或者服务即可。需要注意的是，普通许可证只适用美国商务部管理的技术和服务出口项目，其他部门管理的技术出口不适用普通许可证。

核准许可证是美国商务部出口管理机构针对专门技术出口产品或者服务发放的允许出口的官方文件。这种许可证允许出口的技术产品包括一切技术产品和服务，许可出口的地域包括世界任何国家和地区。

3. 对技术合同的管理

美国对技术贸易合同有详细规定。美国允许任何所有人或共同所有人在一定条件下的技术转让或技术许可使用。除了出口管制法规定的技术，均不要求政府的批准或登记；对提成费征收30%的所得税，但可降低税率；许可方有权监督产品质量；许可使用费通常以年净销售额为基数，按一定百分比提成，提成率一般为0.5%～5%；合同中可规定最低提成费；技术许可使用费、技术咨询费、建筑工程费等可采用一次总算方式；允许互惠交叉许可等。

知识链接6-3

美国发布禁令禁止美国政府使用华为和中兴部分技术

2018年8月14日，美国总统特朗普签订了一份新的法案，其中禁止了美国政府和政府承包商使用华为和中兴的部分技术。这项禁令禁止美国政府或任何希望与美国政府合作的人使用华为、中兴或其他多家中国通信公司的零部件。这项禁令将在未来两年内生效，涵盖了华为和中兴所用的零部件，或使用这些零部件作为关键组成部分的服务。

资料来源：http://www.cww.net.cn/article? id=436847.

二、日本技术贸易法律与政策

（一）日本知识产权保护

第二次世界大战以后，日本国力增强在很大程度上得益于其技术立国战略。在技术立国方针的指导下，日本建立了比较完善的知识产权法律制度。国内立法有：《专利法》《实用新型法》《外观设计法》《商标法》《版权法》《集成电路布图设计法》《不正当竞争防止法》《商法》《半导体集成电路流程设计法》《种子和种苗法》和《海关法》等。日本知识产权法律制度的特点：一是立法严谨且详尽具体，便于执法操作和保持执法的统一性；二是日本修改知识产权法律时非常重视与国际公约的规定保持一致，注重吸收德国或西欧等国家的经验，同时也注意在保护水平上与美国保持一致。为了适应世界贸易组织建立后的新形势，日本对其专利法和商标法进行了一系列修订。日本参加的国际公约有《巴黎公约》《伯尔尼公约》《世界版权公约》和《与贸易有关知识产权协议》等。

1. 专利制度

自1879年起，日本政府开始研究建立专利制度，1885年《专卖专利条例》通过并颁布实施，可谓是日本最初的一部专利法。后经多次修改，近代专利制度在日本真正确立。1959年，日本在参考大量国外立法的基础上，全面修改了专利法，并发展为现行的专利法。自2008年起日本对专利法进行了修改后，2014年日本又一次对专利法进行了修改。日本专利法的发展，始终是与专利制度国际化联系在一起的。

与我国把“发明、实用新型和外观设计”统一为一部法律不同，日本有关专利的法律主要有三部：《特许法》《实用新案（实用新型）法》《意匠（外观设计）法》，而与发明有关的《特许法》相对应，还设置了几部辅助性法律或者法规，其中有《特许法施行法》、《特许法施行令》（政令）、《特许法施行规则》（省令）。对于实用新型和外观设计也有与之相对应的辅助性法律和法规。与专利有关的法律有《与工业所有权相关手续等的特例有关的法律》《与基于专利合作条约的国际申请等有关的法律》以及分别与其对应的政令、省令等法规，例如《专利律师法》、《特许登录令》（政令）和《特许登录令施行规则》（省令）。这其中最重要的法律和法规是《特许法》《特许法施行令》和《特许法施行规则》。对于专利的保护期限，日本的发明保护期为20年，在一定条件下，有关化学和医药领域的发明可以申请延长5年；实用新型的保护期为10年；外观设计的保护期为15年。发明和实用新型的保护期从申请日算起，而外观设计的保护期从登录日算起。

2.《商标法》

日本建立商标法律制度已有一百多年的历史。1884年10月1日，日本开始实施《商标条例》,这是日本的第一部商标法律。此后,为适应日本经济发展和履行有关国际条约的义务,日本对其商标法律进行了多次修改。1959年,日本颁布新《商标法》,并于1960年4月1日实施。该法将注册商标的有效期规定为10年;除同一商标所有人的近似商标外,允许其他形式的商标转让;废除集体商标制度;建立注册商标许可制度;引入防御商标制度。该法沿用至今,是日本现行《商标法》的蓝本。该法实施40多年来,日本对其进行了6次修正。

(二)日本技术贸易政策

1. 日本技术引进政策

说到日本的科技发展,我们很难避开技术引进的话题。日本从二战结束时的一个落后的国家一跃成为经济高度发达的国家,大规模地引进外国先进技术对日本经济的发展起到了关键作用。因此,日本人认为技术引进是日本产业和经济发展的最大原动力。可以说,拿来—创造—起飞是日本高科技发展的三部曲。

第一步拿来,即引进技术。在大大落后于欧美国家的情况下,日本大量地引进技术无疑是促使本国技术发展,赶超世界先进水平的捷径。不过,日本的经验证明,引进要以一定的自主开发为基础,并且只有消化吸收外来技术,才能真正掌握引进技术。

第二步创造,日本在引进技术后,并没有停留在原有的技术水平之上,而是消化理解,举一反三,加以创造,强化产品的独特性,获得国际专利,做到“青出于蓝而胜于蓝”。

第三步起飞,日本用引进的技术和自己研究出的技术生产高科技产品出口,优化了产品结构,提高了企业竞争力,扩大了国际市场。技术引进促进了贸易的振兴,推动了经济的发展。

日本政府积极引进技术的政策,对实现科技发展和经济起飞发挥了重要作用。

2. 日本技术出口管制政策

长期以来,日本一直执行巴黎统筹委员会的规定,严格控制对华高新技术产品的出口。“巴统”解散后,日本又成为《瓦森那协定》的成员组织,继续实行严格的技术出口管制政策,特别是控制对中国的技术出口。不仅如此,日本政府还修改了《出口贸易管理法》,对违反所谓禁运规定的日本企业实行更严厉的惩罚,在技术产品方面严格管理审批流程,强化了限制措施。日本政府在对华高技术出口政策方面存在不透明、管制严格和手续烦琐等问题,造成日本企业往往因害怕得不到政府的批准或遭到政府的制裁而顾虑重重,对华高技术出口困难,给中日贸易带来了很大的负面影响。

自中国改革开放以来,中日两国的经济交流日趋活跃,双方相互依赖关系不断加深,为日本对华高技术出口创造了有利的条件。然而,如上所述,由于日本政府在政策上一直没有什么松动,对技术出口的干预仍远大于普通商品贸易。日本在电子设备、航空用碳纤维、电子元器件以及制品的微型化等技术方面一直处于世界领先地位,也是日本对华技术出口的优势所在。日本政府出于政治和战略方面的考虑,继续使对华高技术出口保持规模小、技术含量低、增长不稳定的态势,这与中日两国的贸易规模和其作为相邻技术大国的实力和地位都不相称。

知识链接6-4

2018年11月22日,日本机床工业会发布的10月机床订单额显示,日本对华出口订单同比减少36.5%,连续8个月下滑。

我国是全球最大的机床消费国，关键精加工生产线上95%以上制造及检测设备都依赖进口，而日本机床业是出了名的技术顶尖，类型完善，靠着向中国出口机床，日本制造业得以继续发展。

据分析，对华订单数量下降主要是市场需求低迷造成的。从类型上看，加工智能手机金属部分的钻孔机和精密仪器的机床订单额大幅减少67.6%，而一般机械的机床订单额也减少40.8%。智能手机方面，日本发那科公司的大客户——中国电子产品代工服务企业(EMS)，也就是我们熟知的富士康等企业，今年的钻孔机订单数大幅下降。以富士康为例，受到苹果手机需求低迷的影响，该企业只启用了约45条生产线生产iPhone XR，远低于最初准备的60条生产线。

除此之外，近十年来，我国的机床技术取得了多个关键性技术突破。以华中数控为例，其华中8型高性能数控系统的研制，攻克了运动控制技术、平台化技术、网络化技术等关键核心技术，迫使国外中高档数控系统大幅降价。与此同时，我国还在推进机床国产化，随着相关政策的落地，机床行业将加速爆发，国产机床的市场占有率有望提高。

资料来源：https://feng.ifeng.com/listpage.

三、欧盟技术贸易法律与政策

（一）知识产权保护

1.《欧洲专利公约》

《欧洲专利公约》（又称《慕尼黑公约》），签订于1973年10月5日，并于1977年生效。依据该公约成立的欧洲专利局(EPO)，负责授予欧洲专利(European Patent)。公约内容包括一般规定，组织机构规定，专利实体法，欧洲专利的申请、审批、异议和申诉程序，共同性条款，对国家法的影响，特别协定，关于国际申请的规定，过渡性条款和最终条款。该公约的目的在于建立缔约国共同的授予发明专利的法律制度，依据该公约授予的专利称为欧洲专利。为此依据该公约设立了欧洲专利组织，由欧洲专利局(European Patent Office，EPO)和行政委员会(Administrative Council)组成。欧洲专利由欧洲专利局统一受理并依据统一的实体法审批授予，通过审批的专利在所有指定国都生效。

知识链接6-5

欧洲是专利制度的发源地，也一直是国际专利制度发展的先驱与缩影，是区域性专利制度一体化发展最快的地区之一。即使如此，欧盟统一专利制度的确立也经历了漫长的历史沿革。

早在1883年的《保护工业产权巴黎公约》便试图调解各国的专利制度。

1949年，法国参议员Longchambon就向欧洲理事会提交了一份有关创建欧洲专利的计划，引发了对创建欧洲专利的可能性的讨论，使专利制度的统一化问题开始受到关注；1953年，在欧洲理事会的促动下，部分欧洲国家签订《关于专利申请格式要求的欧洲公约》简化并统一了专利申请的提交格式；又于1954年签订《关于发明专利国际分类的欧洲公约》确立了统一的专利分类体系（该体系后被纳入1971年签订的《关于国际专利分类斯特拉斯堡协定》，在世界范围内通用）。

1999年，欧盟委员会发表《绿皮书》，提出改革专利制度。2007年，共同体专利话题再度被广泛关注,“完善欧洲专利制度以及重新使与其相关的讨论充满活力”等问题得以讨论。

2009年12月,欧盟委员会就欧盟专利的实现方式等问题基本达成共识,欧盟将以加入《欧洲专利公约》的方式与欧盟各成员组织一同作为欧洲专利申请的指定国,由欧洲专利局授权欧盟专利。

2010年12月,德国、瑞典、英国等国为改变僵局,正式要求欧盟委员会在“强化合作”基础上推进单一欧盟专利计划。

2011年2月,除意大利与西班牙外的欧盟其他13个成员组织也加入了“强化合作”机制。至此,历经几十年的努力,“强化合作”机制现终于使得欧洲地区在专利制度的一体化进程中又一次迈出了跨越性的一步。2012年2月和3月,欧洲议会和欧盟部长理事会分别批准了这一机制的运行。

2013年2月19日,欧盟竞争委员会主席理查德·布鲁顿最终签署了国际协定,确定建立新的欧洲统一专利法院(Unified Patent Court),使期待已久的欧洲统一专利制度最终落实。从此,由目前加入欧洲专利系统的25个国家议会对统一专利法院正式开展批准过程。《欧洲专利公约》统一专利制度经过近40年热议终于得到欧洲议会的批准。目前,加入欧洲专利系统的25个国家议会对统一专利法院正式开展批准程序,新的欧洲统一专利制度将在英国、法国、德国及其他10个国家正式通过统一专利法院后生效。计划于2014年开始实施。

资料来源:http://www.chinaipmagazine.com/news—show.asp? id=8794).

2.《共同体商标法》

欧共体于1993年12月颁布了《共同体商标法》(Trademarks Bill),并于1996年4月1日实施。欧共体协调局负责受理欧共体商标注册申请,办理注册和授予商标注册证书。欧共体成员组织、《巴黎公约》成员组织、世界贸易组织《与贸易有关的知识产权协议》签字国的国民以及在任何欧共体国家有住所或真实有效的经营场所的非欧共体的国民都有资格提出申请。该商标法是实体法,按其规定注册的商标为共同体商标,在各成员组织均有效。《共同体商标法》保护商品商标、服务商标、集体商标、个体商标(包括公司)和证明商标;可作为商标标记的有文字、图形及其结合、立体形状。

(二)欧盟技术出口管制制度

欧盟成员组织作为西方发达国家的主体,经济和科技发展水平高,拥有大量世界先进技术,是技术的主要出口方和进口方,在国际技术贸易中占有非常重要的地位。欧盟对技术进出口贸易的管理主要体现在对技术出口的管制政策上。长期以来,欧盟主要成员组织一直是西方多边出口控制机制的创始者或积极参与国。

“巴统”正式解散后,1976年7月,包括“巴统”17国在内的33个主要西方国家代表在荷兰瓦森纳开会并签署了《瓦森纳协议》,决定实施新的控制清单,我国同样在被禁国家名单之列。欧盟对《瓦森纳协议》的贯彻实施主要体现在2000年6月欧盟理事会通过的“1334号法令”上,该法令详细地列举了军民两用品、技术清单和武器清单,其基本内容与《瓦森纳协议》的清单没有太大差别。这项法令后来经过多次修订,目前成为对华高科技出口管制的主要指导性文件。

除了欧盟统一的出口管理措施,欧盟各国根据本国的情况,还制定了各自的出口管理制度。比如，德国早在1961年就制定了《对外经济法》和《对外经济条例》，同样包括详尽的各级别"出口清单"，有的实行完全禁运，有的限制出口，有的则实施申报审批制度，这些制度对西方国家企业的海外投资起到了实质性的限制作用。

第三节 主要新兴经济体有关技术贸易的法律与政策

一、巴西技术贸易法律与政策

（一）对知识产权的保护

巴西的知识产权法律制度比较健全，专利、商标和版权法立法完整，并参加了《巴黎公约》《伯尔尼公约》《保护表演者、录音制品制作者和广播组织公约》《与贸易有关的知识产权协议》等。专利方面，在巴西除了违背公共道德、有害健康和利用核材料或核能的发明以外，发明一般都能获得专利。下列发明不能获得专利：违反法律、道德、宗教信仰和危害健康、公共安全的发明；以化学方法或工艺获得的物质；以化学方法或工艺获得的物质（研究方法可获专利）；食品、药品、微生物，或以微生物方法获得物质；操作技术、理论思想；植物品种。

（二）巴西的《技术转让合同注册规范法》

1958年，巴西政府颁布了《〈技术转让付款办法〉第436号法令》，国家通过银行的对外付款方式对技术引进工作实行管理。1971年，巴西政府颁布了《工业产权法典》；1975年，又颁布了《技术转让合同注册规范法》，这是巴西比较系统的技术转让法规。1981年，颁布了关于引进计算机技术的条例，逐步完善了技术引进的立法工作，对技术转让从经济上、技术上、法律上实行全面的管理，特别是对限制性条款，上述法律中都有具体的规定。例如，在《规范法》中就有6条规定，国家工业产权局的主要任务就是对技术贸易合同进行审查，凡是列有不符合下述6条限制性条款中任何一条的合同，工业产权局都不予批准。

规定专利许可的期限不应超过其工业产权所保护的有效期，其中发明专利最长为15年，实用新型、外观设计为10年。

规定专利许可合同不应包括任何公开的或隐含的阻碍引进方经营活动，特别是不应出现限制引进方宣传或广告的条款。

规定不准限制引进方自由地雇用人员的权利，不准限制和损害引进方的产品出口。

不准限制、修正、损害、中断、妨碍引进方的技术研究和发展活动，引进方对引进技术所作的改进和发展，其产权应归引进方。

规定许可合同中不准列有限制引进方对其产品的制造、销售和商标开展广告宣传活动的条款。

规定许可方不得限制引进方在合同期满后继续使用引进的技术和有关资料。

（三）对技术贸易的管理

巴西法律允许专利和商标转让或使用许可。技术转让合同均须经全国工业产权协会审批和登记。许可使用费以研究产品的净销售额为基数，按规定的提成率计算，专利许可和专有技术许可的提成率一般为5%,商标许可的提成率一般为1%。合同中不得含有最低提成费条款,但允许合同规定最低产量和销售额。外方所得须缴纳25%的预扣税,汇寄国外的许可使用费须在巴西中央银行登记。

二、印度技术贸易法律与政策

(一)对知识产权的保护

1. 专利法

印度最早的《专利及设计法》制定于1859年英国殖民统治期间。1970年,印度议会通过了独立后的第一部《专利法》。印度先后于1999年、2002年、2004年对1970年通过的《专利法》进行了3次修订。2002年的修订版,将专利保护期限定为20年,并规定出于公共利益、国家安全、印度传统、公共健康等原因国家可以对专利实施强制许可。2004年12月颁布的《专利条例(修订)》(2004年)规定,自2005年1月1日起,国家受理药品、农业化学品和食品的专利申请。2019年9月17日,印度商业和工业部的工业和内部贸易促进部门公布了《2019年专利(修订)条例》。该条例自公布之日起生效。

印度专利保护分为两种类型:发明专利、外观设计专利,和中国专利相比没有实用新型专利。从保护期限上,印度发明专利与我国相同,发明专利期限自申请日算起20年,外观设计专利与我国不同,保护期限是从注册日算起10年,而且比我国多了续展制度,印度外观设计专利可以续展1次,可续展5年,也就是最长保护期限15年。

2. 商标法

从第一部商标法——《贸易和商品标志法》(1958年)开始,印度逐步修订该法案,并于1999年出台了《商标法》。《商标法》主要的修改内容拓宽了商标注册范围,"任何能区别他人的商品或服务的标识,包括图表、包装、商品外形和色彩等"均可注册;增加了服务商标、集体商标;实施驰名商标的特殊保护和注册制度;申请程序简化,可在一份申请书中申请多类商品或服务商标;注册商标保护期从7年延长至10年,每续展一次延长10年;建立了上诉机构;扩大了侵权行为的定义范围,"在与注册商标同种类商品或服务上使用相类似商标,造成混淆的,或者在不同类的商品服务上使用相同或类似商标可能存在欺骗或混淆的"均为侵权,同时强化惩罚,包括提高刑期和罚金;禁止将他人商标作为厂商名称或其中的一部分;对有一定商誉和没有商誉的未注册商标转让提出了不同的要求。

3. 版权法

印度早在1847年就制定了第一部《版权法》。此后,围绕"与印度参加的国际条约相适用"的内容进行了多次修改。1999年修订并于2000年1月实施的《版权法》,则实现了印度《版权法》同《与贸易有关的知识产权协议》(TRIPs)的完全接轨。印度现行《版权法》已经修订过5次。为了解决数字技术和互联网环境下出现的某些新问题,2012年5月,印度议会两院批准了《2012年版权(修正)法》。该法修订的主要内容包括扩张权利范围,在权利转让与转让方式方面维护文字或者音乐作品作者的利益,与《世界知识产权组织版权条约》(WCT)、《世界知识产权组织表演与录音制品条约》(WPPT)相关的修订,强化权利保护的限制与例外促进作品的使用,以及加强集体管理协会的管理5个方面。就整体而言,印度《版权法》及其各次修订具有遵守最低国际义务、最大限度地利用灵活性国际标准之特点。

（二）对技术贸易的管理

1. 印度的技术引进政策

印度的技术引进政策的主要特点包括以下几个方面。

（1）拟引进的技术应当是国内真正需要、国内暂时没有、国内开发需要较长时间的会影响国家发展目标的实现的技术。

（2）应引进高水平技术，并考虑国内市场需求和资源配套能否满足需求。

（3）引进技术不仅能有效地实现技术转化，还应包括一些设计原理等的转化。

（4）引进技术的项目须经政府有关委员会评估。

（5）落实引进技术后用于消化、吸收的费用，以保证技术引进的效果和后续发展。

（6）政府强调提高国内的技术能力，对于成套技术一般应采取部分引进、部分开发的方式。

2. 印度的技术出口

印度的技术出口主要包括高技术附加值产品的出口、技术服务、技术咨询、提供专家和技术人员服务、技术和技能培训等。其中高技术附加值产品的出口成为印度技术贸易的一种重要形式，海外咨询是人力资源丰富的印度技术出口的又一种形式，软件和软件服务出口也格外引人注目。

三、马来西亚技术贸易法律与政策

（一）对知识产权的保护

马来西亚制定了《专利法》《商标法》《商标管理条例》和《版权法》，并加入了《巴黎公约》《伯尔尼公约》和《与贸易有关的知识产权协议》。马来西亚专利注册局负责专利申请；外国人申请专利与其国民和居民的条件相同，但必须通过马来西亚注册代理人办理。发明获得专利必须具有工业实用性，以下内容不能获得专利：发现、科学和数学理论、动植物品种、培育动植物的生物方法（微生物方法除外）。

（二）对技术贸易的管理

技术转让和许可协议须经马来西亚工业贸易部批准。不欢迎外商以专有技术投资入股；许可协议应规定对当地人员的培训；许可费通常采用提成计算方法，以净销售价为基数，提成率为1％～5％；但含装配生产的许可交易，不得采用提成计价；提成费的预扣税率为15％。

第四节　中国有关技术贸易的法律与政策

一、中国知识产权保护

（一）知识产权立法体系

就国内立法体系而言，《商标法》《专利法》《著作权法》和《反不正当竞争法》的通过，标志着我国保护知识产权的主要立法工作已经完成。此外，国务院还颁布了有关知识产权的行政法规，有30多项，如《商标法实施条例》《计算机软件保护条例》和《知识产权海关保护条例》等。

在知识产权国际保护方面，我国先后加入了重要的知识产权国际公约，以适应知识产权的国际化趋势。自20世纪80年代以来，我国先后加入了《巴黎公约》《伯尔尼公约》《商标国际注册马德里协定》《专利合作条约》《世界版权公约》《商标注册用的商品和服务国际分类尼斯协定》《关于集成电路的知识产权条约》《国际专利分类斯特拉斯堡协定》《保护植物新品种国际公约》和《知识产权协议》等。

（二）知识产权行政保护

我国对知识产权的保护，采取的是行政保护和司法保护相结合的双轨制。所谓行政保护，是指知识产权行政管理机关运用行政手段调解知识产权纠纷，制裁侵权行为。行政保护是我国知识产权法中广泛采用的保护方式，但它并不是司法保护所必需的前置程序。我国管理知识产权事务的行政组织有国务院知识产权领导小组、国务院下属的国家版权局、国家工商行政管理局商标局、国家专利局、国务院各主管部委及地方各级知识产权行政管理部门。

（三）知识产权司法保护

从国际上看，各国对知识产权最强有力的保护是司法保护。我国虽然实行双轨制，但在这一点上也不例外。其中，通过民事诉讼程序进行保护是知识产权司法保护的主要方式，并在一些高级法院中设立了知识产权审判庭。2014年8月31日，十二届全国人大常委会第十次会议表决通过了全国人大常委会关于在北京、上海、广州设立知识产权法院的决定。目前，我国已经加入15个有关知识产权保护的国际公约，如表6.1所示。

表6.1　我国已经加入的15个有关知识产权保护的国际公约

公约名称	签订地点	签订日期	中国加入时间
《建立世界知识产权组织公约》	斯德哥尔摩	1967-07-14	1980-06-03
《保护工业产权巴黎公约》	巴黎	1883-03-20	1985-03-19
《集成电路知识产权条约》	华盛顿	1989-05-26	1989-05-26
《商标国际注册马德里协定》	马德里	1891-04-14	1989-10-04
《商标国际注册马德里协定有关协定书》	马德里	1989-06-27	1995-12-01

续表

公约名称	签订地点	签订日期	中国加入时间
《保护文学艺术作品的伯尔尼公约》	伯尔尼	1886-09-09	1992-10-15
《世界版权公约》	日内瓦	1952-09-06	1992-10-30
《保护录音制品制作者防止未经许可复制其录音制品公约》	日内瓦	1971-10-29	1993-04-30
《专利合作条约》	华盛顿	1970-06-19	1994-01-01
《商标注册用商品和服务分类协定》	尼斯	1957-06-15	1994-08-09
《国际承认用于专利程序的微生物保存条约》	布达佩斯	1977-04-28	1995-07-01
《工业品外观设计国际分类协定》	洛迦诺	1968-10-08	1996-09-19
《专利国际分类协定》	斯特拉堡	1971-03-24	1997-06-19
《保护植物新品种国际公约》	巴黎	1961-12-02	1999-04-23
《与贸易有关的知识产权协议》	乌拉圭	1994-04-15	2001-12-11

二、中国技术进出口鼓励政策

（一）我国技术贸易基本政策

为了保障和促进技术进出口的健康发展，从根本上解决我国技术进出口中存在的科技创新能力不强、大都缺乏核心技术、产品的技术含量低等问题，国务院有关部门先后出台了多项措施来促进科技成果转化，优化出口商品结构，扶持、鼓励技术和成套设备的进出口贸易。

改革开放初期，为了加强我国技术进口合同的规范与管理，1985 年 5 月 24 日，国务院颁布了《中华人民共和国技术引进合同管理条例》；1988 年 3 月 20 日，对外经济贸易部又颁布了与之相配套的《中华人民共和国技术引进合同管理条例施行细则》，形成了最初的技术进出口的规范。随着《中华人民共和国对外贸易法》和《中华人民共和国合同法》的相继颁布，其中对技术进出口管理和技术进出口合同所作的原则性规定，使技术进出口合同的签订和实施步入规范的轨道。

为了促进我国技术进出口贸易的发展，适应日新月异的技术进步和建立社会主义市场经济的需要，2001 年 10 月 31 日，国务院第四十六次常务会议审议并通过了《中华人民共和国技术进出口管理条例》，并于 2002 年 1 月 1 日起开始施行。该条例既是《外贸法》的配套法规，又是《合同法》的重要补充，与其他相关的规章一起，构成一套较完整的技术进出口管理体系。它的颁布和实施，既保证了引进国外先进技术的规范性，又鼓励了国内成熟技术的顺利出口，从而有力地促进了技术进出口的发展，对我国对外贸易可持续发展和国民经济结构的战略性调整发挥了积极的作用。

为了适应技术进出口的新发展，根据《中华人民共和国技术进出口管理条例》，2009 年 2 月 1 日，商务部公布了修订后的中华人民共和国商务部 2009 年第 3 号令——《技术进出口合同登记管理办法》，自公布之日起 30 日后开始施行（原对外贸易经济合作部 2001 年第 17 号令《技术进出口合同登记管理办法》同时废止）。它的实施使我国技术进出口的发展更加规范。

当前管理中国技术进出口的政策法规主要以2019年3月实施的《中华人民共和国技术进出口管理条例》修订后的规则为依据，结合《结合进出口合同登记管理办法》《禁止进口限制进口技术管理办法》《禁止出口限制出口技术管理办法》等行政法规，确定了中国对技术进出口的管理办法。中国对技术进出口实行统一的管理制度，依法维护公平、自由的技术进出口程序。中国技术进口管理的基本原则是：维护技术进口秩序，促进国民经济和社会发展；支持国家的产业政策、科技政策和社会发展政策；实行有管理的自由进口，维护中国经济技术利益；鼓励先进、适用的技术进口。

中国技术出口管理的基本原则是：遵守中国的法律法规，符合中国外交、外贸、科技政策以及国际惯例；不危害国家安全和社会公共利益，有利于中国对外贸易发展和经济合作；实行有管理的自由出口，增强国际竞争力；鼓励成熟的产业化技术出口。

《技术进出口管理条例》规定中国技术进出口分为三类管理。第一类是鼓励进出口的技术，允许自由进出口；第二类是限制进口或出口的技术，采用进出口许可证制度管理，未经许可不得进出口；第三类是禁止进口或出口的技术，国家严禁进口或出口。

第一类技术实行合同登记管理。技术进口方或出口方应持技术进口或出口合同副本及附件等相关证明文件向商务部或其授权部门履行登记手续，获得技术进出口合同登记证，方可进行技术的进口或出口。

第二类技术采用许可证管理制度，未经许可不得进口或出口。技术进口方或出口方应先填写“中国限制进口技术申请书”或“中国限制出口技术申请书”，报送商务部或其授权的地方部门办理进口或出口许可手续，经审查合格后，颁发由商务部统一印制和编号的“中华人民共和国技术进口许可证”或“中华人民共和国技术出口许可证”。

（二）我国技术进口鼓励政策

2019年颁布的《技术进出口管理条例》第7条规定：“国家鼓励先进、适用的技术进口。”这样做的根本目的是促进我国工农业科学技术水平的提高。具体来说，引进国外先进、适用的技术是国家推动科技创新、发展高科技的捷径；有利于推动国内企业在较高水平上实现技术跨越，企业可以直接利用国外先进的技术、工艺、生产模式和经营管理方式，提高产品质量，开发生产新产品，提供新服务，增强市场竞争力；有利于把自主研发与引进、消化、吸收国外先进技术相结合，促进技术集成、融合、升级和提高，形成更多的自主知识产权，推动国家整体技术水平的飞跃。

1. 先进、适用技术的认定

所谓先进、适用的技术，并没有明确的定义，但在国家经济管理工作实践中，相关部门关于先进、适用技术或高新技术的认定，已形成一定的判断标准，即必须满足下列一项或一项以上条件：

（1）有利于发展高新技术，生产先进产品。

（2）有利于提高产品质量和性能，降低生产成本，节约耗能。

（3）有利于改善经营管理，提高科学管理水平。

（4）有利于产业结构优化升级。

（5）有利于充分利用本国资源保护生态环境和保障人民健康。

（6）有利于扩大产品出口，增加外汇收入。

2. 鼓励措施

(1) 对技术进口经营者免征关税和进口环节增值税。

(2) 对外国技术让与人减征、免征预提所得税。

(3) 取消部分机械设备、装备、仪器的自动进口许可证管理。

(4) 从 2007 年开始,对国家鼓励进口的技术和产品给予贴息支持。

(三) 我国技术出口鼓励政策

2019 年颁布的《技术进出口管理条例》第 28 条规定:"国家鼓励成熟的产业化技术出口。"为了保持对外贸易稳定增长,优化出口结构,推动技术出口快速增长,提高技术出口在技术贸易中的比例,2013 年,商务部和科技部联合发布了《关于鼓励技术出口的若干意见》。国家对技术和高新技术产品出口的鼓励措施主要体现在资金支持、出口信贷、出口信用保险、出口退税、税收等方面。

1. 资金支持方面

为了促进高新技术产品的技术更新改造和研发创新,提高产品的国际竞争力,2002 年 10 月,我国颁布了《出口产品研究开发资金管理办法》,正式启动对高新技术产品技术更新改造项目贷款贴息工作,对高新技术出口产品的研发项目给予资金支持。

2. 出口信贷方面

中国进出口银行对《中国高新技术产品出口目录》(2003 年版)中的产品执行中国人民银行规定的第一档出口卖方信贷利率;并在 2003 年 12 月出台的 472 号文件中提出降低提供出口卖方信贷的门槛,向高新技术产品年出口额达到 300 万美元或软件产品年出口额达到 100 万美元的企业提供高新技术产品出口卖方信贷,并执行最优惠的贷款利率。之后,中国进出口银行对《中国高新技术产品出口目录》(2006 年版)中的产品执行中国人民银行规定的第一档出口卖方信贷利率,并对高新技术产品年出口额较大的企业执行最优惠的贷款利率。

3. 出口信用保险方面

中国出口信用保险公司在 2004 年 7 月出台的 368 号文件中将列入《中国高新技术产品出口目录》(2003 年)的产品以及信息通信、生物医药、软件、航空 航天、新材料等高新技术产业作为业务重点,予以全面支持。在承保程序方面,对列入《中国高新技术产品出口目录》的产品的承保给予"绿色通道"支持,对符合承保条件的客户,在 5 个工作日内制作完成保单。在限额审批方面,同等条件下,限额优先保证列入《中国高新技术产品出口目录》的产品的投保。在理赔速度方面,对符合理赔条件的案件,在收到索赔单证后,在 3 个月内完成理赔工作。2013 年颁布的《关于鼓励技术出口的若干意见》中再次强调要积极提供金融保险支持,研究制定符合技术出口实际需要的信贷产品和保险险种,拓宽企业融资渠道,扩大融资能力;支持技术出口开展知识产权质押贷款业务,建立知识产权质押融资服务机制,解决企业尤其是科技型中小企业融资困难的问题,利用质押贷款贴息专项资金,降低企业融资成本;鼓励保险公司为技术出口特别是附带成套设备的技术出口提供收汇保障、商账追收服务和保险项下的贸易融资便利,简化理赔手续,加快理赔速度,化解企业收汇风险,加快企业资金周转速度。

4. 出口退税方面

1994 年 1 月 1 日起,我国开始施行《中华人民共和国增值税暂行条例》,根据该条例的规定，高新技术产品的出口退税率高达17%。2004年1月1日起，我国对笔记本电脑、印刷电路等97种HS8位编码的高新技术产品继续实行17%的出口退税率，这些产品的出口额约占全部高新技术产品出口额的15%左右。2010年，我国对出口产品退税率进行了重新调整，但高新技术产品依然保持较高的出口退税率。2017年10月30日，国务院第191次常务会议通过《修改〈中华人民共和国增值税暂行条例〉的决定》。

5. 税收方面

2008年4月，科技部、财政部、国家税务总局联合颁发了《高新技术企业认定管理办法》，依照2008年1月1日国家启用的新税法的规定，只要被认定为高新技术企业，就可享受按15%征收所得税的优惠政策，而一般企业则按25%征税。2016年1月29日，科技部、财政部、国家税务总局以国科发火〔2016〕32号印发修订后的《高新技术企业认定管理办法》。该《办法》分总则、组织与实施、认定条件与程序、监督管理、附则5章23条，由科技部、财政部、税务总局负责解释，自2016年1月1日起实施。根据其规定：2016年1月1日前已按《高新技术企业认定管理办法》（国科发火〔2008〕172号，以下称2008版《认定办法》）认定的仍在有效期内的高新技术企业，其资格依然有效，可依照《企业所得税法》及其实施条例等有关规定享受企业所得税优惠政策。

2009年颁布的《关于鼓励技术出口的若干意见》中提出要落实好现行支持技术出口的财税政策，充分运用相关外经贸支持政策，支持技术出口，居民企业通过技术出口实现的技术转让所得，按照税法有关规定享受免征或减征企业所得税的优惠。

2019年《中华人民共和国增值税暂行条例》中规定，“直接用于科学研究、科学试验和教学的进口仪器、设备”予以免征增值税。

此外，国家还出台如便捷通关、便捷检验检疫等措施，对高新技术企业提供通关便利，对高新技术产品出口额大、出口批次多、产品型号变动快、资信好的出口企业，给予免验或便捷检验检疫和绿色通道政策。

◆内容提要

国际机构和国际公约中都有关于国际技术贸易中知识产权保护的法律与惯例，各个国家也制定了知识产权保护的立法和技术贸易的相关政策。发达经济体美国制定了“301条款”和反托拉斯法，对技术出口实行许可证制度。日本制定了《专利法》并实行技术引进政策，欧盟国家联合制定了《欧洲共同体专利公约》《共同体商标法》并实行技术出口管制促进各自的技术贸易的发展。一些新兴经济体国家巴西、印度和马来西亚也积极采取一些对策发展技术贸易保护国家的知识产权。在知识产权国际保护方面，我国先后加入了重要的知识产权国际公约，以适应知识产权的国际化趋势。为了保障和促进技术进出口的健康发展，我国积极实行技术进出口鼓励政策促进技术贸易的发展。

◆关键词

最惠国待遇原则　知识产权　专利　商标　出口管制　301条款

◆复习思考题

1. 世界知识产权组织的宗旨是什么？
2. 本章提到的关于知识产权保护的国际公约有哪些？
3. 简述美国的反托拉斯法。
4. 简述我国目前的国际技术贸易政策。

◆思考案例

北京时间2018年3月23日凌晨，美国总统特朗普签署备忘录，基于美贸易代表办公室公布的对华“301调查”报告，指令有关部门对从中国进口约600亿美元商品大规模加征关税，并限制中国企业对美投资并购。在此之前，美国于2018年1月23日宣布将对进口太阳能电池和太阳能板以及大型家用洗衣机征收临时性关税，3月8日宣布将对进口钢铁和铝分别课以25%和10%的重税。由于美国于3月23日宣布暂时豁免对欧盟、阿根廷、澳大利亚、巴西、加拿大、墨西哥、韩国等经济体的钢铝关税至5月1日，其贸易制裁意在中国不言而喻。作为还击，中国商务部于3月23日7点发布针对美国进口钢铁和铝产品232措施的中止减让产品清单并征求公众意见，拟对自美进口的约30亿美元产品加征关税，以平衡因美国对进口钢铁和铝产品加征关税给中方利益造成的损失。4月2日，中国正式作出了反制。规模巨大的中美贸易战正式打响了。

中美贸易严重失衡是特朗普挑起贸易战的直接原因，美方要求中国降低美对华贸易赤字1 000亿美元，进一步开放市场。中美贸易格局目前是中国货物贸易顺差、服务贸易逆差，这反映了中美比较优势。根据中方统计，2017年中国对美货物贸易顺差2 758亿美元，占中国货物贸易顺差的65.3%；而据美方统计，2017年美国对华货物贸易逆差3 752亿美元，占美国货物贸易逆差的46.3%，高于排第二位至第九位的八个国家之和(44%)。

试分析美国挑起对华贸易战的真正原因。

◆应用训练

请阅读2019年3月颁布的《中华人民共和国技术进出口管理条例》，分析它在技术进出口方面的新规定。

第七章　中国技术贸易发展

本章结构图

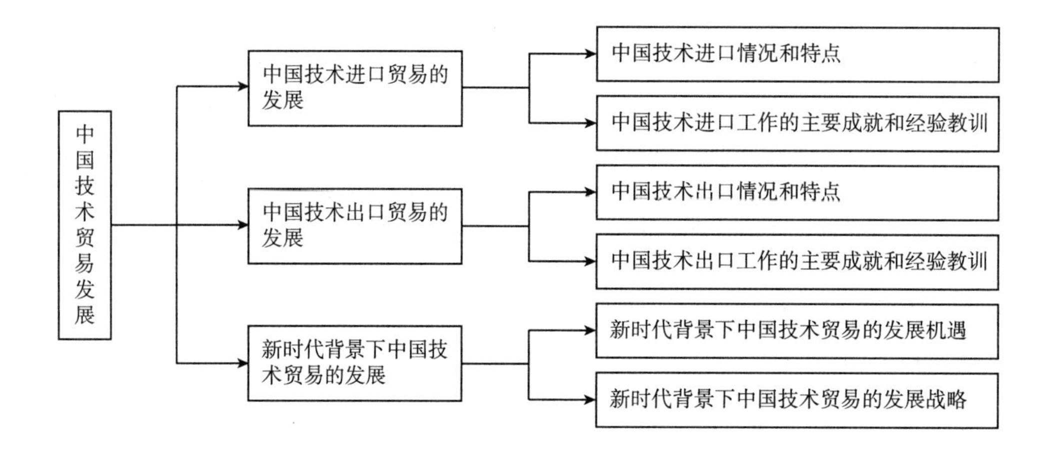

学习目标

了解新中国成立后技术进口的发展阶段及相应特点，掌握我国技术进口的方式及其演变；分析新中国成立后我国技术进口的主要成就和经验教训。了解新中国成立后我国技术出口的发展阶段及相应特点，掌握我国技术出口的方式及其演变；分析新中国成立后我国技术出口的主要成就和经验教训。了解新时代背景下我国技术贸易的发展机遇，熟悉新时代背景下我国技术贸易的发展战略。

导入案例

中国500台发动机首次出口美国

2017年6月30日，奇瑞汽车首批500台"自主开发电控系统"发动机出口美国。

这批发动机的"核心控制大脑"——ECU电控系统是由奇瑞自主开发完成、于2017年6月6日在其总部安徽省芜湖市下线的ACTECO第三代发动机，达到欧6C和国6排放标准。ECU电控系统的开发完成打破了国外技术的长期垄断。发动机产业，对我国工业来说，曾像是一座高不可攀的大山。曾几何时，从航空发动机到汽车发动机，中国发动机的制造水平，被无数人诟病！此次出口标志着我国发动机技术和制造已经达到世界顶级水平。

资料来源：https://cj.sina.com.cn/article/detail/1444893750/323235.

课堂讨论

目前我国哪些技术已达到世界顶级水平?

第一节　中国技术进口贸易的发展

新中国成立后,我国技术进口贸易经历了萌芽、成长和壮大的发展轨迹,不同阶段呈现不同的特点。

一、中国技术进口情况和特点

2001年10月31日,国务院第46次常务会议通过《中华人民共和国技术进出口管理条例》(以下简称《条例》),明确提出"技术进口"的概念。而在此之前,我国技术进口通常被称为"技术引进"。我国最初的技术进口,除了引进软技术以外,还包括引进实现技术所需的手段(包括凝聚了先进技术的生产线、设备仪器以及生产经营管理方法等)。改革开放后,随着进口贸易方式的变化,与"技术引进"相比,"技术进口"表述更为准确,因此于《条例》中予以明确。

(一) 中国技术进口的阶段划分

新中国成立伊始,为了促进国民经济的恢复和发展,开始引进技术,并在发展中不断完善。

1. 改革开放前:贸易方式单一

新中国成立初期,新中国工业基础非常薄弱。20世纪60～70年代,又经历了中苏关系恶化、自然灾害、"文革"等社会自然事件。从新中国成立后到改革开放前,我国进口技术,进口贸易方式比较单一,基本为进口成套设备或单项设备,技术引进则为设备进口中附带的使用技术(见表7.1)。

表7.1　改革开放前四阶段技术引进不同方式用汇比例(%)

时期	占三十年累计	成套设备	单项设备	技术
五十年代	18.7	89.3	9.7	1.0
六十年代	2.1	91.5	7.5	1.0
四三方案	24.1	90.3	9.5	0.2
1978～1979年	55.1	95.3	2.9	1.8

数据来源:陈慧琴.1950～1979年技术引进经济效果初步分析[M]//焦雄华.中国技术引进的经验与探索.北京:中国标准出版社,1996:193.

新中国成立初期至改革开放前,我国技术引进的规模很小,1950～1979年四次大的引进中,软件技术平均只占到引进总额的1%左右。在四次大的引进中,引进国别、引进金额、引进行业、国内国际环境等具有不同的特点。

(1) 20世纪50年代。这段时期,我国主要从苏联和东欧国家引进设备和技术,签约合同总金额约27.12亿美元,其中设备合同金额约26.848 8亿美元,技术的合同金额约0.271 2亿美元。该时期,技术引进行业涉及面较广,包括电力、冶金、军工、机械、化工、煤炭、石油、轻工、建材、纺织、农、林、水、交通运输等各个领域,其中电力、冶金、军工和机械四个行业用汇占比75.4%。

(2) 20世纪60年代。20世纪60年代10年中,我国经历了中苏关系恶化、3年自然灾害和"文革"等重大的社会自然事件,技术引进额急剧减少,整个60年代签约合同总金额约3.045亿美元。该时期,技术引进行业主要集中于冶金、化工、纺织和机械,四个行业用汇占比82.4%。

(3) "四三方案"期间。20世纪70年代初,国家计委向国务院建议:3～5年内引进价值43亿美元的成套设备,因此根据贸易进口额,将这段期间的贸易进口命名为"四三方案"。表7.1中,"四三方案"用汇的统计时间,从20世纪70年代初到1977年年末。随着1971年中华人民共和国在联合国合法席位的恢复,我国政府抓住良好的外交环境,从西方国家大规模引进国内经济建设中化工、纺织、冶金和电力等行业急需的成套设备,上述四个行业在"四三方案"期间技术引进用汇占比83.5%。

(4) "六五方案"期间。1978～1979年,国家计划用65亿美元引进32项成套设备项目,建立一批全国有影响的大企业。这个时期虽然只有短短的两年,但设备引进的规模非常大,两年用汇在30年中占比55.1%,超过前三个时期的总和。这两年设备引进的重点行业是化工、冶金、电力和煤炭,上述四个行业在"六五方案"期间技术引进用汇占比73%。

2. 改革开放后:贸易方式多元化

改革开放后,技术引进管理、国内经济环境等的变化使我国技术引进方式逐渐趋于多元化,技术引进的规模有了飞跃的发展(见图7.1)。我国技术引进领域的变化,极大地促进了经济的发展。改革开放后不到10年的时间,我国人均收入就实现了倍增。

受所获统计数据的限制,改革开放后我国技术进口的合同金额仅统计了1985～2017年的数据。虽然在一些年份(1987年、1989年、1990年、1994年、2001年、2003年、2009年、2013年、2014年、2015年),合同金额同比增长率为负值,但我国技术进口的总金额呈增长趋势。我国技术进口合同总额1985年为31.99亿美元,2017年为328.3亿美元,已增长了10倍。

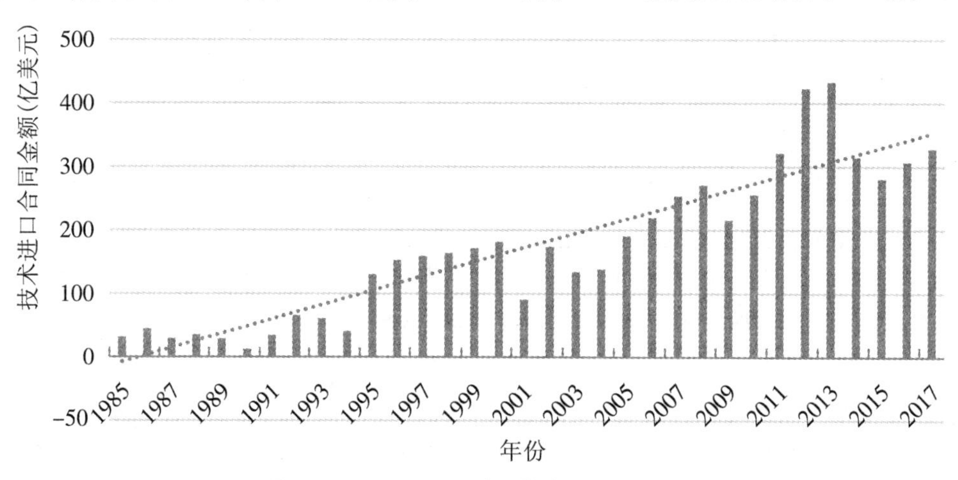

图7.1 1985～2017中国技术进口合同金额

数据来源:《中国商务年鉴(2018)》和《国际技术贸易》(孙玉涛,2017)

除了规模上的绝对增长，在改革开放后，我国技术进口方式的构成也发生了质的变化。《条例》第2条规定，技术进口，是指从中华人民共和国境外向中华人民共和国境内，通过贸易、投资或者经济技术合作的方式转移技术的行为，具体包括专利权转让、专利申请权转让、专利实施许可、技术秘密转让、技术服务和其他方式的技术转移。在《中国商务统计年鉴2018》中，将技术贸易合同分成以下8种类别：专利技术，专有技术，技术咨询、技术服务，计算机软件，商标许可，合资生产、合作生产，成套设备、关键设备、生产线，其他方式。这种合同类别的分类，与技术进口贸易方式构成，存在较大的相似性。改革开放后，设备进口中附带的技术在整个技术进口总额中比重呈下降趋势(见表7.2)。以占比50%为标准，将改革开放后我国技术进口划分为两个阶段。

表7.2 1985～2017设备进口在中国技术进口中占比

(亿美元)

年份	技术进口合同总金额	成套设备、关键设备、生产线合同金额	设备占比(%)
1985	31.99	24.38	76.21
1986	44.83	35.21	78.54
1987	29.85	20.97	70.25
1988	35.48	30.19	85.09
1989	29.23	27.15	92.88
1990	12.74	4.98	39.09
1991	34.56	29.03	84.00
1992	65.90	47.01	71.34
1993	61.09	53.80	88.07
1994	41.06	36.25	88.29
1995	130.33	112.48	86.30
1996	152.57	124.38	81.52
1997	159.23	136.83	85.93
1998	163.75	112.40	68.64
1999	171.62	69.22	40.33
2001	90.91	33.58	36.94
2002	173.90	18.54	10.66
2003	134.50	29.66	22.05
2004	138.60	37.84	27.30
2005	190.50	53.33	27.99
2006	220.00	28.69	13.04
2007	254.20	66.32	26.09
2008	271.30	21.08	7.77
2009	215.70	15.00	6.95
2010	256.40	27.16	10.59
2011	321.60	9.15	2.85

续表

年份	技术进口合同总金额	成套设备、关键设备、生产线合同金额	设备占比(%)
2012	423.20	14.71	3.48
2013	433.70	7.29	1.68
2015	281.20	0.03	0.01
2016	307.30	4.10	1.30
2017	328.30	2.20	0.68

数据来源:《中国商务年鉴(2018)》和《国际技术贸易》(孙玉涛,2017),其中2000年、2014年由于缺少设备合同金额未进行占比计算。

(1) 1985～1998年:设备进口为主、其他方式为辅的多元化技术进口

1985～1998年,除了1990年设备进口的占比为39.09%,其他年份占比都超过了50%,因此这一阶段我国技术进口的主要方式,依然是以设备进口附带的使用技术进口。虽然设备进口的占比超过50%,1989年甚至高达92.88%,但与改革开放前占比99%左右相比,改革开放后,我国降低了技术引进中设备进口的比例,开始尝试专利技术,专有技术,技术咨询、技术服务,合资生产、合作生产等方式。

(2) 1999年至今:设备进口大幅减少,技术许可、转让、咨询和服务迅猛发展,多元方式并存的技术进口

1999～2017年的17年(其中2000年、2014年由于缺少设备合同金额未进行占比计算)数据分析中(见表7.3),可发现,和改革开放后的前14年相比,设备进口降幅明显,都降到了50%以下,2015年只占比0.01%;技术许可、转让、咨询和服务占比显著上升,都在50%以上,2012年甚至高达95.42%。这一阶段,我国国内已具备较好的工业基础,国内的生产能力较强,不需要大量进口成品设备,以许可贸易方式等获得的设计制造技术和研究开发技术在技术进口中迅速增加。

表7.3　1985～2017年中国技术进口贸易方式占比

(单位:亿美元)

年份	技术进口合同总金额	设备		技术许可、转让、咨询和服务		合资、合作生产和其他方式	
		成套设备、关键设备、生产线合同金额	占比(%)	专利技术、专有技术、技术咨询、技术服务	占比(%)	合资生产、合作生产	占比(%)
1985	31.99	24.38	76.21	2.64	8.25	4.97	15.54
1986	44.83	35.21	78.54	6.68	14.90	2.94	6.56
1987	29.85	20.97	70.25	3.77	12.63	5.11	17.12
1988	35.48	30.19	85.09	5.19	14.63	0.10	0.28
1989	29.23	27.15	92.88	1.93	6.60	0.15	0.51
1990	12.74	4.98	39.09	2.34	18.37	5.42	42.54
1991	34.56	29.03	84.00	4.96	14.35	0.57	1.65
1992	65.90	47.01	71.34	7.53	11.43	11.36	17.24
1993	61.09	53.80	88.07	5.44	8.90	1.85	3.03

续表

年份	技术进口合同总金额	设备		技术许可、转让、咨询和服务		合资、合作生产和其他方式	
		成套设备、关键设备、生产线合同金额	占比(%)	专利技术、专有技术、技术咨询、技术服务	占比(%)	合资生产、合作生产	占比(%)
1994	41.06	36.25	88.29	4.78	11.64	0.03	0.07
1995	130.33	112.48	86.30	17.84	13.69	0.01	0.01
1996	152.57	124.38	81.50	22.33	14.64	5.86	3.84
1997	159.23	136.83	85.93	22.18	13.93	0.22	0.14
1998	163.75	112.40	68.64	50.86	31.06	0.49	0.30
1999	171.62	69.22	40.33	97.57	56.85	4.83	2.81
2001	90.91	33.58	36.94	45.92	50.51	11.41	12.55
2002	173.90	18.54	10.66	148.01	85.11	7.35	4.23
2003	134.50	29.66	22.05	98.05	72.90	6.79	5.05
2004	138.60	37.84	27.30	91.28	65.86	9.48	6.84
2005	190.50	53.33	27.99	118.07	61.98	19.10	10.03
2006	220.00	28.69	13.04	146.13	66.42	45.18	20.54
2007	254.20	66.32	26.09	177.17	69.70	10.71	4.21
2008	271.30	21.08	7.77	233.54	86.08	16.68	6.15
2009	215.70	15.00	6.95	192.17	89.09	8.53	3.95
2010	256.40	27.16	10.59	215.05	83.87	14.19	5.53
2011	321.60	9.15	2.85	293.33	91.21	19.12	5.95
2012	423.20	14.71	3.48	403.81	95.42	4.68	1.11
2013	433.70	7.29	1.68	392.88	90.59	33.53	7.73
2015	281.20	0.03	0.01	193.40	68.78	87.77	31.21
2016	307.30	4.10	1.30	278.43	90.60	13.96	4.50
2017	328.30	2.20	0.68	280.20	85.34	5.10	1.56

数据来源:《中国商务年鉴(2018)》和《国际技术贸易》(孙玉涛 2017),时间安排同表 7.2,其中缺少 2000 年、2014 年数据。

(二) 中国技术进口的特点

虽然 1985～1998 年我国技术进口以设备进口为主,但从我国技术进口的整个历程和趋势看,无论是方式、行业以及来源地都呈现出多元化的特点。

1. 技术进口方式多样化

《条例》第 2 条"通过贸易、投资或者经济技术合作的方式转移技术的行为,具体包括专利权转让、专利申请权转让、专利实施许可、技术秘密转让、技术服务和其他方式的技术转移”中，关于我国技术进口具体方式的规定，采用了概括和列举并存的表述方式，其中其他方式，则在法律上肯定了未来合法的新创造的进口方式。某个时期技术进口的具体方式及其构成，要受到国内资金、国内经济技术基础、国内市场经济条件、国内人才甚至进口主体偏好等因素的影响。从表7.3看出，21世纪以来，知识产权许可或转让、技术咨询和服务成为我国贸易进口中的主要方式，以上述方式进口的比例明显上升。

2. 技术进口行业多元化

《条例》第3条规定“国家准许技术的自由进出口”。《中华人民共和国对外贸易法》中，仅在农、牧、渔行业，进行限制性规定：“对任何形式的农业、牧业、渔业产品有必要限制进口。”目前，我国技术进口，已涉及通信设备制造业、计算机及其他电子设备制造业、交通运输设备制造业、化学原料及化学制品制造业、专用设备制造业、仪器仪表及文化办公机械制造业、计算机服务业、电气机械及器材制造业、通用设备制造业和房地产业等多个行业。从中国商务统计年鉴数据看，2015～2017年，我国技术进口集中在通信设备、计算机及其他电子设备制造业，交通运输设备制造业和化学原料及化学制品制造业三大行业，占比超过50%。

3. 技术进口来源地多国(地区)化

《中华人民共和国对外贸易法》第5条规定：“中华人民共和国根据平等互利的原则，促进和发展同其他国家和地区的贸易关系。”我国技术进口主要来源地包括美国、日本、德国、韩国、瑞典、瑞士、荷兰、法国等多个国家，以及中国台湾省、香港特别行政区等多个地区。2010年左右，中国台湾地区是我国技术进口第一大来源地，但到了2015年，其排名已降至第9位，美国跃升为我国第一大技术进口来源地。从《中国商务统计年鉴》数据看，2015～2017年我国技术引进三大来源地为美国、日本、德国，占比超65%。

二、中国技术进口工作的主要成就和经验教训

（一）主要成就

1. 技术引进为新中国独立完整的工业体系建设作出了历史贡献

新中国建立后，我国技术引进，无论是金额还是构成，都发生了巨大的变化。解放初期，我国工业基础薄弱，内部结构不合理。1949年，重工业在整个工业中的比重不到30%。《一九五三年至一九五七年计划轮廓（草案）》及其《总说明》文件中，提出“工业建设以重工业为主，轻工业为辅”。在该思想指导下，大量引进成套设备的同时附带引进设备的操作软件技术，这种技术引进成为新中国成立初期乃至改革开放前我国技术进步的主导方式，对国民经济发展的第一步战略目标——建立独立完整的工业体系作出了重要的历史贡献，缩短了我国科技发展的进程，积累了技术引进的经验。

2. 改革开放后技术引进政策的调整

改革开放后，我国技术引进政策的调整，打破了技术引进在来源上的束缚，解放了引进人员的思想，扩大了技术引进的领域、国别和能力。1980年，国家进出口管理委员会草拟了《技术引进和设备进口工作暂行条例》，指出“引进外国适用而先进的技术的目的是为了增强我国自力更生的能力……引进技术要解决消化吸收方案存在的问题”，从而在方向上引导技术引进，迎来了我国技术引进的全面发展，在技术引进管理、模式和技术引进目标上取得了

显著的成效。

(1) 适应经济变化不断调整的技术引进管理体制。随着我国计划经济体制转为市场经济体制,在技术引进领域,亦由国家主导型管理方式向企业主导型方式转变,强化政府宏观管理职能,激发微观贸易主体的自主权、积极性和创造性。实行国家主导型的技术引进方式,是指集中全国的资源(包括资金、人员等)重点攻克某些项目,在审批、签约等具体操作上集中于国家指定的一些部门。这种管理方式在迅速恢复和建立我国完整的工业体系上成效卓著。随着我国经济的发展,这种管理方式中决策缓慢、受益面小等缺陷越来越明显。改革开放后,在技术引进中,我国逐步扩大地方和企业的自主权,下放审批权限和谈判签约权限等,政府则在法规完善和服务领域等予以引导和支持。20 世纪 80 年代提出的"宏观管好、微观搞活"管理理念,在贸易领域,成为国家加强宏观管理、进行企业放权的指导原则。

(2) 技术贸易和企业投资结合的成功探索。1979 年,我国财政出现了 170.6 亿元的巨额赤字和 20.1 亿美元的贸易逆差,当年外汇储备仅 8.4 亿美元。同时,外方不愿轻易转让一些急需、水平较高的技术。为解决储备和技术"双缺口"的瓶颈,我国技术引进的方式,从用自有外汇资金购买为主,转向在利用外资的同时引进技术并提高外资企业转让先进技术的积极性。将引进先进技术和利用外资相结合,是我国在技术引进中一种成功的探索,20 世纪 90 年代后,合资经营成为我国技术引进的主要方式。引进先进技术和利用外资相结合,逐渐成为改革开放后我国加快技术引进和进步的一项基本战略。

(3) "以市场换技术"到"自主创新"的转变。改革开放初期,我国政府对开放国内市场持非常谨慎的态度,认为保护国内市场,可以保护民族工业和维持国家外汇平衡。严格的市场保护,在经济发展中遭遇了严重的挑战:国内商品供应紧张导致的部分沿海地区的走私活动和我国对外资吸引力的下降。1984 年 3 月 22 日,国务院确立了"以市场换技术"的战略。"市场",即国内需求,让出"市场"是指允许部分的国内需求让外资企业来满足,换取外资企业具有相对技术优势的产品供给。该战略通过开放我国市场进一步吸引了外商投资,为合资经营各行业研发、生产、管理、销售、服务等部门培养了大量人才,为我国自主品牌的崛起奠定了基础。产业中的核心竞争力——关键技术无法通过引进外资获得,但我国通过对引进外资中的技术外溢消化吸收、储备积累,最终形成我国独立自主的研发能力,提高了我国的技术创新水平。

(二) 经验教训

1. 大项目的重复引进、分散对外和引进技术难以消化吸收

20 世纪 70 年代末至 80 年代,在我国技术引进中普遍存在重复引进、分散对外和引进的技术难以消化吸收。1950～1979 年 30 年中,我国技术引进合同的总金额为 145 亿美元,其中 1978～1979 两年中就签约了 80 亿美元,超过过去 28 年的总金额。1978 年突击性的大引进导致了很多问题,最典型的为设备的重复无效率引进,当时的报纸上经常报道"进口的机械不能很好地利用而在仓库里睡觉"。1979 年初,我国技术引进领域出现了"急刹车"和退、停、撤销合同潮。20 世纪 80 年代,随着决策管理权限由中央向地方和企业下放,再一次出现了重复引进的现象,如我国彩电装配线进口了 100 多条。重复引进消耗了大量宝贵的外汇。这种现象背后的深层次原因是我国技术引进的宏观管理存在缺陷。我国在改革开放后不断深化技术引进管理体制改革,在放权的同时加强宏观管理。

2. 发达国家的技术出口管制

我国技术引进主要集中在美国、日本和欧盟等发达国家和地区，上述国家和地区对出口我国的技术，存在不同程度的出口管制现象。《瓦圣纳协议》是一项由40个世界主要国家（包括欧盟21个成员组织和美国、日本）签署，管制传统武器及军商两用货品出口的条约。协议修订中包括加入管制敏感性高科技输往中国、朝鲜、伊拉克等国家的条文。美国商务部网站、英国和日本政府官方网站发布的信息，其高新技术出口管制的主要领域，不少行业与我国商务部和国家税务总局发布的我国鼓励引进技术目录大体相同。发达国家的技术出口管制，造成了我国技术进口的一个难题：想进的，不让进。

3. 进口技术价格昂贵

国外的技术拥有者，要么不卖，要么以很高的价格出售。昂贵的技术进口，成为我国技术贸易领域长期逆差的重要原因之一。2012年，全国技术进出口金额达736亿美元，其中技术引进合同金额442.7亿美元，出口约293.3亿美元，技术贸易逆差约150亿美元。这种状况直到2017年依然存在，2017年技术引进合同金额328.3亿美元，出口约228.4亿美元，技术贸易逆差99.9亿美元。

知识链接7-1

中国尖端技术又取得一重大突破

我国处理石油油渣的技术不够先进、有效时石油企业处理油渣的高级设备依赖进口，每台设备至少20亿元，再加上还需要各种配套控制操作的人工费以及定期维修费，使得我国转化渣油的成本长期居高不下。

在技术垄断下，我国从零开始，经过不断的钻研，终于研发出了渣油自循环沸腾床加氢技术——研制出能够解决中国石油行业的渣油困扰“STRONG”沸腾床，顺利达成低成本清洁转化渣油的目标。

资料来源：http://3g.163.com/dy/article/EO8NH2DT0511D2P7.html，2019-9-4.

第二节　中国技术出口贸易的发展

一、中国技术出口情况和特点

根据《条例》第2条规定，技术出口，是指从中华人民共和国境内向中华人民共和国境外，通过贸易、投资或者经济技术合作的方式转移技术的行为，具体包括专利权转让、专利申请权转让、专利实施许可、技术秘密转让、技术服务和其他方式的技术转移。

与新中国近70年的技术进口相比，我国技术出口的时间历程要短很多。改革开放初期，我国技术出口的典型例子屈指可数。20世纪80年代末，我国主要还是对技术进口进行法律规范。直至2001年10月，《条例》才在第2条中废止了“技术引进”的表述，提出了“技术进出口”的概念。

(一) 中国技术出口的发展阶段

1. 探索阶段(1980～1985年)

1980～1985年,我国技术出口处于缺乏国家宏观管理的自发探索阶段,国家没有明确的管理政策、管理部门和扶持措施。技术出口具有无组织、无计划、偶然性、出口案例少等特点。1980年,湖南省贺家山原种场选育的V20A和V6号组合转让给美国西方石油公司。1980年10月23日,中冶公司和首钢与卢森堡阿尔贝德集团的保罗·沃士公司签署技术合作协议,提供顶燃式热风炉技术。1981年5月1日,中冶公司和首钢与英国戴维麦基公司达成高炉喷煤粉技术转让协议。1982年5月31日,首钢向美国科伯斯公司转让顶燃式热风炉专有技术。这一阶段技术出口,主要以新技术、新工艺等"软件技术"为主;出口的目的地多为欧美等发达国家;出口的金额也较小,整个中国技术出口成交金额每年约1 000万美元。

2. 起步阶段(1986～1989年)

1986年10月,《国务院关于开拓国外技术市场加强技术出口管理问题的批复》明确规定,对外经济贸易部、国家科委统一归口管理技术出口工作,分别负责技术出口项目的贸易审查和技术审查,并要求两部门会商有关部门研究、拟订技术出口中外汇留成、税收、信贷、资金等方面的优惠、鼓励政策。上述措施标志着我国技术出口进入起步阶段,开始了国家宏观管理、有组织、有计划、有政策、稳妥推进的发展历程,技术出口国家和地区、技术出口方式、技术出口额等都有了较快的发展。出口的国家和地区,虽以发达国家为主,但也增加了不少发展中国家。除了"软件技术"出口明显增加,也出现了成套设备出口和技术服务等方式。出口额增长显著,1986年,我国技术出口额为2 042万美元;1987年,技术出口额增至1亿美元;1988年,技术出口额翻一番至2亿美元;1989年,技术出口额跃至8.9亿美元。

3. 初步发展阶段(1990～1997年)

1990年《技术出口管理暂行办法》的颁布实施,标志着我国技术出口的管理由单一的行政管理逐步转为法制化管理,有力地促进了我国技术出口的发展。技术出口国家和地区、技术出口方式、技术出口金额等继续飞速发展,有的发生了质的变化。出口的国家和地区,从构成看,发达国家为此阶段主要的出口目的地,其数量不断增加;同时,发展中国家成为我国技术出口新的目的地。1997年,我国技术出口目的地已增至110个国家和地区。技术出口方式构成中,由"软件技术"出口为主变为成套设备出口为主,1995年成套设备出口额在整个技术出口额中高达94%,1997年大型成套设备出口比重为55%。与"软件技术"相比,成套设备(尤其是大型成套设备)的出口附加值大,设备能被其他国家和地区购买,说明该设备中技术含量较高。1990～1997年,我国对外签订技术出口合同6 269项,合同总金额为203亿美元,其中1997年我国技术出口额达55亿美元,占当年外贸出口额的3%。经过此阶段发展,我国技术出口已初具规模。

4. 迅速发展阶段(1998年至今)

自1998年开始,我国技术出口进入迅速发展阶段。1998～2017年我国技术出口的两个主要领域为计算机和信息服务出口额以及专有权利使用费和特许费出口,其出口额变化能够体现我国技术出口的发展变化。同时,高技术产品出口变化亦成为衡量一国科技竞争力和技术出口水平的重要指标之一。

图 7.2 为我国 1998～2017 年计算机和信息服务出口额和同比增长率的变化图。从该图可以看出，这一阶段 20 年的增长率一直为正数，最高数值为 98.8%(1999 年)，最低值为 0.8%(2016 年)。1998 年我国计算机和信息服务出口额仅为 1.3 亿美元，2017 年已达 260 亿美元。

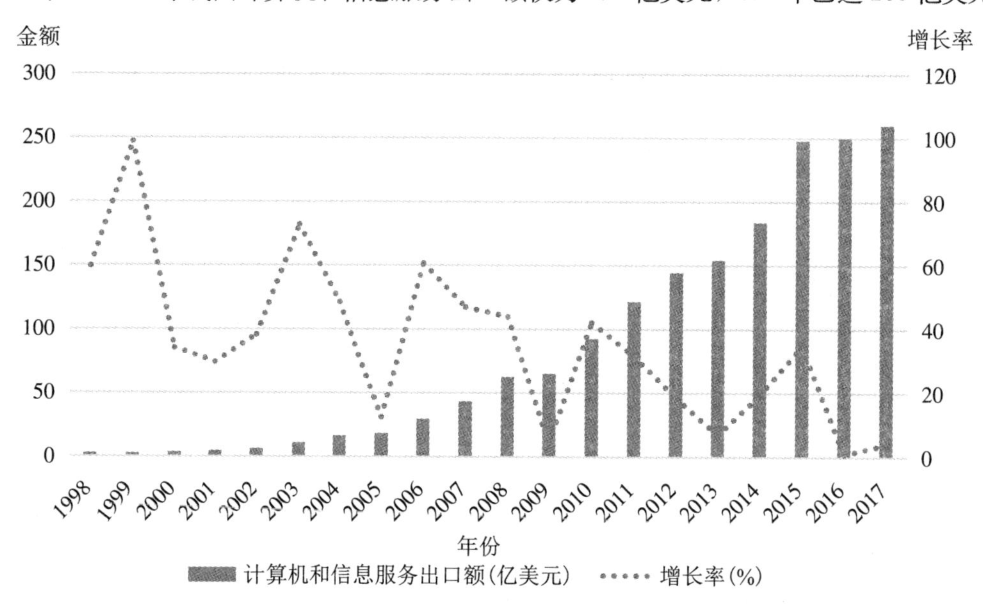

图 7.2 1998～2017 年计算机和信息服务出口额及增长率

数据来源:《中国统计年鉴(2018)》。

图 7.3 为我国 1998～2017 年专有权利使用费和特许费出口额及增长率的变化图。从该图可以看出，这一阶段 20 年中有 6 年负增长(2003 年、2005 年、2009 年、2011 年、2013 年和 2014 年)，但出口额总趋势是增长的。1998 年我国专有权利使用费和特许费出口额仅为 0.6 亿美元，2017 年达 48 亿美元。

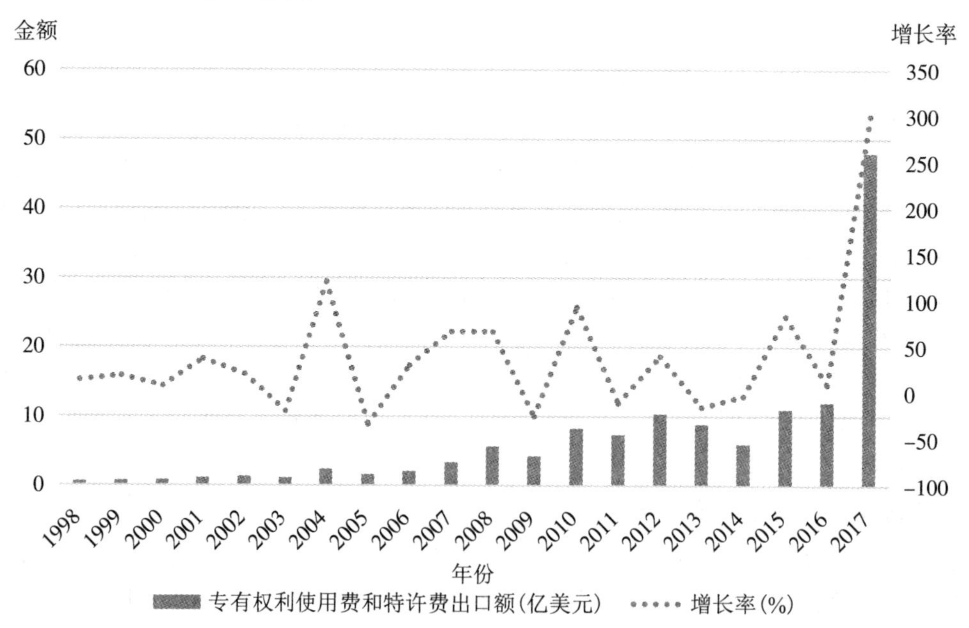

图 7.3 1998～2017 年专有权利使用费和特许费出口额及增长率

数据来源:《中国统计年鉴(2018)》。

我国的高技术产品出口，自20世纪90年代初起呈现出较好的发展势头，20世纪90年代末进入迅速发展时期。1995年，我国高技术产品出口额为101亿美元，2005年增长到2 182亿美元，10年间增长了21.6倍(见表7.4)。2000年出口额与1995年相比，增长了近3倍；2005年与2000年相比，增长了近5倍。高技术产品出口成为我国技术出口增长的重要力量，带动我国技术出口进入迅速发展阶段。

表7.4 1995～2015年部分年份中国高技术产品出口额和增长率①

年份	出口额(亿美元)	增长率(%)
1995	101	—
2000	370	266.34
2005	2 182	489.73
2010	4 924	125.66
2015	6 553	33.08

数据来源：《中国统计年鉴(2018)》。

(二) 中国技术出口的特点

1. 发展时间短，增长速度快

与我国近70年的技术进口相比，技术出口的发展历程仅30多年。1989年，我国技术出口额仅为8.9亿美元；2017年1～8月，全国共登记技术出口合同5 093份，金额141亿美元；2018年1月份，我国技术出口大幅增长，全国共登记出口合同699份，金额135亿元人民币。在30多年的技术出口发展中，我国出口方式、出口目的地、出口行业和出口主体都发生了巨大的变化。

2. 技术出口方式灵活多样，构成不断优化

1997～2009年，我国技术出口的主力是高新技术产品；同时出口咨询服务费也保持了较快的增长；而专利权使用费和许可费在技术出口中增长却非常缓慢，在整个服务贸易中占比较低，对这13年数据统计分析后发现，有6年占比为2‰，6年为3‰，最高的一年是4‰，技术出口格局不够合理。随着我国科技的迅速发展，我国技术出口构成不断优化，以专利技术、专有技术、软件著作权等知识产权许可和转让形式开展的技术贸易日益活跃，规模快速增长。2017年，技术咨询、技术服务类合同金额为157.1亿美元，占比68.8%，专利技术、专有技术和计算机软件出口合同额共62.6亿美元，占比27.5%(见表7.5)。

表7.5 2017年技术出口合同类别及比例

合同类别	合同金额占比(%)
专利技术	1.40
专有技术	10.30
技术咨询、技术服务	68.80

① $增长率=\frac{当期出口额-上期出口额}{上期出口额}\times 100\%$。

续表

合同类别	合同金额占比(%)
计算机软件	15.80
商标许可	0.00
合资生产、合作生产	0.50
成套设备、关键设备、生产线	0.00
其他方式	3.20

数据来源:《中国商务年鉴(2018)》。

3. 出口目的地数量增长显著

1980年,我国技术仅出口到联邦德国、美国和巴基斯坦3个国家。1985年以前,我国技术出口目的地主要是发达国家。"八五"期间,出口国家和地区已扩大到52个,1998年,进一步扩大到120个,包括发达国家和发展中国家。

21世纪以来,各年度我国技术出口目的地前三的排名中,出现较多的为美国、中国香港和日本。随着美国与我国的技术贸易往来的发展,2007年起,美国成为我国技术出口第一大目的地。2017年,我国技术出口目的地比较集中,前十位目的地出口额在整个技术出口中占比72.3%,其中美国占比22.3%(见表7.6)。

表7.6 2017年中国技术出口前十位目的地及占比

出口目的地	出口合同金额占比(%)
美国	22.30
香港	9.90
德国	8.20
新加坡	7.20
日本	7.20
瑞典	5.70
瑞士	3.40
巴基斯坦	2.90
芬兰	2.80
荷兰	2.80
合计	72.30

数据来源:《中国商务年鉴(2018)》。

4. 技术出口行业和范围不断拓宽

1980年,我国技术出口仅限于冶金、农机和化工3个行业;2003年,已扩大到机械、轻工、电子、建材和电力等16个行业。目前越来越多的行业开始对外出口技术。

1991～1998年间,机械电子行业是我国技术出口额最多的行业,其成套设备、关键设备和大型设备方式出口的技术出口额占出口总额比例达79%。

2007年,电力、蒸汽、热水的生产供应技术出口额为3.8亿美元,占技术出口金额的

37%。电子通信设备制造业和计算机应用服务业技术出口额分别为1.1亿美元和0.3亿美元，分别占技术出口总额的11.3%和3.2%。

2015年，出口合同金额占比排名前三的行业分别为交通运输设备制造业，通信设备、计算机及其他电子设备制造业，化学原料及化学制品制造业，占比数值分别为26.20%、15.00%和14.7%。

2017年，通信设备、计算机及其他电子设备制造业等技术出口十大行业出口合同总额在整个技术出口中占比88.8%，其中通信设备、计算机及其他电子设备制造业，软件业和研究与试验发展行业三大行业，占比超50%（见表7.7）。

表7.7　2017年中国技术出口前十位行业及占比

出口行业	出口合同金额占比(%)
通信设备、计算机及其他电子设备制造业	21.30
软件业	16.80
研究与试验发展行业	13.10
专业技术服务业	11.50
计算机服务业	10.60
医药制造业	4.10
化学原料及化学品制造业	3.80
其他行业	3.50
专用设备制造业	2.60
通用设备制造业	1.70
合计	88.80

数据来源：《中国商务年鉴(2018)》。

5. 技术出口企业类型不断增加

2010年前，我国高技术产品出口额的90%来自外商投资企业和国有企业。随着民营企业自主创新的加快，其在技术出口的比重不断增加。2015年，不同类型企业出口占比已发生较大变化（见表7.8）。

表7.8　2015年中国技术出口企业性质及占比

企业性质	合同金额占比(%)
国有企业	11.20
集体企业	0
外商投资企业	70.80
民营企业	12.70
其他	5.30
合计	100

来源：《中国商务年鉴(2016)》。

课堂讨论

目前我国有哪些知名的民营企业？收集它们在技术出口中的资料。

二、中国技术出口工作的主要成就和经验教训

（一）主要成就

我国技术出口带动了我国成套设备的出口，促进了我国高新技术产业、专利、论文和创新等领域的发展（详见本章第三节）。同时，技术出口积累了我国政府对外贸易的管理经验，促进了我国同其他发展中国家的经贸关系。

（二）经验教训

1. 技术出口贸易结构不均衡，主要“软技术”贸易领域仍处于逆差状态

近年来，我国技术专利转让、专有技术使用权和特许经营等“软技术”方面年均逆差都超过了100亿美元。2017年1～9月，我国知识产权使用费出口为234.1亿元，同比增幅超过493%，但与同期知识产权使用费进口额1 445.9亿元相比，存在着1 211.7亿元的逆差额。同期，与“硬技术”贸易较密集的装备技术产品和高新技术产品出口总额为9.56万亿元，进口总额7.02万亿元，贸易顺差约2.54万亿元。

2. 引进消化吸收再创新的能力有待提高

新中国成立后到20世纪80年代末，我国40多年的技术进口中，消化和创新能力一直较弱，很多技术引进陷入了“引进—落后—再引进”的恶性循环。20世纪80年代起，国家在政策中限制成套设备的引进，引导企业在技术引进选择中，要“高点起步”，强化吸收和创新。

近年来我国技术出口行业排名和占比具有一致性，最典型的年份为2015年（见表7.9）。该现象显示了技术引进选择中“高点起步”政策的成效，同一行业技术含量低的产品在发展中国家的市场份额大幅上升，而行业技术含量高的高端产品和核心部件，依然长期依赖进口。出口产品附加值低、进口产品价格昂贵，进出口产品在定价和技术先进性上存在较大区别，进口与出口的“含金量”差异显著，技术贸易逆差较大。行业产品出口需要完成成本驱动型向技术驱动和创新驱动的提升，进一步提高消化吸收再创新的能力。

表7.9　2015年中国进出口排名前十的行业对比分析

排序	进口		出口	
	进口行业	进口合同金额占比(%)	出口行业	出口合同金额占比(%)
1	交通运输设备制造业	26.90	交通运输设备制造业	26.20
2	通信设备、计算机及其他电子设备制造业	23.50	通信设备、计算机及其他电子设备制造业	15.00
3	化学原料及化学制品制造业	6.30	化学原料及化学制品制造业	14.70
4	其他行业	4.90	其他行业	10.30
5	专用设备制造业	4.60	专用设备制造业	8.30

续表

排序	进口		出口	
6	仪器仪表及文化办公机械制造业	4.10	仪器仪表及文化办公机械制造业	8.10
7	计算机服务业	3.00	计算机服务业	2.80
8	电气机械及器材制造业	3.00	电气机械及器材制造业	1.90
9	通用设备制造业	2.00	通用设备制造业	1.60
10	房地产业	1.80	房地产业	1.40
	合计	80.10	合计	90.30

数据来源:《中国商务年鉴(2016)》。

3. 存在盲目出口现象

对微观出口主体来说,只要有利可图就会出现技术出口,而有些技术不宜出口,如一些实验室成果、经济潜力高的技术以及民族传统工艺技术等。从长期发展看,盲目出口将严重损害我国的民族利益,造成不利影响。

4. 出口目的地(主要是发达国家)贸易技术壁垒普遍存在

我国技术及相关产品在走向国际市场过程中,尤其是面对发达国家时,受到相关市场方以知识产权为支撑或直接以知识产权构筑的贸易技术壁垒的影响,如美国的UL(Underwriter Laboratories Inc.)认证体系和FCC(Federal Communications Commission)合格评定程序,欧盟的CE(Conformite Europeenne)安全认证、双绿指令(欧盟废弃电子电器设备指令和电子电器产品危害物质限用指令)和EUP(Energy-using Products)指令,德国的VDE(Verband Deutscher Elektrotechniker)认证和GS(Geprufte Sicherheit)认证等。与保护人类健康和环境相结合的技术壁垒,主要以发达市场为代表,可能成为我国技术出口企业今后主要面对的技术性贸易壁垒,且相关技术壁垒从个别企业扩展至整个行业。21世纪初期,随着我国机电产品出口的增加,其遭遇贸易技术壁垒的事件频繁发生。中国机电产品进出口商会统计表明,2012年,我国七成以上的机电产品出口贸易受到技术性贸易壁垒影响,主要的壁垒来自欧盟、美国、日本、韩国等发达市场。

第三节 新时代背景下中国技术贸易的发展

一、新时代背景下中国技术贸易的发展机遇

(一)"放管服"改革优化了我国技术贸易的营商环境

"放管服"改革改善了市场环境,降低了投资创业的制度性成本。世界银行发布的一份报告显示,我国营商环境排名由2014年的第96位上升到2016年的第78位。

知识链接7-2

广东省财政厅亮出改革清单:年内完成22项“放管服”事项

2019年8月,省财政厅印发《广东省财政厅“放管服”改革清单和工作台账(第一批)》,明确年内将完成22项具体“放管服”事项,以政府权力“减法”换市场活力“乘法”,为企业和群众带来实实在在的红利和便捷高效的服务。

资料来源:http://czt.gd.gov.cn/cstzgg/content/post_2587244.html,2019-8-21.

中国商务部不定期更新《出口商品技术指南》在其官网上供公众免费查阅,以帮助企业尽快了解和掌握国外市场的标准、技术法规、认证检验等市场准入要求,跨越国外技术壁垒。

(二)财税体制改革降低了进出口企业的成本

21世纪以来,我国政府在财税体制领域,不断取消不合理的行政收费项目的同时,实施减税促实体的改革措施。减税降费有利于激发市场活力,深化供给侧结构性改革,拉动经济增长。

减税降费措施切实降低了进出口企业成本,提振了企业进出口信心。2018年前三季度,我国有进口记录的企业数量为19.4万家,较2017年同期增加了6 380家。供给侧结构性改革持续推进,进出口企业主动适应市场需求新变化,加大研发和营销投入力度,加快转型升级,国际竞争力进一步提高。

(三)我国专利、商标、科技人员论文数量不断增加,创新指数不断提升

技术出口中的技术许可、技术服务、合作生产、高技术产品、关键设备等与一国科技发展的水平呈正相关变化,一国科技越发达,其专利数量、商标数量越多,专利技术、专有技术和商标许可的贸易量也将越大。

1. 我国专利数量的增加

1995年,我国国内专利申请数和授权数分别为69 535件和41 881件,到2017年则为3 536 333件和1 720 828件,分别增长了49.86倍和41.09倍;1995年,我国国外专利申请数和授权数分别为13 510件和3 183件,到2017年则为161 512件和115 606件,分别增长了10.95倍和35.32倍。相关对比示意图如图7.4所示。

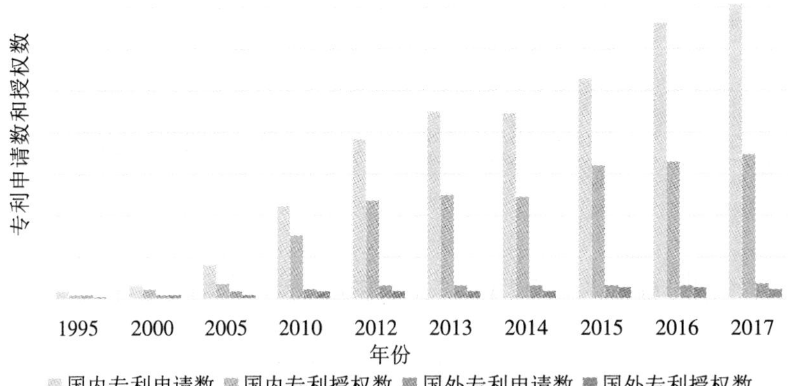

图7.4 我国部分年份专利申请数和授权数[①]

数据来源:《中国科技统计年鉴(2018)》。

① 图7.4中每一年份从左往右依次为当年国内专利申请数、国内专利授权数、国外专利申请数和国外专利授权数。

2. 我国商标数量的增加

1986 年,我国国内和国际注册申请和核准注册的商标数量分别为 50 970 件和 32 119 件,到 2016 年两个数字分别为 3 691 365 件和 2 254 945 件,分别增长了 71.42 倍和 69.21 倍(见表 7.10)。

表 7.10　商标注册申请和核准注册数量

(件)

年份	注册申请				核准注册			
	国内	国际	马德里	合计	国内	国际	马德里	合计
1986	45 031	5 939		50 970	26 993	5 126		32 119
2010	973 460	67 838	30 889	1 072 187	1 211 428	108 510	29 299	1 349 237
2011	1 273 827	95 831	47 127	1 416 785	926 330	66 074	30 294	1 022 698
2012	1 502 540	97 190	48 586	1 648 316	919 951	58 656	26 290	1 004 897
2013	1 733 361	95 177	53 008	1 881 546	909 541	59 496	27 687	996 724
2014	2 139 973	93 284	52 101	2 285 358	1 242 840	86 394	45 870	1 375 104
2015	2 658 674	116 687	60 205	2 835 566	2 077 037	99 852	49 552	2 226 441
2016	3 526 827	112 347	52 191	3 691 365	2 119 032	97 497	38 416	2 254 945

数据来源:《中国科技统计年鉴(2018)》。

3. 我国科技人员发表论文数量的增加

1995 年,国外主要检索工具收录的我国科技人员在国内外期刊上发表的论文数为7 980 篇,到 2016 年为 290 647 篇,增长了 35.42 倍(见图 7.5)。

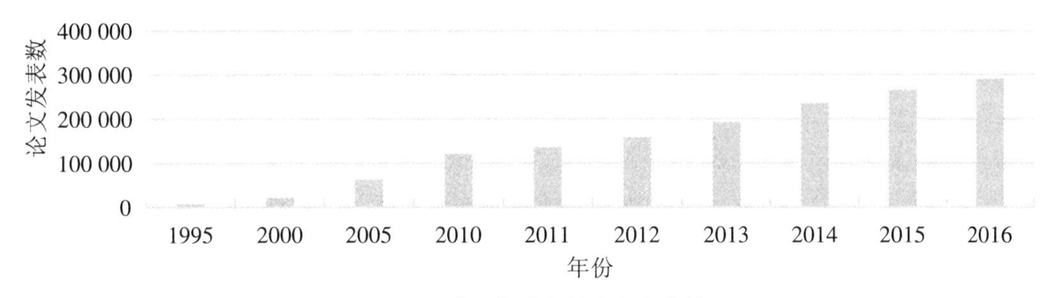

图 7.5　我国部分年份论文发表数

数据来源:《中国科技统计年鉴(2018)》。

4. 我国创新指数的提升

2017 年我国创新指数为 196.3(以 2005 年为 100),比上年增长 6.8%。分领域看,创新环境指数、创新投入指数、创新产出指数和创新成效指数分别达到 203.6、182.8、236.5 和 162.2,分别比上年增长 10.4%、6.2%、5.9%和 4.8%。

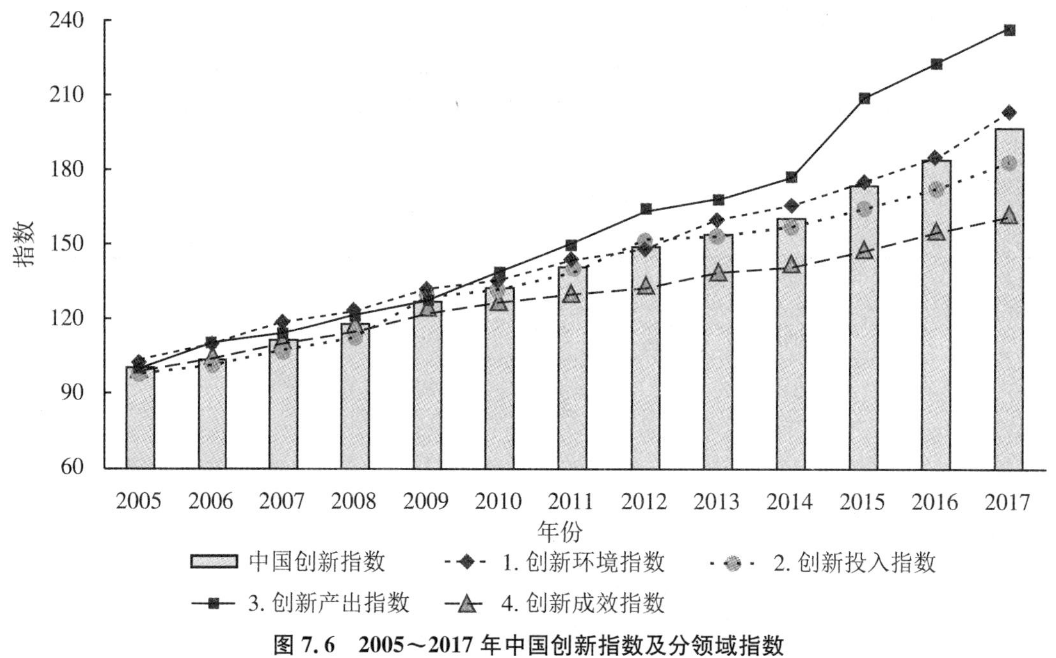

图 7.6 2005～2017 年中国创新指数及分领域指数

资料来源:国家统计局:2017 年中国创新指数继续稳步提升

二、新时代背景下中国技术贸易的发展战略

(一) 继续实行技术贸易与利用外资相结合的基本战略

改革开放后,随着我国技术贸易与利用外资相结合的基本战略的形成,我国利用外资的相关法规不断完善。

1979 年,《中华人民共和国中外合资经营企业法》完成并经五届全国人大二次会议通过,成为我国第一部关于外资的法律,使外商投资有了法律保障。1986 年和 1988 年,全国人民代表大会先后制定了《中华人民共和国外资企业法》和《中华人民共和国中外合作经营企业法》。上述法规被称为“外资三法”,成为规范外商投资企业的组织形式、组织机构和生产经营活动的基本准则,为外商投资企业在我国发展创造了良好法治环境。以此为基础,外商投资的法规不断细化完善。

1980 年 8 月,全国人大常委会批准《广东省经济特区条例》。1986 年,国务院制定《国务院关于鼓励外商投资的规定》及 22 个实施细则,对税费缴纳、补贴、出口便利化、保障外商投资企业自主权等方面作了细致规定,改善了投资环境,外商投资更加法治化、便利化。

从 1995 年开始,国家计委开始编制《外商投资产业指导目录》,将外商投资项目分为鼓励、允许、限制和禁止四类,作为指导外商投资经营范围的依据。在扩大对外开放过程中,我国履行开放市场的承诺,《外商投资产业指导目录》中限制性措施由 2011 年版的 180 条减少到 2018 年版的 48 条。

40 年改革开放,我国已积累了丰富的外商投资和贸易发展的经验。在新形势下,“外资三法”已不能满足经济发展的需要,需要在外商投资领域确立新的基础性法律。2019 年 3 月 15 日,十三届全国人大二次会议表决通过了《中华人民共和国外商投资法》,自 2020 年 1 月

1 日起施行。新外商投资法将进一步扩大对外开放，积极促进外商投资，保护外商投资合法权益，规范外商投资管理。

改革开放 40 年来，外商投资企业对于促进经济持续发展、扩大对外贸易、优化产业结构、增加社会就业、培育市场主体、健全市场机制，都发挥了积极作用。改革开放后，我国利用外资从无到有、从小到大，迅速增长。改革开放以来，我国累计使用外商直接投资超过 2 万亿美元，自 1993 年起我国利用外资规模稳居发展中国家首位。2017 年，我国实际使用外资 1 363 亿美元，规模是 1983 年的 60 倍，年均增长 12.8%。

利用外资促进了我国经济的增长和产业转型升级，引导我国企业走出去，2017 年我国以 1 582.9 亿美元在全球对外投资中位列第三、发展中国家中保持首位。

（二）继续实施“科技兴贸”战略

为落实“科教兴国”战略，顺应经济科技全球化和知识经济蓬勃兴起的潮流，加快我国由贸易大国向贸易强国的转变，1999 年年初，外经贸部相应提出了“科技兴贸”战略。

“十一五”后期，我国政府将“科技兴贸”战略作为推动我国经济发展方式转变和产业结构升级的重要构成部分进行战略性部署。《国务院关于加快培育和发展战略性新兴产业的决定》(国发〔2010〕32 号)指出，国际化是培育和发展战略性新兴产业的必然选择。

2011 年，国务院十部委联合颁布了《关于促进战略性新兴产业国际化发展的指导意见》(商产发〔2011〕310 号)，促进了我国战略性新兴产业对外贸易快速增长。

2016 年，国务院印发了《“十三五”国家战略性新兴产业发展规划》，把战略性新兴产业摆在经济社会发展更加突出的位置，将技术贸易发展作为规划的重要构成部分，指出要推进战略性新兴产业开放发展，拓展国际合作新路径。

“科技兴贸”战略主要包括两个方面内容：大力推动高新技术产品出口和运用高新技术成果改造传统出口产业。实施“科技兴贸”战略确立了高新技术产品出口在我国对外贸易发展中的重要地位。

随着世界贸易规模的扩大，出口贸易结构发生了深刻变化。20 世纪八九十年代以来，高附加值的高新技术产品出口成为主要工业化国家对外贸易的新的增长点，提供或创造了新的就业岗位，带动了国内经济的优化和增长。20 世纪 90 年代，美国国内生产总值增长的 1/3 来自高新技术产品出口。我国实行“科技兴贸”战略适应了世界经济和国际贸易结构的发展趋势，有力地推动了我国对外贸易的发展。20 世纪 90 年代，我国已成功迈入世界贸易大国的行列，但是当时我国出口仍以劳动和资源密集型产品为主，附加值低、抗风险能力比较差。高新技术产品不仅利润高，而且对经济波动的抵抗力更强。提高高新技术产品出口，能够为我国在未来的国际贸易中争取较为有利的位置，增强我国抵御各种风险的能力。实施“科技兴贸”战略，在有效地提升我国国际竞争力的同时，推动了国民经济产业结构调整和产业升级。

在产业升级需求和技术创新的引领下，高端制造业在“十三五”以来实现平稳较快增长。2017 年高端制造(含高端装备制造及新材料产业)上市公司营收总额达 6 555.7 亿元，2016～2017 年年均增长 6.8%。高端装备制造领域，航空装备、卫星及其应用、智能制造等重点子行业均表现良好，2016～2017 年上述行业上市公司营收规模年均分别增长 10.6%、18.6%和 23.3%。新材料领域，随着上游原材料需求的快速增长，产业实现较快发展，“十三五”以来新材料上市公司营收规模年均增长 23.7%。

我国战略性新兴产业总体上仍旧是国际市场上的“新兵”，发展经验、自身能力、公共服务等方面均存在明显欠缺，能力亟待增强，因此“科技兴贸”战略将是一项长期的战略。

◆内容提要

我国技术进口分为改革开放前和改革开放后两个阶段，目前我国技术进口具有多元化的特点。我国技术进口取得了显著的成就，同时也存在大项目的重复引进等经验教训。技术出口分为探索、起步、初步发展和迅速发展四个阶段，我国技术出口具有增长速度快、出口方式灵活多样等特点。技术出口促进了我国高新技术产业、专利、商标等发展的同时，尚存在着技术出口贸易结构不均衡等经验教训。新时代“放管服”改革优化了我国技术贸易的营商环境，财税体制改革降低了进出口企业的成本。在我国创新指数不断提升的机遇下，继续实施“技术引进与利用外资相结合”以及“科技兴贸”两个基本发展战略。

◆关键词

技术进口　技术出口　贸易壁垒　利用外资　科技兴贸

◆复习思考题

1. 我国技术进口经历了哪几个发展阶段？各个阶段有哪些主要特点？
2. 我国技术进口中有哪些经验教训？
3. 我国技术出口经历了哪几个发展阶段？各个阶段有哪些主要特点？
4. 目前我国技术出口中有哪些困难？
5. 如何促进我国技术贸易的发展？

◆思考案例

当地时间2019年2月24日，华为在西班牙巴塞罗那市正式发布了5G折叠屏手机Mate X，这款手机展开屏幕后大小为8英寸，最薄处仅为5.4毫米，预计于6月发售。这款手机的售价为2299欧元，约合人民币1.75万元。通过采用前后双显的方案，用户可同时使用这两块屏幕，相比日前三星推出的折叠屏手机Galaxy Fold，华为Mate X的屏幕更大，而且在合起来时不会在中间留有缝隙。

（资料来源：http://www.xinhuanet.com/tech/2019—02/27/c_1124167133.htm.）

问题：收集华为5G折叠屏手机国际贸易的相关资料并联系所学知识对其分析评价。

◆应用训练

查找资料，结合安徽省省情，谈谈安徽省的新兴产业发展规划。

第二篇

国际服务贸易

第八章　国际服务贸易概述

本章结构图

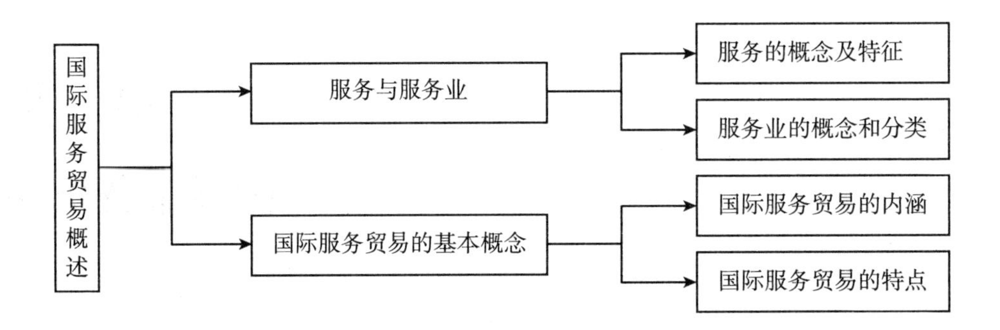

学习目标

理解服务的概念与特征，理解服务业的概念和分类，掌握国际服务贸易的内涵和特点。

导入案例

2018年9月7日，2018全球服务贸易大会在南京开幕。大会重磅推出了《全球服务贸易发展指数报告2018》。报告结合服务贸易当前特征，采用服务业规模、结构、地位、产业基础和综合环境五个方面的指标，综合反映了全球各国家(地区)的服务贸易发展水平。根据指数测算，中国已进入全球服务贸易发展指数前20名，在发展中国家位列第一名，地位指数和规模指数分别排名第六位和第七位。

大会还举办了全国服务贸易创新试点研讨会、数字贸易发展论坛、生物医药发展论坛、中医药服务贸易发展论坛、“一带一路”国际服务外包合作专题论坛、金融服务创新专题研讨会、国际服务外包合作项目对接洽谈会等近十场重点活动。作为全球服务贸易领域颇具影响力的盛会，全球服务贸易大会旨在落实深化服务贸易创新发展试点工作要求，有效整合全球服务贸易资源，推动产业合作，促进国际服务贸易持续健康发展，不断提升我国国际服务贸易综合影响力。

资料来源：http://www.gmw.cn/.

第一节 服务与服务业

一、服务的概念及特征

（一）服务的概念

人们在日常生活中要消费各种各样的有形商品，如食物、衣服、家具等，但也需要消费无形商品，如理发、旅游、演出等。这些无形的商品就是服务，服务是相对于有形商品的一个经济学概念。《辞海》中定义“服务”为：服务亦称“劳务”，不以实物形式而以提供活劳动的形式满足他人某种特殊需要。

古典经济学家最早对服务和服务业进行了探讨，试图给出服务的明确定义。亚当·斯密(Adam Smith)意识到服务劳动的存在，在著作中多次提到演员、律师、仆人的劳动，但他认为：“所有的活动都可以分为生产性的和非生产性的，非生产性劳动(服务)不创造价值，而且会带来低产出和经济的低速增长。”

法国的古典经济学家萨伊(Jean-Baptiste Say)最早定义了服务的内涵和外延。他对亚当·斯密的观点提出了质疑，并在《政治经济学概论》一书中指出：“无形产品(服务)同样是人类劳动的果实，是资本的产物……医生、公教人员、律师、法官的劳动(这些劳动属于同一种类型)所满足的需要是那么重要，以至于这些职业如果不存在，社会便不能存在。”基于此，萨伊把人类社会劳动创造的产品分为有形产品和无形产品(服务)两个部分。

进入20世纪后，服务经济在各国特别是发达国家GDP中的比重不断提高，使得业界对服务领域的理论研究不断深入。希尔(T. P. Hill)在1977年发表论著，提出了具有广泛影响的服务概念：“服务是隶属于某一经济单位的个人或物品状况的变化……服务生产与消费同时进行，这种变化是同一过程的变化。服务一旦生产出来必须由消费者获得的事实意味着服务不能储存。”可见，希尔是从服务生产入手来解释什么是服务的，抓住了服务的本质，概括了服务区别于一般商品的性质。卡卡巴德斯(Kakabadse)提出了“三性定义”，他指出：“服务就是那些你可以买卖却不会掉在你脚下的东西。”这句话形象地概括了服务的三个基本特征：无形性、不可运输性和不可储存性，服务需要同时同地生产和消费。然而，这种形象的三性定义也并不完整，如音像制品、软件、咨询报告等服务是有形的，保险等服务是可以储存的等等。

《营销管理学》的作者菲利普·科特勒(Philip Kotler)将服务定义为：“一方能够向他方提供在本质上是无形的，不带来任何所有权的某种活动或利益。其生产也许受到物的产品的约束，或不受约束。”关于科特勒的定义，需要注意的是：第一，无形或有形，只是形式，而不是本质；第二，所有权(或产权)的明确界定是市场交易的基本前提。服务活动会带来所有权的转移，服务的一方是否愿意为被服务的一方提供服务，是有条件的，并不是无条件的。如果服务的一方对服务不拥有所有权，服务的商品化、市场化就无从说起。

在此基础上，本书对“服务”下一个简单而又清晰的定义：服务是对其他经济单位的个人、商品或服务增加价值，并主要以活劳动形式表现的使用价值或效用。这里，强调服务是为了满足对方某种特定需求的一种活动，其生产可能与物质产品有关，也可能无关。

（二）服务的特征

1. 服务的无形性

无形性是服务的最主要特征。不同于有形商品直观的存在形态，服务的存在形态基本上是无形的、不固定的，让人不能触摸或凭肉眼看见其存在。在消费服务之前，人们并不知道服务是什么样的。另外，消费者往往不能事先感知到服务，只有等到服务消费以后才能感觉到服务的结果，或是要等一段时间后，享用服务的人才能感觉到服务“利益”的存在。

服务的无形性是相对的，它和有形商品紧密联系，但是无形性是主要的，它是服务的核心和本质。随着科学技术的进步，有些无形的服务逐渐变得“有形化”。1989 年，加拿大经济学家格鲁伯和沃克提出物化服务（embodied service）的概念。比如，唱片和光盘作为服务的载体，本身的价值相对其提供的整个价值来说可以忽略不计，其价值主体是服务，这就是无形服务的有形化和服务的物化。

2. 服务的生产和消费不可分离性

不可分离性是指服务的生产与消费往往是同时进行的。有形商品从生产、流通到最后消费的过程中，一般要经过一系列的中间环节，生产过程与消费过程在时间上和空间上是相互分离的。如手机产品先是在制造企业生产出来，然后经过运输环节进入市场，经由手机销售商卖给消费者。因此，消费者的消费和生产者的生产是在不同的时间、不同的地点进行的。而服务一般具有不可分离性，即服务的生产过程与消费过程同时进行，两者在时间和空间上不可分离，生产过程就是消费过程，消费过程就是生产过程，服务过程中生产者和消费者必须发生直接联系。如病人去医院看病，病人诉说病情，医生作出诊断并对症下药。但是，在物化服务的情况下，服务的生产和消费也可以在时空上不一致。

3. 服务的不可储存性

不可储存性是服务区别于一般商品的重要特征，商品可以在被生产出来之后存放在仓库里，不进入消费领域，这种情况不一定会给生产者带来损失，或造成商品价值的降低。但是，服务不能像商品那样在时间上储存或在空间上转移。服务如果不被使用，既不会给消费者带来效用，也不会给提供者带来收益，服务不能及时消费，就会造成服务的损失。例如，酒店、餐馆、理发店如果没有消费者光顾就会亏损，电影院、音乐厅、火车、飞机里有空座位，这些空置的座位就是服务提供者的损失。虽然这种损失不像有形商品损失直观，但它也会造成服务提供者的劳动浪费，服务产品功能消逝，以及服务设备折旧发生等。

4. 服务的异质性

服务的差异性也称为服务的异质性。是指同种类型的服务因服务提供者不同，或同一服务提供者在不同的时间、地点提供服务，其提供的服务质量有差异，由此导致消费者对服务的满意程度也就不同。这种服务质量的差异主要来自两个方面：一是服务提供者的技术水平和服务态度往往因人、因时、因地而异，比如两位老师同时教授同一门课程，同一个学生会有不同的评价；二是消费者时常会存在一些特殊的服务要求，所以服务质量会受到消费者本身个性特点的影响，比如同一位老师向同一个班级教授同一门课程，不同的学生也会有不同的评价。而一般有形商品在相同的生产条件下，产品质量基本上是稳定的，消费者在不同时间、地点购买的同类型产品，其质量基本上是相同的。

二、服务业的概念和分类

（一）服务业的概念

对于服务业而言，理论界至今没有一个公认的定义，但就服务业的内涵或其所包含的内容来说，人们大都认同这样一种观点：服务业是生产或提供各种服务产品的经济部门或企业的集合，正如工业和农业是生产各种工农业产品的经济部门或企业的集合一样。

历史上，服务业的产生与发展与第一产业、第二产业尤其是制造业的发展密不可分，并且常常与第三产业的概念相提并论。现代社会对国民经济产业结构的三次产业分类，是根据20世纪30年代英国经济学家费希尔(Fisher)和克拉克(Clark)提出的经济增长阶段论划分的。费希尔于1935年在所著的《安全与进步的冲突》一书中，提出了三次产业的分类方法。他认为，第一产业是指通过人类劳动直接从自然界取得产品的部门，因此第一产业包括农业、林业、畜牧业及渔业部门，其中农业为主要部门。第二产业是指对第一产业和本产业提供的产品进行加工的部门，主要包括制造业、建筑业、电力等部门。其中，制造业为主要的部门。费希尔把第一产业和第二产业以外的所有经济活动都称为第三产业，即对第三产业的界定采用"剩余法"或"排除法"。第三产业中的主要部门是为消费者提供最终服务和为生产者提供中间服务的服务业部门。

克拉克在《经济进步的条件》一书中也指出，以初级产品生产为主的农业是第一产业，当它在国民经济中的比重最大时为农业经济社会；以初级产品加工为主的工业是第二产业，当它在国民经济中的比重最大时为工业经济社会；两者之外的其他所有产业部门都归属于第三产业。服务业作为第三产业，当它在国民经济中的比重最大时就是服务经济社会。

课堂讨论8-1

近年来，我国坚持创新发展理念，大力实施创新驱动发展战略，以供给侧结构性改革为主线，推进产业结构转型升级。2017年，我国服务业增加值为42.7万亿元，服务业占GDP的比重为51.6%，超过第二产业11.1个百分点，成为我国第一大产业。服务业对经济增长的贡献率为58.8%，比上年提高了1.3个百分点。党的十八大以来，服务业在创造税收、吸纳就业、新设市场主体、固定资产投资、对外贸易等方面全面领跑，成为推动我国经济增长的主动力。

资料来源：服务业成为我国经济发展主动力[N]. 人民日报，2018-04-16.

思考：如何看待服务业对我国国民经济增长的贡献？

（二）服务业的分类

同其他产业一样，服务业也可以按照一定的标准进行分类。长期以来人们主要是按行业分类，这种分类方法是根据提供的产品不同，把服务业分成不同的部门。按照我国国家统计局2017年《国民经济行业分类》(GB/T 4754—2017)的划分标准，第一产业包括农、林、牧、渔业；第二产业包括采矿业，制造业，电力、热力、燃气及水生产和供应业，建筑业；第三产业包括除第一、第二产业外的其他行业，包括了一级分类中的15个部门，具体包括：批发和零售业，交通运输、仓储和邮政业，住宿和餐饮业，信息传输、软件和信息技术服务业，金融业，房地产业，租赁和商务服务业，科学研究和技术服务业，水利、环境和公共设施管理业，居民服务、修理和其他服务业，教育，卫生和社会工作，文化、体育和娱乐业，公共管理、社会保障和社会组织，国际组织。在本书中，服务业和第三产业具有同样含义。

从服务消费的角度看，可以把服务业划分为生产资料服务业和生活资料服务业两大类。生产资料服务业是指那些把已经创造出来的服务产品，直接加入生产性消费领域的服务经济部门，如广告业、科学研究和综合技术服务业、咨询服务业、物流运输业等。这种服务实际上是作为生产过程的一个环节发挥作用的，是构成有形商品生产不可缺少的组成部分，其服务产品的价值量将融入最终产品价值之中。

生活资料服务业是指产品主要进入生活消费领域，其服务对象以消费者个人为主，如餐饮业、酒店业、家政服务业、美容业等，都属于生活资料服务业。当然，有许多服务产业不但进入生产资料消费领域，而且也进入生活资料消费领域，如邮电服务业、信息咨询业等。考察某一服务业是否属于生产资料服务业，一是看服务消费者是什么样的市场活动主体，是企业还是个人；二是看用于购买服务产品的货币是资本还是个人工资收入。如果购买者是以企业为主，则属于生产资料服务业，否则就属于生活资料服务业，主要向个人提供服务。当然，生活资料服务业和生产资料服务业的划分也并不是绝对的，它们也处于不断的发展变化之中。

从服务业产生的时间顺序看，服务业又可以划分为传统服务业和新兴服务业两大类。属于传统服务业的主要有运输业、旅游业、餐饮业、酒店业、医疗卫生业等，属于新兴服务业的主要有咨询服务业、邮电业、计算机信息与服务业等。

第二节　国际服务贸易的基本概念

一、国际服务贸易的内涵

虽然服务业作为一个传统的产业部门已经有数千年的发展史，但是“服务贸易”(trade in services)这一概念的提出相对于古老的货物贸易而言，是一件并不遥远的事情。国际货币基金组织(IMF)在进行各国国际收支统计时一直把服务贸易列入无形贸易(invisible trade)一栏中，这种情况持续到1993年才作出了调整。中国过去一直把服务贸易称作劳务贸易。在1986年9月发起的乌拉圭回合多边贸易谈判之前，服务贸易只是在发达国家的有限范围内展开，还谈不上作为国际贸易的普遍问题引起人们的高度关注。

(一) 传统的服务贸易定义

传统的服务贸易概念是参照国际货物贸易的定义进行的，即跨越国界进行服务交易的商业活动。具体而言是：一国(地区)的劳动力向另一国(地区)的消费者(法人、自然人或其他组织)提供服务并获得相应外汇收入的全过程构成服务出口；相应的，一国(地区)的消费者购买他国(地区)劳动力提供服务的过程构成服务进口。各国(地区)的服务进出口活动共同构成了国际服务贸易。这种定义是对传统货物贸易概念的延伸，主要是从进出口的角度，以进口或出口(服务的提供与消费)的活动方向作为定义服务贸易的参考依据。

（二）联合国贸易与发展会议对国际服务贸易的定义

联合国贸易与发展会议（United Nations Conference on Trade and Development，UNCTAD）是联合国处理有关贸易和发展问题的常设机构，从过境这一视角阐述国际服务贸易，将其定义为：货物的加工、装配、维修以及货币、人员、信息等生产要素为非本国居民提供服务并取得收入的活动，是一国与他国进行服务交换的行为。狭义的国际服务贸易是指有形的、发生在国家之间的符合严格服务定义的直接服务输入与输出活动。广义的国际服务贸易既包括有形的服务输入与输出，也包括服务提供者与使用者在没有实际接触的情况下产生的无形的国际服务交换行为，如卫星传送、影视传播、专利技术贸易等。一般情况下所指的服务贸易都是广义的概念。

（三）《服务贸易总协定》对服务贸易的定义

关贸总协定乌拉圭回合多边贸易谈判的一个重要成果是产生了《服务贸易总协定》（General Agreement on Trade in Services，GATS）。该协定于1995年1月1日正式生效，是多边国际贸易体制下第一个有关服务贸易的框架性法律文件，也是迄今为止服务贸易领域内第一个较系统的国际法律文件。

根据服务贸易的提供方式，GATS将服务贸易定位为以下四种模式：①“跨境交付”（cross-border supply），即由一个成员境内向另一个成员境内提供服务。在这种形式下，服务提供者和消费者分别在本国境内，并不跨境移动，服务是借助于计算机网络或远程通信手段来实现的，典型的如国际电话通信服务。②“消费者移动”（consumption abroad），又称“境外消费”，是在一个成员境内向任何其他成员的服务消费者提供服务。在这种形式下，服务消费者跨越国境进入服务提供者所在的国家或地区接受服务，例如出国旅游、留学、教育培训、健康医疗服务、技术鉴定服务等。③“商业存在”（commercial presence），是指通过一成员方的商业实体在任何其他成员方境内的存在而提供服务。这种商业实体实际上就是外商投资企业。这里，服务的提供是以直接投资为基础的，其提供涉及资本和专业人士的跨国流动。例如，在境外设立金融服务分支机构（如外资银行）、律师事务所、会计师事务所、维修服务站等就属于这种形式。④自然人流动（movement of natural persons），是由一成员方的自然人在其他任何成员方境内提供的服务。这种形式涉及服务提供者作为自然人的跨国流动。例如，一国的医生、教授、艺术家到另一国从事服务，又或者是建筑设计与工程承包及其所带动的服务人员输出。自然人流动与商业存在的共同之处都是服务提供者到消费者所在国的领土内提供服务。不同之处是以自然人流动方式提供服务，服务提供者没有在消费者所在国的领土内设立商业机构或专业机构。

可以看出，GATS对服务贸易的定义是以提供方和消费方是否发生空间上的移动作为划分依据的。以上四种国际服务贸易形式，除了“跨境交付”，其余三种贸易形式所提供的服务都直接发生在提供者和消费者之间（不需要媒介）。四种贸易形式的主要区别在于服务提供方和服务消费方在地理空间上的变换以及服务内容传递方式的差异。根据世界贸易组织（WTO）的估算，在这四种服务贸易形式中，通过“商业存在”（外国直接投资）进行的服务贸易占世界服务贸易总值的50%以上，是最主要的服务贸易形式，在全球服务贸易中占有举足轻重的地位。

（四）《北美自由贸易协定》对服务贸易的定义

《北美自由贸易协定》(North American Free Trade Agreement，NAFTA)是世界上第一个在国家间贸易协议中正式定义服务贸易的法律文件。其指出服务贸易是由代表其他缔约方的法人或自然人在其境内或进入一缔约方境内提供所指定的一项服务。

这里“指定的一项服务”包括：① 生产、分销、销售、营销及传递一项所指定的服务及其进行的采购活动；② 进入或使用国内的分销系统；③ 以商业存在(并非一项投资)形式为分销、营销、传递或促进一项指定的服务；④ 遵照投资规定，任何为提供指定服务的投资，及任何为提供指定服务的相关活动，如公司、分公司、代理机构、代表处和其他商业经营机构的组织、管理、保养和转让活动；各类财产的接收、使用、保护及转让，以及资金的借贷。

资料链接 8-1

《服务贸易总协定》(GATS)的由来

1986 年开始的关税及贸易总协定(GATT)第 8 轮多边贸易谈判(乌拉圭回合谈判)，决定将服务贸易及有关问题列入谈判的重要议事日程，并成立单独的谈判组。经过 7 年的艰苦谈判，1994 年 4 月 15 日，在摩洛哥马拉喀什举行的部长会议上，117 个国家和地区在包括《服务贸易总协定》(GATS)在内的乌拉圭回合一揽子协议上签了字，《服务贸易总协定》于 1995 年 1 月 1 日正式生效。《服务贸易总协定》是乌拉圭回合达成的 3 项新议题之一，该协定的制定与生效是国际服务贸易的一个重要里程碑，它不仅扩大了关贸总协定机制的管辖范围，而且是迄今为止多边国际贸易体制下一个较为系统的有关服务贸易的框架性国际法律文件，是第一部世界级谈判商定的关于国际服务贸易的有法可依的纪律规章。

资料来源：http://tradeinservices.mofcom.gov.cn.

（五）BOP 对服务贸易的定义

BOP 是国际收支平衡表(Balance of Payment)的英文缩写。在 BOP 统计下，关于服务贸易的统计是指各国的国际收支平衡表所记录的，经常项目下的“服务交易”，只能提供跨境交付、境外消费和部分自然人流动的服务贸易数据，无法反映商业存在形式的服务贸易数据。按照 BOP 的观点，服务贸易是发生在居民与非居民之间的服务交易。这里的“居民”通常是指在一成员组织境内居住 1 年的自然人和设有营业场所并提供货物或服务生产的企业法人。因此，按照 BOP 定义的服务贸易主要是指服务的跨境交易。

将 BOP 对服务贸易的定义与 GATS 的定义相比较，可以发现后者把服务贸易的定义由前者的“居民与非居民之间的服务交易”的涵盖范围扩展到作为东道国居民的“外国商业存在”同东道国其他居民之间的交易，即居民与居民之间的交易。

分析案例 8-1

中国服务贸易逆差

中国服务贸易自 1998 年起持续逆差，且近年来有加速扩大的趋势。根据国际收支手册第 6 版(BMP6)数据，2018 年，中国服务贸易的 12 个子项中，“加工服务”“维护和维修服务”“建设”“金融服务”“电信、计算机和信息服务”以及“其他商业服务”6 个子项为顺差，“运输”“旅行”“保险和养老金服务”“知识产权使用费”“个人、文化和娱乐服务”以及“别处未提及的政府服务”6个子项为逆差。在6个逆差项中,“旅行”“运输”和“知识产权使用费”逆差额排在前三位,分别占到当期服务贸易逆差的81.4%、22.6%和10.4%。这3个子项的逆差额较2017年均有所扩大,分别相当于服务贸易逆差增加额的46.2%、37.4%和24.4%。

资料来源:https://www.yicai.com.

思考:如何看待中国的服务贸易逆差?

二、国际服务贸易的特点

(一)国际服务贸易标的物的无形性

国际服务贸易的交易对象——服务产品具有无形性的特征,因而服务贸易主要表现为无形贸易,只有在物化服务的条件下,服务贸易才可以表现为直观的、实实在在的物品交易。由于国际服务贸易标的物的无形性,使得服务贸易与货物贸易的交易基础不同。关贸总协定制度下的货物贸易概念是建立在货物物理特性及原产地基础上的。然而服务的无形性,使得服务贸易只能建立在服务生产与交易发生的方式和地点的基础上。从理论上讲,服务贸易是由活劳动提供的特殊使用价值,表现的不是有形货物与货币的交换,而是活劳动或作为这种活劳动的物化产品与货币的交换。

(二)国际服务贸易生产和消费的同步性和国际性

服务贸易具有生产和消费的不可分离性,服务贸易产品使用价值的生产、交换和消费是同时完成的。在国际市场上服务产品的提供和消费同样不可分离,服务的生产和出口过程从某种程度上讲也就是服务的进口和消费过程,只不过服务提供者和服务消费者具有不同的国籍,通过商业存在或自然人的移动等形式实现了服务产品的跨国境移动。而有形商品的生产、交换和消费可以在时空上发生背离。

(三)国际服务贸易保护的隐蔽性和灵活性

首先,国际服务贸易的保护通常采取非关税壁垒的形式。由于国际服务贸易对象的特殊性,各国的国际服务贸易活动通常可以绕过海关的监管,较少显示在海关进出口统计中,而是显示在各国的国际收支表中,以致传统的关税壁垒不起作用,各国转而采取非关税壁垒的形式。非关税壁垒的手段是多种多样的,可以针对某种具体的产品制定规则,如技术标准、资格认证等,因而更具灵活性。其次,各国对国际服务贸易的限制通常采用市场准入和国内立法的形式,这使得服务贸易涉及各国(地区)复杂的法律法规,而这些法律法规的制定、执行和修订又会涉及该国(地区)现行法律体系等诸多政治、经济和国家主权问题,缺乏透明度。因此,这种限制措施相比关税措施更具隐蔽性,且具有更强的刚性和政治性。最后,国际服务贸易的限制措施涉及许多部门和行业,任何一种行业标准的改变都可能影响国际服务贸易的发展。

(四)国际服务贸易管理的复杂性

服务的无形性、交易的同时性,服务提供者和服务消费者之间信息的不对称,导致服务贸易管理具有更高的复杂性。主要表现在以下几个方面:一是国际服务贸易的对象十分繁杂,涉及的行业众多,服务产品又以无形产品为主,传统的管理方式并不适用;二是国际服务贸易的生产者和消费者跨界移动,其影响规模、性质和范围与有形的货物贸易不同,直接增加了管理的难度；三是国际服务贸易往往涉及不同国家的法律法规，适应多国规则，这些也给国际服务贸易的管理活动提出了挑战。

◆内容提要

当今世界已经进入服务经济时代，服务业和服务贸易已成为推动世界经济发展的新动力。与此同时，服务贸易带动各国产品和服务更好地融入全球价值链，成为各国构建现代经济体系、加快发展新经济的主要领域。服务贸易的产业基础是服务业，服务贸易与商品贸易、经济发展之间形成一个良性互动、不断向前发展的体系。服务是以活劳动的形式满足经济单位或个人的需要，增加服务接受者的价值或效用，其具有无形性、生产和消费的不可分离性、不可储存性和差异性的特点。服务贸易是将服务作为商品进行交易，以满足消费者需求的经济行为。国际服务贸易具有标的物的无形性、生产和消费的同步性和国际性、保护措施的隐蔽性和灵活性、管理的复杂性等特点。

◆关键词

服务　服务业　国际服务贸易　服务贸易总协定

◆复习思考题

1. 什么是服务？服务的基本特征有哪些？
2. 阐述服务业的概念和分类。
3. 如何理解服务业与第三产业的联系与区别？
4. 阐述《服务贸易总协定》对服务贸易的定义。
5. 国际服务贸易迅速发展的原因是什么？
6. 国际服务贸易有哪些特点？国际服务贸易与国际货物贸易的区别是什么？

◆思考案例

全国政协委员王煜建议发展入境游　平衡中国服务贸易逆差

近年来，我国旅游业发展迅猛，国内游、出境游都取得了很大成绩。相较之下，外国人入境游的发展却略显缓慢。全国政协委员、上海市工商联副主席王煜 2018 年拟提交一份关于发展入境游，平衡服务贸易逆差的提案。

数据显示，2018 年我国出境游人次 1.5 亿次，同比增长 14.7%，而入境游人次 1.4 亿次，同比增长仅 1.2%。如果去除港、澳、台同胞 1.1 亿人次，真正外国游客仅 3 054 万人次，与国际旅游大国相比差距明显。2018 年法国入境游人次为 9 000 万，是中国的近 3 倍。从收入看，美国 2018 年入境游外汇收入 1.05 万亿美元，是中国的 8 倍。王煜指出，如果我国每年入境旅游人次达到法国程度，旅游外汇收入达到美国水平，将形成万亿级产值，从根本上改变我国服务贸易逆差状况，形成外汇收入新来源，抵消外贸走低的压力。

不仅如此，王煜指出，据世界旅游组织测算，旅游收入每增加人民币 1 元，可带动相关行业增收 4.3 元。每增加 1 个旅游就业岗位，可间接带动 7 个人就业。对此，王煜提出四点建议：进一步扩大开放，形成发展外国人入境旅游的国家战略；进一步塑造国家良好形象，完善国家旅游营销机制，创新国家旅游目的地宣传；进一步发挥我国大数据发展优势，提升旅游智慧化建设与行业监管信息化水平；进一步围绕“美丽中国”“美丽乡村”建设，提升旅游景点、旅游产品的能级。

“各地政府要着力解决诸如空气污染、食品安全等外国游客来华旅游的痛点问题。要鼓励企业开阔眼界，创新思维，积极投入景点开发建设、提升景点能级，研发个性化、亚文化型细分产品，提升对外国游客的吸引力。”王煜如是表示。

资料来源：http://finance.china.com.cn/.

思考题：试分析我国的货物贸易顺差和服务贸易逆差产生的原因？

◆应用训练

通过网络等途径查找相关资料，比较不同组织给服务贸易所下定义的区别及相互联系。

第九章 国际服务贸易的模式与统计

本章结构图

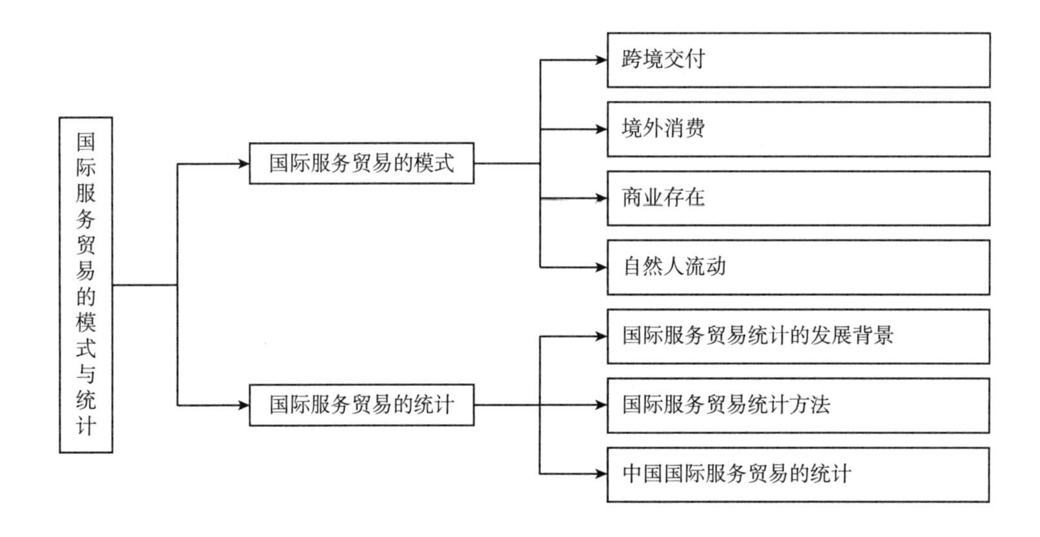

学习目标

掌握国际服务贸易的四种模式，理解其分类依据；了解国际服务贸易的统计制度和统计方法。

导入案例

过去《关税与贸易总协定》只涉及货物领域，服务不属于关税与贸易总协定多边体制的管辖范围，因此，许多国家在服务领域采取了不少保护措施，明显制约了国际服务的发展。为了推动服务的自由化，在乌拉圭回合谈判中，发达国家提出将服务业市场准入问题作为谈判的重点，经过长时间的讨价还价，最后签署了《服务贸易总协定》(General Agreement on Trade in Services，GATS)。《服务贸易总协定》是关贸总协定乌拉圭回合谈判达成的第一套有关国际服务贸易的具有法律效力的多边协定，于 1995 年 1 月正式生效。其宗旨是在透明度和逐步自由化的条件下，扩大全球服务贸易，并促进各成员的经济增长和发展中国家服务业的发展。协定考虑到各成员服务贸易发展的不平衡，允许各成员对服务贸易进行必要的管理，鼓励发展中国家成员通过提高其国内服务能力、效率和竞争力，更多地参与世界服务贸易。

《服务贸易总协定》规定国际服务贸易具体包括四种模式：
模式1：跨境交付(cross—border supply)。
模式2：境外消费(consumption abroad)。
模式3：商业存在(commercial presence)。
模式4：自然人流动(movement of natural persons)。
资料来源：《服务贸易总协定》,1994。

第一节　国际服务贸易的模式

一、跨境交付

(一) 跨境交付的概念

跨境交付(cross-border supply)是指一国成员的服务提供者在其境内向在任何其他成员境内服务消费者提供服务，以获取报酬。这种方式是典型的“跨国界贸易型服务”。它的特点是服务的提供者和消费者分处不同国家，在提供服务的过程中，服务内容本身已跨越了国境。

跨境交付可以没有人员、物资和资本的流动，而是通过电讯、计算机的联网实现，如一国的咨询公司在本国向另一成员客户提供法律、管理、信息等专业性服务，以及国际金融服务、国际电讯服务、视听服务等。当然，跨境交付也可以与国际货物贸易相互结合，促进人员、物资或资金的流动。比如，一国租赁公司向另一国用户提供租赁服务以及金融、运输服务等。

(二) 跨境交付的特征

1. 服务的提供者和消费者均没有流动，跨境流动的只是服务内容

跨境交付的特点是服务的提供者和消费者分处不同国家。服务提供者和服务消费者均在各自国境内完成服务产生和服务消费的过程，不需要服务供给者和服务需求者进行“面对面”交易。

2. 跨境交付需要现代通信和电子手段的支持

服务提供商和消费者均不发生移动，必须依赖通信和互联网络。例如跨国电信行业，通过国际通信线路，从本国向外国用户提供通信服务。

3. 较少受到各种贸易壁垒的限制

各个国家对跨境交付的承诺水平高于商业存在和自然人流动，比跨境消费稍低。通过多边谈判，跨境交付的贸易模式较少受到关税和非关税壁垒的影响。

4. 跨境交付的模式具有多样化

跨境交付的模式既可以直接向消费者提供服务，同时又是其他服务模式的手段。例如，数据处理，既可以是面向消费者的，又可以是保险、航空等服务的手段。

5. 跨境交付的成本费用较低

从费用与成本的角度分析，跨境交付是较为便捷和经济的一种服务提供模式。一方面，

服务的消费者和提供者不必承担像其他三种服务提供模式下,一方或双方必须流动才能提供或接受服务所产生的费用或成本。比如,在境外消费的模式下,消费者流动到服务提供者的服务提供国,在商业存在的模式下,服务提供者以设立新的商业实体的形式流动到东道国,而在自然人流动的模式下,服务的提供者以自然人的身份流动到东道国提供服务。另一方面,由于提供者和消费者都不必流动,跨境提供实际上为消费者和提供者节省了大量的时间和资源,但收益并不一定会低于其他的服务提供模式。

(三)跨境交付的典型行业

1. 电信通信业

无论基础电信业务还是增值电信业务,无论电话业务还是互联网业务,跨境交付都是最基本的贸易模式。中国通信服务出口的主要模式也是跨境支付模式。目前,中国电信、中国移动、中国联通三家基础电信企业主要经营的包含国际通信设施服务业务和国际数据通信业务。跨国企业使用该类服务,可以从境内发起,直接租用这三家的基础电信企业的国际专线(包括虚拟专网),与企业办公自用网络和设备连接。

2. 银行金融业

面对企业的融资需求日趋多元化,银行以及非银行金融机构在提供出口信贷和境外投资贷款等基本金融服务之外,还积极拓展境外发债、并购、上市等顾问服务以及银行贷款等投资银行服务,国际结算、内保外贷等中间业务,跨境人民币、全球现金管理等风险管理服务。

银行金融行业的国际业务将境内境外两个市场连接起来。其特点在于本身是轻资产业务,资本消耗较低,而报酬相对较高。同时,可以较为灵活地根据境内外不同环境的资源优势,带来如存款、资金、利息等综合回报,提升经营流量以及世界知名度。

知识链接9-1

五大国有银行加速发展跨境金融服务

中国银行是跨境结算领域的市场领跑者,是企业办理国际结算及贸易融资业务的首选银行之一。为解决涉外承包工程企业向境外工程业主开立大金额的投标保函、履约保函、预付款保函时,遇到的保证金不足或授信额度不足的问题,该行向市场推介独具中行特色的风险专项资金项下的保函业务。截至目前,中行已累计为企业办理该业务超过1亿美元。

农业银行则促进人民币在东盟、中亚等“一带一路”沿线地区使用,专门打造出跨境金融服务新平台。比如,在广西成立东盟跨境人民币业务中心,在云南成立泛亚业务中心,在内蒙古成立对蒙跨境人民币业务中心,推进人民币与越南盾、缅币、老挝基普、泰铢、蒙古国图格里克等货币的交易兑换。

工商银行依托业务优势,凭借强大的客户基础和外部合作资源,形成集交易前的撮合、交易中的融资方案设计和资金安排、交易后的资源整合和本地化服务为一体的全流程跨境并购金融服务体系,为跨境并购客户提供包括交易顾问、融资顾问、并购融资安排等在内的一揽子综合金融服务。仅2015年,工行牵头组织完成跨境并购交易25笔、累计交易金额超过218亿美元,占中国企业“走出去”交易总额比例近20%。

建设银行对外发布了“跨境 e+”综合服务平台。这是中国建设银行针对跨境电商类业务专项推出的统一金融服务品牌。目前,“跨境 e+”平台已经对接十几家平台公司,服务数万家终端小微客户,月均结算量超亿元。

交通银行是跨境人民币业务首发银行之一。交行的服务涵盖国际结算、贸易融资、跨境投融资、全球财富管理、投行服务、账户服务等方面,业务可操作品种涵盖各种企业类型,对于进出口贸易企业,交通银行将提供跨境人民币结算、跨境人民币信用风险管理、人民币融资、保理等。

资料来源:http://www.financialnews.com.cn.

3. 跨国咨询服务业

咨询服务是指根据委托方的要求提供某个问题的专题报告、可行性研究,为委托方提供决策方案,为委托方解决某一技术难题、企业诊断,为委托方充当一个时期或常年顾问,帮助委托方进行人员培训等。咨询服务涉及领域广泛,以法律服务的跨国提供为例,一般来说,对于法律中介业,外国律师可以不进入一国领土,而是以电讯传递方式向该国居民或企业提供法律服务。传媒的全球化使律师不再需要在某个特定地点才能提供法律服务。这些活动的跨国开展,大部分属于跨境交付。

4. 跨境远程教育

互联网的出现为全球范围内教育资源的整合与共享提供了全新的可能性,基于互联网的现代远程教育是一种无限制教育资源共享的有效方式,它突破了传统教育对受教育者的时间、地点和身份等方面的种种限制,也克服了由此产生的对教育资源的竞争性利用和排他性利用的限制,教育资源的利用效率得到了极大的提高。

教育服务跨境提供主要是通过邮政服务、电信服务、广播电视、卫星通信、因特网等现代通信媒体完成。由于各国国内对卫星器具使用的管制和广播电视媒体的政治敏锐性,教育服务跨境交付通常的形式主要有函授、远程教育和培训、网络教育(E 教育)等。

分析案例 9-1

跨境网络教育的限制因素

和其他教育服务提供模式一样,教育服务跨境交付也受制于一些因素。一是教育服务跨境交付受制于信息技术和计算机技术的发展水平。教育服务的进口国和出口国的科学技术,特别是信息技术和计算机技术的发展水平与应用普及程度,决定其网络教育发展水平,也直接影响其对外提供和接受外国教育服务的政策走向和教育服务开放程度。二是受制于国内与国际网络教育政策。教育服务中的跨境交付只适用于那些作出开放承诺的世界贸易组织成员,而对于那些没有承诺的成员或者非世界贸易组织成员并没有相应的义务约束力。并且,即使对于承诺开放教育服务的成员中,其自身处于国家利益的考虑,也会在不同程度上限制教育服务跨境交付。三是受制于教育服务出口国的教育资源提供能力。教育服务的出口国应当具备为外国教育服务消费者提供达到特定标准或符合要求的教育服务的能力和资格。在某种程度上,教育服务的内容和从事教育服务的人员的素质对教育服务质量起着更加重要的作用。四是受制于教育服务质量保障标准化体系。教育服务的质量直接影响学生对教育服务提供者的选择。对于教育服务提供者而言,教育服务的质量关系到他们在教育服务市场的份额和长远利益。统一的国际教育服务质量保障体系有利于跨境交付远程教育的健康发展。最后，学历、学位的国际认证与认可。学历和学位能否获得广泛的国际认证和认可是学生关注的焦点和选择教育服务跨境交付的基本依据，也符合教育服务提供者的长远利益。建立有效的国际学历、学位认证、认可机制有利于促进国际教育服务贸易的健康发展。

资料来源：http://www.fsou.com/html/text/art/3355935/335593521_1.html.

思考：结合实际，分析跨境交付的教育服务的发展问题。

二、境外消费

（一）境外消费的概念

境外消费(consumption abroad)是指一成员的服务提供者在其境内向来自任何其他成员的服务消费者提供服务，以获取报酬。它的特点是服务消费者到任何其他成员境内接受服务。例如，接待外国游客、提供旅游服务，为国外病人提供医疗服务，接收外国留学生等。该种模式是开放程度比较大的一种服务贸易模式。

（二）境外消费的主要领域

境外消费主要涉及：境外旅游和旅行(范围涉及旅行社和各种旅游设施及客运、餐饮供应、食品等)；境外当地教育(高等教育、培训等)；境外医疗；境外法律、会计、艺术服务；境外信息服务等领域。

（三）境外消费的主要特征

向境外消费者提供服务并获取外汇收入的，对该国即意味着服务出口；消费者移动到境外使用境外个人或机构提供的服务，并支付外汇，对消费者所在国来说就意味着服务的进口。

向境外消费者提供服务是一种被动模式的服务贸易出口，但服务提供国可以通过放宽出入境限制、改善基础设施、提供优质服务等途径吸引境外居民接受服务。

分析案例9-2

中国跨境旅游持续升温

据文化和旅游部数据，我国2017年出境游达1.31亿人次，入境游更达1.4亿人次。随着交通发展、消费升级和政策引导的增强以及各国不断深入旅游合作，出境游已成为中国消费者重要的休闲娱乐方式，并呈现出持续多元化的趋势。

依据《2018中国跨境旅行消费报告》发布数据显示："谁在玩?"——年轻、女性当道：90后、00后与女性积极选择出境游，增长最为迅速。2018年1～9月，90后、00后人群出游人次占比共计超三成，首次超越80后；选择自由行的女性游客占比从2016年的46%上升到2018年的58%，实现了对男性游客的超越。"去哪儿玩?"——小众市场加速：游客期待更个性化的行程。境外消费增速排名前二十的国家中，九个是新进榜国家。同时私家团、海外玩乐产品受欢迎。报名自由行产品出境游的人次占比接近四成，他们也更倾向于深度体验和个性化的旅游方式。"玩什么?"——消费升级明显，强调体验：高端游客人数及人均消费增长最快，游客重体验甚于购物。20%的高端游客贡献80%的总境外消费额。

资料来源：根据携程旅游集团、万事达卡相关报道整理。

思考：目前跨境旅游的发展具有哪些特点？

三、商业存在

（一）商业存在的概念

一成员的服务提供者在任何其他成员方境内设立商业机构或专业机构，为后者境内的消费者提供服务。这种方式既可以是在一成员境内组建、收购或者维持一个法人实体，也可以是创建、维持一个分支机构或代表处。简而言之，通过商业存在提供服务，就是服务提供者在外国建立商业机构为消费者服务。例如，外国公司到本国来开设银行、保险公司、零售商店、律师事务所等。

分析案例9-3

全球大型跨国连锁餐厅——麦当劳

1955年，全球第一家麦当劳餐厅由创始人雷·克洛克(Ray Kroc)在美国伊利诺伊州芝加哥Des Plaines创立。目前，麦当劳已经成为全球零售食品服务业龙头。截至2017年底，全球有超过37 000家麦当劳餐厅，每天为100多个国家和地区的6 900万名顾客提供高品质的食品与服务。全球最具价值品牌排行榜中，麦当劳连续10年排名前10名。2018年，麦当劳在该榜单排名第8位，是全球排名最前的餐饮服务企业，品牌价值超过1 260亿美元。

麦当劳从一家汽车餐厅成长成为跨国零售服务业龙头，离不开其利用特许加盟的经营模式。特许经营是企业通过契约的形式授权其他企业在特定地区提供其产品与服务，通过契约的形式规定双方的权利与义务。目前，特许经营被世界各国认为是21世纪最成功的跨国商业经营模式。美国商业部认为，特许经营是全球新经济的主要力量，其他发达国家也把特许经营作为知识经济的核心商业形态，新加坡甚至把发展特许经营作为其核心的国家战略。

麦当劳的特许加盟和连锁经营制度具有以下特点：① 严格挑选加盟商；② 统一加盟条件；③ 统一企业名称、标识；④ 统一的广告宣传；⑤ 统一服务规范；⑥ 统一作业程序；⑦ 统一员工培训；⑧ 统一产品质量。

资料来源：https://www.mcdonalds.com.cn/.

思考：麦当劳的特许加盟和连锁经营制度有哪些优势？

（二）商业存在的特点

商业存在的特点是服务的提供者在境外采取设立商业或分支机构，进行就地生产就地销售就地经营服务。商业存在可以由东道国人员组成，也可由外国人参与，但这些外国人应以自然人流动方式提供服务。

一般认为，商业存在是四种服务方式中最为重要的方式。并且在20世纪80年代以后，服务业国际直接投资不断升温，跨国公司成为服务业国际竞争的一种主要形式，与国际直接投资紧密相关，在全球国际投资总额中所占份额日益增多。

（三）服务业对外直接投资

目前，国际服务贸易的四种模式中，服务业对外直接投资这一方式基本以商业存在的形式出现。对外直接投资(foreign direct investment,FDI)指的是把所有或者部分必要的生产要素转移到国外,建立新企业或者分支机构,或者以并购的形式控制东道国企业,通过控制经营决策权来影响自身的投资收益。服务业对外直接投资是指服务生产者直接对外投资,在市场开发的东道国设立服务企业。消费者无需跨境或者进行外汇消费,而是在境内就可以消费外商企业服务的一种贸易形式。

四、自然人流动

(一) 自然人流动的概念

自然人流动是指一成员组织的自然人(服务提供者)到任何其他成员组织境内提供服务。自然人流动是各种壁垒限制最多的一种服务贸易模式。大多数国家只是承诺允许商务人员的自由流动或跨国公司内部的自由调动。

(二) 自然人流动与商业存在的共同点与区别

自然人流动与商业存在的共同点是,服务提供者都是到消费者所在国的境内提供服务。

自然人流动与商业存在的区别在于,自然人流动是外国自然人以流动方式入境提供服务。自然人流动中的自然人在其他成员境内的存在是“暂时的”。而商业存在是指外国服务提供者在一成员境内设立企业和专业机构提供服务,包括设立合资、合作和独资服务性企业。商业存在模式中,外国服务提供者派到本地企业的外国专家和管理人员则是与自然人流动相联系的。

(三) 自然人流动的影响

自然人的流动对输出国和输入国都会带来相关影响。与其他生产要素相同,自然人跨国流动使得输入国和输出国的劳动和其他生产要素之间都存在调整和重新分配。

对于输出国来说,自然人流向其他国家无疑会冲击本国的劳动力市场,提高服务价格。劳动力的流失会影响产品市场和要素市场的原有价格和秩序。对于该国暂时在外工作和生活的民众,这种的暂时流动不仅可以带来个人收入和知识水平的提高,并且从一定程度上看,也能对本国科学技术水平和综合素质的提升起到促进作用。

对于输入国来说,自然人的流入可以降低服务价格,改善居民生活质量。对于发展中国家来说,可以更多输出其劳动密集型服务(建筑、环境服务等)。对发达国家来说,他们在高技术领域的优势可以直接转换为财富,而开放自然人流动,可以使这些国家因人口老龄化带来的问题迎刃而解。同时,自然人的流入也会引起一些社会问题。比如,对本国国民工作就业产生竞争压力,文化背景不同而产生社会摩擦和集团对抗,人口拥挤所带来的社会及医疗保障、交通通信设施、学校教育资源和安全保障等其他额外成本。这些也是自然人流动中不可低估的负面外部效应。

(四) 影响自然人流动的主要壁垒

1. 与签证及工作许可有关的壁垒

对外国服务人员的入境给予各种限制,同时即便允许外地劳工进入,也要优先录用本地的劳工。工资平等要求限制了外国劳工就业,因为外国人和本国人拿一样工资,雇主便失去了雇佣外国人的积极性。工作许可证有时间限制，而申请延期的手续繁琐、严格，费用高昂。

2. 对外国服务人员的歧视性待遇

对国籍进行鉴别；双重征税；政府及私人雇主都会优先购买本国服务人员提供的服务。在东道国创业手续繁琐。

3. 对资格、培训和经验的不适当认证

例如，必须能够熟练使用本地语言，必需的资格认证等。

知识链接 9-2

美国收紧 H-1B 签证，加拿大终于出手

根据 2019 年 2 月初发布的一份报告，2018 年秋季学期，首次被美国研究生院招收的国际学生人数比 2017 年秋季学期减少 1%，连续第二年出现下降；申请研究生的国际学生人数，也再次减少 4%。美国针对合法移民政策收紧，也是造成这一现象的原因之一。尤其是在 2018 年 7 月，美国移民局发布了一份备忘录，表示其官员从 2018 年 9 月 11 日起，有权在不寻求补充信息的情况下，拒绝任何签证类型申请，一改此前必须联系申请人补充更多信息的要求。这些都导致申请 H-1B、F-1 学生签证和 OPT，以及 STEM 专业 OPT 延期等，难度日趋加大。

但就在美国不断收紧政策之时，加拿大却在积极地行动，从硅谷和美国其他科技丰富的地区吸引顶尖的外国人才。外国技术人员只需两个星期即可从加拿大获得一份工作许可，而在美国，这个过程需要几个月的时间。

加拿大政府不会明确地表示它是否在利用美国动荡和不确定的移民环境获益，但专家们称，加拿大为期一年的“全球技能战略”(global skills strategy)项目正在为外国技术人员提供类似于美国的 H-1B 签证的工作许可，其目的是吸引高技能的外国科技工作者到多伦多、蒙特利尔或温哥华工作。根据该国政府数据显示，尽管移民仅占加拿大人口的 20%，但他们却组成了该国有学士及以上学位的 STEM 专业(即科学、技术、工程和数学专业)人才的一半左右。

资料来源：http://www.sohu.com.

第二节 国际服务贸易的统计

1993 年前后，为了适应最新发展需要，国际服务贸易从原先的国际贸易中分离出来，与货物贸易并列，也成为一个独立的门类。同时，服务的提供模式由跨境消费模式发展到以国外商业存在的模式。国际服务贸易统计的制度和方法也有了许多创新和改进，以便能够更好地得到精准的测度结果。

知识链接 9-3

外汇局：12 月中国国际货物和服务贸易顺差 2 280 亿元

据国家外汇管理局网站消息，31 日国家外汇管理局公布 2018 年 12 月中国国际货物和服务贸易数据，2018 年 12 月，中国国际收支口径的国际货物和服务贸易收入 16 074 亿元，支出 13 794 亿元，顺差 2 280 亿元。

其中，货物贸易收入 14 484 亿元，支出 10 650 亿元，顺差 3 835 亿元；服务贸易收入 1 589亿元，支出 3 144 亿元，逆差 1 554 亿元。按美元计值，2018 年 12 月，中国国际收支口径的国际货物和服务贸易收入 2 335 亿美元，支出 2 003 亿美元，顺差 331 亿美元。其中，货物贸易收入 2 104 亿美元，支出 1 547 亿美元，顺差 557 亿美元；服务贸易收入 231 亿美元，支出 457 亿美元，逆差 226 亿美元。

资料来源：http://www.safe.gov.cn.

一、国际服务贸易统计的发展背景

国际服务贸易统计是根据国际服务贸易的总体范围，构建国际服务贸易统计指标体系，进行数据采集、汇总、整理、分析和核算，以对国际服务贸易的数量、价值、规模、流向和发展趋向进行定量描述。国际服务统计建立在理解统计制度、统计方法和数据收集的基础之上。科学使用统计方法分析经济数据背后的经济现象以及复杂经济系统的规律，是为经济和管理提供有效决策的前提和基础。

正是由于服务贸易的地位和重要性不断提升，促进了服务贸易理论的研究，世界各国政府和组织对于国际服务贸易的统计问题也越来越重视。政府参与服务贸易国际谈判需要各个国家和行业的相关数据，企业研究东道国的市场服务业状况并开展经营管理活动也需要数据。但是关于国际服务贸易统计的规范存在着诸多难点：一是服务贸易与货物贸易的特点不同。在统计时，货物和服务与其他分录之间的区别由它们所提供经济价值的性质决定。实际操作中，区分出属于服务的交易额，并核算进入服务账户，这一过程比核算货物贸易更加复杂多变。有时还会考虑到其他因素的影响，例如数据来源等。二是世界各国关于服务贸易的发展和统计能力存在水平差异。因此，考虑到国际生产要素和资本流动的跨国特殊性质，也导致国际服务贸易在统计范围和统计标准的制定过程中，需要耗费更多资源和精力。

1994 年《服务贸易总协定》(GATS)生效后，联合国统计司、联合国贸易和发展会议、世界货币基金组织、世界贸易组织和欧盟等专家组成机构工作室，编写出《国际服务贸易统计手册》(MSITS)，2002 年通过并颁布使用。目前，大多数国家借鉴参考的为 2012 年联合国出版的《2010 年国际服务贸易统计手册》(MSITS)。

二、国际服务贸易统计方法

目前，以《服务贸易总协定》(GATS)对国际服务贸易的定义，按照国际服务贸易的四种提供方式(跨境交付、境外消费、商业存在和自然人流动)作为总体统计范畴。一般来说，国际收支统计和外国附属机构统计两条线路，建立了二元架构，形成服务贸易统计体系。

(一) 国际收支服务统计(BOP 统计)

1. BOP 统计的含义

国际收支统计(balance of payments，BOP)是基于国际货币基金组织的《国际收支手册》

(第6版)(balance of payments manual,BPM6)制定的服务贸易统计方法。国际收支系统地记载了报告期内本国(地区)与世界其他国家(地区)之间发生所有权转移的全部经济往来。国际收支口径的服务贸易统计,即传统的服务贸易统计,来源于国际收支表的服务子项,但包含了更多的信息。国际收支表的经常项目,其测度的是报告编制经济体与外部世界整体之间的服务交易,不区分具体的贸易国别。而国际收支服务贸易统计编制区分国别。因此,也可以称国际收支统计是按照国际收支口径记录的分国别的服务贸易统计。

国际收支统计依照常住者交易的原则进行统计核算,统计范围只包括居民与非居民之间的跨境贸易。因此,根据国际收支统计原则,国际收支服务统计也同样只包括居民与非居民之间的跨境服务性贸易。跨境服务贸易包括服务的进口和出口,服务进口是由常住单位从非常住单位购买和使用服务,而服务出口是由常住单位向非常住单位销售和提供服务。国际收支统计的范围不涉及国外分支机构与当地居民之间相互提供的服务。换句话说,由《服务贸易总协定》(GATS)对国际服务贸易提供方式中的"商业存在"难以被核算和计入到国际收支服务统计的范围之中。

基于《国际收支手册》(第6版)制定国际收支表。BOP统计的服务贸易与国际收支表的服务(交易)相对应,其进口对应于国际收支表的借方,出口对应于国际收支表的贷方。服务贸易总额是由每笔交易的金额累计加总而得。《国际收支手册(第6版)》与上一版本《国际收支手册》(第5版)(balance of payments manual,BPM5)进行比照,第六版手册延续了第五版手册的统计思路和核算方法,但也对国际服务贸易统计相关的内容作出部分调整和补充。如,第十章货物和服务账户中,第6版手册对于部分具体账户的定义和重分类作出了一些修改,澄清了别处未涵盖的政府货物和服务的范围。实际操作方面,第6版手册补充和解释了对一些具体安排的处理方法。

2. BOP统计数据采集途径

货物贸易的数据基本依靠于海关报关单,服务贸易数据来源广泛,因此国际服务贸易数据有多种途径的采集方式。其中,大部分的数据可以通过国际交易申报系统、企业调查和其他官方数据报告等途径获取。

(1) 国际交易申报系统。国际交易申报系统指商业银行对本行经手的居民与非居民之间交易进行记录,并向国际收支管理者,逐笔或汇总的申报金融管理制度。一般来说国内商业银行作为中介机构,负责定期申报银行客户的国际结算情况,由上级部门汇总和整理并编制国际收支平衡表。

(2) 企业调查。企业调查指编报机构直接向企业展开调查,以获得常驻企业与非常驻企业之间的交易数据,既可以是全面调查,也可以是抽样调查;既可以是面对特定行业的调查,也可以扩大到各类企业。在企业调查统计时需要科学设计调查问卷,选取合适的调查对象,结合实际情况统计和处理相关数据。

(3) 其他官方数据。其他官方数据是国际交易申报系统和企业调查的补充,有利于提高国际服务贸易统计数据的完整性和准确性。其他官方数据可以来源于国际贸易统计当局之外的其他政府机构。比如,国家货币当局的专项核算记录,可以作为编制国际收支的补充来源,以核实数据的准确性。

(二) 外国附属机构统计(FATS统计)

随着跨国公司全球一体化运营的发展,以商业存在方式提供的国际服务贸易,即国外附属机构服务贸易越来越重要。目前，世界各国还没有统一地制定出新体系，以使得能够与《服务贸易总协定》(GATS)的四种国际服务贸易提供方式的口径完全对照。因此，许多国家采取的措施是：从国际收支表中的直接投资统计出发建立起了外国附属机构统计(foreign affiliates trade in services，FATS)。外国附属机构服务贸易统计与国际收支统计互相补充，组成二元架构的服务贸易统计体系。

1. FATS统计的含义

服务供应商通过设在国外市场的附属机构，实现以境外商业存在的模式提供贸易服务。因此，外国附属机构统计测算与外国直接投资统计紧密相关。FATS统计是从国际收支表中的直接投资统计出发建立的，以反映外国附属机构在东道国的服务交易情况，包括与投资母国之间的交易、与东道国居民之间的交易以及与其他国家之间的交易。

外国直接投资是国民账户体系和国际收支统计中既有的概念，指投资国的常住者为了获取长远利益，对东道国常住的企业进行的投资。通常衡量的标准是，外国常住者的控股权达到10%即为外国直接投资企业。其中，还可详细划分：非居民控制权达到50%的称为子公司，低于50%但高于10%的称为联营公司，完全由外国企业持股或控股的称为分公司。子公司、联营公司和分公司统称为外国附属机构。国际上还有一种强调“控制”的定义，要求外方拥有的控制权必须高于50%。

2. FATS统计的内容和数据

外国附属机构服务贸易统计包括由下述部分或所有项目组成的一系列变量：

(1) 企业数目，指符合直接投资要求的外国附属机构的数量。以中国为例，境外中国附属机构(非银行类)服务贸易情况的统计范围为中国直接投资者拥有50%以上(不含50%)股权的企业。

(2) 销售额(营业额)、收入总额或产出值：销售额由营业收入总额减去优惠退款、折扣和退款，不包括消费者承担的消费税、营业税和增值税。大多数情况下销售额与产出值相同，但销售额比产出值更容易收集到数据。

(3) 从业人数：以企业工资单上的员工人数为准，还需要采集到附属机构中本国员工和外籍员工的数量信息。

(4) 增加值，指的是企业在生产过程中创造的高于投入的价值部分。增加值可以反映外国附属机构对东道国经济体国内生产总值作出的贡献。

(5) 其他变量：利润总额、资产总额、负债总额、所有者权益总额、货物和服务的出口和进口、企业数量、资产净值、营业盈余、固定资本形成总额、所得税、研究与开发支出、雇员报酬以及决策人可能关心的其他方面。

FATS统计的数据来源于外国直接投资统计。外国直接统计可以从外国直接投资头寸账户、交易账户和收入账户三个方向上进行。FATS统计也可以通过识别外方控股企业，展开企业调查，运用信息系统或者问卷进行数据填报，由相关统计人员和机构信息收集、处理、汇总和分析。

知识链接 9-4

服务贸易——从被忽视到热点、难点、关注点

2017年开始,伴随中国服务业自身的发展,中国首次发布2015年FATS统计数据。统计结果表明,中国FATS规模远大于过去发布的服务进出口规模。2015年,我国内向、外向FATS销售额合计13.7万亿元人民币,远高于当年4.1万亿元的服务进出口额。这与发达国家(地区)的情况类似,美国、欧盟FATS销售额约为服务进出口额的2倍。

商务部服务贸易司司长冼国义表示:"通过目前的FATS统计可以看出,外资企业通过商业存在(在华设立企业等方式)对中国提供的服务出口,远大于中国企业对外国提供的服务出口,表明中国服务企业国际竞争力有待提高。"

由于服务贸易涉及领域及部门多,统计难度高,可谓全球难题。特别是随着支付方式的变化,传统统计方法也面临极大的挑战。例如,中国去年11月出境游的人数增长了6%,但通过传统支付渠道等方式统计的旅游进口却是下降的。

资料来源:https://www.yicai.com/news/.

(三) BOP统计和FATS统计关系

这两种服务贸易统计方法是基于既有的统计体制建立起来的。BOP统计沿用国际收支表经常项目中的服务统计项目,FATS统计是基于国际收支表的直接投资统计出发建立的。因此,两种服务贸易统计只是尽可能地包括四种提供方式,但两者之间不存在确切的对应关系。BOP统计与FATS统计之间虽然都是国际服务贸易系统中的主要构成,但两者的数据不能直接相加,原因在于两种统计方式的统计范围、内容和原则的出发点都不同,部分内容有重叠之处。例如,模式二的境外旅行数据包含在国际收支统计数据中。但其中可能存有一部分服务消费是由境外商业附属机构提供的,因此,BOP统计和FATS统计中都含有该交易金额,两种统计方式出现重叠部分。

分析案例 9-4

国际服务贸易统计制度发展之路

20世纪90年代前,人们对贸易的理解仅仅限于货物贸易,因此,服务贸易就是发生在常住单位和非常住单位之间的服务产品的交易。《国际收支手册》1至4版中,劳务、非金融财产收入和投资收入都一并放在服务贸易项目之下。1993年,国际货币基金组织制定的《国际收支手册》(第5版)中下设栏目,明确区分了"货物"与"服务",并将电信、计算机服务、信息加工和金融等归入"其他服务"的项目。由此,服务贸易在国际收支统计中取得了独立的地位,它核算跨境服务交易。

针对服务贸易谈判和市场开放的需要,1994年,GATS将国际服务贸易定义为四种模式:跨境交付;境外消费;商业存在;自然人流动。同时,联合国统计委员会批准建立国际服务贸易统计机构间工作组,鼓励开发国际概念定义和分类,促进国际服务贸易统计的发展,提高数据收集和处理质量,使得不同国家之间的统计结果具有可比性。

GATS签订后,2001年联合国统计委员会正式通过了《国际服务贸易统计手册》。它将贸易服务统计范畴延伸到了GATS定义的四种提供模式,并为新的国际服务贸易统计制定了许多规范。服务统计制度创新不是另行建立完全对应四种服务提供方式的统计机制。传统的服务贸易统计主要来源于国际收支表的服务统计。外国附属机构是外国直接投资过程中,东道国拥有外国直接投资企业的统称,关于外国附属机构国际上还有一种强调控制的定义,并且强调外方所有权必须超过50%。

思考:国际服务贸易统计制度是怎样发展的?

三、中国国际服务贸易的统计

(一)我国服务贸易统计发展背景

在国际双边和多边谈判中,各国也是围绕四种模式分行业作出承诺并进行服务市场的开放。长期以来,我国服务贸易统计数据来源仅依赖于国际收支平衡表中"经常项目"中的"服务"项下的数据。由于BOP统计体系的数据收集着眼于"属地"原则,而GATS中的服务贸易则着眼于"属人"原则。两者在概念上的差异,使得仅仅只依靠BOP统计法收集的服务贸易数据,并没有真实有效地反映我国服务贸易应有的内容。因此,我国也将FATS统计方法列入统计体系建设的要求中。

2016年,商务部与统计局联合印发了《国际服务贸易统计监测制度》。该制度完善了国际服务贸易统计监测、运行和分析体系,避免重点领域出现漏统的问题,同时也有利于将我国的国际服务贸易统计监测工作与国际标准进行对接。监测制度包含各式服务贸易统计综合表格和基层表格,由调查对象按照报告期别进行填报,实例如图9.1所示。

按供应模式分配的服务贸易总额

表　　号:服贸统综1表
制定机关:商务部　国家统计局
文　　号:商服贸函(2016)　号
有效期至:　　年　月
计量单位:万美元

综合机关名称:

供应模式	代码	收入总额	支出总额
甲	乙	1	2
跨境提供	01		
境外消费	02		
商业存在	03		
自然人移动	04		

单位负责人:　　　　制表人:　　　　20　　年　　月　　日

说明:1. 本表数据由商务部根据调查对象申报数据以及其他数据源综合整理;
2. 填报时间为年后8月15日前。

图9.1　中国国际服务贸易统计调查表式——服贸统综1表

（二）中国服务贸易统计的基本框架

中国服务贸易统计的框架是两条主线和一条辅线。两条主线分别是居民与非居民间服务贸易统计和外国附属机构服务贸易统计，一条辅线是自然人移动统计。

居民与非居民间服务贸易统计，即服务进出口统计，其统计范围包括：服务提供者从中国境内向其他国家或地区的服务消费者提供的服务，即中国的服务出口；以及境外服务提供者从其他国家或地区向中国境内的服务消费者提供的服务，即中国的服务进口。此统计范围与《服务贸易总协定》所定义的跨境提供和境外消费相对应。

外国附属机构贸易统计的范围包括外国或地区企业通过直接投资方式控制（直接投资者拥有50%以上的股权）的中国境内企业在中国境内实现的服务销售，即内向附属机构服务贸易；以及中国境内的企业通过直接投资方式控制（直接投资者拥有50%以上的股权）另一国或地区企业而在该国或地区境内实现的服务销售，即外向服务机构服务贸易。此统计范围与《服务贸易总协定》所定义的商业存在相对应。

自然人移动统计的范围包括：中国境内的服务提供者在其他国家或地区以自然人移动的形式提供的服务，以及其他国家或地区的服务提供者在中国境内以自然人移动的形式提供的服务。

知识链接9-4

《服务贸易发展“十三五”规划》(节选)

“十二五”时期，在党中央、国务院的坚强领导下，我国加快建立开放型经济新体制，深入推进服务业改革开放，服务贸易发展各项目标任务圆满完成，服务贸易在国民经济中的地位显著提升。

贸易规模快速扩大。“十二五”期间，我国服务进出口年均增长15.7%，世界排名由“十一五”末的第四位上升至第二位，服务出口年均增长11%，服务进口年均增长19.4%。服务贸易占我国外贸（货物和服务进出口之和）的比重和我国服务出口、服务进口全球占比实现“三提升”，2015年分别增至16%、6%、10.1%，比“十一五”末分别提高5.1、2和5.2个百分点。

行业结构持续优化。运输、旅游、建筑等传统领域保持较快增长，技术、文化、计算机和信息服务、咨询服务、金融、中医药服务等新兴领域优势逐步积累、发展加快。2015年，计算机和信息服务、保险服务出口分别为245.5亿美元、50亿美元，占比分别为8.6%、1.8%，比“十一五”末分别提高1.8和0.7个百分点。

区域发展渐趋协调。以北京、上海、广东为中心的东部沿海地区是我国服务贸易发展最为集中的区域，中西部地区是拉动服务贸易快速增长的新生力量。2015年东部和中西部服务进出口占比分别为85.8%和14.2%，中西部地区占比比“十一五”末提高6个百分点。重点区域服务贸易增势良好，“十二五”期间长江经济带11个省市、京津冀地区和东北地区服务进出口分别增长77.1%、64.6%、133.1%。

市场开拓成效明显。服务贸易市场集中度进一步提升，2015年我国前十大服务贸易伙伴服务进出口占比为62.4%，比“十一五”末提高2.1个百分点。承接国际服务外包的国家或地区达197个，比“十一五”末增加29个。截至目前，我国与7个国家和地区签署了服务贸易合作备忘录，建立了服务贸易促进工作机制，开展双边务实合作。

（三）服务进出口统计分组和内容

服务进出口统计中，可以按照产品进行如下分组。

1. 运输

运输是指一个经济体的居民为另一个经济体的居民提供海运服务、空运服务、铁路运输服务、公路运输服务、内陆水道运输、空间运输、管道运输服务、运输辅助服务以及邮政和寄递服务等。不包括在内的项目是运费保险，非居民承运人在港口购买的货物、铁路设施、港口和机场设施的修理以及出租或包租不带机组人员的运输工具。

2. 旅行

旅行是指旅行者在其访问的经济体逗留期间从该经济体购买的货物和服务。其包括旅游、留学、就医及健康相关旅行、境外务工等。旅行者的国际运费不包括在内。

3. 建筑

建筑是指在建筑工程所在经济体未设立法人、分支机构及项目办公室由本经济体居民企业直接开展的建设活动。包括：以建筑物、工程性土地改良和其他此类工程建设，如道路、桥梁和水坝等为形式的固定资产的建立、翻修、维修或扩建；相关安装和装配工程；场地准备、油漆、测量和爆破等特殊服务；建设项目的管理；从建筑工程所在经济体或第三方经济体购买的服务和劳务；从事劳务承包、合作的中国居民，提供劳务输出获得的收入，以及中国居民接受非居民提供的劳务承包服务而支出的费用。

4. 保险服务

保险服务包括人寿保险和年金、非人寿保险、再保险、标准化担保服务，以及保险、养老金计划和标准化担保计划的辅助服务所涉及的保费、费用等。

5. 金融服务

金融服务是指保险和养老金服务之外的金融中介和辅助服务，通常包括由银行和其他金融公司提供的服务。比如，存款吸纳和贷款、信用证、信用卡与金融租赁相关的佣金和费用、保理、承销、支付清算等服务。还包括金融咨询、金融资产或金条托管、金融资产管理及监控、流动资金提供、非保险类的风险承担、合并与收购、信用评级、证券交易和信托等服务。

6. 电信、计算机和信息服务

电信服务是指通过电话、电传、电报、无线广播、电视线缆、电视、卫星、电子邮件、传真等广播或者传送音频、图像、数据或其他信息的服务。计算机服务是指与计算机有关的硬件和软件相关服务和数据处理服务。信息服务包括通讯社服务，如向媒体提供新闻照片和有关资料报道；数据库服务，如数据库构思、数据储存以及数据和数据库通过在线和磁性、光学或印刷介质进行的分发；网页搜索门户，即客户输入关键，查询字段寻找互联网址的搜索引擎服务；非批量订购报纸、期刊和书籍及电子出版物等。

7. 技术

技术是指从中国境外向境内，或者境内向境外，通过贸易等方式转移技术的行为。

8. 专业和管理咨询服务

管理咨询和公共关系，是指为企业提供的业务政策、战略规划和总体规划方面的咨询、指导和业务援助服务，以及在企业管理方面提供的服务。具体可以是管理审计、市场管理、人力资源管理、生产管理和项目管理咨询。法律服务是指在任何法律、司法或者法定程序中提供的法律、咨询和代理服务、起草法律文件服务、认证咨询及第三方托管和结算服务。会计服务，是指记录商业交易、对会计记录和财务报表进行审计、营业税规划咨询服务以及准备税务文件等服务。广告服务，是指广告制作服务、广告发布服务和广告代理服务。会展服务，包括展览、会展服务，以及会展摊位租赁费用。

9. 知识产权使用费

知识产权使用费是指其他未涵盖的知识产权使用费，包括特许和商标使用权、研发成果使用费、复制或分销计算机软件许可费、复制或分销视听及相关产品许可费和其他知识产权使用费。

10. 个人文化和娱乐服务

个人文化和娱乐服务是指使服务的接受者在本经济体内接受非居民所提供的个人、文化和娱乐服务。文化服务，指新闻出版服务、广播影视服务、文化艺术服务、文化信息传输服务、文化创意和设计服务和其他文化服务。教育服务，包括与各教育阶段有关的服务，无论教学方式是函授课程，通过电视、卫星或网络授课，还是居民接受非居民前往居民所在经济体开展教育服务，或非居民接受居民前往非居民所在经济体开展教育服务。医疗服务，包括医疗、医院服务、其他人类健康服务和社会服务。在服务提供者所在领土内提供给非居民的医疗服务不在此项下，应进入旅行项下就医及健康相关旅行。

11. 维护和维修

维护和维修是指居民对于非居民拥有的货物进行的保养和维修工作，维修可能在维修地点或其他地方进行，船舶、航空器和其他运输设施的保养和维修属于这个项目，运输设备的清洁则属于运输服务。建筑维修和保养属于建筑服务。计算机的保养和维修属于计算机服务。

12. 其他服务

加工服务，指对他人拥有实物投入的制造服务，包括由不拥有相关货物的企业承担的加工、装配、贴标签和包装等服务，包括由来料加工或出料加工产生的加工缴费收入及支出。

◆内容提要

按照《服务贸易总协定》规定，国际服务贸易具体包括四种模式。跨境交付是指服务提供者在一成员方的领土内向另一成员方领土内的消费者提供服务，服务供应商和消费者分别位于各自国内；境外消费是指服务提供者在一成员方的领土内，向来自另一成员方的消费者提供服务的方式，服务消费者在本国境外接受服务；商业存在是指一成员方的服务提供者在另一成员方领土内设立商业机构，在后者领土内为消费者提供服务；自然人流动是指一成员方的服务提供者以自然人的身份进入另一成员方的领土内提供服务。参照国际服务贸易的提供方式，关于国际服务贸易统计主要包含国际收支服务贸易统计(BOP统计)和外国附属机构服务贸易统计(FATS)统计。我国服务贸易统计主要是服务贸易进出口统计和外国附属机构服务贸易统计，自然人移动统计作为补充。

◆**关键词**

跨境交付　跨境消费　商业存在　自然人流动　BOP统计　FATS统计

◆**复习思考题**

1. 国际服务贸易的提供方式有哪些?
2. 简述BOP统计和FATS统计的内容和特点。
3. 简述国际服务贸易统计的数据收集渠道。
4. 简述中国服务贸易统计的基本框架。

◆**思考案例**

菲律宾走向"外劳帝国"的历史

对现代菲律宾人而言,出国务工不仅收入可观,而且受到国家与社会的认可与尊重。这与菲律宾社会的现代历史与文化观念有密切关联。

夏威夷以及北美洲西海岸大量种植园劳动力短缺,菲律宾成为了劳动力主要来源地。1935年,美国颁布《菲律宾人归国法案》,将滞留在美国的菲律宾人陆续遣返。海外劳工群体不仅是殖民主义剥削的对象,同时成为殖民帝国剥削过程中用后即弃的"工具"。1946年菲律宾独立,美国持续对菲律宾的政治、经济与军事进行把控,菲律宾的战后经济恢复与社会重建举步维艰,国内面临着严重的经济问题。同时,世界爆发两次石油危机,原油价格成倍增长,大量中东国家急需劳动力来进行社会建设。1974年,菲律宾政府颁布《劳工法典》,鼓励国人出国务工,成立的海外就业发展委员会为海外劳工与跨国公司牵线,一定程度上缓解了国内就业压力,外汇也不断流入菲律宾。越来越多的女性也开始加入到出国务工的行列,主要从事医护与家庭帮佣等服务类型的工作。

21世纪以来,菲律宾每年向世界各地输出约200万名海外劳工。海外劳工为菲律宾社会带来了较为可观的收入增长。以香港为例,外籍家庭帮佣的最低月薪约为4 310港元(约合人民币3 700元),而菲律宾大马尼拉区的家庭帮佣月薪则在3 000到10 000比索不等(约合人民币400元到1 300元)。

菲律宾海外劳工群体确实对个人、家庭以及国家状况作出积极且有效的改善。但是,这一群体所面临的诸多问题也不容忽视。出国务工意味着与家人在空间上和时间上的分隔,父亲或母亲角色的缺失(甚至二者同时缺失)对子女的成长教育带来不良的影响。大量收入大都被用于海外消费,而不是菲律宾国内的消费、积累、投资。生活质量往往只是短暂地有所提升,随后又陷入窘境。另一方面,菲律宾海外劳工的就业以及个人安全保障仍不健全。国际局势、地区局势乃至两国关系的风吹草动,均会直接影响到菲律宾海外劳工的处境。

资料来源:https://www.thepaper.cn.

思考题:

1. 菲律宾对外劳务输出属于《服务贸易总协定》中的哪种服务提供方式?
2. 为什么菲律宾人愿意到海外进行劳务工作?
3. 对于菲律宾政府而言,境外劳务输出带来的优缺点分别有哪些?

◆**应用训练**

北京市商务委同意在北京等省市深化服务贸易创新发展试点,试点期限为2年,自2018

年7月1日起至2020年6月30日止。北京市人民政府办公厅对外发布《北京市服务贸易创新发展试点工作实施方案》，提出了4个方面29项开放便利举措，着力推动金融、科技、信息、文化创意、商务服务等五大现代服务业领域的服务贸易发展。

思考题：请同学们查找相关资料，结合国际服务贸易的提供方式，讨论和分析如何促进服务贸易的发展。

第十章 国际服务贸易相关理论

本章结构图

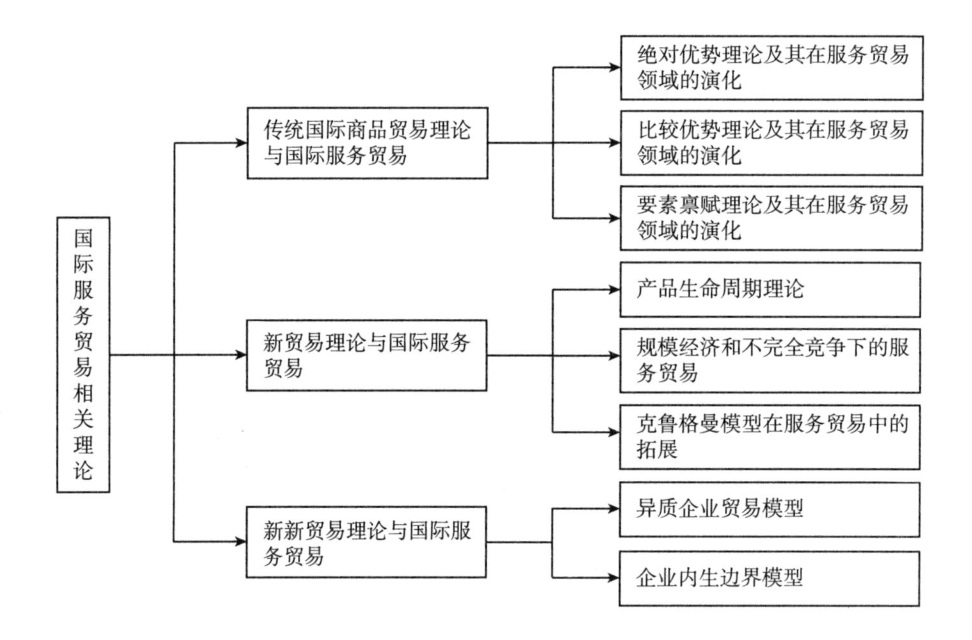

学习目标

掌握传统的国际贸易理论、新贸易理论，并理解它们在国际服务贸易中的适用性；了解新新国际贸易理论及其在国际服务贸易中的适用性。

导入案例

广东格兰仕企业(集团)公司是世界最大的微波炉制造商。在中国品牌力指数 SM (C-BPI ©)品牌排名中，格兰仕在 2011～2017 年保持微波炉行业第一，被评为“黄金品牌”。格兰仕总部在中国广东，在美国、德国、英国、日本、智利、西班牙、俄罗斯等国家和地区建立子公司、研发中心和商务分支机构，组建本土营销团队，加大格兰仕品牌在全球的本土化经营。

格兰仕的品牌战略很简单：聚焦于局部，获取绝对主导权。20 世纪 90 年代，格兰仕开始活跃在世界各地展会，与全球零售商建立了广泛的战略合作伙伴关系。截至 2017 年，格兰仕已在全球 138 个国家和地区申请注册了自主商标，并在多个国家建立子公司，充分利用各地区的优势安排各项生产工作。

第一节 传统国际商品贸易理论与国际服务贸易

传统的国际贸易理论体系是以商品贸易为基础发展起来的,国际服务贸易理论研究一直处于空白状态,并没有形成自己的理论体系。随着服务业日益成为产业进步的标志,国际服务贸易理论研究越来越受到国际经济学界的普遍重视。

国际服务贸易理论体系,存在两种选择:一是根据国际服务贸易的实践和特点,借鉴相关学科领域的研究成果,发展出相对独立的服务贸易理论;二是将传统的商品贸易理论加以延伸,扩展到服务贸易理论,用相应的逻辑和概念来阐述服务贸易,从而实现商品贸易理论与服务贸易理论的衔接。

但由于在目前的研究中,很难将服务贸易与商品贸易分割开来,所以在研究中大都将传统的商品贸易理论直接延伸到服务贸易领域。

一、绝对优势理论及其在服务贸易领域的演化

19世纪中叶,英国资本主义发展迅速,重商主义的贸易理论和政策严重限制了新兴资产阶级的利益,所以英国的新兴资产阶级迫切要求废除重商主义的贸易保护政策,推行自由贸易。英国经济学家亚当·斯密(Adam Smith)和大卫·李嘉图(David Ricardo),分别以其代表学说"绝对优势理论"和"比较优势理论",成为自由贸易理论的代表人物;瑞典经济学家赫克歇尔(Eil Heckscher)和俄林(Bertil Cotthard Ohlin)的"要素禀赋理论"又进一步推动了自由贸易理论的发展。

(一)绝对优势理论

1776年,英国著名经济学家亚当·斯密在其代表作《国民财富的性质和原因的研究》(简称《国富论》)中提出绝对优势理论,亚当·斯密也因此成为资产阶级经济学古典学派的主要奠基人之一。

绝对优势理论的主要内容是:一个国家出口的商品是商品生产上具有绝对生产成本优势的商品,也就是说一个国家出口的商品应该是单位生产要素投入较少的商品,即商品的生产上具有绝对优势、生产成本低于其他国家。所谓绝对成本,是指两个国家之间生产某种产品的劳动成本的绝对差异,即一个国家所耗费的劳动成本绝对低于另一个国家。

绝对优势理论包含两层含义:一是国际分工是建立在一个国家所拥有的绝对生产成本优势(有利的自然禀赋或后天的有利条件)上,分工可以提高劳动生产率,增加国民财富;二是主张自由贸易,如果贸易双方都具有绝对优势,那么通过自由贸易,双方都能取得贸易利益。因为自由贸易会使贸易双方的资本和劳动力从生产能力低的行业转移到生产能力高的出口行业中去,从而实现社会资源的有效配置,提高劳动生产率。

国际分工的基础是有利的自然禀赋或后天的有利条件。有利的自然禀赋或后天的有利条件可以使一个国家生产某种产品的成本绝对低于别国从而在该产品的生产和交换上处于绝对有利地位。各国按照各自有利的条件进行分工和交换,将会使各国的资源、劳动和资本得到最有效的利用,将会大大提高劳动生产率和增加物质财富,并使各国从贸易中获益,这是绝对优势理论的本质。

但是两个国家刚好具有不同商品生产的绝对优势的情况是极为偶然的，所以亚当·斯密的绝对优势理论仍然面临着许多挑战。

课堂讨论 10-1

20世纪90年代以来，印度信息技术服务业蓬勃发展，特别是软件业发挥了重要作用。印度的软件产业在20世纪90年代保持了较高的增长率，每年以46.5%～60.5%的速度增长，而同期世界软件业的平均增长速度为15%。

由于国内需求较小，印度软件产品和软件服务主要面向出口，以承接外包服务的方式获得产业的发展，形成了出口导向型的软件发展模式。2015年印度软件外包服务总额达到1 820亿美元，而同年中国仅有127亿美元。印度出口到美国、日本、英国、德国、法国和意大利这六个国家的软件占印度软件出口80%，其中出口到美国的软件占比高达60%以上。印度正在成为越来越多的欧美企业的“后台办公室”。

经过多年发展，印度培育了一大批软件企业，有软件公司近万家，从业人员200多万人。特别是形成一批具有较强国际竞争力的软件业跨国公司。这些公司在欧美国家有数百家分支机构，业务保持了快速增长。

试讨论：印度软件服务业的快速发展是否符合绝对优势理论？

（二）绝对优势理论在服务贸易领域的演化

绝对优势理论在服务贸易领域的发展演化过程中，并没有扮演显著的角色。究其原因，绝对优势理论的局限性使得大卫·李嘉图提出比较优势理论以后，人们便较少单独应用其解释国际贸易发生的动因。但是，这并不意味着绝对优势理论与国际服务贸易没有关系。斯密认为，贸易双方各自至少存在某种绝对优势，这种观点符合服务贸易的许多现实情形。特别是20世纪80年代以后，以杨小凯等为代表的新兴古典经济学者，利用超边际分析方法，将亚当·斯密的分工理论与科斯的交易费用理论结合起来，阐述了分工在国际贸易乃至整个经济发展过程中的关键作用，肯定了亚当·斯密绝对优势理论的合理性。这些工作无疑使绝对优势理论重获新生，也当然影响到服务贸易理论的创建和发展。

假定世界上仅有两个国家：X国和Y国，两国都提供教育和医疗两种服务。未发生贸易时，两国必须提供这两种服务以满足国内需要。以服务提供者人数衡量服务量，如表10.1所示。

表10.1　分工前的两国服务提供

	教育		医疗	
	劳动小时数	服务量/人	劳动小时数	服务量/人
X国	100	200 000	100	300 000
Y国	150	200 000	50	300 000

X国在提供教育服务方面拥有绝对优势，Y国在提供医疗服务方面拥有绝对优势。运用绝对优势理论解释服务贸易，两国形成国际分工：X国专门提供教育服务，Y国专门提供医疗服务，如表10.2所示。

表 10.2 分工前的两国服务提供

	教育		医疗	
	劳动小时数	服务量/人	劳动小时数	服务量/人
X 国	200	400 000	—	—
Y 国	—	—	200	1 200 000

分工提供两种服务后，两国交换教育和医疗服务，用以满足国内需要。X 国向 Y 国提供能够满足 200 000 人需要的教育服务，与之交换的是 Y 国能够提供满足 600 000 人需要的医疗服务，双方都获得了好处。所以，服务产品的分工和交换也为整体带来了收益。

以上情形相对于货物贸易的实例而言更缺乏事实基础，服务的跨国流动存在许多隐性成本，并非简单的产品交换就能达成，这也是服务贸易理论不能照搬传统贸易理论的重要原因之一。但是，从这个简单例子可以看出，绝对优势理论的思想和逻辑内核，对于解释两国各有一种服务提供占优的情形，仍然存在合理性。

二、比较优势理论及其在服务贸易领域的演化

1815 年，英国修订颁布了以维护土地贵族阶级利益为宗旨的《谷物法》，导致英国粮价上涨，从而大大减少了工业品的消费。除此以外，《谷物法》还使得外国以关税阻止英国工业品的出口。作为受益者的地主贵族阶级认为英国自己能够生产足够的粮食，反对在谷物上进行自由贸易。因此，工业资产阶级迫切需要找到谷物自由贸易的理论依据，来促进工业品的出口。此时，大卫·李嘉图适时提出了新的理论模型——比较优势理论。

（一）比较优势理论

1817 年，英国著名经济学家大卫·李嘉图，在其出版的代表作《政治经济学及赋税原理》中提出了比较优势理论（Comparative Advantage Theory）。大卫·李嘉图也因此成为资产阶级经济学古典学派的主要奠基人之一。大卫·李嘉图的比较优势理论是对亚当·斯密的绝对优势理论的重大发展。在绝对优势理论模型中，假设整个世界只有两个国家、一种生产要素（劳动）；这两个国家均只生产两种商品 X 和 Y；劳动是唯一的要素投入；固定的产品边际成本；完全竞争的商品和要素市场；固定的规模报酬；不考虑需求等。

根据比较优势理论，一国在两种商品生产上较之另一国均处于绝对劣势，但只要处于劣势的国家在两种商品生产上劣势的程度不同，处于优势的国家在两种商品生产上优势的程度不同，则处于劣势的国家在劣势较轻的商品生产方面具有比较优势，处于优势的国家则在优势较大的商品生产方面具有比较优势。两个国家分工专业化生产和出口其具有比较优势的商品，进口其处于比较劣势的商品，则两国都能从贸易中得到利益。也就是说，两国按比较优势参与国际贸易，通过“两权相利取其重，两权相害取其轻”，两国都可以提升其总体福利水平。

（二）对比较优势理论的评价

比较优势理论的历史进步性主要表现为以下两个方面。

一方面，为当时英国新兴资产阶级的自由贸易主张提供了理论支持，促进英国生产力的发展。另一方面，为世界各国参与国际分工，发展对外贸易提供了理论依据，各国根据各自

的比较优势组织生产、从事贸易，不仅可以获得利益，而且会促进国际贸易的发展。

比较优势理论的历史局限性主要表现为以下两个方面。

首先，比较优势理论是建立在以下8个假定条件的基础上的：假定两国进行两种商品的交易；假定所有的劳动都是同质的；假定生产是在成本不变的情况下进行的；假定劳动力在国际间不能自由流动；假定市场是完全竞争的市场；假定收入分配没有变化；假定贸易是没有货币的物物交换；假定没有技术进步的影响，国际经济是静态的。这一系列的假定不可能同时成立，所以该理论缺乏可靠的现实基础，对当代国际贸易的许多现象不能作出正确解释。

其次，比较优势理论主张一国只从事具有比较优势的行业的生产和出口，对那些没有比较优势的行业彻底放弃。事实上，这样的国际分工是不存在的。李嘉图的主张只是有利于当时英国这个“世界工厂”的利益。

（三）比较优势理论在服务贸易领域的演化

国际服务贸易作为一种新兴的国际贸易方式，在应用传统的贸易理论来阐述时，其产生的原因、福利大小和政策的选择是否能用传统贸易理论来解释，这一直是一个有争议的话题。20世纪70年代末80年代初，国际理论界开始比较多地关注服务贸易的比较优势问题，对比较优势在服务贸易中的适用性问题展开讨论，目前贸易理论界大致有三种观点。

1. 第一种观点认为：比较优势理论不适用于国际服务贸易

最早尝试系统解释服务贸易模型的学者R. 迪克和H. 迪克（R. Dicke & H. Dicke，1979），借助显性比较优势法分析了知识密集型服务贸易，通过对18个经济合作和发展组织国家的资料进行跨部门回归分析，得出结果：没有证据表明比较优势在服务贸易模式的决定中发挥了作用。

美国经济学家菲克特库迪（G. Feketekuty，1988）从服务贸易产生的基本因素出发，列举出一系列服务贸易不同于商品贸易的特点，认为服务与商品有明显的差别，这些差别体现在：第一，国际服务贸易提供的是劳动活动与货币的交换，而不是物与货币的交换，即国际服务贸易中的服务具有相对无形性是通过服务的成果表现出来的。第二，国际服务贸易中的服务生产和消费多数是同时发生的，提供的劳动活动一般不可存储。服务的消费要在生产过程中完成，并要求服务提供者和使用者存在某种形式的接触，服务的使用价值不能脱离服务出口者（生产者）和服务进口消费者而固定于某一永久的商品中。第三，国际服务贸易中的服务具有不可运输性。国际服务贸易进行时，总要求同时同地完成，并要求服务的提供者和消费者相接触，即服务提供者和消费者在同一个场所相遇。比如，销售服务中的销售人员和消费人员、教育服务中的教师和学生、医疗服务中的医生和病人，只有相遇在一起，服务才有可能成立。第四，国际服务贸易统计在各国海关进出口和国际收支表上没有。而正是这些差别，使得用来分析商品贸易的比较优势理论不足以用来分析服务贸易。

2. 第二种观点认为：比较优势理论适用于国际服务贸易

萨皮尔和卢茨（Sapir & Lutz，1981）在要素禀赋和技术差异的基础上，使用计量经济模型，通过对35个国家的服务贸易数据（货运、客运和其他民间服务）进行定量分析后，得出结论：物质资本丰裕的国家在运输服务部门（物质资本密集型部门）具有比较优势，而人力资本丰裕的国家在保险、专利等服务部门（人力资本密集型部门）具有比较优势。因此，这个实证分析的结果说明，传统的贸易理论不仅适用于货物贸易，也适用于服务贸易领域，要素禀赋在货物贸易和服务贸易模式的决定上都具有重要作用。

欣德利（Hendley，1984）和史密斯（A. Smith，1984）就政府对服务业实行特别管制、限制服务业对外投资、为保护优质服务业而封闭国内市场三个方面的行为进行了详细的分析，从而排除了比较优势理论适用性问题的干扰。他们认为，出于各种各样目的而对服务业实行特别管制和市场干预、对服务业外国直接投资的顾虑而引发的限制政策、处于保护幼稚工业的需要而拒绝开放国内是服务市场所出现的管制措施，并非政府必然要制定的政策。因为这些看起来理所当然的措施未必是最优的，没有理由认为他们是影响比较优势理论适用于服务贸易的主要障碍。相反，在理论或经验分析中，没有必要在概念上严格区分商品和服务。尽管服务与商品有着明显的区别，对此也应该予以重视，但比较优势理论强有力的逻辑性能够超越这些区别。

知识链接 10-1

哈佛大学著名的国际经济学家库伯认为："作为一个简单的思想，比较优势理论是普遍有效的……对传统比较优势论的依赖是基于一个简单的命题——每个团体所专注的共同利益正是自身效率更高的那项活动所带来的。这个命题总是有效的，试图解释各个团体所拥有的比较优势结构的不同理论确实存在，但是其中一些甚至全部都是错误的。正如存在于商品生产中那样，比较优势也存在于服务业中。"

资料来源：韶泽，等. 国际服务贸易的相关理论[J]. 财贸经济，1996(11).

3. 第三种观点介于前两种观点之间：比较优势理论不完全适用于国际服务贸易

这种观点承认比较优势理论在解释服务贸易方面存在的缺陷。该观点认为，服务贸易领域中虽然存在着比较优势的合理内核，但是服务贸易的诸多特征使得传统比较优势的某些特征被扭曲或改变，主张在利用比较优势理论来解释服务贸易时，必须对传统理论进行必要的修正。总体来说，这种观点得到了国际学术界较多的认可。持有这种观点的代表人物有：克尔茨考斯基、巴格瓦蒂、迪尔多夫等。

克拉维斯、埃斯顿和萨默斯（Kravis，Eston and Summers，1982）探讨服务价格国际差异时，得出低收入国家服务价格低于高收入国家的结论，若按照这一结论，低收入国家应该是服务贸易的出口者，但现实并非如此。迪尔多夫（Deardorff，1985）对比较优势理论在服务贸易中的适用性做了开创性的研究。他选择了服务业可能导致比较优势理论失灵的三个特征进行分析，认为一些服务的需求仅仅是货物贸易的派生需求，不存在贸易前价格以及许多服务涉及要素流动这两个特征，不影响比较优势理论在服务贸易中的运用，但某些要素服务可以由国外提供的特征会导致比较优势原则不成立。随后他对标准的 H-O 模型中的个别要素做了改变，率先成功地解释了国际服务贸易是如何遵循比较优势原则的。克尔茨考斯基（Kierzkowski，1989）等人指出，在相对价格状况下，一个典型的穷国比富国的服务价格显得更低。在此基础上，克尔茨考斯基首先提出了一个标准的李嘉图式贸易理论假设，即不同国家贸易品的价格相同。尽管如此，各国生产这些贸易品的行业工资却以生产率的差别而不尽相同。巴格瓦蒂（Jagdish Bhagwati，1989）通过两要素一般均衡模型进一步阐述了克尔茨考斯基上述见解。

三、要素禀赋理论及其在服务贸易领域的演化

19 世纪末 20 世纪初，以瓦尔拉斯、马歇尔为代表的新古典经济学家，放松了古典贸易理论坚持的“劳动是创造价值和造成生产成本差异的唯一要素”的假设。至此，新古典贸易理论逐步形成，新古典经济学认为：产品生产不再由单一要素决定。

（一）要素禀赋理论

1919 年，瑞典经济学家赫克歇尔，在其发表的论文《国际贸易对收入分配的影响》中提出了要素禀赋理论(Factor endowment theory)。1933 年，赫克歇尔的学生俄林在其出版的著作《区域贸易与国际贸易》一书中，在其老师赫克歇尔的观点的基础上做了清晰而全面的论证，创立了要素禀赋理论。所以，要素禀赋理论也被称为赫克歇尔-俄林理论(简称 H-0 模型)。要素禀赋理论是对大卫·李嘉图的比较优势理论的重大发展。

8-O 模型是一个 2×2×2 模型，即两个国家、两种产品、两种生产要素。要素禀赋理论的核心概念为要素密集和要素充裕。要素密集是通过对两种商品生产投入的资本-劳动比率进行比较而确定的，资本-劳动比率(K/L)高的为资本密集型产品，资本-劳动比率(K/L)低的为劳动密集型产品。

要素禀赋理论的要点可以概括为以下几点：

第一，生产要素的禀赋差异是国际贸易发生的根本原因。由于各国生产要素禀赋不同，从而要素的相对价格不同，导致同一种商品在不同国家的价格不同。商品就会从价格低的国家流向价格高的国家，导致国际贸易的发生。

第二，各国应出口那些密集使用本国丰裕资源的商品，进口那些密集使用本国稀缺资源的商品。一国如果劳动力相对丰裕，资本相对稀缺，就应该出口劳动密集型产品，进口资本密集型产品，反之亦然。这种分工和贸易模式对贸易双方都有利。

第三，自由贸易不仅会使本国商品价格趋于均等，而且要素价格也会趋于均等。贸易前，丰裕要素的价格低，稀缺要素的价格高；贸易后，丰裕要素价格上升，稀缺要素价格下降，最终趋于均等。要素禀赋理论认为要素均等化是一种趋势，美国经济学家萨缪尔森通过研究论证，自由贸易导致要素价格均等化不仅是一种趋势，而且是一种必然。

（二）要素禀赋理论的例外——里昂惕夫之谜

里昂惕夫(Vassily W. Leontif)，美国经济学家，投入-产出经济学的创始人，诺贝尔经济学奖的获得者。其代表作有《投入-产出经济学》《生产要素比例和美国的贸易结构：进一步的理论和经济分析》等。

根据要素禀赋理论，美国是一个资本要素富裕、劳动力要素稀缺的国家，美国应该出口资本密集型产品，进口劳动密集型产品。1953 年，里昂惕夫运用投入-产出法研究美国 20 世纪 40 年代和 50 年代的对外贸易数据以验证要素禀赋理论。通过研究发现，美国出口的是劳动密集型产品，而进口的是资本密集型产品。实际验证结果与要素禀赋理论之间的矛盾，被称为“里昂惕夫之谜”，也叫“里昂惕夫悖论”。

里昂惕夫之谜引发经济学家对其他国家的贸易结构进行研究，其研究结果证明其他国家也存在类似的情况。对于里昂惕夫之谜，众多经济学家试图给出相应的解释。

“其中比较有代表性的解释有：昂惕夫自己提出的劳动效率说、美国经济学家肯恩提出

的人力资本说、市场不完全说以及新要素学说。”

（三）要素禀赋理论在服务贸易领域的演化

1. 迪尔多夫模型

迪尔多夫（Deardorff，1985）利用传统的 H-O 模型探讨了服务贸易比较优势，他从三个角度进行了分析：作为商品贸易副产品的服务贸易、要素移动的服务贸易、含有缺席要素的服务贸易。最终得出结论：作为商品贸易副产品的服务贸易、要素移动的服务贸易这两个领域存在比较优势，而在含有缺席要素的服务贸易领域，比较优势还不足以说明贸易结构。

（1）作为商品贸易副产品的服务贸易。很多服务贸易是货物贸易的衍生或附属，是为了方便国际商品贸易而逐步发展起来的，我们将这类伴随着货物贸易而发展起来的服务贸易，如运输业、保险业、金融业等服务业，称为作为商品贸易副产品的服务贸易。

迪尔多夫通过假设三种情形进行研究：第一种情形是全封闭情形，表明没有任何商品和服务贸易发生；第二种情形是自由贸易情形，表明商品和服务都实现自由贸易；第三种情形是半封闭情形，表明只有商品可以自由贸易。

通过对上述三种情形进行研究对比，得出结论：即使作为商品贸易副产品的服务不可以贸易，也不会影响传统比较优势理论在服务贸易中的适用性。因此，用比较优势原则来解释商品贸易和作为商品贸易副产品的服务贸易模式是有效的。

（2）要素移动的服务贸易。传统意义上的某些服务往往被看成是非贸易品，比如，在封闭的情形下，法国米其林餐厅提供的独家星级餐厅服务无法在纽约享用，但一般都承认生产要素可以跨国移动。假设米其林餐厅服务需要两种因素：技术劳动力（厨师）和非技术劳工（服务员）；法国有丰富的技术劳动力，且该项服务为非技术劳动密集型部门。这样，在封闭的情形下，法国厨师提供的服务价格将会较高。然而，一旦允许厨师跨国移动，法国厨师可能到纽约并与当地充裕的非技术劳工结合，就能以较低的价格提供餐饮服务。显然，这是由比较优势决定的，因为实际进行贸易的不是米其林餐厅的服务，而是服务的生产要素之一——法国厨师、品牌和管理。

（3）含有缺席要素的服务贸易。服务贸易的产生不一定都需要生产要素的移动，通信技术的发展可以使管理者通过电话、传真或视频传达相关管理指令，同样巴黎“钱之旅”餐厅厨师也可以通过图像电话或电视系统指导欧洲助手进行技术性操作。假定服务生产所需投入中，至少含有某些要素不需要再生产地实际出现，迪尔多夫将这些要素称为缺席要素，缺席要素又称为被分离生产要素。

假设 A 和 B 两国均生产两种产品——贸易品和非贸易品，两国对产品的需求结构相同，两种产品的生产都需要两种要素——劳动 L 和管理 M。其中 M 即使不可移动，也能进行国际贸易，因为通信技术的发展使管理可以远程开展。

如果在封闭的情形下，以下三种原因可以使 A 国的服务价格低于 B 国的服务价格：① 两国的要素禀赋不同，A 国的管理要素 M 丰富，且 S 属于 M 密集型服务部门的产品；② A国劳动力充裕，且 S 属于 L 密集型服务部门的产品；③ A 国在 S 的生产中具有希克斯中性技术优势[①]，即在 M 与 L 投入不变的情况下，使产出倍增，从而产生技术差异。

① 希克斯中性技术优势，是一种外生技术变量的理论分析框架，即假定要素价格比率不变，在资本和劳动两种要素边际生产力同比例提高的情况下，所导致的成本的节约和最佳要素投入组合点的移动。

若实现自由贸易,在第①种情况下,A 国将出口 M 和进口 X,而在第②种情况下,出口 X 和进口 M,这都符合比较优势原理。此时,X 和 M 的价格决定了贸易流向,X 和 S 的相对价格不是决定因素,显然要素禀赋原理可以用来解释此两种贸易模式。而在第③种情况下,迪尔多夫认为比较优势理论遇到了障碍。因为在封闭情形下,以 X 计算的 A 国管理者的工资将比 B 国同行高,但低于 A 国技术优势所要求的工资额,允许贸易将使 A 国的管理者向 B 国 S 的生产提供管理服务,这意味着要素价格较高的一方也可能成为该要素的净出口国,这与比较优势相背。对于这一矛盾,迪尔多夫认为是由于 A 国与 B 国的管理者工资并没有完全体现技术差异而造成的;而琼斯(Jones,1982)经过对上述模型进行分析,认为迪尔多夫在分析中隐含地假设两国管理者对两国所提供的服务存在质量差异,因此,上述矛盾并不影响比较优势在服务贸易中的适用性。

2. 伯格斯模型

伯格斯(Burgess,1990)认为,只要对标准的 H-O-S 模型进行简单修正,就能得到适用于服务贸易的一般模型,进而从中可以推断出不同国家在提供服务技术上的差别是如何形成比较优势和商品贸易模式的。

假设市场完全竞争,生产两种产品和一种服务,且只使用资本和劳动两种要素,规模收益不变,该经济的技术结构可以表示为三个单位成本等于价格的方程:

$$C^1(w,r,p_s) = p_1$$
$$C^2(w,r,p_s) = p_2$$
$$C^s(w,r) = p_s$$

式中,$C^i(\cdot)$表示生产一单位产品 i 的最小成本;C^s 表示生产一单位服务的最小成本;$p_i(i=1,2)$表示两种可贸易品的竞争价格;p_s 表示服务的竞争价格;w 和 r 分别表示完全竞争条件下的工资和租金。

将 p_s 式分别代入式 p_1 和式 p_2,得到最初投入生产两种最终产品的简单模型。由于该模型与标准的 H-O-S 模型相同,可以认为传统的 H-O-S 模型在一定程度上可以解释服务贸易。当然,服务部门的产出可以作为中间投入参加最终产品的生产,服务部门使用的全部要素同样可以用于产品生产部门。

伯格斯认为,即使服务部门的产品不可贸易,服务技术的国际扩散也会对收入分配和贸易条件产生影响。如果服务技术优势是服务贸易比较优势的唯一来源,或服务技术优势是加强其他决定服务贸易比较优势的因素,那么,一国通过许可证贸易或免费向外国转让其具有优势的服务技术将会削弱其竞争优势。如果一国服务技术优势抵消了其他更重要的比较优势的决定因素,即使该国无偿转让技术,也可以通过这种转让改善贸易条件而获得某些收益。如果具有服务技术优势的国家,同时也是资本丰富的国家,且资本丰富就可提高资本密集型产品的比较优势,这样,如果服务部门密集使用劳动,且服务被密集使用于劳动密集型产品的生产中,服务技术优势将增强劳动密集型产品的比较优势。如果相对要素存量差别是比较优势和服务贸易的决定因素,且服务技术优势可无偿转让给外国,那么外国劳动密集型产品的生产将会增加,资本密集型产品的生产将会减少,服务技术出口方的贸易条件将会得到改善,服务技术的出口未必会损害服务出口方的比较优势;相反,由于服务是作为中间产品参与国际贸易,服务贸易自由化可能会损害服务进口方的利益。

第二节 新贸易理论与国际服务贸易

20世纪60年代以来，社会飞速发展，国际贸易也出现了很多新迹象。迅速发展的科技革命使得世界经济状况、国际分工和国际贸易都发生了巨大变化。传统的国际分工和国际贸易理论显得越来越脱离现实，并暴露出明显的理论缺陷和矛盾，有的理论甚至已不适用。20世纪末，行业内贸易开始盛行，即同一产业部门产品既出口又进口，同时大量的国际贸易开始在发达工业国家之间进行。这都与传统的比较优势或要素禀赋相冲突。在这种情况下，一些西方经济学家便试图用新的学说来解释国际分工和国际贸易中出现的某些问题。于是各种新的国际贸易理论应运而生。其中，保罗・克鲁格曼(Paul R. Krugman)的"规模经济贸易模型"和雷蒙德・弗农(Raymond Vernon)的"产品周期贸易模型"是当代贸易理论的代表。前者主要强调"生产规模不同"是决定贸易模式的主要因素，后者主要强调"生产技术的不同阶段"是决定贸易模式的主要因素。

一、产品生命周期理论

1966年，美国经济学家弗农在其《产品周期中的国际投资与国际贸易》一文中首次提出了"产品生命周期"这一概念，他认为每一种产品都具有不同的生命周期。在产品生命周期的不同阶段，一国出口和进口的商品结构是不同的。他将产品的生命周期分为三个阶段。

第一，产品创新阶段。少数新产品最先是在技术领先创新的国家开发出来的，新产品开发出来以后，首先在国内投入生产。该创新产品在满足了国内市场的需求的同时，也会出口到具有与创新国家收入水平相近的国家和地区，以满足国外市场的需求。在这一阶段中，创新国家需要投入大量的科研和开发费用，产品表现为技术密集型产品。

第二，产品成熟阶段。随着科学技术的发展，越来越多的企业转移到创新产品的生产中。与此同时，国外市场也不断扩大，并出现了大量的仿制品。国内企业为了降低成本，占领并扩展国外市场，最佳方式便是进行对外直接投资。直接投资可以利用当地各种廉价资源，降低费用，巩固和扩大市场。在这一阶段中，技术投入减少，资本和管理要素投入增加，高级的熟练劳动投入越来越重要。产品表现为资本密集型产品。

第三，产品标准化阶段。生产创新产品的企业不断增多，竞争更加激烈，技术和产品趋于标准化。企业会选择生产成本最低的地区从事生产经营活动，生产的最佳地点逐渐从发达国家转向发展中国家。于是原来创新国家的技术优势不再存在，创新国家不得不转向从国外进口该创新产品。原创新企业想要继续保持技术优势，只有重新投入新一轮的发明创造。在这一阶段中，产品的技术趋于稳定，技术投入更少，资本要素投入虽然仍然重要，但非熟练劳动大量增加。产品要素密集型也将随之改变。

上述三个阶段，产品要素密集型不同，技术先进程度不同，产品所属类型不同，因而使得各种不同类型的国家在产品的不同阶段具有不同的比较优势，而且这种比较优势将从创新产品生产国逐渐转移到发展中国家。

用产品生命周期理论来解释美国工业制成品的生产和出口变化情况，就会得出下述结论：一开始，美国处于新技术垄断阶段，创新产品不仅在美国销售，而且出口到欧洲各国及日本等发达国家；随后欧洲各国及日本等发达国家也开始生产该种创新产品，并逐步成为这种创新产品的出口国。在激烈的市场竞争中，美国的技术优势完全丧失，欧洲各国及日本等发达国家生产规模不断扩大，逐步成为创新产品的主要供应者；发展中国家开始掌握新产品的生产技术，开始生产销售新产品；欧洲各国及日本等国对美国大量出口这种创新产品，如此一来美国变成了这种创新产品的净进口国。至此，这一产品的生命周期便宣告结束。

知识链接 10-2

发展中国家与发达国家服务贸易显性比较优势的差异

第一，从具有显性比较优势的服务贸易部门的数量来说，发达国家多于发展中国家，表明发展中国家服务贸易的整体发展水平和比较优势低于发达国家。

第二，从显性比较优势的变动趋势来看，发达国家各部门的比较优势分布较为集中，发展中国家各部门的比较优势分布相对分散，反映了发达国家服务贸易各部门的发展较为平衡，发展中国家服务贸易各部门的发展差异程度大、不平衡、不协调。

第三，从服务贸易各部门的比较优势状况来分析，发达国家在人力资本和一些资本密集型服务贸易部门具有较大的比较优势，大多数发展中国家主要在资源密集型以及政府垄断的服务贸易部门具有比较优势，说明了发达国家在现代服务部门具有比较优势，而发展中国家在传统服务部门具有比较优势。

第四，发达国家服务贸易各部门的显性比较优势波动幅度小，趋势较为平稳，发展中国家服务贸易各部门的显性比较优势波动幅度大，这主要是由于发达国家政府对服务贸易的干预程度低于发展中国家。政策干预对服务贸易显性比较优势的影响巨大，当政策或者干预程度发生变化时，都会导致被干预服务部门比较优势的剧烈变动。

第五，在后工业化经济或服务经济中，服务业的地位很高，发展中国家的工业或者说制造业的地位更高，这说明服务业及服务贸易的发展与一个国家的制造业发展及工业化进程相关。

资料来源：申朴.服务贸易中的动态比较优势研究[M].上海：复旦大学出版社，2005.

二、规模经济和不完全竞争下的服务贸易

1978年，克鲁格曼写了一篇题为《规模报酬，递增垄断竞争和国际贸易》的论文，成为第一个同时用规模经济和不完全竞争来分析国际贸易的经济学家。克鲁格曼对于国际贸易理论的最大贡献在于：第一，解除了传统贸易理论的困境，对二战后出现的行业内贸易和发达国家间的贸易作出了相应的解释；第二，分析了国际贸易中的寡头竞争行为，为战略性贸易政策的研究奠定了基础。

（一）规模经济贸易模型的基本假设

（1）企业具有内部规模经济。所谓规模经济，指的是由于合理的规模生产带来的成本下降，由此获得效益的经济。它反映了企业的生产规模与产品成本之间相关的某种规律性。其实质是劳动生产率的提高，且这种劳动生产率的提高，主要来自企业内部生产规模的扩大，先进技术和设备的采用等。

（2）劳动是唯一投入。不考虑其他生产要素。

(3) 成本函数包含固定投入成本。固定成本,相对于变动成本,是指成本总额在一定时期和一定产量范围内,不受产量增减变动影响而能保持不变的成本。例如:生产厂房、生产设备等。

(4) 市场结构为垄断竞争。垄断竞争是主要市场形式的一种,无限趋近于完全竞争的市场结构。垄断竞争的明显特征是:① 市场中具有众多的生产者和消费者,而且消费者具有明显的偏好,商品与服务"非同质";② 市场的进入与退出完全自由的;③ 各生产者提供的众多商品是有差别,但并没有本质区别。

(二) 规模经济贸易模型的结论

在上述的基本假设下,克鲁格曼构建了 PP-ZZ 模型:在企业利润最大化的均衡条件下,个人对产品的需求量越大,企业所能出售的产品价格就越高,因此 PP 曲线的斜率为正。而个人对产品的需求量越大,企业的生产规模越大,产品的价格就越低,因此 ZZ 曲线的斜率为负。PP 曲线和 ZZ 曲线的交点是每种产品的均衡价格和每个个人对该产品的需求量。向上提升的 PP 曲线和向下倾斜的 ZZ 曲线交叉,由此可以得到均衡水平。

建立了 PP-ZZ 模型后,克鲁格曼在考虑了国际贸易对原均衡点的影响:当双方开放自由贸易时,PP 曲线没有受到影响,但是贸易使得每种产品的消费人口增加,导致 ZZ 曲线左移。因而,新均衡位置代表相对于工资的产品价格和每个人对任意一种商品的降低的消费量。

这一模型可以得到这些重要结论:第一,垄断竞争企业可以通过国际贸易扩大市场,增加消费人口来扩大生产获得规模经济,降低平均成本和产品价格;第二,每个消费者对于任意一种商品的消费量虽然下降,但通过产品多样性同样获得了消费者福利。

克鲁格曼所提出的这种新贸易理论表明,仅仅是规模上的区别,就可能造成价格差异。规模经济与国际市场不完全竞争相联系的国际产品差异可以更好地解释增长迅速的工业国之间和相同产业之间的贸易。该理论也证明了如果垄断厂商生产一种差异产品,即使两个国家在所有方面完全相同,也会存在贸易。也就是说,各国间要素禀赋的差异是贸易发生的一个原因,只要存在规模经济、技术水平和资源条件完全相同的国家间照样可以分工和贸易,且当规模经济占据重要地位时,从生产规模化和产品多样化中获得的贸易利益会超过常规的比较利益,成为贸易利益的主要来源。这解释了发达国家间的贸易和行业内贸易存在的原因,也是对传统贸易理论进行的补充和完善。

三、克鲁格曼模型在服务贸易中的拓展

规模经济和产品差异在国际服务贸易领域中更为明显。产品差异一般可以分为垂直差异和水平差异,反映在服务贸易部门就是所提供服务的范围与质量的差异,发达国家与发展中国家的差异。

一些西方经济学家探讨了规模经济贸易理论在国际服务贸易理论中的应用。其中代表性的理论是琼斯和克尔茨考斯基的生产区段与服务链理论,马库森和弗兰科斯分别从服务部门内部专业化和外部专业化的角度,具体论证、充实了琼斯和克尔茨考斯基的服务贸易规模经济理论。

(一) 生产区段与服务链理论

埃塞尔(Ethel)在 1979 年和 1982 年的两篇文章中认为,贸易国规模收益递增体现在使

各种生产要素和总产出相关联的线性生产函数中，这些生产函数能够被解释为固定成本与可变成本的组合关系。琼斯和克尔茨考斯基就是采用这种思路来分析生产区段内规模收益递增效应的，认为生产规模的扩大受到来自国内和国外需求增长的驱动，这种扩大导致生产分散水平提高，服务贸易或服务链在贸易中的主要作用是促进生产区段在国内和国外的分散化。

1. 服务的扩展与分散

图 10.1 描述了生产过程的分散化。假设某个生产过程在同一地点完成，服务投入的影响在这一阶段并不明显，仅仅参与生产区段的内部协调以及联结厂商和消费者的营销活动，如图 10.1；又假设在生产区段内的技术隐含着规模报酬递增效应，且边际成本不变，那么图 10.2 中的线 aa' 表示总成本随着生产规模的扩大而上升，其斜率为边际成本，截距 Oa 表示厂商和其他与生产区段有关的固定成本。

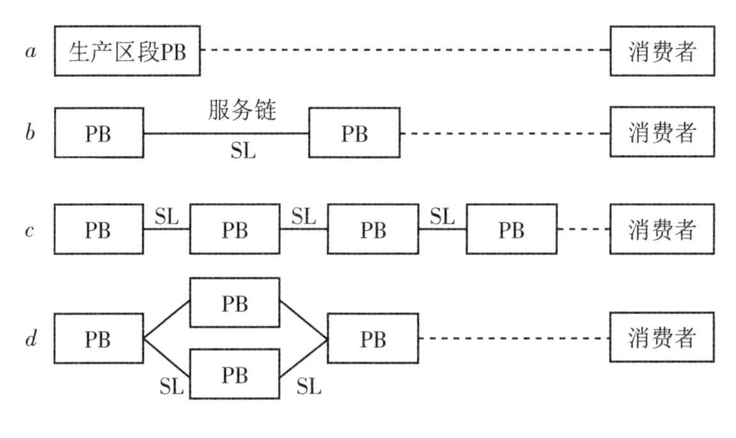

图 10.1　生产过程的分散化

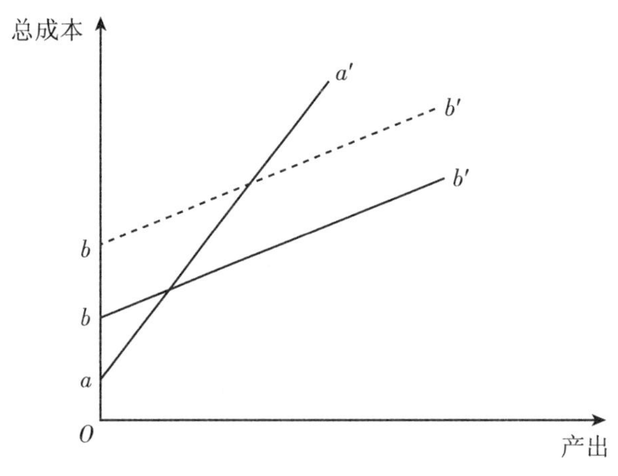

图 10.2　总成本与产出

生产的扩张使得社会分工和专业化日益加深，从而加速了生产过程的分散。假设生产分散化改变了固定成本和可变成本之间的比例，且生产区段之间增加投入的大量固定成本可以获得较低的边际生产成本，利用分散技术后的总成本与总产出的关系如图 10.2 中的实线 bb'。在该阶段，两个生产区段需要通过服务设施来协调和联结，必然会产生服务链成本。

例如，生产区段的地理位置的不同、服务链成本中就应包含运输服务成本，对两条生产线的速度、产量、质量作出计划和协调的服务成本等。由于生产区的分散导致总成本中增加了连接生产区段的服务链成本，所以新的成本产出线应为虚线 bb'。服务链成本与生产规模基本无关，即使服务链成本随着生产规模的扩大而增加，也只需将虚线 bb'画的比实线 bb'稍陡一些，因为含有服务链成本的边际成本应该低于相对集中生产的边际成本(线 aa')，否则厂商将不会愿意采用分散生产方式。

如果生产区段和服务链重复图 10.2 的过程，生产区段和服务链的数量将不断增加，总成本、平均成本与总产出的关系就会演变成图 10.3 所描述的情形。事实上，工业发展的进程已经不断加深劳动分工和专业化，导致了生产分散度的提高和生产者服务贸易的增加。图 10.1c 表示前一生产区段的产品可能作为下一生产区段的生产原料；图 10.1d 表示各个生产区段同时运行，每一生产区段的产品在最后的一个生产区段组装成最终产品。

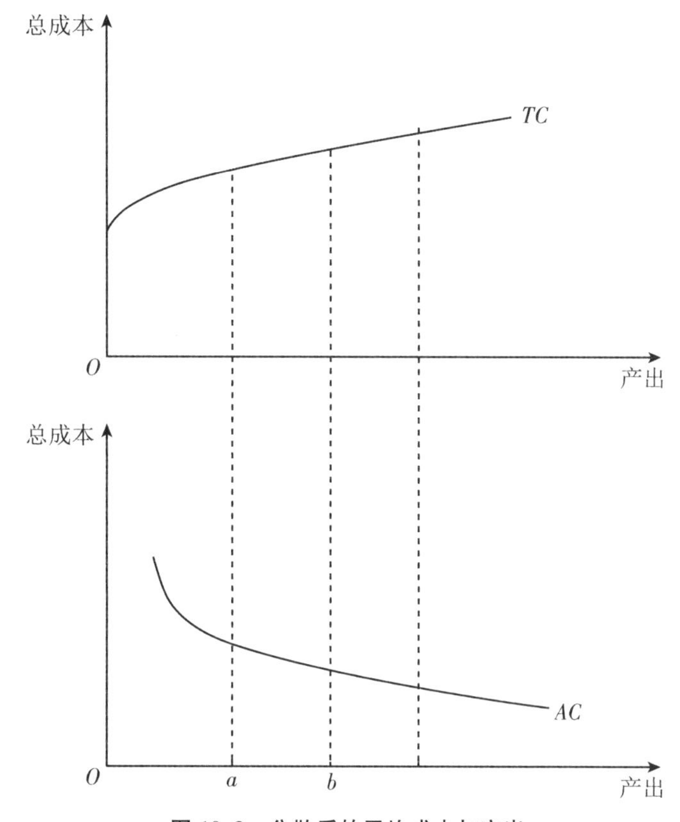

图 10.3 分散后的平均成本与产出

对于任何分散水平，生产区段内固定成本和边际成本的结合，使得平均成本随着产量的增加而下降。而且，当一项新的分散技术导致更高的分散水平时，平均成本下降的速度将会更快。图 10.4 说明随着生产的增长，边际成本对产量的依赖关系刺激厂商采用更为分散的生产技术。假设生产仍然停留在单一厂商完成的生产阶段，且市场需求弹性低于无限大，厂商就会在边际成本等于边际收益时停止生产。采用分散的生产技术，边际成本阶段性下降，产量则呈阶段性上升；边际收益曲线或者相应的需求曲线越富有弹性，产量的阶梯状也越明显。

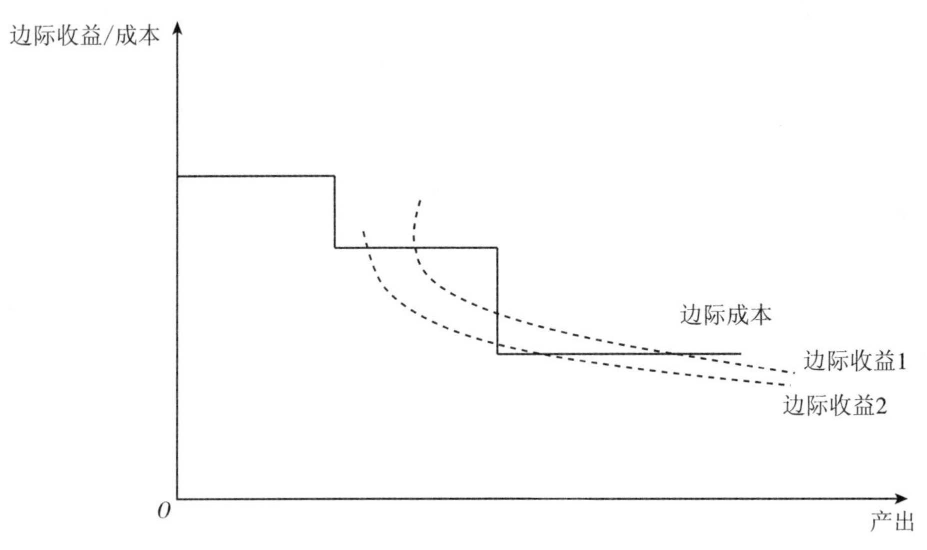

图 10.4　边际收益成本与产出

2. 国际贸易中的服务链

如果世界市场上交易的都是最终产品而非中间产品和服务，一国将生产并出口集中反映本国比较优势的产品，递增的规模收益加剧了对集中化生产的重视，允许最终产品自由贸易带来的专业化分工能够改善贸易国的福利。但是，任何一国都不可能同时拥有在每一个生产区段和服务链的成本优势，厂商为追求更高效率会将生产分布至全球；对于服务链来说，会引入外国服务链。图 10.5 显示了引入外国服务链对成本的影响，即：同一分散水平上有一条服务链联结的两个生产区段的比较优势结构。线 aa' 代表两个生产区段都在国内时的固定成本和可变成本，线 bb' 代表增加了的服务链成本。如果国内和国外各有一个生产区段成本较低，同时假定固定成本仍与 aa' 相同，那么线 aa'' 则代表了国内和国外组合生产后的成本线；由于联系国内和国外生产区的服务链成本大于两个区段都在国内时的服务成本，即 $ac>ab$，那么，用于连接跨国生产区的服务链成本将最优成本产出曲线从 beb' 折成 bec'，也就是说，当产量大于 h 时，可以采用国内和国外相互结合的分散方式进行生产。

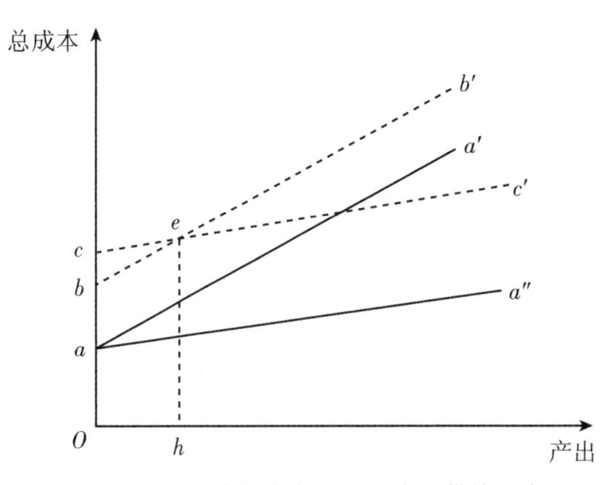

图 10.5　总成本与产出：外国服务纽带的影响

以电信、运输、金融服务业为代表的现代服务技术的进步,已经卓有成效地降低了国际服务链的相对成本,使得跨国生产所需要的最小规模变得越来越小,即图 10.5 中的点 h 逐渐左移,这样就极大地刺激了各厂商利用国际服务链进行高效率跨国分散生产的积极性,国际服务贸易特别是生产者服务贸易获得巨大推动力而不断增长。

(二) 马库森理论

在埃塞尔的模型中,两个国家分别拥有竞争部门(Y)和需要使用中间要素或服务进行生产的部门(X),后者具有规模报酬递增效应和生产互补性。结果表明有两个原因使含有生产要素的贸易优于单纯的最终品贸易。第一,由于价格边际成本之间发生扭曲,当单纯的商品贸易不能保证获得帕累托改进[①]时,允许生产要素自由贸易使两个国家被扭曲部门的生产得到扩张,这种扩张被作为当价格超过边际成本时贸易收益的充分条件,最终产品自由贸易导致小国或技术落后国家这一生产部门收缩,这种收缩则是贸易利益丧失的充分条件。第二,从世界角度分析,允许要素自由贸易也优于单纯最终产品的自由贸易,这种结果来源于在最终产品生产中国内和国外专业要素间的互补性以及自由贸易带来的更高水平的社会分工。

马库森(J. Markusen)在埃塞尔研究的基础上,进一步发展了差别性中间要素贸易的模型。马库森指出,在一个具有两种商品 X 和 Y 的模型中,包含作为 X 生产的排他性投入的 n 个生产者服务 $S_i(i=1,2,\cdots,n)$。X 和 Y 在规模报酬恒定条件下生产,在完全竞争市场上销售,而生产者服务投入在规模报酬递增条件下生产,在垄断竞争市场上销售。假设两个国家在所有其他方面都相同,仅在绝对大小上存在差别,这是需要考虑两种情形:第一种情形是 X 和 Y 可以贸易,而 S_i 不可以贸易;第二种情形是 Y 和 S_i 可以贸易,而 X 不可以贸易。

在第一种情形中,如果两国情况完全相同,它们在 X 和 Y 的贸易自由化中将不会获得任何利益;如果两个国家在绝对大小上存在差异,则小国甚至可能在贸易中受到损失。这种结果可以通过封闭条件下的均衡与市场出清条件下自由贸易均衡之间的比较获得。可以认为,自由贸易条件下的 X 的国内生产得到扩张构成获得贸易利益的充分条件。然而,如果小国国内 X 的价格 P 边际转换率之间发生扭曲,造成相对于大国的成本劣势,情况将会发生变化。在第二种情况中,两个国家都会从生产者服务中获益。第一,由于允许两国共同承担与 S_i 的各种生产相联系的固定成本,它们都将从生产者服务中获得收益;第二,虽然 X 不能贸易,但由于有更多种类的 S_i 已较第一种情形更低的成本提供给每个国家,两国将因生产者服务贸易而使他们的生产可能性边界向外移动;第三,在一般条件下,两国都将从更加多样化的生产服务中获得收益;第四,两国在第二种情形下,通常都因得到较第一种情形下更加多样化的生产者服务而获得收益。

总之,规模报酬递增是资本密集型中间产品和知识密集型生产者服务的共同特征,而许多中间产品又呈现出差异化或与国内要素互补的特征。在包含高度熟练劳动的生产者服务贸易中,相对于初始的固定成本,实际提供的服务边际成本比较低,而这一特征在相当大程度上导致了专业化程度的提高和国际分工的发展。但要注意的是,马库森理论的核心不是服务与商品的区别,而是中间投入与最终产品的区别。

---

① 帕累托改进:至少使一个人境况变好而又不致使其他任何人境况更糟的资源重新配置。

（三）弗兰克斯理论

弗兰克斯(Franks)主要强调服务在协调和连接各专业化中间生产者过程中的作用，它通过建立一个包含一个部门，两个国家和一个差异性产品的，具有张伯伦垄断竞争特征的产品差异模型，讨论了生产者服务与由于专业化实现的报酬递增的关系，以及生产者服务对货物生产的影响。

在弗兰克斯模型中，劳动力扩张带来市场范围的变化，导致经营规模的变化，从而促进了专业化水平的提高和生产者服务中劳动力投入份额的增长。通过模型的分析得出以下几点结论：① 与生产过程日益复杂化相联系的组织性的需求，限制了专业化引起的规模报酬递增的实现，而生产者服务可以满足这些组织性需求，在这一过程中发挥重要作用。② 适用于生产过程中的专业化水平，取决于企业内部生产规模，并受到市场容量的限制。生产者服务的成本对专业化过程也是很重要的。与增长或向贸易均衡的移动相伴随的是消费者可得产品种类的增加、产品价格的下降以及生产过程中专业化的逐步提高。服务贸易自由化的影响与增长的结果相类似，服务贸易自由化导致服务产品种类增加，规模得以扩大，从而使服务进口国与服务出口国和企业的生产技术朝着更加专业化的方向发展。③ 生产者服务贸易自由化，影响生产过程中的专业化水平及与专业化相关的规模报酬递增的实现。这一论点是对服务贸易自由化标准比较优势理论的补充。

第三节　新新贸易理论与国际服务贸易

根据伯纳德(Bernardetal,2007)的研究，2000 年在美国开工的 550 万家企业中，出口企业只占 4%，而且在这些出口企业中，排名前 10%的少数企业却占有美国出口总额的 96%。进而又发现，出口企业的生产率高于非出口企业。而新旧贸易理论都没有能够对“出口企业是少数高生产率的企业”这一事实作出解释。传统的贸易理论和新贸易理论都没有设想，在某个产业，当企业 A 从事出口的时候，同一产业的企业 B 不从事出口这一情况。这是因为，李嘉图的传统贸易理论和赫克歇尔-俄林的新贸易理论都假定(至少在各个产业内)的是生产率相等的具有代表性的企业(即企业的同质性)。

对此，梅里兹(Melitz,2003)根据存在不同生产率的企业这一实际情况，设计了只有少数高生产率企业从事出口的模型。梅里兹理论的基本构思是，只有高生产率的企业能够得到足够利润，以此负担出口所需要的高额固定成本。进而赫尔普曼(Helpmanetal,2004)扩展了梅里兹模型，提出了生产率按照出口企业、海外现地生产(FDI)企业的顺序逐级升高这一模型。赫尔普曼的理论也是基于这个构思，即能够承担在海外现地生产所需要的高额固定成本(现地的工厂建设等)的，只能是生产率高的企业。

从研究的范围来看，传统贸易理论主要研究产业间贸易，新贸易理论主要是研究在规模递增和不完全竞争条件下的产业内贸易，而新新贸易理论则是从企业的异质性层面来解释国际贸易和投资现象。新新国际贸易理论更多的是对跨国公司的国际化路径选择作出解释，究竟是选择出口还是对外直接投资进行全球扩张战略。新新国际贸易理论主要有两个模型，一个是以梅里兹(Melitz,2003)为代表的学者提出的异质企业贸易模型，一个是以安特拉斯(Antras,2003)为代表的学者提出的企业内生边界模型。前者说明同产业的不同企业在是否出口问题上的选择，后者说明一个企业在资源配置方式上的选择。

一、异质企业贸易模型

新新贸易理论突破以往贸易理论的局限，开始以异质企业为重点发展新的贸易理论，为贸易理论提供了一个新的研究方向。梅里兹（Melitz，2003）提出了异质企业贸易模型，随后贝尔纳德（Bernard，2003）、耶普尔（Yeaple，2005）等学者进一步发展了异质企业贸易模型。

（一）生产率与出口

梅里兹（Melitz，2003）提出异质企业贸易模型来解释国际贸易中企业的差异和出口决策行为。梅里兹建立的异质企业动态产业模型以霍彭哈恩（Hopenhayn，1992）一般均衡框架下的垄断竞争动态产业模型为基础，并扩展了克鲁格曼（Krugman，1980）的贸易模型，同时引入企业生产率差异。

梅里兹的研究结果显示贸易能够引发生产率较高的企业进入出口市场，而生产率较低的企业只能继续为本土市场生产甚至退出市场。国际贸易进一步使得资源重新配置，并流向生产率较高的企业。产业的总体生产率由于资源的重新配置获得了提高，这种类型的福利是以前的贸易理论没有解释过的贸易利得。生产率最高的企业将能够承担海外营销的固定成本并开始出口，生产率居于中游的企业将继续为本土市场生产。当削减关税、降低运输成本或增加出口市场规模时，整个产业的生产率也会得到相应提高，这些贸易措施都将提高本土和出口市场销售的平均生产率。

贝尔纳德与伊顿（Eaton），詹森（Jensen）和科特姆（Kortum，2003）也建立了一个异质企业贸易模型，与梅里兹模型所不同的是，BEJK 模型采用的是贝尔纳德竞争而非垄断竞争的市场结构，主要关注企业的生产率和出口之间的关系。贝尔纳德等模拟了全球范围内贸易壁垒削减 5%的情形，研究结果是贸易额上涨了 39%，总生产率也由于低生产率企业倒闭和高生产率企业扩张出口而上升。梅里兹和奥塔维亚诺（Ottaviano，2005）研究了市场规模、生产率和贸易的关系，并指出不同市场竞争的激烈程度是由该市场中企业的数量和平均生产率水平内生决定的，市场规模和贸易会影响竞争的激烈程度和异质企业的市场决策。总的生产率水平取决于市场规模和贸易带来的市场一体化程度的双重作用，市场的一体化程度越高，生产率水平越高，而利润越低。该模型对于研究区域贸易一体化的影响有一定价值。

耶普尔（Yeaple，2005）的研究试图解释出口企业与非出口企业的系统性差异，耶普尔将贸易成本与企业的进入、技术选择、是否出口以及雇佣工人的类型等四个方面决策联系起来，有效地解释了不断增加的技术溢价的原因。耶普尔模型与其他模型的创新之处在于企业异质性是贸易成本、技术特征、工人技术异质性共同作用的结果，同时也对于国际贸易对技术溢价和能观测到的产业层面上的生产率的影响具有重要意义。

（二）出口与对外直接投资

梅里兹，耶普尔和赫尔普曼（Helpman，2004）拓展了梅里兹模型，考虑了建立海外分公司的决策，即企业以出口还是 FDI 的形式进行国际化。他们的研究表明企业究竟是选择出口还是 FDI 是由企业根据其生产率预先决定的。从实证检验看，采用离差的方法提高了模型的预测能力，有助于更好地理解企业的全球化战略以及出口成本的变化或 FDI 成本的变化是如何影响各国各个产业内生产模式的。梅里兹，耶普尔和赫尔普曼（2004）对出口和

FDI 关系研究的贡献与梅里兹(2003)对异质企业贸易的贡献一样杰出。引入企业异质性特征后,可以将同一产业内不同企业区分开来,确定哪些企业从事出口而哪些企业成为跨国公司。企业生产率差异使得企业可以进行自我选择。只有生产率最高的企业才会成为跨国公司,生产率处于中等水平的企业出口,而生产率较低的企业只在国内市场销售。

二、企业内生边界模型

(一) 产权与不完全契约

安特拉斯(Antras)2003 年将格罗斯曼-哈特-摩尔(Grossman-Hart-Moore)的企业观点和赫尔普曼-克鲁格曼(Helpman-Krugman)的贸易观点结合在一个理论框架下,提出了一个关于企业边界的不完全契约产权模型来分析跨国公司的定位和控制决策。安特拉斯在文中揭示了两种公司内贸易的类型,在产业面板数据分析中,公司内进口占美国进口总额的比重非常高,而出口产业的资本密集度更高;在国家截面数据分析中,公司内进口占美国进口总额的比重非常高,出口国家的资本-劳动比例更高。安特拉斯模型界定了跨国公司的边界和生产的国际定位,并能够预测企业内贸易的类型。

安特拉斯和赫尔普曼建立的理论框架中,将梅里兹(2003)异质企业贸易模型和安特拉斯(2003)企业内生边界模型进行结合,在两个模型的基础上建立一个新的理论模型。安特拉斯和赫尔普曼的研究表明异质企业选择不同的企业组织形式,选择不同的所有权结构和中间投入品的生产地点。生产率差异较大的产业中主要依赖进口投入品,在总部密集度高的产业中一体化现象更为普遍;一个产业部门的总部密集度越高,就越不会依赖进口获得中间投入品。

安特拉斯(2005)建立了动态一般均衡李嘉图南北贸易模型,用来解释国际契约的不完全性导致产品周期的出现。产品周期是由于南方国际契约的不完全特性和高技术投入品重要性随着产品的年龄和成熟度下降(产出弹性减小)而产生的。不完全契约减少了产品开发,低技术投入品会转移到南方以便利用南方的低薪酬优势。这种转移首先会通过 FDI 的形式在企业的边界内发生,其后一段时间,会通过外包形式在企业边界外发生。一般均衡模型表明南方的不完全契约导致北方的均衡工资高于南方。无论企业采用哪种组织形式,专用性投资都会扭曲,如果中间投入品供货企业比最终产品供货企业更能创造剩余,那么外包的激励就会增大。

(二) 契约体制与比较优势

格罗斯曼和赫尔普曼(Grossman & Helpman,2005)分析了契约环境对外包的影响。他们用特定关系投资所占的比重来界定一国的法律环境。给定每一个国家零部件生产商的数量和相对工资水平,一国契约环境的改善提高了在该国外包的相对利润。全球契约投资比重的上升对北方的外包有利,南方法律环境的改善可能提高或降低当地的外包数量,但是提高了来自北方的外包数量。纳恩(Nunn,2005)分析了契约不完全性对国际贸易的影响。他把法律规则作为契约不完全性程度的主要衡量标准,实证分析表明,有更好法律体系的国家,其契约密集型投入高的产业出口更多。即契约体制是比较优势的一个重要来源。

(三) 契约与外包

安特拉斯和赫尔普曼(2006)将安特拉斯和赫尔普曼(2004)的异质企业国际生产组织模

型普遍化，允许存在不同程度的契约摩擦，并允许其程度因不同投入品和国家而异。拥有异质性生产率的企业决定是否实行一体化或将中间投入品的生产进行外包，并决定在哪个国家进行。最终产品的生产企业和中间投入品供货企业进行关系专用性投资，只能进行部分契约化，或者以一体化企业形式，或者以市场交易形式。在均衡点，企业的生产率水平不同，选择的所有权结构和供货商地点也不尽相同，契约制度的质量变化对企业组织形式会产生不同程度的影响。

三、新新贸易理论在服务贸易领域的适用性

（一）服务的可贸易性研究

在新新贸易理论中的研究外包流派中，对服务的可贸易性问题进行了深入的研究。格罗斯曼和赫尔普曼(Grossman & Helpman，2004)，更深度地结合了外包贸易均衡模型和微观经济学中的委托代理理论，同时针对各个产业所采用的组织形式加以考虑，然后证实了发包国企业的生产效率是选择企业在FDI形式与外包形式的主要决定因素。安特拉斯、加里卡诺和罗西·汉斯伯格(Antras，Garicano & Rosie Hansberg，2006)，对致使国际外包的内在缘由进行分析的时候是以东道国的角度为出发点，同时证实了东道国的信息技术越不发达，促进国际外包的能力就越强，这也从侧面证实了在服务的可贸易性中信息技术的重要性。格罗斯曼与罗西·汉斯伯格(2008)，对技术密集度的概念进行了阐述，对服务和货物外包的分析之中引入该理念，在他的研究中技术的密集度和服务的可外包程度之间息息相关，从而让服务可贸易性研究展现出全新的概念。克里诺(Crino，2010)对美国就业和服务可贸易性进行分析的时候就利用了技术密集度对服务可外包程度的影响。

（二）服务贸易全球化的国际分工理论研究

如今，企业和产品层面是新新贸易理论研究的焦点。梅里兹(2003)在一般均衡模型中把公司的异质性引入进来，他认为进入出口市场的企业都具有较高的劳动生产率。尤其是对服务业企业来讲，公司贸易决策这一传统上的影响因素并不发挥重要的作用，在其发挥重要作用的是人力资本、技术水平等可变的成本因素。大量学者分别从东道国准入政策(Breinlich & Chiaea，2011)、生产效率(Bhattacharya & Ajay，2012)和管理效率(Burstein，2009；Nicholas，2012)等视角研究了一国服务出口竞争力的影响。

我国学者陈景华(2014)，在其论文《服务业全要素生产率与服务贸易出口——基于新新贸易理论的视角》中，采用非参数数据包络分析方法，计算了我国服务业分行业企业全要素生产率的增长情况，并对行业生产率与行业出口规模进行时间序列分析和面板估计。结果显示，我国服务业分行业数据的实证检验结果与新新贸易理论的结论基本一致，即服务业生产率与服务业出口贸易之间具有强正向相关关系；且两者之间存在长期稳定的均衡关系，服务业生产率是服务贸易出口的根本原因。上述结果与新新贸易理论的结论是吻合的，说明中国服务业细分行业数据也支持该理论。

◆内容提要

传统的贸易理论主要有英国古典经济学家亚当·斯密的绝对优势理论、大卫·李嘉图的比较优势理论以及瑞典著名经济学家赫克歇尔、俄林的要素禀赋理论。

关于比较优势在服务贸易中的适用性问题，目前贸易理论界大致有三种观点：完全适用、完全不适用以及不完全适用。迪尔多夫利用传统的H-O模型探讨了服务贸易比较优势，并得出结论：作为商品贸易副产品的服务贸易、要素移动的服务贸易这两个领域存在比较优势，而在含有缺席要素的服务贸易领域，比较优势还不足以说明贸易结构。1989年，萨格瑞将技术差异引入传统的H-O-S模型并进行修正，用于分析国际金融服务贸易比较优势的来源。

20世纪60年代以来，新贸易理论的出现，对传统贸易理论进行了修改和补充。本章主要介绍了弗农的产品生命周期理论和保罗·克鲁格曼的规模经济模型。关于规模经济贸易理论在国际服务贸易中的应用，代表性的理论是琼斯和克尔茨考斯基的生产区段与服务链理论，马库森和弗兰科斯分别从服务部门内部专业化和外部专业化的角度，具体论证了琼斯和克尔茨考斯基的服务贸易规模经济理论。

2003年，以梅里兹为代表的学者们提出了异质企业贸易模型，以安特拉斯为代表的学者们提出了企业内生边界模型，分别说明了同产业的不同企业在是否出口问题上的选择以及一个企业在资源配置的方式上的选择，从而形成了新新贸易理论，即从企业的异质性层面来解释国际贸易和投资现象。

◆关键词

比较优势　要素禀赋　产品生命周期　规模经济　缺席要素　新新贸易理论

◆复习思考题

1. 绝对优势理论和比较优势理论有何本质区别？
2. 试简述比较优势理论在服务贸易领域的适用性。
3. 试简述要素禀赋理论的主要内容及其在服务贸易领域的适用性。
4. 简述并解释要素禀赋理论的例外情况。
5. 产品的生命周期包括哪三个阶段？
6. 保罗·克鲁格曼的规模经济模型的基本假设有哪些？得到了什么研究结果？
7. 探讨克鲁格曼新贸易主义对现代服务贸易的解释能力。

◆思考案例

韩国海外工程承包有优势么？

近年来，韩国海外工程承包业飞速发展，成绩斐然，是韩国服务贸易的一大亮点。2006年韩国海外工程承包订单累计额首次突破2 000亿美元。截至2009年11月，韩国海外工程当年承包额达413亿美元，继2008年后，连续两年突破400亿美元大关。2014年，韩国海外建筑工程订单总额仅用5个多月的时间就突破了300亿美元大关。

韩国海外承包工程区域分布广泛。韩国海外承包工程对象国和地区已多达97个，中东和亚洲为韩国海外承包工程的重点地区。韩国国内建筑市场已趋于饱和，韩国政府及时制定“海外市场多边化”战略，积极开拓非洲和中东的新兴市场，针对不同地区、不同产业因地制宜地制定扩大工程订单政策，为大企业和中小建筑企业积极“走出去”打下了坚实基础。

试问：韩国海外工程承包业的优势在哪里？

◆应用训练

到本地的金融服务外资企业或银行参观学习，了解他们为什么要到中国进行投资生产活动。

第十一章　国际服务贸易政策及其效应

本章结构图

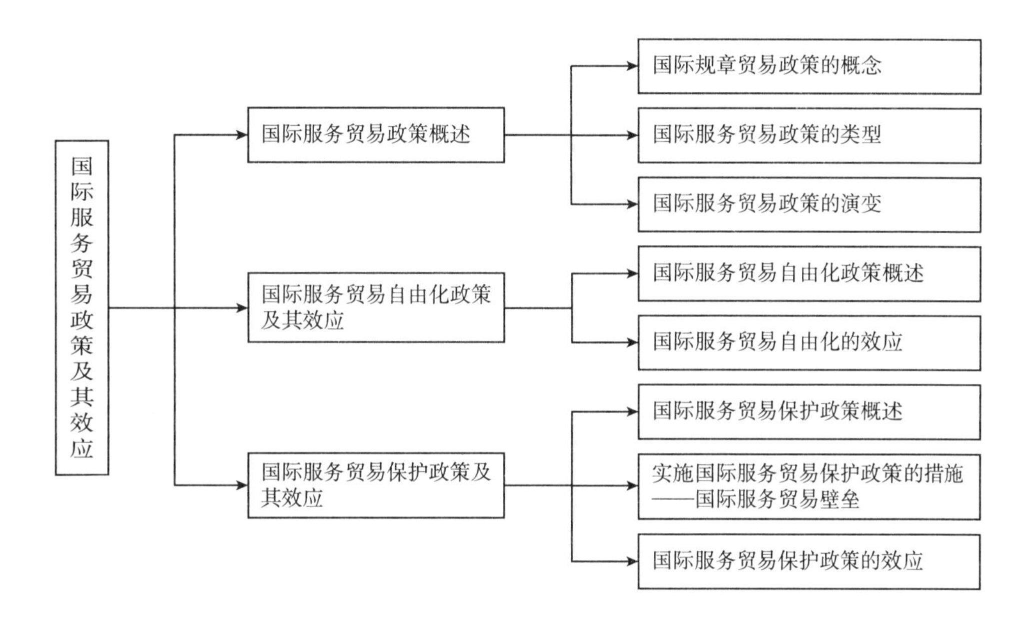

学习目标

了解国际服务贸易政策的内容和分类；重点掌握自由贸易政策和保护贸易政策的理论基础及产生的效应；熟悉并理解发达国家和发展中国家在各阶段服务贸易政策的倾向与特点。

导入案例

欧盟服务贸易行业结构主要分为其他商业服务、旅游、运输、专利权、金融和特许使用费五大服务行业，近年来这五大服务行业均保持着平稳良好的增长态势。其中，其他商业服务、旅游、运输作为欧盟三大主要进出口产业，占欧盟服务出口总额的69.4%，占欧盟服务进口总额的74.8%。欧盟的服务贸易对象逐步实现内部化，由于金融、电信等服务行业非关税壁垒的降低和自由市场的形成，欧盟成员组织之间逐渐实现了商品、服务和资本的自由流动。

任何经济体和国家的发展都离不开法律体系的健全和完善。同样，欧盟内部服务贸易政策的决策制度也离不开法律制度的保护,目前主要以法律形式为主,且已经以法律程序的形式固定下来,成为欧盟服务贸易政策决策的制度框架。在此制度框架下,欧盟官方决策机构、成员组织政府和利益集团作为三个层次的主要力量,对欧盟内部服务贸易政策的最终裁定均起到了至关重要的作用。同样,欧盟的对外服务贸易政策和法规也具有双面性的特色。

2015 年 3 月 10 日,欧盟理事会首次公布欧盟关于服务贸易协定(TISA)的谈判指令。欧盟贸易委员马尔姆斯特伦表示,乐见欧盟成员组织政府同意其本人提议,将 TISA 谈判指令公之于众。这是欧委会致力于提高欧盟对外谈判透明度的又一重要举措。欧盟是全球最大的服务贸易出口者,服务行业涉及上千万人就业,因此 TISA 协定对欧盟至关重要。欧盟参与 TISA 谈判旨在为推动欧洲企业服务出口创造更加便利的条件,进而促进增长与就业。

资料来源:王婷婷. 欧盟服务贸易现状的简述[J]. 商情,2016(37);谢伟. 欧盟发布诸边服务贸易协定谈判指令[EB/OL]. [2015-3-17]. http://china.huanqiu.com/article/9cakrnJIJ9?w=280.

第一节　国际服务贸易政策概述

一、国际服务贸易政策的概念

(一) 国际贸易政策

国际贸易政策(International Trade Policy)是指世界各国和地区对外进行商品、服务和技术的交换活动时所采取的政策。从某一具体国家或地区的角度出发,其采取或指定的有关国际贸易的政策就是对外贸易政策。它集中体现为一国在一定时期内对进出口贸易所实行的法律、规章、条例及措施等。它既是一国总经济政策的一个重要组成部分,又是一国对外政策的一个重要组成部分。

贸易政策通常包含的基本要素有:① 贸易主体,指贸易政策的制定者和实施者;② 贸易客体或贸易对象,指贸易政策所规划、指导、调整的贸易活动以及从事贸易活动的企业、机构和个人;③ 政策目标,指贸易制度政策的制定必须在政策目标的指导下进行,是确定和调整政策内容的前提;④ 政策内容,指实施什么政策,针对不同的对象,采取什么样的相关措施;⑤ 政策手段或政策工具,指实施政策内容所采取的对外贸易管理措施,如关税措施、非关税措施,同样也包括建立某些贸易制度。

(二) 国际服务贸易政策

随着国际服务贸易与服务业 FDI 的快速增长,其对各国国民经济以及对外经济交往的影响日益显著,国际社会以及各经济体越来越重视国际服务贸易的政策选择以及制度建设。毫无疑问,国际服务贸易政策是各国在一定时期内对服务的进出口贸易所实行的政策,是各国对外经济政策的重要组成部分,它与各个历史阶段的经济发展特征相适应。由于各国经济发展阶段不同,服务业及服务贸易的实力不同,各个国家服务贸易政策的目标取向也不同;随着服务业的拓宽和服务贸易的迅速发展,各国都十分重视本国对外贸易服务贸易政策的取向。由于服务贸易的保护无法像商品贸易那样依靠关税制度,各个国家服务贸易政策主要体现在国内立法、国内制度和政策措施方面,以及文化传统、社会风俗等方面。

知识链接11-1

WTO参照《联合国中心产品分类系统》,将服务贸易划分为12个部门,并在此基础上又进一步分出了160多个分部门或独立的服务活动。由于每个WTO成员服务贸易市场的开放均是以其在服务贸易减让表中的具体承诺为基础的,因此各成员服务贸易市场的开放程度并不一致。即便是在承诺开放的服务部门,也可能存在经谈判达成的各种准入、经营条件等方面的限制。

二、国际服务贸易政策的类型

一个国家在选择开放其服务贸易政策时可以表现为自由贸易与保护贸易两种政策。以此为基础,在国际服务贸易的实践中,服务贸易政策具体包括积极开放型政策、保守开放性政策和限制开放性政策。

(一) 积极开放型政策

积极开放型政策及自由贸易政策模式,是指政府不采用关税、配额或其他形式来干预国际贸易的政策。采取这种政策的国家,往往在服务贸易相关行业中具有比较优势或竞争优势,并拥有服务贸易出口大国的地位。其国内市场对各种服务贸易的需求发育较早、水平较高、生产能力也较强,存在着大量的过剩生产能力,需要国际市场提供发挥这些潜在生产能力的场所。主张积极开放型政策的国家,可以利用自己在国际服务贸易方面的优势,通过主张服务贸易的自由化,强制要求其他国家开放其国内的服务市场,从而为本国的经济利益服务。

虽然自由贸易是指国家取消对进出口贸易的限制和障碍,取消本国进出口商品各种优待和特权,对进出口商品不加干涉和限制,使商品自由进出口,在国内市场上自由竞争的贸易政策,并不意味着完全放弃对进出口贸易的管理和关税制度,而是根据外贸法规即有关贸易条约与协定,使国内外产品在市场上处于平等地位,展开自由竞争与交易;在关税制度上,只是不采用保护关税,如果为了增加财政收入,仍可征收财政关税。

(二) 保守开放型政策

采取保守开放型政策的国家,往往在相关行业中仅仅具有初步的国际竞争力,国内服务业市场供求大致平衡。一方面,国内市场是孕育其服务行业的摇篮,为国内相关服务行业提供了基本的市场保障;另一方面,其生产能力正在开始立足国内、走向世界。因此,这类国家对国内市场的开放持保守的态度,其战略模式的指导思想是,借助国内市场发挥服务生产潜力,逐步扩大,最终参与国际市场的激烈竞争。

(三) 限制开放型政策

限制开放型政策实际上是一种保护贸易政策,即该国家出于各种原因对国内市场进行严密的保护。其具体是指,国家广泛利用各种措施对进口和经营领域与范围进行限制,保护本国的产品和服务在本国市场上免受外国产品和服务的竞争,并对本国出口的产品和服务给予优待与补贴,鼓励扩大出口。

目前,由于各国已经处于全球经济一体化的大背景下,受世界贸易组织国际规范的指导和约束，作为世界贸易组织的一个成员或者国际经济社会的一个成员，断然拒绝开放其服务贸易或明确表示不开放的国家极为少见。但是在具体的开放政策上，限制开放的潜在内涵还是存在的。这里所说的限制开放性政策是指那些出于国家经济利益的考虑所表现出来的模式或特征，它是在国际贸易谈判中所采取的一种策略，其目的在于提高本国在国际谈判中的地位，把开放服务贸易作为一种谈判的筹码，并据此制定本国服务贸易的开放政策。

根据国际贸易的实践，保护贸易是新兴国家在进入国际市场初期所采取的主要模式，自由贸易政策是具有竞争力的发达国家经常采取的整体政策模式。一个国家选择哪一种对外贸易政策，取决于该国的经济发展水平和其在国际经济中所处的地位。不同时期的某个国家和同一时期的不同国家的国际贸易政策往往是非常不相同的。

三、国际服务贸易政策的演变

不言而喻，国际贸易政策不会早于国际贸易，只会与之同时或稍晚一些。各国制定国际贸易政策的出发点是国际贸易对其政治等方面的影响，以及各国对待国际贸易的态度。不同的国家在同一历史时期实行的贸易政策会不同，一个国家在不同的发展时期实行的贸易政策也会不同。

（一）第二次世界大战以前

国际服务贸易，在早期规模比较小、项目单一。在服务贸易收入总额中，运输服务和侨汇等相关的银行服务就占70%以上，早期在贸易政策上对服务贸易限制较少，再加上当时主要由少数几个工业发达国家操纵着世界政治经济体系，因此在全球范围内基本上采取的是服务贸易自由化政策。

（二）第二次世界大战以后至20世纪60年代

这段时期，西方国家为了重建经济，从国外大量引进服务人员，欢迎技术转让和金融服务入境，并为之创造了良好的政策环境。于是，服务贸易进入了有组织、商业利益导向的发展阶段。这一阶段，美国作为世界经济的“霸主”，通过“马歇尔计划”和“道奇计划”，分别对西欧和日本进行“援助”。伴随着货物输出，大量的资金和技术的服务也输往境外，并取得了巨额的服务收入。该阶段也正是资本主义国家工业化过程的重要时期，为促进工业化的发展，这些国家对服务的进口几乎都采取了非常积极的态度，发达国家总体上服务贸易壁垒较少，但发展中国家由于意识形态上的对立以及对国内经济的保护，对服务贸易表现得并不积极，反而设置了重重障碍，限制境外服务的收入。

（三）20世纪60代以后至20世纪90年代中期

在第三次科技革命的推动下，涌现出许多新的服务贸易内容，如电信、计算机软件，甚至信息高速公路、多媒体技术、知识产权类服务及其他与现代生活相关的服务。上述新服务贸易内容中，有些则是在20世纪80年代末90年代初才兴起的。在这个阶段，世界经济迅速发展，国际服务贸易外汇收入所占比重不断增长，各国普遍意识到服务贸易外汇收入是一项不可忽视的外汇来源。同时，基于国家安全、领土完整、民族文化与信仰、社会稳定等政治、文化及军事目标，各国均对服务的输出与输入制定了各种政策，采取了各种措施，其中不乏鼓励性质的，但更多的是限制性的，再加上传统的限制性经营管理，从而极大地制约了国际服务贸易的发展。

这个时期，整个世界的服务贸易政策呈现出保护贸易政策的倾向，但是由于受到世界多极化趋势的影响，该时期的服务贸易政策也呈现出兼顾贸易伙伴利益、维护协调发展的管理贸易倾向。

（四）20 世纪 90 年代中期至 2008 年金融危机前

经过“乌拉圭回合”的艰苦谈判，《服务贸易总协定》（GATS）最终达成一致，并于 1995 年正式运行。GATS 的签署和实施是国际多边贸易体制推动服务贸易自由化的一个重大突破，它为参与服务贸易的国家和地区提供了服务贸易国际管理和监督的约束机制，为服务贸易的发展创造了一个稳定的、具有预见性的、自由贸易的法律框架，服务贸易逐步自由化的原则渐渐为世界各国所接受，国际服务贸易自由化进入到一个新的阶段。而且，在《服务贸易总协定》生效之后，WTO 仍然不遗余力地推进有关服务贸易方面的后续谈判进程，尽管阻力重重，却也取得了一些阶段性的成果，使国际服务贸易自由化的进一步前行有了更为坚实的基础。

（五）2008 年金融危机至今

2008 年，金融危机漫溢全球，贸易保护风生水起。各国政府迫于国内经济形势和就业压力，纷纷发起以邻为壑的进攻性贸易保护政策。与严厉的货物贸易壁垒相比，服务贸易壁垒形式多样，以资本壁垒、自然人流动壁垒和投资壁垒为主要形式，其“就业保护主义”和“金融保护主义”的倾向十分明显，具有更大的灵活性、复杂性和隐蔽性等特点。

金融危机下，服务贸易壁垒的政策目标更加明确。除了维护商业贸易的利益外，还强调国家的安全与主权利益。一国经济中的许多关键部门都属于服务部门，如金融、电信运输等，一国为了保持自己经济的独立性，防范所谓“依附经济”的产生，就会对这些部门设置高门槛。金融危机下，这种行为更加明显。由于“感染效应”的存在，金融危机的破坏作用很快在全世界范围内扩散，一些国家为了将损失减少到最低，就加强了对本国金融部门的监督和管制，甚至开始干预外汇和汇率。而发达国家为了吸引海外投资，竞相推出优惠的移民政策，政策目标十分明确。

经济危机给人们留下的思考是贸易自由化与贸易保护的争论。自 2008 年全球金融危机过后，各国贸易政策均发生明显变化，如何刺激经济复苏成为各国的焦点，此次危机也为探索服务贸易自由化的问题提供了一个契机。中国是全球服务贸易自由化的重要推动者，也是服务贸易自由化的坚定支持者。中国不仅在参加国际对话和合作机制中积极推动服务贸易自由化，而且在主办的国际活动中同各方一起发出积极信号，支持多边贸易体制。

第二节 国际服务贸易自由化政策及其效应

一、国际服务贸易自由化政策概述

（一）国际服务贸易自由化的定义与衡量标准

国际服务贸易自由化是当代世界服务经济发展的重要特征，也是世界服务经济全球化和市场化在国际贸易领域的反映。经济的发展与合作使得世界各国贸易不断开放，对贸易自由化提出了更高的要求。国际服务贸易自由化，虽然表面上涵盖了所有贸易领域，但以美国为首的发达国家最为关心的是国际服务贸易中增长最快的生产者服务的贸易自由化，如银行、保险、电信、咨询、会计、计算机软件和数据处理等服务领域的贸易自由化，这些领域关系到一国的国家安全、国家利益和国家竞争力。由于各国服务业发展水平不同，各国政策偏好也不同，很难找到一个服务贸易自由化的"交集"，使之既满足发达国家的需要也满足发展中国家的需求；更有意思的是，至今无人证明服务贸易自由化绝对是双赢的，这也就成了各国尤其是发展中国家强调保护国内服务市场的主要依据之一，各国对其强势服务部门实行自由化政策，对弱势服务部门则实行保护政策。所以说，国际服务贸易自由化不是绝对的自由化，而是逐渐减少政府干预，向自由化发展的一个过程。

知识链接 11-2

中美贸易摩擦视角下的服务贸易：开放及合作

中美贸易摩擦的主战场目前虽在货物领域，但因制造业服务化和全球价值链等带来的货物与服务之间的紧密联系，贸易战在实质上与服务贸易的发展具有高度相关性。美国对我国技术出口的管控也影响技术和知识产权方面的服务贸易。因此，需前瞻性地关注中美贸易战给我国服务贸易带来的影响以及服务贸易在解决中美贸易逆差方面的长期潜在作用。

美国是我国服务贸易逆差最大的来源国。2006～2016 年，中美服务贸易总额增长 3.3 倍，逆差则增长 33.7 倍。在中美贸易战中，美国提出要致力于削减对华大额贸易逆差。从短期看，中美两国的货物贸易难达目的，突破口之一在于依靠我国服务市场的进一步开放以缩小中美贸易逆差。

2018 年时值中国改革开放 40 周年。基于产业发展的阶段特点，我国传统上对服务业的限制措施较多。经济合作与发展组织(OECD)服务贸易限制指数(STRI)显示，在 22 个行业中我国只有 3 个行业的得分高于 44 个国家的平均值，服务业限制程度普遍高于国际水平，因此存在进一步开放的空间。服务业是服务贸易发展的产业基础，服务贸易则为服务业发展提供更大市场空间和更多要素组合。

在国内层面上，我国目前已设立 14 个自贸试验区(FTZs)，采取诸多措施在大力推进投资和贸易便利化，这为我国服务贸易发展提供了前所未有的良好条件。

2016 年，国务院批准《服务贸易创新发展试点方案》，在上海、天津、海南等 15 个省市开展服务贸易创新发展试点。在试点经验的基础上，自 2018 年 7 月 1 日起，国务院发布《关于同意深化服务贸易创新发展试点的批复》(简称《批复》)，在北京等 17 个地区深化服务贸易发展。

《批复》中提出的相关措施有利于在缩小中美贸易逆差总额的同时，凝练我国服务业的内功，做大做强中国的服务业。

资料来源：石静霞. 国际服务贸易规则的重构与我国服务贸易的发展[J]. 中国法律评论，2018(5)

对于服务贸易自由化，由于逻辑思维方式不同，国外学者虽然从不同角度对服务贸易自由化进行了大量的探讨，然而关于服务贸易自由化的概念却未作出任何正式定义说明，国内学者对服务贸易自由化定义的理解也各有侧重。张汉林(2002)将贸易自由化定义为"一国政府在对外贸易中，通过立法和国际协议，对服务和服务有关的人、资本、货物、信息在国际间的流动，逐渐减少政府的行政干预，放松对外贸易管制的过程”，“是以生产社会化程度的提高及社会分工的深入和扩大为前提，以实现资源合理、优化配置和获得最佳经济效益为目的，以政府对贸易的干预弱化为标志的发展过程”。谢康(1998)认为，“贸易自由化是指排除阻碍新的合格生产者进入市场的壁垒，刺激那些有能力提供优质服务的厂商扩大生产，同时迫使那些能力有限的厂商退出市场，因而贸易自由化是提高经济效率的途径之一”。

其实，贸易自由化可以从三个方面进行广义的解释，即一国的对外贸易趋向中性、自由和开放。中性意味着在进口部门和出口部门中采取不偏不倚的均衡优惠政策；自由指政府的干预逐渐减少；开放意味着贸易在整个经济中的地位及在GDP中的所占比例提高。贸易自由化还可以广义地区分为纯粹的、无条件的自由化和对等互利原则、有条件的自由化。

知识链接11-3

无条件的贸易自由化和有条件的贸易自由化

关于国际服务贸易的自由化，国际上基本上持有两种态度：一种是向所有的外国服务及服务提供者开放本国服务市场，称为“无条件的服务贸易自由化”；另一种是根据每个国家给予本国服务及服务提供者的待遇来决定本国给予对方国家服务和服务提供者的待遇的服务贸易自由化，即所谓的“对等原则”。若某个国家对本国的服务和服务提供者采取自由开放的态度，则本国也对他国的服务和服务提供者开放服务市场。反之，若某个国家对本国的服务和服务提供者实行限制政策，则本国也限制其他国家服务和服务贸易者的进入。很明显，“对等原则”实际上是对无条件的最惠国待遇原则的退步。但许多国家(特别是发达国家)，无条件的自由化原则已逐渐被对等原则代替。也有观点认为：虽然从表面看，“对等原则”是从无条件的最惠国待遇原则的倒退，但它夯实了目前不断深化的多边服务贸易自由化协定的发展基础，是从现实约束条件出发的次优选择。

资料来源：尹晓波，袁永友. 国际服务贸易[M]. 大连：东北财经大学出版社，2013.

从上述定义中可以看出，服务贸易自由化可以从以下几个方面来衡量，一是将是否提高或改善效率(或一般地说是经济福利)作为衡量贸易自由化的尺度；二是将服务贸易是否更容易开展、服务贸易壁垒是否削减作为外部标志；三是服务贸易自由化是一个过程，需要体现服务贸易政策渐进的动态发展。

(二) 国际服务贸易自由化发展的原因

1. 国际服务贸易发展的内在要求

服务业水平的高低是一国经济发展水平的重要标志之一。随着技术状况、收入水平、消费习惯和生产、流通规模等因素的变化，世界各市场经济发达的国家的经济结构在20世纪发生了很大的变化，其中一个重要的特点就是服务业在经济结构中的地位迅速上升，产值和就业人口不断增加。发达国家服务业占GDP的比重从1970年的58.2%上升到1999年的65.3%，服务业就业人数占国内总劳动人口的比重在55%～75%之间；发展中国家服务业占GDP的比重从42.5%提高到48.2%，服务业就业人口在国内就业总数的比重在30%～55%之间。服务业的发展推动了服务贸易的发展，服务贸易日渐成为世界各国获取外汇收入、改善本国在经济贸易交往中的地位、降低资源和能源消耗、减少污染、提高经济效率和效益的重要途径，服务贸易在很大程度上决定了一国国际贸易水平，进而决定该国在国际竞争中的地位。

2. 经济全球化的外在影响

经济全球化是以获得经济利益为动力，借助商品、资本、人员和劳务的自由流动实现技术和经济制度在全球的传播和扩张，是世界各国经济高度相互依赖和融合的表现。经济全球化趋势的客观基础是国际分工，国际分工的形成和发展决定着经济全球化的产生和发展，国际分工的两重性也决定着经济全球化的两重性。

经济全球化最根本的推动力是科技进步带来的生产力的巨大飞跃。在发达国家的影响下，各国对高技术领域的投资迅速增长，高技术制造业、高技术服务业已经成为许多国家国民经济的新兴主导产业，各国对知识密集型劳动力的需求大幅度增加；与此同时，越来越多的国家不断加大对研究开发、教育培训和信息传输的投入，着力培育高技术产业，加快后工业化的发展，即加快以信息产业为代表的服务业的发展，提升各产业的技术含量，即提高所有产业包括工业、农业、服务业的技术水平。经济全球化和高技术产业化必将深刻影响着国际贸易结构，各国一方面将不断提高贸易商品的技术含量，另一方面将努力扩大服务贸易。

3. 跨国公司迅速发展的推动

第二次世界大战后，在西方经济发展不平衡规律和新技术革命的作用下，国际分工进一步深化，资本输出空前活跃，资本国际化程度大大提高，跨国公司蓬勃发展，它们集商品贸易、服务贸易、对外直接投资于一身，在全球范围内进行活动，成为经济全球化的主体和世界经济增长的引擎；同时跨国公司的发展又极大地促进了国际贸易全球化、资金的跨国流动和资源的优化配置。

从服务贸易提供的四种模式来看，以商业存在模式提供的服务贸易额在全球服务贸易总量中占据最重要的份额，而跨国公司正是商业存在的重要载体和外在组织形式，因此跨国公司可以迅速发展起来，产值不断攀升。从规模上看，许多跨国公司可以与某些作为经济实体的国家相匹敌，一些巨型跨国公司的产值比许多发展中国家要大得多。跨国公司通过对研究和开发的巨大投入，推动了现代科技的迅猛发展，跨国战略联盟成为当今推动世界科技大发展的新动力；跨国公司通过承包和技术转让，促进劳动力的国际流动，带动了金融服务、法律服务、保险服务、运输服务、计算机服务、技术服务、工程咨询服务等国际服务贸易的发展，已经成为国际经济、科学技术和国际贸易中最活跃、最有影响的力量。

课堂讨论 11-1

服务贸易提供的四种模式分别是什么？各自处于什么地位？

4. 通信和信息技术的大力支持

从 20 世纪开始，互联网的发展速度超过了所有人的预测，在互联网的强势推动和改造过程中，很多国家国民经济信息化正在从浅层转向深层、从边缘化转向中心化、从次主流转向主流。在各国信息化建设的过程中，最突出的表现是经济网络化①的发展。网络平台的出现，为服务业发展开辟了新的空间；网络技术的成熟，为服务创新创造了条件；可贸易产品不

---

① 经济网络化与大 IT 概念紧密相连，IT 从 Information Technology（信息技术）转移为 Information Times（信息时代），大 IT 的概念就开始出现了，它表现为信息产业以技术、产品为概念的产业正向应用、服务为特征的网络经济转型或进化。

断增加，服务贸易有了空前的发展契机。

20 世纪进入 90 年代以后，世界范围的生产布局，有了较大变化，交通、通信产业的迅速发展，计算机、光纤与卫星通信的推广，加深了各国经济（包括服务业）相互间的依存关系，极大地降低了各国开展贸易往来的交通成本（包括通信成本）；电子商务、网上销售等新型服务企业经营模式不断涌现，服务贸易跨境支付模式借助通信技术实现了质的飞跃，成为仅次于商业存在的第二大服务贸易模式。科技进步不仅增加了服务活动及其过程的可贸易性，同时产生了大量的新的服务部门与经营模式，还将使服务业的产业结构进一步朝着技术、知识密集型的方向发展，从而推动国际服务贸易向纵深发展壮大。

二、国际服务贸易自由化政策的效应

（一）国际服务贸易自由化的经济效率分析

自英国经济学家大卫·李嘉图创立比较优势理论以来，自由贸易理论在此基础上不断发展，推动自由贸易成为世界各国经济发展的重要方面之一。这个理论指出，如果每个国家专门生产自己具有比较优势的产品，然后用各自的产品进行交换，贸易双方就会从这种交换中获得好处，各自的整体国民收入水平都会提高。在贸易自由化的过程中，促进了国际分工，生产率得到提高，经济更加富有效率。

当然经济效率不是通常所想象的——使本国商品和服务生产最大化，经济有效率描述的实际上是这样一种状态：所进行的任何改变都不可能改善其中一个经济成员的利益而不损害其他经济成员的利益，即经济社会的福利实现帕累托最优。经济有效率并不要求所有国家采用最先进的生产技术，而是在考虑不同国家不同要素价格的基础上，要求各国对生产技术的选择应该反映其要素禀赋的稀缺程度。

知识链接 11-4

经济的无效率指未达到最优的投入产出组合，比如欠发达国家盲目投资资本技术密集型产业，但由于缺乏充分的资本和技术经验丰富的人才而导致低效率。更重要的是在投资之后，由于生产成本较高，为了维持经营只能高价出售，从而导致市场竞争力下降或者亏本运营，直至完全丧失经济效率。经济无效率还表现在分配无效率上，分配的无效率可能发生在最终商品和服务的消费与生产中。例如，尽管一些商品的稀缺性要求他们以更高的价格出售，但是由于其价格享受补贴，相对于其他商品，该商品被过量的生产和消费，最终会造成资源的浪费和经济效率的下降。

资料来源：尹晓波，袁永友. 国际服务贸易[M]. 大连：东北财经大学出版社，2013.

技术效率和分配效率是经济效率的两个重要组成部分。一个经济体经济发展的目标是提高社会成员今后商品和服务的支配能力。生产率增长是经济发展的一个重要指标。生产率是指每单位投入或投入组合的产出水平，在静态意义上与技术效率指标相一致。分配效率是以生产要素的组合为出发点，反映要素的相对稀缺性，即从理论上讲，生产要素的最优组合由要素的相对价格决定。同时衡量所有生产要素的生产率称为全要素生产率，全要素生产率的增加幅度可以用产出增长率与投入增长率之差来表示。当产出比投入增长更快时，全要素生产率就会提高。图 11.1 假设一个成本最小化的厂商生产一定数量的产品 Y，需要进口生产资料 x_1 和 x_2，那么，等产量曲线 $Y=f(x_1, x_2)$代表着最有效率的生产 Y 数量

产品所需的 x_1 和 x_2 的不同组合，要素相对价格线 pp' 的切点 A 既有技术效率，又具有分配效率。

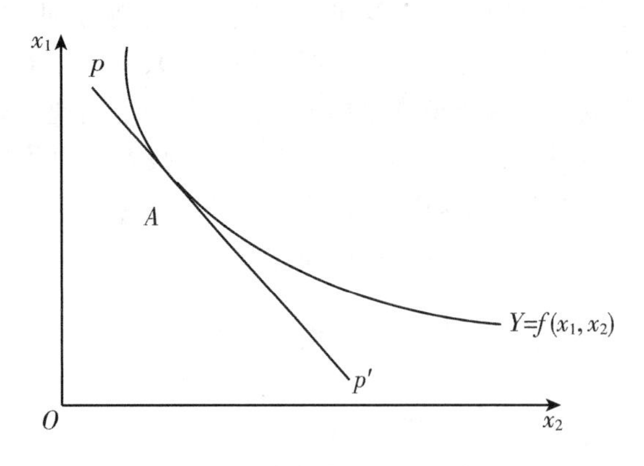

图 11.1　技术效率和分配效率

自由贸易最吸引人的地方，在于它可以通过促进国际分工来提高生产率，使经济富有效率，古典贸易理论已经对此进行了系统的论证。正如完全竞争的市场机制，贸易自由化可以排除阻碍新的合格生产者进入市场的壁垒，刺激那些有能力提供优质服务的厂商扩大生产，同时迫使那些能力有限的厂商退出市场。故从理论上讲，贸易自由化是提高经济效率的途径之一，提高经济效率的努力创造了使每个市场参与者都可获利的潜力，它实际上更可能创造获利者和受害者。虽然获利者可以补偿受害者的损失从而改善总福利，但实现这种补偿的政策往往是复杂的和具有争议性的，因此提高经济效率的政策通常被某些人反对，他们认为自己将会遭受损失而得不到任何补偿。另外，值得注意的是，实施服务贸易自由化将竞争引入严格管制之下的行业并不意味着没有管制的竞争是服务的最优生产方式，贸易自由化的核心问题是如何使管制与竞争之间形成最佳组合，从而保证服务消费者可以获得物美价廉的服务。

（二）国际服务贸易自由化的福利效应分析

1. 服务贸易自由化福利效应的模型构建

假设世界上有许多商品、可贸易服务、要素和国家，没有任何贸易和要素移动壁垒，市场完全竞争，有关要素的移动是暂时性的，不涉及国籍的变化。如果用 X、S、Q 分别表示商品、服务、既定要素禀赋的最大产出，则 i 国的生产可能性集合为 $F_i=(X、S、Q)$；假定该国生产规模报酬不变，C 和 U 分别表示本国消费的商品和服务，K 表示本国产出中要素服务的使用量，则开放贸易中每一类别净出口的贸易向量为 $T=X-C$、$V=S-U$、$D=Q-K$，p^a、q^a、r^a 和 p^f、q^f、r^f 分别表示封闭情形和自由贸易情形时的 X、S、Q 的价格。

在封闭情形下有

$$p^aC^a=p^aX^a,\quad q^aU^a=q^aS^a,\quad r^aK^a=r^aQ$$

由于生产是有效率的，在封闭情形下生产达到价值最大化，对所有可能的$(X、S、Q)$$(Q=K^a)$有

$$p^aX^a+q^aS^a-r^aK^a\geqslant p^aX+q^aS-r^aK^a$$

在自由贸易情形下达到价值最大化，对于所有可能的$(C、U、K)$有

$$p^fC^a+q^fU^a-r^fQ=p^fX^a+q^fS^a-r^fK^a\leqslant p^fC^f+q^fU^f-r^fQ$$

比较该结论,依据显示性偏好弱公理[①],可以证明

$$p^aC^f+q^aU^f-r^aQ\geqslant p^aC^a+q^aU^a-r^aQ$$

所以有

$$p^aT^f+q^aV^f+r^aD^f\leqslant 0$$

该模型表明,即使一个国家在某些服务领域不具备比较优势,从服务贸易自由化进一步加强服务专业化从而加强生产活动分散化的角度看,自由化也会产生正面效应。也就是说,如果没有贸易和要素移动壁垒,各国都会倾向于出口封闭情形下相对价格最低的商品、服务产出和要素服务,以实现潜在的贸易利益。上述模型,虽然是从整体经济角度出发,说明商品、服务和要素贸易都要自由化,而没有对服务贸易单独进行讨论,但至少给我们的启示是研究服务贸易自由化利益,有必要从商品、服务、要素移动的整体进行全面分析。

总的来说,服务贸易如果不受各种贸易壁垒的限制,则可以产生诸多现实利益和潜在利益。其中,现实利益包括:从世界范围内要素有效再配置中获取的传统贸易利益;从每个竞争市场上增加的服务种类和质量中获得的贸易利益;从国内服务企业不断创新从而提高服务业生产效率中获得的贸易利益。潜在利益包括:来自创新压力上升而带来的多种收益;来自服务价格下降的收益;来自规模经济产生的单位成本下降和产品选择增加的收益;来自传统的比较优势导致的生产专门化的收益。

2. 服务贸易自由化福利效应的特点

本书在探讨服务贸易自由化福利效应的基本特点时,以信息服务贸易为例。

假设传统 H-O 模型的基本假设条件都成立,只有信息服务贸易要素在国内可以自由流动,在国际上也可以自由流动。由此构建两个国家 A 和 B,两种产品 X 和 Y 的信息服务贸易模型。假设国家 A 是现代信息产品 X 禀赋丰富、现代信息服务 Y 禀赋相对稀缺的国家,国家 B 情况正好相反。如果实现自由贸易,国家 A 向国家 B 出口信息产品 X 以换取信息服务 Y,国家 B 以支付进口的信息产品 X 的方式向国家 A 出口信息服务 Y。假定信息服务和信息产品的购买者就是最终消费者,不会出现再次被潜在消费者分享或被消费者盗版而出现二次销售市场的可能。这样就符合 H-O 模型的要求,图 11.2 的线 P_AP_A' 和 P_BP_B' 分别表示国家 A 和国家 B 的信息生产可能性边界线,由于不存在二次销售市场,国家 A 的贸易三角 $\triangle Q_AAC$ 与国家 B 的贸易三角 $\triangle Q_BBC$ 相等,则国家 A 向国家 B 出口信息产品 Q_AA、进口信息服务 AC,国家 B 向国家 A 出口信息服务 Q_BB、进口信息产品 BC。点 C 位于两国信息生产可能性边界线之外,信息自由贸易使得两国的福利水平都得以提高。

信息产品生产成本与使用规模无关,使得信息厂商一经生产出信息产品后就可以非常低的边际成本销售高附加值的信息产品,从而为信息厂商持续开拓信息市场提供了可能,因而相对于生产或销售货物的商品厂商,信息厂商更加重视市场信息特别是国际信息市场的开发。因为信息服务的跨国界流动既可以是有形的生产要素的物理移动,如美国信息服务公司前往中国开设分支机构或合资办厂,也可以是无形的非要素的非物理移动,如美国数据库公司在本土通过电信或国际互联网向中国公司提供信息服务,但其提供的信息服务规模与美国数据库公司数据库的生产成本无关,信息服务在被信息厂商自身销售中形成了二次市场,这一特征更有利于开拓国际市场。另外,同等贸易条件下,信息服务提供者的生

① 显示偏好弱公理,简称是 WARP,定义为:如果(x_1,x_2)直接显示偏好于(y_1,y_2),且(x_1,x_2)和(y_1,y_2)是两个不同的商品束,则(y_1,y_2)就不可能直接显示偏好于(x_1,x_2)。

产成本与信息服务消费者的消费规模无关的特征，构成了信息服务贸易福利大于货物贸易福利的基础。如果市场信息可以形成二次市场，即使国家B的部分信息要素实际上已经流到国家A，国家B的信息生产可能性边界线也不会收缩，只会维持不变，就如微软公司的Windows10在全世界推销基本上不会影响美国本土信息生产的可能组合一样，而国家A的信息生产可能性边界线却会像信息服务不形成二次市场的情形那样向外扩张。这样国家B的生产点基本维持不变，消费点移至点C，国家A的生产点将沿着雷布津斯基曲线[①]移动，消费点高于点C。

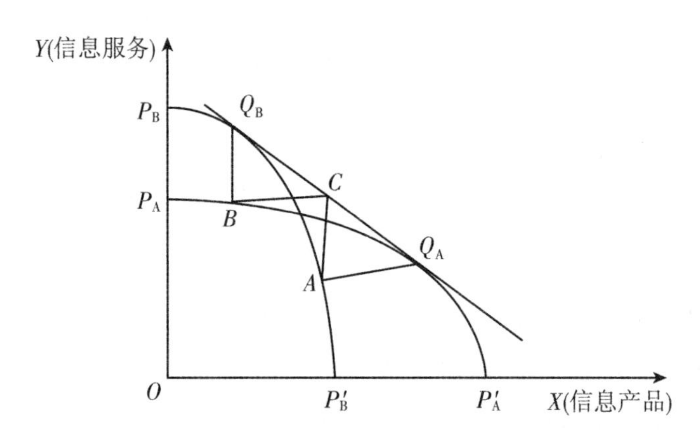

图 11.2　信息服务贸易自由化的福利分析

比较上述情形，可以对信息服务贸易自由化和信息产品贸易自由化的福利进行对比：首先，在同等贸易条件下，贸易国从信息服务贸易中获得的福利大于或至少不小于从同等规模的商品贸易中获得的福利。其次。在同等贸易条件下，信息服务贸易与商品贸易更能同时提高贸易双方的福利水平，但信息服务出口国从出口中获得的贸易利益高于同等规模商品出口获得的贸易利益，信息服务进口国从进口中获得贸易利益不低于同等规模商品进口获得贸易利益。

第三节　国际服务贸易保护政策及其效应

一、国际服务贸易保护政策概述

服务贸易自由化能够给贸易参加国带来种种好处，然而在现实经济中，服务的国际贸易与商品的国际贸易相比存在着更多的障碍，服务业也因此成为各国国内受保护程度最高的行业，与货物贸易有所不同的是，由于服务产品的非储存性、产销不可分离性及部门的敏感性等特点，服务贸易领域中保护贸易政策实施的范围更为广泛、影响更为深远、形式更为隐蔽、手段也更为多样化。

从理论上来说，自然垄断、非对称信息、经济外部性是政府对服务业实行干预政策的主

① 雷布津斯基曲线表明在两种产品的世界中，假定产品价格不变，一国中一种生产要素禀赋增长，而其他要素不变，这会导致密集使用这种增长要素产品产量的增加，而其他产品产量下降。

要原因，也是服务业贸易壁垒产生的微观经济学根源。但从其现实原因来看，主要有以下几个方面：

（一）减轻国内就业压力

增加本国国民的就业机会，充分保护国内劳动力市场，对于维护一国经济和政治局面的稳定具有直接的影响。服务业是吸纳就业人口最多的产业，随着服务业飞速发展，其容纳就业的人数越来越多，完全开放国内劳动力市场，势必带来境外移民的增加，给国内某些部门的就业工人造成巨大压力，所以各国政府采取各项规章制度控制外国劳动力的自由流动，严格执行移民管理措施。

（二）维护本国消费利益

发展中国家担心服务贸易自由化的好处主要会被占有比较优势的发达国家所获得，从而使其经济贸易利益受到损害，同时也为了防止外国服务供应商在本国服务市场上垄断价格，从而给予本国消费者不公平待遇，可以对外国企业在本国的业务活动实施各种强制性的检查和监督措施。

（三）保护本国幼稚服务业

发展中国家的银行、保险业以及发达国家的新兴服务行业都属于保护倾向较高的行业。发展中国家，在充分认识到服务贸易对促进国民经济发展的重要性的同时，担心开放服务市场会冲击、扼杀其国内相关的民族服务业的健康发展，加剧国民经济薄弱环节的进一步恶化，造成对外国服务的依赖及本国服务更加落后；发达国家则担心来自集团内部的竞争会导致本国服务优势的丧失，也会对一些新兴服务行业进行保护。

（四）保护本国民族文化和社会利益

卫星电视、教育、新闻、音像制品等服务部门，虽不是一国国民经济命脉，但它关系着一个国家的民族文化和社会利益，属于意识形态领域。任何国家的政府都希望保持本国在政治、文化上的独立性，反对外国文化的大量入侵，因此都会对这些行业的部门进行保护。

（五）维持国际收支平衡

一国国际收支的平衡反映其对外经济关系的利益及稳定。因此，在制定服务贸易政策时，基于该项考虑，对外国服务的输入及引起的相应外汇支出进行限制，对服务资本的境内外流动以及外国金融机构在本国的活动进行限制，加强对金融市场的国家干预、维护国内的金融秩序。由于发展中国家在服务贸易收支中的脆弱地位，该因素经常为发展中国家所考虑。

（六）维护国家主权和国家安全

对于很多关系到国计民生的重要服务行业而言，包括具有很强政治敏感性的基础结构和活动，通常涉及国家主权和安全问题，比如交通、运输、通信、电力金融等国家经济的关键部门，一般都会禁止或限制外国企业参与竞争，这是出于对整个国家对外关系战略的考虑。因为一旦这些部门被外国控制，本国经济的独立性就会受到极大威胁，甚至会导致所谓的"依附经济"的产生。这种局面一旦形成，其对外经济贸易的发展对其本国来说十分有限，甚至是有害的，从而会出现所谓的"贫困化的经济增长"或"没有经济发展的经济增长"。因此，国家通常会禁止外国服务经营者参与这些服务业的竞争，禁止或限制外国企业垄断有关国家利益的重要服务部门，将服务贸易政策与整个国家的对外关系战略综合加以考虑。

二、实施国际服务贸易保护政策的措施——国际服务贸易壁垒

（一）国际服务贸易壁垒的含义与特征

国际服务贸易壁垒一般是指一国政府对外国服务生产者或提供者的服务提供或销售所设置的有障碍作用的政策措施。即凡是直接或间接地使外国服务生产者或提供者增加生产成本或销售成本的政策措施，都有可能被外国服务厂商视为国际服务贸易壁垒。国际服务贸易壁垒，也包括出口限制。各个国家均已经设计出多种服务贸易壁垒形式，用于保护本国的银行、通信、保险公司、运输公司、数据处理机构和其他服务部门。

在该定义中，国际服务贸易壁垒仅仅是对国外的服务生产者增加负担，并且“壁垒”一词是指贸易政策中贸易保护主义措施的体现。服务贸易壁垒可以采取如同商品贸易中的数量限制的形式控制外国公司提供的服务，甚至禁止外国公司提供某些领域的服务。服务贸易壁垒也可以是限制外国公司的经营业务范围，要求服务提供的数量及质量，提高对外国服务提供的要求。同样，政府对信息、人员、资本以及携带信息的商品移动所实施的限制措施也是一种服务贸易壁垒，它为国内国外服务生产者设置了一种障碍，并达到了限制服务贸易的目的。应该注意，并不是一切限制服务进口的措施都是服务贸易壁垒。虽然它对国内和国外服务生产者实施不同的规章制度来区别管理，但是实施这种有区别的规章制度来进行区别管理的目的不是歧视国外的服务，而是为了达到国内的政治经济目标。在某些情况下，对外国和本国厂商采取相同的法规，但对外国厂商却具有高度的歧视性，这种措施也应被视为服务壁垒。

设置国际服务贸易壁垒的目的通常有两个：一是扶持本国服务部门，增强其竞争力；二是抵御外国服务的进入，削弱外国服务的竞争力，保护本国服务市场。

与国际货物贸易壁垒相比，国际服务贸易壁垒有以下几个特点：

第一，隐蔽性强。服务贸易的标的物——服务，比较复杂，各国对本国服务贸易的保护无法采取关税壁垒方式，只能采取市场准入的限制和进入市场后不给予国民待遇等非关税壁垒方式。由于非关税壁垒相对于关税壁垒来说，具有较大的不透明性，这使得国际服务贸易壁垒具有很强的隐蔽性，很难在带有歧视性的贸易壁垒与正常的服务管理措施之间作出明确的认定。

第二，保护性强。有些服务业涉及一国的国家经济安全和政治利益，各国服务业的发展水平不同，故各国设置的服务贸易壁垒保护性普遍较强。在高强度的保护措施下，外国服务提供者或者不能进入本国市场，或者虽然能进入本国市场，但是国内管理法规所设置的重重壁垒提高服务提供者生产服务的成本，削弱其服务竞争力，直至自动退出本国市场。

第三，灵活性强。服务贸易壁垒既可以表现为一国的法律措施，也可以表现为一国的政策措施或行政措施，还可以表现为一国的消极怠慢行为。一国可以根据自己的需要，灵活选择使用适当的壁垒形式。因此，服务贸易壁垒的选择性很广，同时也表现出更强的隐蔽性。

第四，与投资壁垒联系性强。服务消费的当地化倾向使得服务贸易与投资常常密不可分，服务贸易壁垒往往与投资壁垒交织并通过投资壁垒来实现。无论是发达国家还是发展中国家，服务业的投资活动都会受到比其他产业更为严格的限制。

（二）国际服务贸易壁垒的分类

1. 根据《服务贸易总协定》分类

按照WTO《服务贸易总协定》乌拉圭回合谈判的方案，国际服务贸易壁垒可以分为两大类：影响市场准入的措施和影响国民待遇的措施。虽然存在某些无法归入以上两大类的其他措施，但是普遍认为应集中讨论市场准入和影响国民待遇这两大问题。

影响市场准入的措施是指各成员利用数量配额等手段，对进入本国服务业市场的外国服务或者外国服务提供者采取管制的限制措施。影响国民待遇的措施是指通过制定和实施相对歧视外国服务和服务提供者的差别待遇，创造有利于国内服务产品和服务提供者的措施。影响国民待遇措施的作用路径有两个：一是通过增加外国服务提供者进入本国市场的成本；二是直接或间接地为国内服务提供者提供支持，加强国内服务产品和服务提供者的竞争优势，相对削弱外国服务和服务提供者的竞争优势，达到保护和发展本国服务业及对外服务贸易的目的。

2. 根据服务贸易壁垒限制的对象分类

这种分类方法是把服务领域的贸易和投资、服务交易模式与影响服务提供和消费壁垒结合起来加以考虑，从而将服务贸易壁垒分为服务产品移动壁垒、资本移动壁垒、人员移动壁垒和商业存在（或开业权）壁垒四种形式。

（1）服务产品移动壁垒。产品移动壁垒，是指对服务产品过境贸易进行的各种限制措施。产品移动壁垒包括数量限制、当地成分或本地要求、政府补贴、政府采购、歧视性技术标准和税收制度、不完善的知识产权保护体系等。数量限制，如不允许外国航空公司利用本国航空公司的预订系统，或给予一定的服务进口配额；政府补贴本国服务行业会有效阻止外国竞争者，改变补贴可能改变某个厂商在本国服务贸易中的竞争优势；政府采购，如规定公共领域的服务只能向本国厂商购买，或者政府以亏本出售方式对市场进行垄断；不完善的知识产权保护体系，如缺乏知识产权保护法规或保护知识产权乏力，都可能有效地阻碍外国服务厂商的进入，因为知识产权既是服务贸易的条件，也构成服务贸易的内容和形式。

（2）资本移动壁垒。资本移动壁垒是指资本从一个群组移向另一个群组之间存在的壁垒或阻碍。资本移动壁垒的主要形式有外汇管制、浮动汇率以及投资收益汇出限制等。外汇管制主要是指政府对外汇在本国境内的持有、流通和汇兑，以及外汇的出入境所采取的各种控制措施。不利的利率将严重削弱服务竞争优势，它不仅增加厂商经营成本，而且会削弱消费者的购买力。这类措施大量存在于建筑业、计算机服务业和娱乐业中，在世界金融市场日益一体化的情况下，有关资本移动的壁垒越来越严重。

（3）人员移动壁垒。人员移动限制，主要涉及各国移民限制的法律，由于各国移民法以及工作许可、专业许可的规定不同，人员移动限制的内容和方式也不同，种种移民限制和出入境繁琐手续，都构成人员移动的壁垒形式，都会对国际服务贸易产生严重的影响。人员移动壁垒主要包括两个方面：一方面是限制外国人来本国提供服务，另一方面是限制本国人去外国消费服务。

（4）商业存在壁垒。商业存在壁垒又称开业权壁垒、生产者创业壁垒，包括禁止外国服务输入的法令，对外国服务生产者的活动权限进行规定等。据调查，2/3以上的美国服务厂商认为商业存在限制是开展服务贸易的最主要壁垒，在与被调查厂商保持贸易关系的29个国家中都有这类壁垒，从禁止服务进入的法令到东道国对本地成分的规定等。

3. 根据服务贸易壁垒限制的程度分类

2001年，经济合作与发展组织对《服务贸易总协定》规定的四种服务贸易的提供方式，根据各种措施对服务和服务提供者的限制程度，将服务贸易壁垒分为影响很小或没有限制、有限制作用和禁止或高度限制三种类型(见表11.1)。这种分类仅仅是不同服务贸易措施对市场开放影响的相对比较。依据具体的使用情况和使用的具体部门，这些措施可能会具有不同的性质程度。

表11.1 根据限制程度对服务贸易壁垒的分类

交易模式	影响很小或没有限制	有限制作用	禁止或高度限制作用
跨境交付	服务提供和营销的当地注册要求；雇佣当地代理和维持当地专业地址	对营销和提供服务的授权、许可和允许要求；要求使用垄断和特定说明网络渠道；资本、支付的跨境转移和为此类交易使用信用卡需经授权许可	完全商业存在要求，要求商业存在但授予特定“品名”的实体，为维持当地提供者的服务提供优势而设立的当地合作要求；禁止资本、支付的跨境转移和为此类交易使用信用卡
境外消费	以透明、无歧视、易获得的方式要求营销服务的离岸服务提供者当地注册	只有通过指定的当地合作者才能被许可；消费者仅能使用垄断或特定说明的网络渠道；资本、支付的跨境转移和为此类交易使用信用卡需经授权许可	仅允许通过在本国具有商业存在的公司或特定“品名”实体；禁止资本、支付的跨境转移和为此类交易使用信用卡需经授权许可
商业存在	投资许可方面：不要求外国投资事前通知、甄别、授权或注册；对外国和本国投资者统一的通知要求；通知或报告投资意图后自动同意外国投资；出于国家安全和国家利益要求对外国投资的自动甄别；需经基于政策指导原则和整体国家利益考虑的同意，但无需经过经济需求测试或当地参与要求。 外国公司法律形式方面：允许设立子公司、分公司或代表处。 国籍/居留权要求方面：指定为外国公司当地代理的自然人必须为永久居民	投资许可方面：经营范围受到限制，且小于当地公司；基于经济需求测试和净国家利益的考虑，外国投资需经审批同意，包括对外国公司有关当地就业、技术转移、持续投资等一般或特定，指示性或强制要求；外国完全或控股所有所用权需经审批同意。 外国公司法律形式方面：允许设立公司、私人有限公司、合资公司，但不允许直接设立外国公司的分公司；对设立分公司存在数量配额和地理位置要求；仅允许独资或合伙经营 国籍/居留权要求方面：要求首席执行官为东道国公民或居民；要求超过50%的董事为东道国公民或居民	投资许可方面：个案审批同意，外国投资最高额部门不同或在部门内部变化，且缺少透明和持续的应用审核标准；不允许外商控股；不允许收购现有企业全部或部分股份，限制建立新的业务；经营许可数量配额；存在垄断或排他性服务提供者以致不允许外国投资建立竞争性公司；仅有公民或永久居民涉及某些部门或业务，收购国有企业或负责政府合同。 外国公司法律形式方面：仅允许设立合资企业或代表处；仅允许设立合资有限公司；仅允许设立基于促销或为总部从事研究工作的目的而设立的代表处；仅允许设立一种法律形式的企业。 国籍/居留权要求方面：要求所有董事为东道国居民；要求超过申领经营许可前需拥有居留权，但没有许可不允许居留

续表

交易模式	影响很小或没有限制	有限制作用	禁止或高度限制作用
自然人流动		只有通过当地验证，才能被视为专业人员或专家，但外国人员参加验证受到限制；仅有完成或参加在东道国的进一步培训才能被视为专业人员或专家；公司内部人员调动的审批同意须经通常的经济需求测试；需通过专业人员或专家检验或资格的当地认证，但这些标准模糊，不透明，或任意使用带有歧视性；要求一定比例的外国雇员需配有当地替工以培训或技能转移；满足一定业绩要求才能调动公司内部人员；外国公民在高级职位的数量限制和东道国公民相对外国公民在每种职位上的特定数量要求	仅允许公司内部人员调动，且一次运作仅能由两位调动者，义务培训当地员工

资料来源：李杨，蔡春林. 国际服务贸易[M]. 北京：人民邮电出版社，2011.

为了进一步了解国际服务贸易壁垒主要种类及其在各行业的分布情况，在表 11.2 中列出了常见的服务贸易壁垒的种类及其主要行业分布。

表 11.2 国际服务贸易壁垒简介

	运输		电信	数据处理	银行	保险	工程建筑	广告	影视	会计	法律	软件	旅店
	空运	水运											
数量/质量限制	√					√		√	√	√			
补贴	√		√	√			√		√				
政府采购	√	√		√		√	√						
技术标准	√		√				√						
进口许可		√	√	√		√		√	√				
海关估价			√	√	√							√	
货币控制及交易限制			√			√	√		√				
特殊就业条件					√	√	√			√	√		√
商业存在限制			√		√	√	√			√			
歧视性税收			√	√	√		√		√				√
股权限制						√		√	√				√

注意：打“√”处表示该项服务贸易壁垒存在于该行业中。

资料来源：王佃凯. 国际服务贸易[M]. 北京：首都经济贸易大学出版社，2015.

知识链接 11-5

发达国家服务贸易壁垒的比较分析

美国、欧盟和日本是当今世界上贸易实力较强的经济体。发达国家GATS的承诺水平较高,发达经济体对149种具体服务活动的承诺百分比高达64%,在跨境交付和境外消费方式的服务贸易上作出“没有限制”的承诺也明显高于其他国家。然而,发达国家一方面减少自己有竞争优势的产业的壁垒,另一方面又以壁垒的形式对自己的弱势产业进行保护,如自然人移动方面,发达国家在市场准入方面的限制高达100%,在国民待遇方面的限制高达83%,明显高于其他国家。

1. 美国服务贸易壁垒的设立

美国服务贸易实力雄厚,常年雄居世界服务贸易进出口的榜首,2016年服务贸易出口7 350亿美元,占世界服务贸易出口比重的15.4%,进口4 800亿美元,占世界服务贸易进口比重的10.33%,顺差高达2 550亿美元。美国在迫使他国开放市场的同时也开放自己的市场,但服务贸易壁垒仍存在,美国资本移动壁垒较少,存在一定的产品移动壁垒和开业权壁垒,最严重的是人员移动壁垒。

(1) 产品移动壁垒。海洋运输及内河运输海运业是美国经济中受保护程度最高的领域之一。《美国大陆架法》和《1920年商船法》限制外国船只从事近海和美国国内运输业务,美国国内的运输只能由美国船舶经营。

(2) 人员移动壁垒。美国存在大量的人员移动壁垒,繁琐复杂的签证制度使进入美国市场非常困难,歧视性待遇降低了赴美劳务人员的竞争力。美国和自然人移动有关的签证非常繁多,不同签证适用于不同类型的人。同时,美国还规定外国服务提供者必须交纳社会保障费和其他税金,而且除非其母国和美国之间达成了某项协议,否则他们还不能享受到母国给予他们的税收减免。

(3) 开业权壁垒。美国的开业权壁垒体现在资格限制、股权限制、经营限制级许可证制度上。美国对外国银行的市场网络和业务范围进行了严格限制。已经进入美国的外国银行,每增设一个经营网点都必须重新办理申请;一般情况下,美国金融监管当局不向外国银行开放零售业务营业执照。

2. 欧盟服务贸易壁垒的设立

欧盟各国服务贸易发展迅速,2017年世界服务贸易进出口前10名中有5个国家是欧盟成员组织(德国、英国、法国、荷兰、爱尔兰)。欧盟对发展市场的自由化和统一,对外则设置了一些壁垒,对非欧盟国家实行差别待遇。虽然欧盟积极推动自由化,但各国的贸易政策并不统一,法律规则不相同,仍存在一些服务贸易壁垒。

(1) 产品移动壁垒。欧盟对非欧盟国家实行差别待遇。欧盟于1989年颁布的《通信广播指令》有一项规定要求“如可行”,各成员组织要“以合理的方式”将大部分电视节目播放时间留给来自欧洲的节目。另外,交叉补贴也影响了其他国家进入欧盟市场,如欧盟电信运营商通过交叉补贴及零售价对市场新进入者进行压价。

(2) 人员移动壁垒。获得赴欧签证手续复杂、签证审理时间长、签证申请拒签率高,签证管理部门繁多,缺乏统一。有的国家还需要进行经济需求测试,赴欧专业服务人员有国籍、资格认证等要求。

(3) 开业权壁垒。德国规定除欧盟、日本和美国等国家以外,其他国家商业银行总行的资本金不能作为其德国分行的资本金，德国对外国银行分行的业务领导人任职条件要求苛刻。股权限制是欧盟较为常见的壁垒形式，葡萄牙在无线电服务方面外股外资股权限制为25%，英国对外国银行的股权限制为14%。

3. 日本服务贸易壁垒的设立

日本服务贸易发展迅速，但一直存在逆差。2017年日本服务贸易出口1 848亿美元，占世界服务贸易出口的3.9%，进口1 909亿美元，占世界服务贸易进口的4.1%，逆差61亿美元。日本政府在服务贸易发展上作用很大，采取逐步自由化的发展战略，对日本竞争力较差的行业有一定的保护。

(1) 产品移动壁垒。日本电信业存在补贴和垄断，日本电报电话公司垄断并控制了日本的电信市场，控制了95%以上本地电话网的接入权，还对其零售服务给予补贴，通过"价格挤压"确保其垄断地位。

(2) 人员移动壁垒。日本对中国商务人员赴日的短期签证审查非常严格，2004年以来审查更为严格。在日中资企业邀请国内人员访日或国内展团赴日参展，常被无故延长申请周期。在日常驻人员工作签证每年均需重新办理，且要求报送的材料时常变动，存在很大的随意性，缺乏透明度。

(3) 开业权壁垒。以运输业为例，首先，外方代表或外方表决权占1/3以上的公司，在利用船舶或航空器从事国际货物运输时，适用不同于日本人或日本法人的许可制度。其次，在现行港运体制中，外国船公司只能租用码头，无权经营码头的装卸等业务，日本港口装卸费较高且船公司无法自由选择装卸公司。

(三) 国际服务贸易壁垒的衡量

国际服务贸易壁垒保护程度的衡量是指服务贸易壁垒对国内服务行业的保护水平、影响及有效性的量化评估，它反映了国际服务贸易壁垒的质量。

关于服务贸易壁垒保护程度的衡量问题，国内外学者的研究主要沿着两个方向展开：一是借鉴货物贸易壁垒的衡量指标；二是建立独立、适用的服务贸易壁垒衡量指标体系。目前最常用的是第一种衡量指标，本书将详细介绍这一衡量贸易政策保护程度的指标。

衡量货物贸易保护政策保护程度的指标主要有三种：名义保护率、实际保护率和生产者补贴等值。我国学者(谢康，1998)参考货物贸易政策保护程度的衡量对服务贸易的借鉴作用，讨论了三项指标在服务贸易领域的适用性，认为名义保护率和实际保护率在服务贸易领域受到诸多限制，难以像在货物贸易领域那样获得较好的分析结果，分析的重点应该集中在生产者补贴等值这种衡量方法上。

1. 名义保护率

名义保护率(nominal rate of protection，NRP)，也叫名义关税率，是衡量贸易保护程度使用最普遍的指标，是指一国实行保护政策所引起的某国商品的国内市场价格超过国际市场价格的部分与国际市场价格的百分比，用公式可表示为

$$NRP = (P_E - P_W)/P_W$$

式中，P_E 为国内市场价格；P_W 为国际市场价格。

比如，通过提高国内信息网络上网费用达到限制外国信息服务向其出口，保护本国进口替代信息服务厂商的目的。国内网络使用费高出国际网络市场价格的部分，相当于政府对消费者购买国外信息服务征收的关税。假定国内市场网络费率为1分/千字节，国际市场网

络费率为0.2分/千字节，那么该国信息服务市场的名义保护率为400%。

如果对某种商品采取边境管制措施，则名义保护率的测度方法在评估贸易政策对产出水平的影响方面是有效的。在仅使用关税的情况下，可用名义保护率衡量有关商品的关税等值，但并不是所有的政策效果都可以通过价格差异来测度的。在服务贸易领域，由于各国服务价格的差异往往不仅是由关税壁垒引起的，还与要素禀赋、技术差异、规模经济和不完全竞争等因素密切相关，服务贸易大都难以使用关税手段进行保护，从而也就限制了NRP在衡量服务贸易保护程度方面的作用。尤其是当政府的各项政策既影响产出价格又影响投入价格时，名义保护率衡量的政府政策措施的影响存在着较大的局限性。

2. 有效保护率

有效保护率(effective rate of protection，ERP)，也叫实际保护率，是相对于名义保护率和名义关税而言的。澳大利亚经济学家科登(M. Corden)和加拿大经济学家约翰逊(H. Jonson)提出了有效保护的概念，他们将有效保护定义为包括本国工业的投入品进口和最终品进口两者在内的整个工业结构的保护程度。而“有效保护率”这一概念则是由加拿大经济学家巴伯(C. L. Barber)于1955年首先提出来的，它是指对产品附加价值的保护情况，即实行关税保护使本国某产业加工增值部分受保护的情况，并以国内生产的附加价值的提高来衡量。其在数值上等于关税或其他贸易政策措施所引起的国内生产附加价值的变动率，用公式可表示为：

$$ERP = (V' - V)/V$$

式中，V'代表进口原料、中间产品以及最终产品都含关税时的国内加工增值；V代表进口原料、中间产品以及最终产品都不含关税时的国外加工增值(自由贸易价格)。

有效保护率还可以表示为：

$$ERP = \frac{\text{最终产品名义保护率} - \dfrac{\text{中间产品价格}}{\text{最终产品价格}} \times \text{中间产品保护率}}{1 - \dfrac{\text{中间产品价格}}{\text{最终产品价格}}}$$

若这一结构性保护的结果为正，则其关税保护是有效的；反之，则是无效的。由此可见，一国的关税政策是否有效，不仅要看其最终产品的受保护程度，而且还要看受保护产业的进口中间产品是否也受到了应有的保护，从而使得该产业的实际保护为正。有效的关税保护取决于一个产业所面对的实际关税，而实际关税则是由中间产品(投入)与最终产品(产出)的关税共同来决定的。有效保护率就是用来衡量投入与产出政策对价值增值的共同影响的指标。

3. 生产者补贴等值

生产者补贴等值(producer subsidy equivalent，PSE)，也叫生产者补贴等值系数方法，最早被OECD用于对其成员组织农业政策和农产品贸易的分析报告。随着这一衡量方法在许多国家的运用过程中被改进、提高，尤其是在乌拉圭回合多边贸易谈判中被广泛接受后，日益受到重视并不断完善。

生产者补贴等值是用来测算关税和非关税壁垒的，以及其他与分析相关的政策变量的保护程度的一种衡量指标，它是对政府各种政策，包括支持、税收和补贴等的总体效应进行评估。通常有两种方法可以获得生产者补贴等值：一种是通过观察政府政策的预期效果；另一种是通过观察政策措施引起的国内价格的变动。

以关税壁垒为例，在图11.3中，世界价格P_w已经低于国内供给线S和需求线D的交点，故将从价格更低的世界市场上进口服务。关税的实施使国内价格上升至P_t，使服务消费

减少 $Q_d^wQ_d^t$，关税使国内生产者增加的福利用 P_tP_wab 表示。由于生产者补贴等值的衡量是建立在现有关税水平的生产与消费基础上，所以不能准确地测度生产者福利水平。生产者补贴等值的关税影响体现在关税产品价格（P_t-P_w）和生产数量 Q_s^t 两个方面。同样，消费者因关税而导致的福利损失由 P_tP_wdc 表示，消费者补贴等值（CSE）表现在关税产品价格（P_t-P_w）和现有关税水平下的消费量 Q_d^t 两个方面。由此可分别得出作为生产价值比例的生产者补贴等值（PSE）和作为消费价值比率的消费者补贴等值。

$$PSE=\frac{(P_t-P_w)Q_s^t}{P_tQ_s^t}=\frac{P_t-P_w}{P_t}$$

$$PSE=\frac{(P_w-P_t)Q_d^t}{P_tQ_d^t}=\frac{P_w-P_t}{P_t}$$

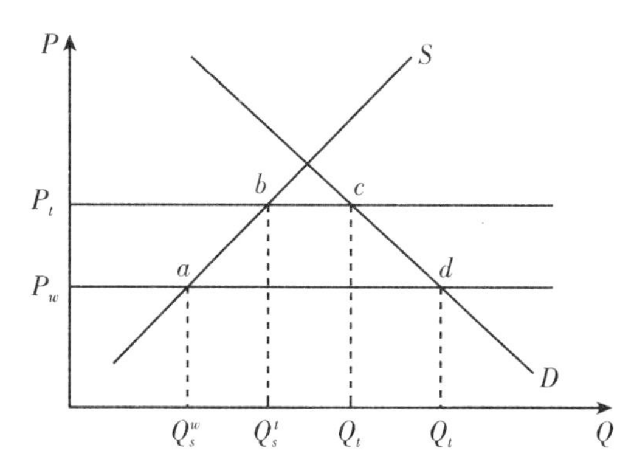

图 11.3　补贴等值下的关税效应

可以用类似的办法画出非关税壁垒（如出口配额）的保护效果。如图 11.4 所示，世界价格 P_w 低于国内供需曲线之交点，故进口量为 $Q_s^wQ_d^w$。在国内需求不变的情况下，若一国政府为本国服务保留一定数量的份额，则必须有效减少本国服务的进口量，如对国外厂商的进口实行配额限制，假设给予外国厂商的配额为 $Q_d^qQ_s^q$，相当于把国内市场供给曲线向右拉动至 S_1，国内市场价格上升至 P_q，国内服务的生产将提高至 Q_s^q，消费将下降至 Q_d^q，国内生产者因市场保护份额增加了福利（以 $PqPwab$ 表示）。名义保护系数为国内价格与实际价格的比率，用公式表示如下：

$$NPC=\frac{\text{国内市场价格}}{\text{国际市场价格}}$$

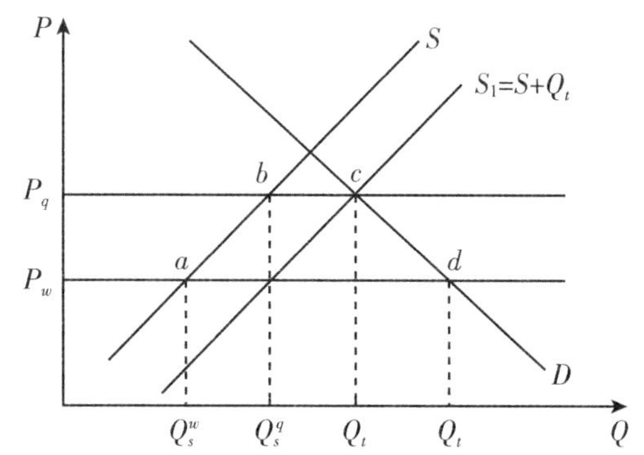

图 11.4　补贴等值下的出口配额影响

与非关税壁垒效果分析的一般结论相同,政府希望为国内服务厂商保留市场份额而对其提供有效保护,以替代作为竞争者的外国厂商,但这样做将提高服务的国内价格。对于消费者来说,服务配额的福利损失在图 11.4 中用 P_qP_wdc 表示。

实施配额会使得需求增加,价格上升,进口不变,对国内市场保护有力,是市场机制的替代,这是 WTO 坚决要把配额等数量限制措施取消的主要原因之一。

三、国际服务贸易保护政策的效应

由于国际服务贸易保护政策主要通过关税措施和非关税措施来体现,所以在研究服务贸易保护政策时也主要从关税效应和非关税效应两个方面来进行。

(一) 国际服务贸易保护政策的关税效应分析

服务贸易的关税效应具有特殊性,这种特殊性表现在分析服务市场的关税效应时,还要考虑与之联系的商品贸易市场的关税效应。只要与服务贸易相关的商品贸易被关税扭曲,推行服务贸易自由化将对一国的福利造成损失。

图 11.5 是世界总资本 K 和总劳动 L 在两国间进行分配的埃奇沃思方框图。K_h 和 L_h 分别表示 H 国以 Q_X 为原点的资本和劳动禀赋。H 国的 K 禀赋相对充裕,且 Y 为密集使用要素 K 的产品,X 是密集使用要素 L 的产品。在图 11.6 中,T_hT_h' 和 T_fT_f' 分别为 H 国和 F 国的生产可能性曲线。商品自由贸易时,两国分别在 C_h 和 C_f 点消费。当 F 国具有同样的贸易三角时,H 国在 C_h 点消费是因为出口 Q_hB 的 Y,进口 C_hB 的 Y。由于假定消费相似,包含在两国消费向量中的 K 和 L 要素必位于对角线 Q_XQ_Y,且各国生产价值必等于消费价值,故包含于产品中的要素价值等于包含在消费指南的要素价值。这样,通过 E 点且以均衡要素价格比率为斜率的直线,将给出在对角线上 C 点处包含要素的两国消费。在图 11.5 中,K_Y 和 K_X 分别表示商品 Y 和 X 的资本-劳动力比率,分别对应于图 11.6 中在 Q_h 和 Q_f 点上的均衡生产。通过画出与 K_Y 平行的 EL 和与 K_X 平行的 LC 线,就可确定包含于商品贸易中的生产要素:EL 与 LC 分别给出图 11.6 中生产 Q_hB 和 C_hB 所需的要素。所以,图 11.5 中的要素流三角 ELC 决定了图 11.6 中包含在商品贸易三角中的要素流动。

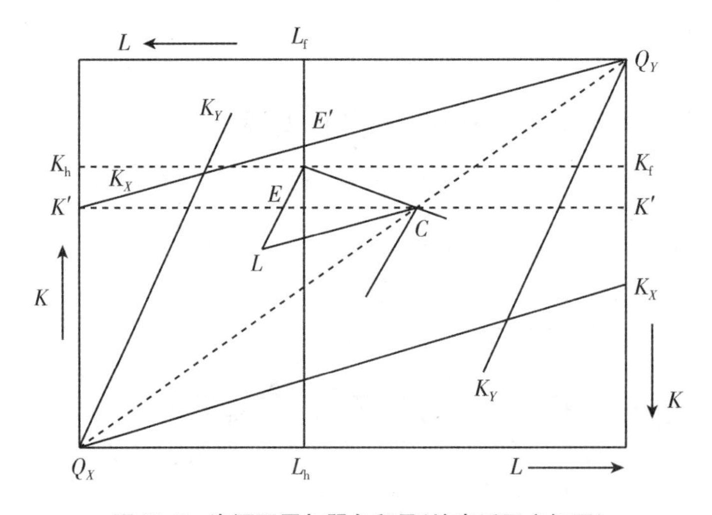

图 11.5　资源配置与服务贸易(埃奇沃思方框图)

图 11.6 是对 H 国关税的一般效应分析，关税的福利效应还应受到 H 国的大小影响。所谓小国，是指该国对外经济规模小，净出口的变化不会对国际市场物价产生影响，对外净投资的变化也不会对国际利率水平产生影响，即该国是国际物价水平和利率水平的接受者。下面就分别针对 H 国是小国和大国进行关税的福利效应分析。

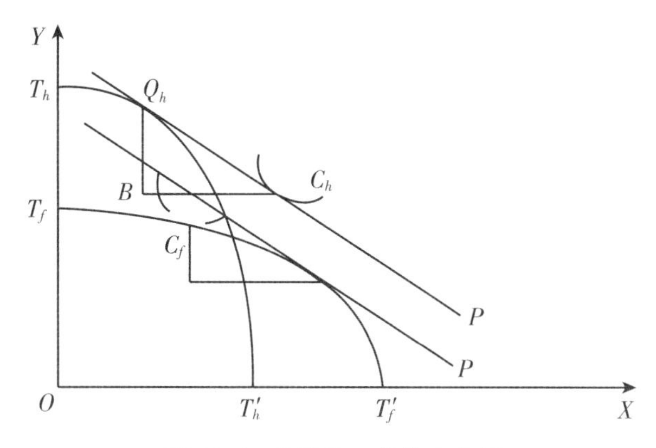

图 11.6　关税的一般效应分析

1. 假定 H 国为小国的关税效应分析

如果 X 为可贸易品，并且 H 国实行自由贸易，它在国内将部分 K 要素服务提供给外国生产者，以获得商品 X 的某些收益。当政府对 X 征收关税时，K 要素所有者获得 X 的数量将减少，而且可得利润随之减少了，于是需要对要素服务重新进行分配，并将其撤回至国内，使国内的 K 比实施关税前更加充裕，P_x/P_y 和 w/r 的值都将随之变大。由此可得出，若进口商品使用密集型不变要素服务，则在服务贸易中，关税将产生一般的商品价格效应。

如果 Y 为可贸易品，提供资本服务给外国厂商的本国将获得一定单位的 Y 商品的利益，当 Y 商品征收关税时，国内 K 要素的所有者发现，在国外获取要素服务的价格下降了，因而将更多的要素服务配置回本国，增加 K 要素的供给和 w/r 的值上升。因此，如果进口商品使用密集型的可变要素服务，那么，关税将降低进口的相对价格。

上述两种情况表明，当资本为可变要素时，无论进口何种商品，关税都将提高劳动密集型产品的价格。另外，关税还影响国内要素的收支，无论政府对 X 产品还是对 Y 商品征收关税，可变要素资本 K 的收益都将下降，而且不变要素劳动 L 的收益将上升，即劳动力将得益于关税。在贸易自由化情况下，无论进口哪种商品，可变要素所有者，如资本所有者的境况都会得到改善。

2. 假定 H 国为大国的关税效应分析

如果贸易条件不变，关税将减小图 11.6 中 H 国的贸易三角，而且相对于进口价格，资本 K 的国内价格将上升，从而使国内消费者的福利有所增加，并有可能超越自由贸易时的水平，在这种情况下一般存在最优关税率。一般情况下，对资本服务出口征税与对进口商品征税的影响一样。当进口要素服务时，关税则起到对汇回的服务收入征税的作用。这就说明以下两点：一是对外国人获取的资本服务收入征收比国内资本服务收入更高的税额的行为，都是变相的征收关税，服务贸易自由化要求减少这种额外税收；二是如果和服务出口国进行关税战，那么拥有大量服务进口国的国家，可能会对来源于外国的收入保留差别税，即国内税收制度还可以在一定程度上发挥贸易政策的作用。在交换一种商品以获取一种要素服务的模型中，关税等于对进出口商品征收的国内要素收入税。很显然，要素收入税对贸易流有很大的影响。

（二）国际服务贸易保护政策的非关税效应分析

除了关税，非关税壁垒也是国际服务贸易保护政策中的重要组成部分。非关税壁垒种类繁多，但它们产生的总体效应基本相同，最常见的服务贸易非关税壁垒有四种：政府管制、补贴、配额和许可证制度。本书将从这四个方面来分析非关税壁垒的福利效应。

1. 政府管制

在一国的某些产业中，政府往往对价格、数量等进行管制，从而保证国内相关利益者的福利水平。下面以保险市场政府管制为例来分析政府管制的福利效应（见图 11.7）。

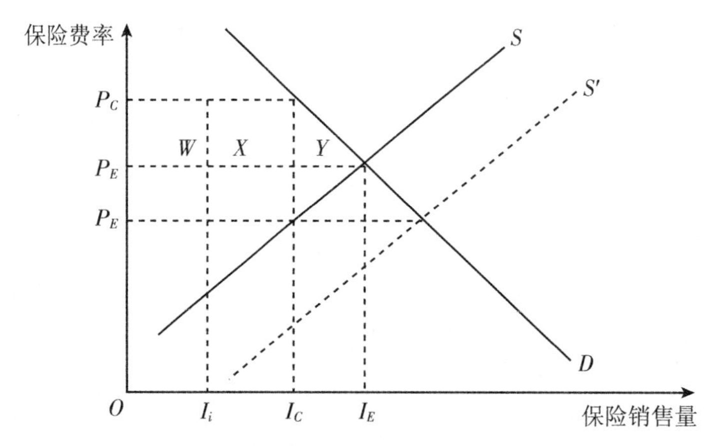

图 11.7　保险市场管制政策选择的福利效应

在图 11.7 中，假定该服务市场是受政府保护的保险市场，P_E 和 I_E 分别是在没有政府管制时保险市场上供给和需求决定的均衡价格和均衡数量，P_C 和 I_C 则分别代表政府管制下的保险费率和保险服务销售量。从图 11.7 中可以看出，政府管制之后，价格从 P_E 上升至 P_C，对保险服务的需求减少至 I_C，这一过程使消费者剩余减少了$(W+X+Y)$，而生产者剩余增加了$(W+X)$，即保险公司获得的租金。三角形 Y 为福利的净损失。如果政府放松对国内保险服务市场的控制，允许更多的竞争厂商进入市场，那么保险公司在管制条件下获得的租金将流入购买者及投保人手中，也就是说，增加竞争将获得更多的福利收益即 Y。这说明，不同政策对国家福利的影响，来自它对保险市场各种因素的影响。如果允许外国保险公司进入本国市场，同时政府通过对保险费率的管制继续对保险市场进行保护，则外国供应者将分享一定的市场份额 I_iI_C，那么该国福利的损失由原来的 Y 变为$(Y+X)$，其中 X 为外国保险公司获得。由此可见，既当允许外国服务厂商进入，又对本国服务价格进行管制时，国家福利可能变得更差。与此同时，在竞争性保险市场上，国内保险公司有机会向外国同行业厂商学习，从而使国内保险公司不断提高技术水平进行制度创新和管理创新。这些方面的提升将使国内外总供给曲线 S 向外移动至 S'，此时的消费者剩余和生产者剩余之和明显大于没有外商进入时国内消费者和生产者剩余之和。如果同时存在政府管制，则消费者剩余不变，国内生产者和国外生产者的租金都上升，福利净损失也上升，但总体福利水平比拒绝外商进入时提高了。这就说明，政府管制保护了国内市场，但抑制竞争会导致福利水平下降。

2. 补贴

补贴是指一国政府或任何公共机构向某些企业提供的财政捐助以及对价格或收入的支持，以直接或间接增加从其领土出口某种产品或减少向其领土内进口某种产品，或者对其他国家利益形成损害的政府性措施。借助生产者补贴等值(PSE)可以较好地评估政府补贴的效果。在服务贸易领域，生产者补贴等值可以定义为政府的各种政策转移给服务提供者的总价值与服务价值之比，服务价值等于服务的市场价值和政府的直接支付之和，用公式可以表示为

$$PSE = \frac{\text{政府政策转移的总价值}}{\text{服务的总价值}} = \frac{Q \times (P_d - P_w \times X) + D + I}{Q \times P_d + D}$$

式中，Q 为服务供给量；P_d 为以国内货币表示的服务价格；P_w 为以世界货币表示的服务价格；X 为汇率换算系数；D 为政府给服务部门的直接支付；I 为政府通过补贴、市场支持、汇率扭曲等方式给予国内服务厂商的间接转移。

PSE 的大小取决于上述若干个变量，政府补贴的变化会改变 PSE 的大小。政府政策不变，只要世界市场参考价格、汇率和服务供给量中任何一个改变，PSE 的值都会改变。一个国家可以通过将政府部分间接转移 I 变成直接支付 D 来降低 PSE 的值，也可以通过将直接支付变为间接支付来提高 PSE 的值。

3. 配额

配额可分为进口配额和出口配额。进口配额是指进口国对某些产品的进口价格或数量设定的限制，其目的是保护国内生产者和消费者免受这些产品临时短缺的影响，或者通过减少特定产品的供应来提高其国际市场价格。

在服务贸易领域，配额这种非关税壁垒往往出现在政府制定的各种劳动力限制措施中，与签证、居留权、工作许可(营业执照)制度、劳工标准和个人汇款等限制措施共同构成影响劳动力转移的主要政策手段。当一国劳动力禀赋稀缺，国内市场出现进口劳动力需求时，为保护本国劳动力市场，政府通常使用配额有限制的进口劳动力资源。配额一般给四类临时入境的劳工以工作许可权，包括年度许可(或 B 类许可)、短期许可、季节性工作许可(或 A 类许可)和越境许可。这些工作许可权针对不同性质的劳动力发放，每一种劳动力必须满足一定的条件方能获得工作许可权。在美国，虽然传统上主张吸引大批永久性居民，但是随着移民的不断增加，建立起了一套临时性移民制度。这种临时性移民制度，充分考虑到了国内劳动力市场上的供需状况，在保护本国劳动力利益的基础上争取生产者的利益，这些临时性劳工的流入，在一定程度上缓解了美国劳动市场的压力，给美国经济带来了许多长远利益。

4. 许可证制度

在国际贸易中，许可证制度是指一国为加强对外贸易管制，规定某些商品的进口和出口需由进口商和出口商向本国有关当局提出申请，经过审查批准获得有关许可证后方可进口或出口的一种制度。服务贸易中的许可证制度和商品贸易中的许可证制度一样，是构成各国限制其他国家服务提供商进入本国市场常见的非关税壁垒之一。在国际服务贸易中，许可证制度多出现在生产者服务或专业服务领域，如通信、金融、运输、建筑工程、教育、医疗、会计、法律、咨询、数据处理和专业技术服务等部门中。由于到目前为止，我们依然没有能对服务贸易许可证制度的范围达成共识。因此，服务贸易中的许可证制度含义比商品贸易中的更加多样和复杂。在国际服务贸易中，尽管有关开业权和建立权是否属于许可证制度范

围的问题仍在争论之中，但从实际效果来看，开业权或建立权效果与许可证制度的效果大致相同。就金融服务贸易来说，开业权或建立权是目前许可证制度下或类似规则下最重要的贸易制度安排，如东道国对外国金融机构提出创建代表或代办处、代理人、分支机构和附属机构的开业权限制措施。由此可见，在劳动力流动与投资活动中的开业权，几乎发挥着与商品贸易中许可证相同的作用和影响。

◆内容提要

国际贸易政策是指世界各国和地区对外进行商品、服务和技术的交换活动时所采取的政策。它既是一国总经济政策的一个重要组成部分，又是一国对外政策的一个重要组成部分。一个国家在选择开放其服务贸易政策时可以表现为自由贸易与保护贸易两种政策。

贸易自由化可以从三个方面进行广义的解释，即一国的对外贸易趋向中性、自由和开放。中性意味着在进口部门和出口部门中采取不偏不倚的均衡优惠政策；自由指政府的干预有所减少；开放意味着贸易在整个经济中的地位及在GDP中的所占比例提高。

国际服务贸易自由化发展产生的经济效应有：自由贸易最吸引人的地方，在于它可以通过促进国际分工来提高生产率，使经济富有效率，古典贸易理论已经对此进行了系统的论证，而贸易自由化与生产增长率之间通常被认为是具有正相关关系。产生的福利效应有：服务贸易如果不受各种贸易壁垒的限制，则可以产生诸多现实利益和潜在利益。

国际服务贸易壁垒一般是指一国政府对外国服务生产者或提供者的服务提供或销售所设置的有障碍作用的政策措施，主要有隐蔽性强、保护性强、灵活性强、互动性强、与投资壁垒联系性强等特点。根据服务贸易壁垒限制的对象，服务贸易壁垒可分为服务产品移动壁垒、资本移动壁垒、人员移动壁垒和商业存在(或开业权)壁垒四种形式。

由于国际服务贸易保护政策主要通过关税措施和非关税措施来体现，所以，在研究服务贸易保护政策时也主要从关税效应和非关税效应两个方面来进行。

关税的福利效应受到大国小国的影响。对于小国而言，在贸易自由化情况下，无论进口哪种商品，可变要素所有者的境况都会得到改善。对于大国而言，在贸易自由化情况下，国内消费者的福利有所增加，并有可能超越自由贸易时的水平，且一般存在最优关税率。

◆关键词

国际服务贸易政策　自由贸易政策　保护贸易政策　服务贸易壁垒　产品移动壁垒　资本移动壁垒　商业存在壁垒　名义保护率　有效保护率

◆复习思考题

1. 什么是国际服务贸易政策？它与国际货物贸易政策有何区别？
2. 什么是服务贸易自由化？试分析服务贸易自由化的经济效应。
3. 分析国际服务贸易保护政策的微观基础及原因。
4. 什么是服务贸易壁垒？它有什么特点？
5. 用来衡量服务贸易壁垒的方法有哪些？
6. 简述国际服务贸易保护政策的关税效应。

◆思考案例

成功的飞跃：印度软件业的崛起

比尔·盖茨就曾预言，下个世纪的软件超级大国将是印度。如今的印度IT产业正在印度政府一贯而强有力的扶持下，摆脱了单纯的劳力出口模式，时刻准备着进行“第二次腾飞”,以发展成为尖端的软件国家。

据统计,近年来,印度软件出口每年以60%的速度增长。2016年计算机与信息服务出口达553.2亿美元,占服务出口总额的34.31%;进口47.7亿美元,仅占服务进口的3.59%。而2016年印度服务贸易顺差为282.2亿美元,主要来源于计算机与信息服务。经过了仅仅20年的历程,印度软件业就继美国之后,占领了全球软件市场20%的份额。世界银行的调查评估显示,印度软件出口的规模、质量和成本等综合指数名列世界第一。

总体国民经济并非十分发达的印度,为什么能依靠先进的软件水平成为IT强国呢?据研究人士认为,主要有以下几个原因:政府扶持、英语基础、人才培养与储备、重视管理以及开放等。而在这其中,政府的扶持无疑是印度软件业崛起主要原因。

除了各种政策促进软件出口外,印度政府还希望通过新建一批软件技术园来带动全国软件产业的发展,通过创造良好的投资环境来吸引更多的外国公司来印度投资。由于目标明确、措施得当,尽管印度软件产业发展历史不长,但却取得了令人瞩目的成绩,在激烈竞争的全球软件市场中悄然崛起。在出口方面,印度一跃成为仅次于美国的软件出口大国。

通过上述情况,试分析:

1. 印度政府为发展软件业采取了哪些手段和措施?

2. 为什么印度政府选择软件产业作为其战略性贸易政策的目标?

3. 为什么要运用战略性贸易政策?其理论依据何在?谈一谈你对这一贸易理论的认识。

◆应用训练

组织学生到外贸企业了解如何办理进口许可证申领手续或进口登记手续。

第十二章　国际服务贸易协定(GATS)

本章结构图

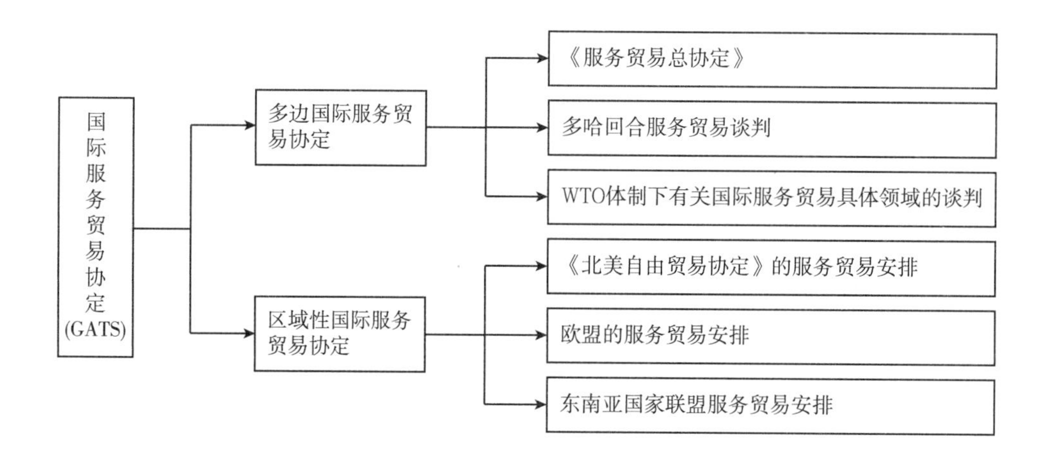

学习目标

掌握《服务贸易总协定》中的相关规定；了解多哈回合服务贸易谈判进程；熟悉 WTO 体制下国际服务贸易发展；了解《北美自由贸易协定》、欧盟以及东南亚国家联盟的服务贸易安排。

导入案例

韩国正式向 WTO 发起投诉，称中国“报复”

2017 年 3 月 20 日，韩国产业通商资源部长官周亨焕在国会出席产业通商资源委全体会议时表示，本月 17 日已向世界贸易组织(WTO)服务贸易理事会提出，中国在旅游、流通领域针对“萨德”入韩实施的反制措施或有违世贸组织相关协定，呼吁中方遵守义务。周亨焕说，中国不会向 WTO 承认针对“萨德”入韩采取了相应措施，但韩国政府应明确指出不能排除这种可能性。韩方质疑中方可能有违 WTO 的基本原则，即“最惠国待遇”和“国民待遇”原则。周亨焕表示，将在继续搜集证据的同时，妥当应对韩企遭受的不合理待遇。

韩国产业部相关人士证实，韩政府在 WTO 就中国有违“最惠国待遇”和“国民待遇”原则提出质疑，并介绍说将通过多种渠道向中方施压。不过该举措并不意味向 WTO 起诉中国。韩联社宣称，若要向 WTO 提起诉讼，需要提出具体证据，但中国“多下达口头限韩令”，或以国内法为借口实施反制，“取证不易”。

真的有“限韩令”吗？中国外交部发言人耿爽曾表示：首先，我没有听说所谓的“限韩令”。

第二,中方对中韩之间的人文交流一直持积极态度。但相信大家也能理解,两国之间的人文交流是需要有民意基础的。第三,中方坚决反对美国在韩国部署"萨德"反导系统,这一立场也是众所周知的。中国民众也对此表达了不满,相信有关方面应该注意到了这种情绪。

资料来源:http://news.sina.com.cn/w/sy/2017-03-20/doc-ifycnikk1295491.shtml.

第一节 多边国际服务贸易协定

20世纪70年代以来,服务业作为独立的产业部门进入国民经济统计中,西方发达国家和地区的服务业开始迅速发展。自1948年关税与贸易总协定成立到世界贸易组织成立之前,服务贸易并不属于多边贸易体制的管辖范围内。随着世界服务贸易规模的迅速扩大,在1986年9月启动的乌拉圭回合多边贸易谈判中,服务贸易作为三项新议题之一,正式列入多边贸易谈判程序,并最终达成了《服务贸易总协定》(General Agreement on Trade in Service,GATS)。GATS是世界贸易组织达成的一揽子协议中不可分割的组成部分,是对所有成员方具有约束力的法律文件。它的达成对于国际服务贸易的发展以及国际贸易体制的完善具有重要意义。

一、《服务贸易总协定》

(一)《服务贸易总协定》的产生

20世纪70年代开始,美国的比较优势产业从传统的制造业变成了资本和技术密集型的服务产业,美国成为世界上最大的服务贸易出口国。1973年,关税与贸易总协定(General Agreement on Tariffs and Trade,GATT)组织下的东京回合中,美国率先提出了要将服务贸易纳入GATT多边贸易谈判范围内。但是众多发展中国家由于经济水平落后,服务贸易的发展水平明显滞后于发达国家,他们担心服务业开放会损害本国的利益,极力反对将服务贸易纳入到多边贸易体制中。20世纪80年代以后,美国通过各种方式不断对其他国家政府施加压力,要求他们同意开放服务贸易。最终,在美国的倡议下,GATT于1984年11月成立了服务贸易谈判组。1986年9月,在发动乌拉圭回合谈判的埃斯特拉角部长级会议上,服务贸易最终作为三项新议题之一,正式列入多边贸易谈判程序。

乌拉圭回合服务贸易谈判进程大体上分为三个阶段。第一阶段是从1987年2月服务贸易谈判正式开始起至1988年12月蒙特利尔部长级中期评审会议为止。这一阶段谈判的重点在于明确服务贸易的定义与谈判范围,以及审议和探讨与服务贸易有关的国际规则和协议。在这一阶段,各国分歧很大,主要集中在国际服务贸易的定义和范围。发展中国家担心过宽的定义服务贸易会对本国产生不利影响,主张跨国公司内部交易以及金融、保险、咨询、法律方面的服务贸易不包含在服务贸易范围内。发达国家出于扩大本国在服务贸易方面的绝对优势的目的,坚持把所有涉及不同国民或国土的服务贸易,即涉及生产要素跨国流动的服务活动都纳入到国际服务贸易的范畴中。最终,在蒙特利尔举行的中期评审会议中采纳了较为折中的观点,将服务贸易定义为"包括跨越国境的服务和消费,以及各种生产要素的跨越国境的流动"。

第二个阶段是从1988年12月蒙特利尔部长级中期评审会议至1991年12月"邓克尔

案文”形成为止。由于谈判涉及一系列实质性问题，各方的分歧难以消除，直到1990年12月3日的布鲁塞尔部长级会议，服务贸易谈判组才修订了《GATS多边框架协议》(草案)。该草案规定了最惠国待遇、透明度、发展中国家参与、国民待遇、市场准入和争端解决等重要条款，基本确定了GATS的框架结构。在1991年4月召开的GATT贸易谈判委员会会议上，总干事邓克尔根据委员会组长的提案，对谈判内容进行了重新编组，主要围绕着“框架协议、具体承诺和部门注释”三个部分开展。后来在1991年12月20日提交了协调各方意见的“邓克尔案文”。

第三个阶段是从1991年12月“邓克尔案文”形成至1994年4月15日达成GATS为止。这一阶段主要以“邓克尔案文”为谈判的基础，主要围绕着服务贸易自由化的具体承诺进行。到1993年12月，谈判委员会最终通过了包括GATS在内的最后文件草案，各国也提出了各自的承诺表，附在GATS之后，作为谈判结果的一部分。1994年4月15日，关贸总协定各缔约方在马拉喀什正式签署《服务贸易总协定》，于1995年1月1日起正式生效。

(二)《服务贸易总协定》的界定和分类

1. 服务贸易的界定

《服务贸易总协定》第1条第2款界定了服务贸易的范围，包括跨境交付、境外消费、商业存在和自然人流动四个方面。

跨境交付(cross-border supply)是指从一成员组织境内向其他任何成员组织境内的服务消费者提供的服务。这种服务方式的提供强调买方和卖方在地理上的界限，跨越国境的是服务的本身，人员和物资都不需要过境。如国际电信服务、信息咨询服务等。

境外消费(consumption abroad)是指服务提供者在一成员组织境内向来自另一成员组织的消费者提供服务。这种服务提供方式是消费者到境外去享用境外服务提供者提供的服务。例如为国外游客提供的旅游服务，去境外求学等。

商业存在(commercial presence)是指一成员组织的服务提供者通过在另一成员组织领土内设立商业实体或专业机构来提供服务。这一服务方式的主要特征是，服务提供者和消费者在同一成员组织境内，服务提供者到消费者所在的领土内采取了设立商业机构或者专业机构的方式。例如，去另一个成员组织境内开办银行，设立律师事务所等等。

自然人流动(movement of natural persons)是指一成员组织的服务提供者到另一成员组织境内提供服务。自然人流动和商业存在之间存在着共同点，即服务提供者到消费者所在地境内提供服务；不同的地方是自然人流动的服务提供者没有在消费者所在的境内设立商业实体。

另外，《服务贸易总协定》的第1条第3款明确指出，政府当局为履行职能所提供的服务不属于国际服务贸易约束的范围内。如，中央银行的服务和社会保障服务。

2. 服务贸易的分类

《服务贸易总协定》中根据一般国家标准的服务部门分类办法，将服务分为12个大类，分别是商业服务、通信服务、建筑和相关工程服务、分销服务、教育服务、环境服务、金融服务、健康服务、旅游服务、娱乐、文化和体育服务，运输服务以及其他的服务。

(三)《服务贸易总协定》的具体内容

《服务贸易总协定》是第一部具有法律效力的国际服务贸易多边规则。主要由4个部分构成,分别是序言、正文、附件和减让表。

1. 序言

该部分明确了GATS的宗旨,包括进一步推进服务贸易自由化和促进发展中国家服务贸易增长和出口两大方面。

2. 正文

正文由6个部分,共29个条款组成。

第一部分是“适用范围和定义”,明确了协定的适用范围和所涉及的定义。

第二部分是“一般义务和纪律”,是GATS的核心内容,各成员方在制定和实施服务贸易措施时必须遵守。明确了各成员方适用的一般纪律和例外,主要包括最惠国待遇、透明度、发展中成员方更多参与、经济一体化、国内法规、承认、垄断及专营服务提供者、商业惯例、紧急保障措施、支付和转让、对保障国际收支平衡的限制、政府采购、一般例外、补贴等条款。

(1) 最惠国待遇。最惠国待遇是《服务贸易总协定》适用的基本原则。在GATS的第2条中规定:有关本协定的任何措施,世界贸易组织一成员方给予任何其他国家(不论成员方或非成员方)的服务或服务提供者的待遇,须立即和无条件地给予世界贸易组织其他成员方类似的服务或服务提供者。但是,GATS生效时,世界贸易组织成员方如果根据该协定中《关于第2条例外的附件》所规定的条件,援引有关最惠国待遇的例外,则可以在谈判确定本国第一份服务贸易减让表的同时,列出最惠国待遇例外清单,从而有权继续在特定的服务部门给予特定国家以更优惠的待遇。这些例外只能一次确定,且例外清单中的内容不得增加。

(2) 透明度。GATS第3条“透明度”规定,世界贸易组织成员方应及时公布影响GATS实施的、所有普遍适用的相关措施。如果世界贸易组织成员方新制定或修改后的法律、法规和行政措施,对该成员在GATS下的服务贸易具体承诺产生影响,则应及时通知服务贸易理事会。并且在协定对其生效后两年内(即1996年底),每个成员方都应当设立一个或更多的咨询机构。

(3) 发展中成员方更多参与。GATS第4条规定,不同成员应通过加强其国内服务能力、效率和竞争力,特别是通过在商业基础上获得技术,改善对分销渠道和信息网络的利用和在它们有出口利益的部门及提供方式上实现市场准入的自由化等方面作出具体承诺,促进发展中国家成员更多地参与世界贸易。同时,应特别优先考虑最不发达国家成员。由于它们的特殊经济状况以及它们的发展、贸易和财政需要,应对它们在接受谈判达成的具体承诺方面存在的严重困难应给予特殊的考虑。并且发达国家成员和在可能的限度内的其他成员,应在WTO协议生效后的2年内建立联系点,以便发展中国家成员的服务提供者获得与其相应市场有关的资料。

(4) 经济一体化。GATS第5条规定,不应阻止任何成员参加或达成在参加方之间实现服务贸易自由化协议,不阻碍服务贸易自由化的推进;发展中国家之间的有关协议采取较为灵活的政策,允许按发展水平达成某些协议;但参加有关协议的各成员对该协议外的国家不应采取提高壁垒的措施,任何成员决定加入某一协议或对某一协议进行重大修改时,都应迅速通知各成员。各种类型区域性服务贸易优惠协议的出现在所难免,但应当对这些协议严格监视与审议,以免严重削弱GATS的多边性质。

(5) 国内法规。GATS第6条规定,在已作出具体承诺的部门,每个成员应确保所有普遍适用的影响服务贸易的措施,以合理、客观和公正的方式予以实施;每个成员应维持或尽快地建立司法、仲裁或行政法庭或程序，在受影响的服务提供者的请求下，对影响服务贸易的行政决定作出迅速审查；对于服务提供者需要批准的有关具体承诺服务项目的申请，如果符合国内法规，成员方主管机构应当在合理时期内将有关决定通知申请者；为了确保有关资格要求和程序、技术标准和许可要求的措施不致构成不必要的服务贸易壁垒，服务贸易理事会应通过其建立的适当机构，制定任何必要的纪律，要求成员方制定的法律法规应基于客观和透明的标准，是为保证服务质量所必需以外，如是许可程序，则其本身不应成为提供服务的限制；在各成员已作出具体承诺的部门，不能损害或阻碍具体承诺的许可和资格要求及技术标准；在对专业服务已作具体承诺的部门，各成员应提供充分的程序以验证任何其他成员的专业人员的资格。

（6）承认。GATS 第 7 条规定，成员可承认在一特定国家获得的教育或经验、已满足的要求以及所颁发的许可证和证明。这种通过协调或其他办法实现的承认，可基于与有关国家签订的协议或安排，也可自动给予；如果一成员方实施自动承认，则应给与任何其他成员方充分机会表明其在后者领土上成员获得的教育程度、经验、许可证或证明以及已满足的资格条件等应予以承认；在 WTO 协议对其生效之日起的 12 个月内，将其现行的承认措施通知服务贸易理事会，当采取新的承认措施或对现有的措施作重大修改时，应立即通知服务贸易理事会；鼓励各成员应与有关的政府间或非政府组织进行合作，以建立和采用有关承认的共同国际标准和从事有关服务贸易和专业的共同的国际标准。

（7）垄断及专营服务提供者。GATS 第 8 条规定，每个成员应确保在其境内的任何垄断服务提供者，在相关市场上提供垄断服务方面，不得滥用市场地位，不得违反最惠国待遇的义务和具体承诺；当一成员有理由相信任何其他成员的垄断服务提供者的行为违反上述规定而向服务贸易理事会提出请求时，理事会可要求建立、维持或批准上述服务提供者的成员提交有关经营的具体资料；在 WTO 协议生效后，如果一成员在其已作具体承诺的服务的提供方面授予垄断权时，在给予的垄断权即将实施前不晚于 3 个月，该成员应及时通知服务贸易理事会，并通过谈判对其他成员方进行补偿。同时这些条款也适用于专营服务提供者。

（8）商业惯例。GATS 第 9 条规定，若服务提供者的某些商业惯例，会抑制竞争从而限制服务贸易。那么应就取消所述的商业惯例与其进行磋商。被要求的成员在不违反国内法并就请求方保障其机密性达成满意协议的情况下，应当进行相关的信息交流。

（9）紧急保障措施。紧急保障措施是指为了消除因服务大量进口而导致成员方财政困难或使相关服务业遭受严重损害，维护成员方服务业的稳定和发展所采取的实行进口限制的措施。GATS 第 10 条规定，紧急保障措施应在非歧视原则基础上就紧急保障措施问题进行多边谈判。谈判结果应不迟于 WTO 协议生效之日起 3 年内付诸实施。

（10）支付和转让。GATS 第 11 条规定，除非国际收支出现问题，任何成员不得对与其具体承诺有关的经常交易实施国际转移和支付方面的限制。而且规定 GATS 的任何规定不得影响国际货币基金组织成员在基金组织协议下的权利和义务，包括使用符合协议条款的外汇措施，前提是该成员对任何资本交易，除非国际收支不平衡或应国际货币基金组织的要求，不得实施与其有关该交易的具体承诺不一致的限制。

（11）对保障国际收支平衡的限制。GATS 第 12 条规定，在一成员组织际收支和金融地位严重恶化的情况下，准许其就具体承诺的服务贸易采取限制性的措施；发展中成员方也可以采取限制措施以确保维持足以实施其经济发展或经济过渡计划的财政储备水平。但所采用或维持的任何限制，或对此类限制的任何变更，都应迅速通知总理事会，并且不应超过必要的程度,不对各成员采取歧视性措施,不给其他成员带来不必要的商业和经济损失。采取限制性措施的成员应立即就其限制性措施与各成员磋商,且应用 IMF 提供的有关数据资料作出判断和评价。

(12) 政府采购和补贴。GATS 第 13 条政府采购规定,第 2 条(最惠国待遇)、第 16 条(市场准入)和第 17 条(国民待遇)不应适用于关于政府机构为政府目的而采购服务的法律、法规或要求,而不是为商业转售或为商业销售提供服务之目的。同时在 WTO 协议生效后 2 年内,应就本协定下服务的政府采购问题进行多边谈判。

第 15 条补贴规定,在某些情况下,补贴对服务贸易可能会产生扭曲影响。各成员应进行多边谈判以制定必要的多边纪律来避免这类贸易扭曲的影响。谈判也应讨论反补贴程序的适当性。谈判应承认补贴对发展中国家发展计划的作用,并考虑到各成员,尤其是发展中国家成员在这一领域中所需的灵活性。为进行谈判,成员应交换其提供给本国服务提供者的与服务贸易有关的补贴的所有资料。同时,任何成员如认为另一成员的补贴使其受到负面影响时,可就此事要求与该成员进行磋商。

(13) 一般例外与安全例外。GATS 第 14 条规定,在实施的措施不会在情况相似的国家之间构成任意或不合理歧视的手段或构成对服务贸易的变相限制的前提下,在下列特定情况可以采取与 GATS 不一致的措施:出于维护公共安全、公共卫生、环境、文化、资源等目的;为了遵守国内法律和制止欺诈行为。采取的措施要及时通知各成员。GATS 对各成员的以下方面没有制约作用:有关国家安全的情报;有关军事、放射性物质和战争时期等所采取的行动;为执行联合国宪章而采取的行动。这些规定的宗旨是不干涉各成员为了公共安全所采取的措施。

第三部分是"具体承诺义务"。各成员方承诺开放的具体部门以及这些部门的准入程度与期限,还有所维持的条件或限制措施,都需要载入到各成员方的服务贸易减让表中,该部分确定了与减让表中具体承诺相关的规则。主要涉及服务贸易市场准入和国民待遇两个方面。

GATS 第 16 条"市场准入"规定,一成员对来自另一成员的服务或服务提供者,应给予不低于其在具体减让表中所列的待遇。并且列举了 6 种影响市场准入的限制措施。具体包括:限制服务提供者的数量,限制服务交易或资产总值,限制服务网点总数或服务产出总量,限制特定服务部门或服务提供者可以雇用的人数,限制或要求通过特定类型的法律实体提供服务,限制外国资本参与的比例或外国资本的投资总额。

国民待遇是多边贸易体制中的一个重要基本原则。GATS 第 17 条"国民待遇"规定,成员方在实施影响服务提供的各种措施时,对满足减让表所列条件和要求的其他成员的服务或服务提供者,应给予其不低于本国服务或服务提供者的待遇。因为服务贸易的特殊性,GATS 的国民待遇原则与货物贸易不同,只适用于成员方已经作出承诺的服务部门。

第四部分是"逐步自由化",具有"逐步"和"自由化"两层含义。由于服务贸易涵盖的范围广泛,有的部门直接关系到国家经济发展和安全,所以对影响服务贸易的措施不可能立即消除。为了确保 GATS 的一般义务和纪律及具体承诺得到切实履行,实现服务贸易自由化的目标,GATS 专门规定了逐步自由化的安排。

第五部分是"有关制度条款",对磋商、争端解决和执行、服务贸易理事会、技术合作、与其他国际组织关系等作出相关规定。

第六部分是最后条款,包含了利益的拒绝给予、相关定义和附件等内容。

3. 附件

GATS 除了对主要规则和义务作了规定以外，还包括了 8 个附件，分别是《关于第 2 条豁免的附件》《关于提供服务的自然人流动的附件》《关于空运服务的附件》《关于金融服务的附件》《关于金融服务的第二附件》《关于海运服务谈判的附件》《关于电信服务的附件》和《关于基础电信谈判的附件》。作为 GATS 的组成部分，它们对协定规则和后续的服务贸易谈判有着重要的影响。需要指出的是，长期适用的附件是《关于第 2 条豁免的附件》《关于提供服务的自然人流动的附件》《关于空运服务的附件》《关于金融服务的附件》《关于电信服务的附件》。

4. 减让表

减让表是各成员方对服务部门和分支部门贸易自由化所作的具体承诺，即各成员方具体承诺提供市场准入的机会。

二、多哈回合服务贸易谈判

2001 年 11 月，在卡塔尔首都多哈举行的世贸组织第四次部长级会议启动了新一轮多边贸易谈判，又称“多哈发展议程”，或简称“多哈回合”。到目前为止，多哈回合没有取得重大进展，一直停滞不前。主要原因是发达成员和发展中成员之间各自发展水平不同，所需要的利益也不相同。发达成员方希望进一步打开发展中成员方的工业品和服务市场，而发展中成员方则希望欧美能够降低农业补贴，开放农业市场。如何使双方均得到好处，平衡就成了谈判中最大的难题。2007 年 10 月 15 日，世界贸易组织总干事帕斯卡・拉米在伦敦参加欧洲服务论坛(European Services Forum)时就提出：“服务贸易是多哈回合谈判的关键领域之一。”

WTO 中关于服务贸易的谈判在多哈会议前开始进行。根据 GATS 第 19 条规定，为推进本协定的目标，各成员应该不迟于《建立世界贸易组织协定》生效之日起 5 年开始并在此后定期进行连续回合的谈判，以期逐步实现更高的自由化水平。因此，在 2000 年 2 月，即《建立世界贸易组织协定》生效起 5 年后，服务贸易理事会召开了特别会议，决定发起了新一轮服务贸易领域的谈判。根据谈判内容、谈判进展和谈判结果来说，多哈回合的服务贸易谈判共分为三个阶段。

(一) 第一个阶段：2000 年 2 月至 2001 年 3 月

第一阶段谈判主要集中在两大议题上：一是确定与服务贸易谈判准则及程序；二是对 GATS 相关规则的制定和补充，包括紧急保障措施、政府服务采购、服务补贴和国内法规等问题。WTO 服务贸易委员会于 2001 年 3 月制定了《服务贸易谈判准则和程序》，确定了谈判目的和原则、谈判的方式以及谈判范围。第一阶段服务贸易谈判结束后，各成员组织就谈判的方针和流程达成了共识。在此基础上，各方就谈判目标、范围和方式做了具体的部署，为接下来的谈判奠定了基础。

(二) 第二个阶段：2001 年 4 月至 2006 年 7 月

这一阶段的主要任务包括完成上一阶段中未完成的关于规则制定方面的议题，同时正式开始侧重于服务贸易自由化领域中的市场准入进行具体承诺谈判。本阶段的谈判原定于 2005 年 1 月完成多哈回合谈判的计划，但是由于服务贸易谈判受到其他议题干扰、服务贸易谈判准备不足造成各成员对服务贸易谈判缺乏足够的信心以及美国政府贸易谈判“快车道”

授权[①]将于2007年6月30日到期等因素的影响,多哈回合的预定结束日期被推迟至2006年年底。

这一阶段的服务贸易的谈判进程并不尽如人意。2004年以前,大多数的成员方将精力放在农业问题和新加坡议题上,直接导致了服务贸易谈判进展缓慢。2004年8月通过的《多哈工作计划》开始成为了一个转折点,在这个文件中,明确了各成员提交开放服务贸易的承诺建议的期限,从这以后服务贸易谈判的进程开始加快。2005年随着在农业出口补贴、棉花出口补贴、最不发达国家支持政策三个议题上达成共识,服务贸易谈判的进程再次获得重视。

然而,在2006年4月3日的服务贸易谈判中,中国、印度、巴西等发展中成员组织共同提出在包含医疗、建筑等24个领域的服务行业,要求发达成员组织家为发展中成员组织的技术人员提供一定居留时间的劳务和入境许可,但发达成员组织家对该提案反应消极。加上在此后农业和非农产品市场准入问题的谈判上,主体的立场仍存在巨大分歧,多哈回合谈判被迫中断。

(三) 第三个阶段:2006年7月以后

2007年4月中下旬,WTO成员自多哈回合谈判重启后首次就服务业举行为期2周的集中正式谈判,并以诸边和双边谈判为主要形式,就加大具体服务部门的市场准入进行重点会谈,但最终离达成协议还相去甚远。2008年7月26日举行部长级会议,来自WTO的32个成员齐聚一堂。成员方在后续谈判中都表现出市场准入条件等问题上的缓和态度以及推进服务贸易自由化的坚定立场。

自多哈回合服务贸易谈判正式开启以来,WTO各成员方都表示会积极参与谈判并期待服务贸易谈判取得实质性成果,但成果并不明显。主要原因在于,从内部来说,服务贸易十分复杂。并且其从乌拉圭回合开始才被纳入到多边贸易体制中,WTO的成员方对于全面开放国内服务业市场仍然保持谨慎的态度,对于服务贸易市场均采取了不同程度的保护。从外部来说,服务贸易仅作为多哈回合的重要议题之一,受到整个多哈回合进程的制约和其他谈判议题的牵制,特别是在农产品的关税减让,国内支持和出口补贴等问题上,各国分歧严重,从而影响了整个谈判的进程和各成员方参与谈判的积极性。

虽然多哈回合的服务贸易谈判过程艰难、成果有限,但不可否认的是取得了一定的进展。随着谈判的推进,服务贸易自由化的水平得到了一定的提高,并且对整个世界服务贸易的发展,发展中国家的更多参与都有显著的导向性作用。

三、WTO体制下有关国际服务贸易具体领域的谈判

世界贸易组织的目标是建立一个完整的、更具活力、更持久的多边贸易体系,包括货物、服务、与贸易有关的投资及知识产权等内容。它的宗旨之一就是扩大货物和服务贸易。自1995年1月1日成立以来,其一直致力于乌拉圭回合谈判中未尽的议题,其中服务贸易具体部门的谈判是这些议题中的重点内容。1993年12月,关贸总协定的贸易谈判委员会通过了《关于自然人流动问题谈判的决议》《关于海运服务谈判的决议》《关于基础电信谈判的决议》

---

① 所谓"快速道"授权,是指国会为美国政府设置贸易谈判目标,并承诺一旦达成贸易协定,就将迅速对其进行直接表决,不对内容做任何修改,以加快贸易协定批准流程。

和《关于金融服务谈判的决议》,同意在乌拉圭回合后继续进行互相开放市场的谈判。

(一)自然人流动的谈判

在乌拉圭回合的谈判中达成的具体承诺减让表中已经包含了"自然人流动"的具体承诺。为了进一步提高开放程度,各成员方同意在 WTO 成立的 6 个月内开始进行谈判。最终谈判于 1995 年 7 月 28 日结束,并达成了《GATS 第 3 议定书》。在此次谈判中仅有欧盟、澳大利亚等极少数发达成员方对减让表做了有效改进,但改进承诺不大。

(二)海运服务谈判

根据《关于海运服务谈判的决议》,要求关于海运服务的谈判应不迟于 1996 年 6 月结束,并提出最终报告。1994 年 4 月至 1996 年 6 月 28 日期间就国际海运、海运辅助服务、港口设施使用、在约定期间取消限制等进行谈判。谈判旨在逐步取消一切限制进入海运服务市场的措施,允许外国海运企业在本国自由实现商业存在。但是因为美国的消极态度,以各方的承诺未能体现最起码的自由度为由拒绝作出任何承诺,导致海运服务谈判历时 2 年多仍然未能如期达成市场准入协议,谈判最终以失败告终。

(三)基础电信谈判

基础电信谈判于 1994 年 5 月启动到 1997 年 2 月结束。从最初只有 33 个参加方,到最后共有 69 个国家和地区提交了 55 份承诺表(欧盟 15 国作为一个成员方提交了一份承诺表),最终达成的《GATS 第 4 议定书》和谈判各方的具体减让表、最惠国待遇豁免清单以及对法规环境的具体承诺四部分构成了《全球基础电信协议》,并于 1998 年 2 月正式生效。此次谈判目标不仅要扩大国际电信市场的竞争,而且要制定统一的竞争规则,以保证各国相关政策的透明度和防止不公平竞争行为。

(四)金融服务谈判

乌拉圭回合结束时作出的金融服务决议要求对该部门的谈判予以延长,目的是进一步改善各国在乌拉圭回合具体义务减让表中的相关承诺。

谈判共分为两轮进行。第一轮是 1995 年 1 月 1 日 WTO 协议生效至 1995 年 7 月。共有 43 个成员方对承诺作出了修改。但由于美国认为发展中各国所承担的义务中市场准入的自由度还不够,因此宣称在互惠的基础上开放美国金融市场,同时撤回其所有关于金融服务的市场准入承诺以及在整个金融部门适用最惠国待遇例外,但对已经进入美国市场开业的外国金融机构给予承诺保障。为了维持谈判的连续性并巩固现有的成果,1995 年 7 月 28 日,在欧盟和日本的共同合作下达成了一份没有美国参加的全球金融服务贸易临时协议。第二轮谈判从 1997 年 4 月开始,在 WTO 金融服务贸易委员会的主持下,经过 9 个月的艰苦谈判,最终 70 多个国家和地区代表于 1997 年 12 月 13 日在日内瓦达成了《金融服务协议》。协议由《GATS 第 5 议定书》和附件组成,包括了允许外国公司在国内建立金融服务机构,并按竞争原则运行;外国金融机构可享受与国内金融机构同等的市场准入权利;取消对跨境服务的限制;允许外国资本对本国金融机构投资占 50%以上的比例。该协议使得占世界金融服务贸易份额 95%的 70 个成员方同意开放银行、保险、证券和金融信息市场,对全球金融市场的开放作出了重要贡献。

世界贸易组织已在金融服务、基础电信和信息技术三个方面实现了历史性突破,取得了重要成果。世界贸易组织所达成的这三项关于服务贸易的协议,不仅将服务贸易自由化原则向具体成果方面推进了一大步,同时也将对世界经济产生重要影响。尽管这三项协议仅对签约方有约束力,但由于签约方所控制的有关贸易额在全球的相关贸易额中占绝大多数,因此,协议所确定的内容在不久的将来也会成为世贸组织全体成员的义务和承诺。

第二节　区域性国际服务贸易协定

随着区域主义的盛行,国际服务贸易规则多边化过程中伴随着蓬勃发展的国际服务贸易规则区域化。区域性服务贸易协定也是以服务贸易自由化为目标,一定程度上对多边贸易体制起到了补充作用。

一、《北美自由贸易协定》的服务贸易安排

(一) 协定签订的背景

从 20 世纪 80 年代初起,欧洲经济一体化的进程加快,日本对美国、加拿大市场也采取了咄咄逼人的进攻策略,美国、加拿大两国在国际的经济地位和竞争优势相对减弱,这使双方都意识到进一步加强双边经济贸易关系的必要性。1980 年,里根在竞选美国总统时就提出包括美国、加拿大、墨西哥及加勒比海诸国在内的"北美共同市场"的设想。加拿大 1983 年也提出了关于建立美加自由贸易区的设想。1985 年,美、加两国开始进行有关签署双边自由贸易协定的谈判。1988 年 6 月 2 日,美加自由贸易协定正式签署,构建了美加自由贸易区。1991 年,美国、加拿大和墨西哥开始为建立北美自由贸易区启动谈判。1992 年,正式签署《北美自由贸易协定》(North American Free Trade Agreement,NAFTA),并于 1994 年 1 月 1 日起正式生效。

(二) NAFTA 中服务贸易安排的主要内容

NAFTA 共分为 19 章,其中涉及服务贸易的主要是第 1 章目标,第 9 章与标准有关的措施,第 10 章政府采购,第 12 章跨境服务贸易,第 13 章通信服务,第 14 章金融服务以及第 16 章商务人员的临时进入。

1. 服务范围

就服务部门而言,NAFTA 覆盖的服务部门相当广泛,采用列举"否定清单"的方式来规定其适用的服务部门的范围,即如果一个服务部门没有被明确排除在协定调整范围之外,那么该服务部门就会自动地适用。第 12 章"跨境服务贸易"明确规定不适用于下列服务和活动:金融服务、与能源或基础石油化工有关的服务;航空服务及其支持服务,航空器维修服务和特种航空服务除外;跨境劳工贸易、政府采购、政府补贴、成员组织政府所进行的与法律执行、收入保障、社会福利和国家安全有关的活动。其他部门允许各成员组织作出不同程度(或全部或部分)的保留。此外,其他章节和附录还分别就电信服务、金融服务、陆地运输、专业服务进行专门规定。通过列举"否定清单"的方式,NAFTA 使北美形成了一个较为开放的服务贸易市场,在许多复杂和高度控制的服务部门取得了较大的自由化进展,其服务贸易市场的自由化程度超过了国际多边服务贸易谈判所能达到的程度。

2. 基本原则

NAFTA 的内容中也遵循了多边贸易体制中的以国民待遇和最惠国待遇原则为核心的非歧视性原则和透明度原则等。

（1）国民待遇和最惠国待遇。NAFTA 规定，各成员组织在 NAFTA 生效或生效后的一段时间内，要消除与国民待遇原则和最惠国待遇原则相抵触的限制服务贸易自由的措施。NAFTA 对成员组织采取或维持的与上述原则不一致的措施采用了“否定清单”的规定方式，使未列入该清单的部门和措施均属应实行自由化的范围。在金融服务、陆地运输服务、投资、特种航空服务、专业服务和某些商业服务领域适用“禁止回退（rollback）”原则，即所有的保留或例外只能朝着自由化方向发展，而不能更趋严格。附件六具体列明了成员组织应承担的自由化义务。此外，“北美自由贸易协定委员会”还下设了“服务与投资工作小组”，旨在督促各成员组织履行协定项下的义务，并进一步推动服务与投资领域的自由化。

NAFTA 的核心原则之一的国民待遇原则保证了来自另一成员组织的服务提供者将与所在成员组织的服务提供者享受同等待遇，这一规定使服务提供者在进入一国服务市场时，有了更广泛的服务提供方式可供选择。在第 12 章还规定了“非歧视性数量制”，要求每一成员组织把在某一行业限制服务提供者数量或活动的非歧视性措施列明，任何另一协定成员组织均可要求对这些措施进行咨询以及就这些限制性措施的自由化及取消进行谈判。这些规则的规定保证了第三国之间服务贸易的市场准入。

（2）透明度原则。除作出保留者外，区域内几乎所有的服务领域均受 NAFTA 相关章节的约束，成员组织不可能像在 GATS 体制下那样不列出某一部门即可隐藏其限制性措施；NAFTA 第 1802 条还有一个要求，每一成员方保证其与协定相关的法律、法规、程序及行政规章及时出版或以其他方式公布；与 GATS 第 3 条和第 4 条的义务类似，第 1801 条也有“联络点”的要求。

知识链接 12-1

美国成为墨西哥第一金融服务业外资流入来源地

1998 年至 2018 年第二季度，墨西哥金融服务业外资流入共 772.64 亿美元，占流入外资总量的 14.7%，外国投资企业达 1450 家，占所有投资企业的 2.4%。

从行业分类看，在银行领域的投资占 91%；证券交易方面的投资占 4%；金融和保险公司方面的投资占 5%。

从投资来源地看，美国投资总量为 382.83 亿美元，占 49.5%，参与投资企业达 745 家；西班牙投资总量为 232.63 亿美元，占 30.1%，参与投资企业达 161 家；英国投资总量为 59.27亿美元，占 7.7%，参与投资企业 113 家；加拿大投资总量为 39.09 亿美元，占 5.1%，参与投资企业 92 家；荷兰投资总量为 25.96 亿美元，占 3.4%，参与投资企业 115 家。这 5 个国家投资总量为 739.78 亿美元，占比 95.7%，参与企业共 1 226 家。

资料来源：http://www.mofcom.gov.cn/article/i/jyjl/l/201902/20190202838236.shtml.

（三）新版北美自贸协定《美国-墨西哥-加拿大协定》

2018 年 9 月 30 日，加拿大宣布加入美国和墨西哥已经达成共识的新版北美自贸协定《美国-墨西哥-加拿大协定》（U. S. M. C. A.），标志着《北美自由贸易协定》（NAFTA）从此走入历史。

尽管美国总统特朗普声称《美国-墨西哥-加拿大协定》是一项全新的贸易协定,而并非是对《北美自由贸易协定》的翻版。但是很多观察家都认为,《美国-墨西哥-加拿大协定》保留了《北美自由贸易协定》基本框架,而且实际上借鉴他就任美国总统后马上就退出的《跨太平洋伙伴关系协定》中多项章节和规定;《美国-墨西哥-加拿大协定》是在它们的基础上,在部分章节作出了补充和调整。

从整体的文本上来看,《美国-墨西哥-加拿大协定》的 34 个章节以及一些附加协议和官方信函与《北美自由贸易协定》的 22 个章节和《跨太平洋伙伴关系协定》的 30 个章节以及它们各自的一些附件和官方信函,在名称和内容上具有高度类似性。在跨境服务贸易、商务人士临时入境、金融服务、电信、知识产权等共 25 个章节,均能在原《北美自由贸易协定》找到相对应章节。美国贸易代表办公室指出,《美国-墨西哥-加拿大协定》在知识产权、数字贸易、金融服务、货币、劳工和环境等多个方面,对原《北美自由贸易协定》的相关章节和条款进行了现代化的更新换代。因为自《北美自由贸易协定》于 1994 年生效后以来,全球经贸关系已经发生了深刻的变化。美国、加拿大和墨西哥都同意在新协定中对原协定中的贸易内容、方式和规则进行现代化升级,《跨太平洋伙伴关系协定》中的很多章节和相关规则提供了借鉴作用。

《美国-墨西哥-加拿大协定》第 20 章是关于知识产权的规定。新协定比《北美自由贸易协定》和《跨太平洋伙伴关系协定》采纳了更为严格的知识产权保护规则,增加了专利和商标保护的时间限制,提高了对生物技术、金融服务甚至域名的保护,为生物制药提供了全新的知识产权保护。新协定大幅提高了对知识产权保护的标准,代表了当今贸易协定中对知识产权保护的最高标准和全面综合执法。比如说,生物制品将会获得 10 年的数据保护期;作者去世之后,其版权保护可以延长 70 年;对制药和农产品创新知识产权的有力保护;对数据音乐、电影、书籍之类产品的严格知识产权保护;加强对商标、品牌和工业设计等知识产权保护。知识产权章节特别是对商业秘密给予了有史以来最强有力的保护,包括防止国有企业在内侵犯商业秘密的知识产权行为。

在数字贸易章节,新协定包含了当今自由贸易协定中针对数字贸易的最新标准,为美国具有竞争优势的创新数字产品和服务在扩大贸易和投资方面提供了坚实的基础。比如说,禁止将关税和其他歧视性措施应用于电子分发的数字产品(电子书、视频、音乐、软件、游戏等);确保数据能够跨界传送,并且最大限度地减少对数据存储和处理的限制;确保供应商不受限制使用电子认证或电子签名;确保可执行的消费者保护;促进合作以应对网络安全;促进政府公开数据的开放获取;限制政府要求披露专有计算机源代码和算法的能力,以更好地保护数字供应商的竞争力。

在金融服务方面,更新后的金融服务章节包括开放金融服务市场和促进金融机构、投资者和金融机构投资以及跨境金融服务贸易的公平竞争环境的承诺;保留了金融监管机构的自由裁量权,以确保金融稳定;防止对金融服务机构歧视性待遇的核心义务,如国民待遇、最惠国待遇和市场准入;禁止本地数据存储要求;强化透明义务以帮助金融机构更好地通过监管制度;允许跨境转移数据和更新市场准入义务。

二、欧盟的服务贸易安排

欧盟目前是世界上最大的区域集团。欧盟关于服务贸易的安排主要体现在《罗马条约》及其后签署的系列协定中。《罗马条约》是欧共体规范区域内服务贸易最重要的法律文件,指的是法国、联邦德国、意大利、荷兰、卢森堡、比利时六国政府首脑和外长在罗马签署的《欧洲经济共同体条约》(Treaty Establishing the European Economic Community)和《欧洲原子能共同体条约》(EURATOM Treaty),后来人称《罗马条约》(Treaty of Rome)。

(一) 服务的界定

《罗马条约》第60条规定:按照本条约的意义,通常以取得报酬为对等条件而提供的服务应认为是服务,但不以受关于商品、资本和人员自由流动的规定所管辖者为限。

将服务限定为"以获取报酬而提供的服务",即在雇用合同下提供的服务,而将免费服务排除在外。在条约实践中,欧共体法院倾向于对"免费服务"这一例外作扩大解释,将与体育、艺术相关的带有一定公益性质的服务也包括在内。服务贸易自由与从业人员的自由流动、开业自由密不可分,"服务以受关于商品、资本和人员自由流动的规定所管辖者为限"的区分仅仅是从法律的角度而非经济意义角度,并无多少实践上的意义。事实上,提供服务的自由,包括了服务提供者有权进入居留于服务接受者境内直至服务提供完毕,也意味着服务接受者有权进入并居留于服务提供者境内;也有可能只是提供一项服务,无需人员实际进入居留于接受者境内。

(二) 基本原则

非歧视性原则是适用于欧共体内部成员组织贸易间贸易的一项基本原则。《罗马条约》未提及市场准入和国民待遇的概念,但非歧视性原则均涵盖了《服务贸易总协定》项下这两个基本原则,并作为服务贸易自由化的一般原则加以适用。《罗马条约》未提及最惠国待遇这一概念,且未对最惠国待遇原则和国民待遇原则加以区分,而将其总括为条约的一般性原则,体现了较高的一体化共识。

与《服务贸易总协定》不同,关于透明度原则,《罗马条约》并未要求成员组织公布所有现存的与条约实施有关的法律、法规、行政命令,而只是要求公布拟将执行的消除服务限制的措施,并不影响指令规定必须执行措施以外的其他措施。

(三) 具体部门的服务贸易安排

随着1993年1月《马斯特里赫特条约》的生效和欧洲统一大市场的正式启动,欧盟的服务贸易自由化不断加快,在较短时间内基本消除了成员间的服务贸易壁垒。在《马斯特里赫特条约》的基础上,欧盟为了建立全面统一的服务市场,陆续出台了服务部门开放的措施。如在金融服务领域,欧盟于1999年发起"金融服务行动计划",这项计划包括实现一体化程度更高的金融服务市场所需要的法律与非法律措施以及相应的时间表,被视为欧盟经济增长促进战略的核心;在电信服务领域,1998年1月欧盟15国的电信基础设施与服务实施自由化,打破垄断,引入竞争,提升了区域电信服务贸易的自由化;在运输服务领域,2001年9月,针对公路运输、铁路运输、航空运输、内河与海洋运输等众多交通运输部门,欧盟提交了一项包括60项改革措施的行动方案,计划2010年建成一个现代、平衡和可持续发展的欧盟交通体系。

三、东南亚国家联盟服务贸易安排

(一) 东南亚国家联盟服务贸易安排的发展

东南亚国家联盟(Association of Southeast Asian Nations,ASEAN),简称东盟。成员组织有马来西亚、印度尼西亚、泰国、菲律宾、新加坡、文莱、越南、老挝、缅甸和柬埔寨。东盟是东南亚地区以经济合作为基础的政治、经济、安全一体化合作组织,并建立起一系列合作机制。东盟于1992年签订了旨在实现货物贸易自由化的《东盟自由贸易区协定》,1995年12月第五届东盟领导人峰会上签署了《东盟服务贸易框架协定》(简称《框架协定》),以加强东盟服务提供者的竞争力,并促进区域内服务贸易的自由化。框架协定宣布,从1996年1月1日起,各成员组织针对服务业的市场准入等进行谈判,重点是金融服务、海事工程、电信、航空交通、旅游、建筑和专业服务等服务部门。其目的是拆除服务业市场的壁垒,加强成员组织在服务业方面的合作,通过扩大GATS的深度和广度来提高东盟各成员组织之间的服务贸易自由化水平,提高服务业的效率和竞争力。

2001年9月的东盟第33届经济部长会议上,各国经济部长同意在2002～2004年完成包括所有服务业部门和所有提供方式的谈判。考虑到各成员组织服务贸易发展水平的差异,2002年9月的第34届经济部长会议同意在服务贸易自由化过程中运用“10-X”原则,允许两个或多个成员组织率先实现服务贸易自由化,其他成员组织在准备好后再加入;为了保证有关条款的有效实施,在必要时可以对《框架协定》作出修改。2003年9月,东盟公布了《东盟服务业框架协定的修正案》。东盟国家旨在WTO服务贸易自由化的框架下,加快服务贸易自由化,优先在区域内实施比WTO更为彻底和更为广泛的自由化。2005年4月,第9次东盟财政部长会议草签了《金融服务自由化协议》,承诺将依据《东盟服务业框架协议》开放本地区金融服务市场。各国一致同意到2010年实现东盟成员组织股票市场的“联网”,加快落实2003年达成的亚洲债券市场倡议,发展本地区流动性债券市场。

(二) 中国-东盟自由贸易区服务贸易安排

2001年11月在文莱举行的第五次中国-东盟领导人会议上正式宣布建立中国-东盟的自由贸易区。2002年11月,第六次中国-东盟领导人会议在柬埔寨首都金边举行,朱镕基总理和东盟10国领导人签署了《中国与东盟全面经济合作框架协议》,决定到2010年建成中国-东盟自由贸易区,标志着中国-东盟建立自由贸易区的进程正式启动。2004年11月,中国-东盟签署了《货物贸易协议》,规定自2005年7月起,除2004年已实施降税的早期收获产品和少量敏感产品外,双方将对其他约7 000个税目的产品实施降税。

2007年1月,双方又签署了自贸区《服务贸易协议》,正式宣告服务业相互开放。中国-东盟自由贸易区的《服务贸易协议》参照了GATS的结构框架,包括定义和范围、义务和纪律、具体承诺和其他条款4个部分,共33个条款。也学习了GATS对于服务部门界定时,采用的“肯定列表”的方式,即仅对自身承诺的部门开放服务贸易,未存在清单内的部门暂时不予开放。不同之处在于,中国-东盟自由贸易区的《服务贸易协议》也具有自身的特点,它是典型的发展中国家之间缔结的条约,因为自身服务业发展水平的落后,成员方在服务贸易的开放程度上均持有谨慎态度。

《服务贸易协议》签订之后,中国与东盟有关服务贸易市场开放的谈判仍在继续。2011

年11月21日，中国与东盟各国《关于实施中国-东盟自贸区(服务贸易协议)第二批具体承诺的议定书》签字生效，中国具体承诺进一步开放了公路客运、职业培训、娱乐文化和体育服务等服务部门。与此同时，东盟各国第二批具体承诺涵盖的部门也明显增加，进一步提升了中国-东盟的服务贸易自由化水平。2015年11月22日，中国商务部长高虎城与东盟10国部长在马来西亚吉隆坡正式签署中国-东盟自贸区升级谈判成果文件——《中华人民共和国与东南亚国家联盟关于修订〈中国-东盟全面经济合作框架协议〉及项下部分协议的议定书》，启动并完成了第三批服务贸易具体减让谈判，各国均作出了更高水平的开放承诺。

◆内容提要

本章首先介绍了在多边贸易体制下，第一个具有法律约束力，能够管理国际服务贸易的多边协议——《服务贸易总协定》的产生背景及过程。介绍了《服务贸易总协定》中对于国际服务贸易范围的界定和服务的分类，并对协定中规定的具体内容作了详细阐述。其次介绍了在世界贸易组织成立之后举行的"多哈回合"中，有关于服务贸易谈判的进展；以及在多边贸易体制下，有关服务贸易具体领域的谈判情况。最后以目前世界上三大区域集团——北美自由贸易区、欧盟以及东南亚贸易集团为代表，介绍了区域性贸易集团中关于服务贸易的相关规定。

◆关键词

《服务贸易总协定》 跨境交付 境外消费 商业存在 自然人流动 最惠国待遇 国民待遇

◆思考题

1.《服务贸易总协定》中规定的关于服务的分类有哪些?

2. WTO体制下在服务贸易的哪些领域进行了后续谈判?

3.《服务贸易总协定》中的透明度原则是如何规定的?

4.《北美自由贸易协定》的服务贸易安排和GATS中的最大区别是什么?

◆思考案例

小国的逆袭——安提瓜诉美国赌博服务案

1999年是安提瓜博彩业最鼎盛的时期，博彩业创造的产值占安提瓜全国当年GDP的10%。而其网络赌场最大的主顾则是美国。然而境外网络赌博的兴盛对美国造成了很大的负面影响，于是，美国采取了一系列的措施以遏制跨国网络赌博的发展。这些措施产生的压力立即对安提瓜的网络赌博业甚至整个国民经济造成致命的打击。

安提瓜政府对此感到愤愤不平，于2003年3月13日，安提瓜要求与美国就其限制跨境网络赌博服务的措施展开磋商，并认为美国事实上禁止了跨境网络赌博服务的提供，违反了其在具体承诺表中对赌博服务跨境提供"没有限制"的承诺。安提瓜与美国在2003年4月30日举行磋商，但并没有解决双方之间的争端，于是联合国应安提瓜要求于2003年7月21日成立专家组。专家组就美国的措施是否符合WTO的建议进行一系列的审议。

从市场准入角度分析，安提瓜指出美国在其《服务贸易总协定》下的"具体承诺表"中作出了开放10.D项下"除体育运动外所有娱乐服务"的跨境提供的承诺，这表明美国已认可了其10.D项下的承诺适用于赌博服务。因此，从市场准入的角度来看，案例中美国禁止了跨境网络赌博服务的提供这一行为对于安提瓜成了影响市场准入的限制措施。

从"一般例外"的适用，美国指出，网络赌博比传统赌博更难控制，而且网络赌博带来了一系列社会、道德问题。美国一直对博彩业有着非常严格的管制,赌博一直被视为犯罪的源头之一。因此,美国认为,根据GATS第14条的规定,它可以实施"为保护公共道德或维护公共秩序所必需的措施",并没有实施贸易限制的主观意图。

为了回应美国上述的申辩,安提瓜指出,美国境内以及其他国家和地区都存在着一系列商业性质的赌博服务,商业赌博已成为美国的一项重要产业。因此,安提瓜认为,美国关于限制跨境网络赌博的理由是其违反公共道德的说法完全是一种贸易保护的托词,美国没有履行其在GATS项下国民待遇和市场准入的具体承诺。

对此,专家组认为,美国的相关措施尽管是为了保护公共利益和道德所实施的,但未能证明这些措施是必需的。由于它们对贸易有明显的影响,在实施之前,美国应与受影响的成员如安提瓜进行磋商。这构成了对外国服务提供者的歧视,从而没有满足GATS第14条要求此类例外措施"不构成任意或武断的歧视"的规定。由于以上美国的联邦法律违反了其在GATS项下的义务,因此本案以电子商务大国美国的败诉而告终。

根据以上案例分析,回答下列问题:

1. 案例中指出的"市场准入"和"一般例外",在GATS中是如何规定的?

2. 这个案例对我国有哪些启示?

◆应用训练

查找资料,选择一个除东盟外中国签订的自由贸易区中有关服务贸易安排的内容。

第十三章　国际服务贸易发展

本章结构图

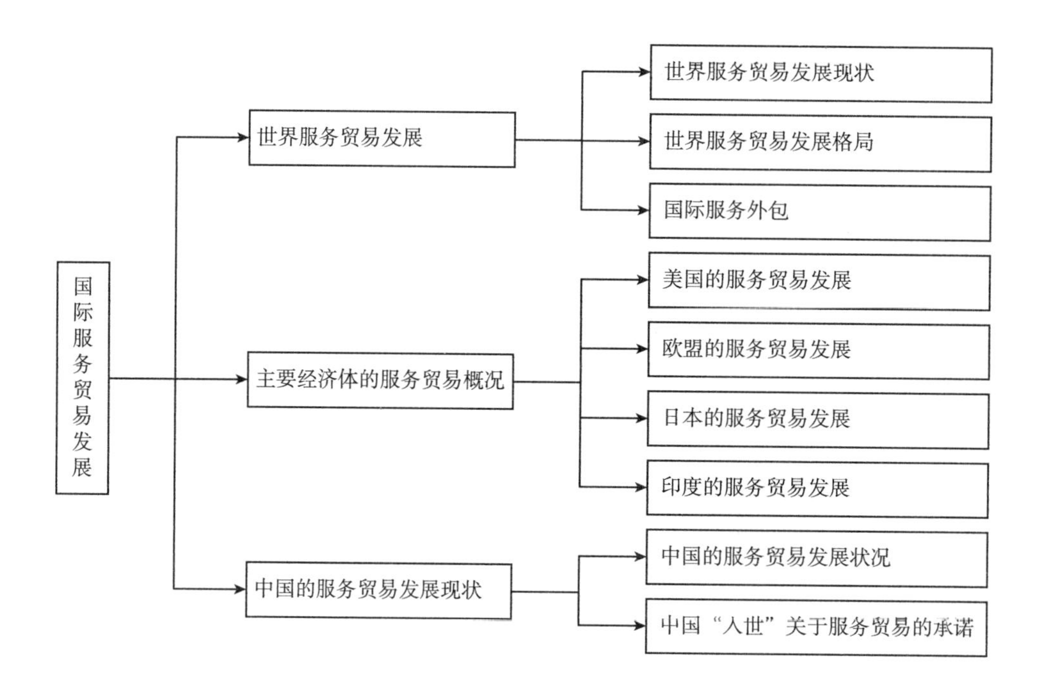

学习目标

了解国际服务贸易的发展现状及趋势；了解美国、欧盟、日本、印度等主要经济体的服务贸易发展状况；熟悉中国的服务贸易状况。

导入案例

2019年全国服务贸易和商贸服务业工作会议在京召开

2019年2月26～27日，全国服务贸易和商贸服务业工作会议在北京召开。会议指出，2018年以来，全国服务贸易和商贸服务业创新发展，各项工作取得积极成效，对稳外贸、稳预期、促增长作出了积极贡献。全年服务进出口总额5.24万亿元人民币，同比增长11.5%，规模再创历史新高，连续5年保持全球第二位。餐饮、家政、养老、文化等服务消费快速增长，服务消费占比提升至49.5%，最终消费支出对经济增长的贡献率达到76.2%。家政扶贫带动新增就业超过10万人。

会议认为，当前我国服务贸易和商贸服务业发展仍处于重要战略机遇期，机遇与挑战并存，机遇大于挑战。既要抓住当前难得的发展机遇，也要推动解决一些长期制约发展的瓶颈和障碍。

资料来源：根据商务部新闻办公室相关报道整理。

第一节 世界服务贸易发展

一、世界服务贸易发展现状

（一）服务贸易规模持续扩张

相对于商品贸易，服务贸易发展起步较晚，1986 年 9 月关贸总协定部长级会议在乌拉圭的埃斯特角城举行，关贸总协定将服务贸易纳入多边贸易体系，自此国际服务贸易才有了国际规范。1994 年，谈判最终达成了《服务贸易总协定》，协定生效后，对服务贸易领域的贸易保护主义起到了一定抑制作用，服务贸易自由化在一定程度上促进了服务贸易的发展。从今后总体发展趋势看，国际贸易的增长将快于世界经济的增长，而国际服务贸易将成为国际贸易发展的主要推动力。

据 WTO 国际贸易统计数据，1982 年，世界服务贸易进出口总额仅为 7 674 亿美元，其中进口总额为 4 028 亿美元，出口总额为 3 646 亿美元；至 2017 年，世界服务贸易进出口总额为 106 464 亿美元，共增长了约 13 倍，其中进口总额为 52 172 亿美元，约增长 12 倍，出口总额为 54 293 亿美元，约增长 14 倍。总体而言，世界服务贸易基本保持增长的势头，2005～2017 年期间仅 2009 年和 2015 年由于受到全球性金融危机的影响，出现过两次负增长（见表 13.1）。

表 13.1 2005～2017 年世界服务贸易情况

（单位：亿美元）

年份	进出口		进口		出口	
	金额	同比增长(%)	金额	同比增长(%)	金额	同比增长(%)
2005	52 677	—	26 098	—	26 579	—
2006	59 206	12.4	29 230	12.0	29 976	12.8
2007	70 346	18.8	34 511	18.1	35 834	19.5
2008	79 432	12.9	39 180	13.5	40 252	12.3
2009	70 918	−10.7	34 923	−10.9	35 995	−10.6
2010	77 564	9.4	38 351	9.8	39 213	8.9
2011	86 981	12.1	42 868	11.8	44 113	12.5
2012	89 960	3.4	44 558	3.9	45 402	2.9
2013	95 670	6.3	47 262	6.1	48 408	6.6

续表

年份	进出口		进口		出口	
	金额	同比增长(%)	金额	同比增长(%)	金额	同比增长(%)
2014	103 204	7.9	51 251	8.4	51 953	7.3
2015	98 387	−4.7	48 761	−4.9	49 626	−4.5
2016	99 374	1.0	49 062	0.6	50 312	1.4
2017	106 464	7.1	52 172	6.3	54 293	7.9

资料来源:根据联合国贸易和发展会议网站 UNCTAD STAT 数据整理、计算。

服务贸易的发展速度超过货物贸易,在世界贸易中的占比不断升高。虽然目前世界货物贸易仍然占据主体地位,货物贸易进出口总额约占世界贸易进出口总额的 4/5,但服务贸易在世界贸易中的比重不断上升,由 2005 年的 20%增至 2017 年的 23%(见图 13.1)。在 20 世纪 70 年代,世界服务贸易与货物贸易出口均保持快速增长且增速大体持平,80 年代世界服务贸易出口平均增速超过了货物贸易,年均增长率约为 11%,90 年代世界服务贸易出口增速呈波动下降趋势,年均增长率为 6.5%。进入 21 世纪,世界服务贸易呈现迅猛增长态势,年均增长速度高达 15.3%,实际上,当前全球跨国投资的 2/3 都是来自服务领域的跨国投资,服务业产生的经济效益也占到世界经济总量的约 70%,主要发达经济体的服务业比重更是接近 80%。从图 13.1 可见,从 2005 年到 2017 年,服务贸易的占比基本都超过了 20%。服务贸易已经成为全球经济增长的推进器,也是新的国际形势下经济竞争的焦点领域。

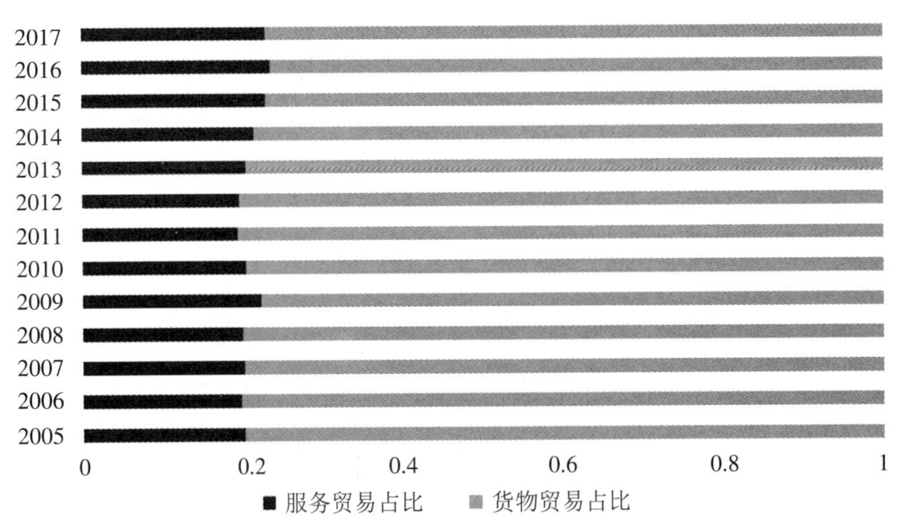

图 13.1 世界服务贸易和货物贸易占比情况

未来几年世界服务贸易将继续保持快速增长。主要推动因素包括:世界经济继续看好,预计 2019 至 2020 年全球经济增长率为 3.7%左右;世界产业结构升级继续驱动服务贸易快速发展,随着发达国家高技术产业化发展的加快,国际产业转移的速度与规模也将继续扩大,重心开始由制造业向服务业转移,其中金融、保险、旅游和咨询等服务业是产业国际转移的重点领域;国际投资倾向于服务业。20 世纪 90 年代以来,全球海外直接投资总额的一半以上流向了服务业,为服务贸易的发展提供了强劲动力。另外,科技发展、服务外包等新兴贸易方式的兴起、全球及区域服务贸易壁垒的逐渐消减也为世界服务贸易的发展作出了贡献。

课堂讨论 13-1

首届服务贸易数字化研讨会举办

2019 年 5 月 28 日，中国世界贸易组织研究会举办了首届服务贸易数字化研讨会。该研讨会由中国世界贸易组织研究会主办，中国世界贸易组织研究会服务贸易专业委员会承办，以“优化营商服务环境、创新品牌溯源体系”为议题，探讨当前数字经济时代背景下，如何通过数字技术追本溯源，以技术互信推动国际合作，优化营商环境，降低贸易壁垒，加速推动中国融入新型全球化进程。

研讨会间，与会专家、学者就两大议题进行了讨论：一是“服务贸易数字化理论与实践”，二是“构建全球商品追溯体系的可行性研讨”。

资料来源：http://www.mofcom.gov.cn/article/huiyuan/201906/20190602872546.shtml.

思考：如何推进我国服务贸易数字化？有何意义？

（二）服务贸易结构日益优化

世界服务贸易对象主要分为货物相关服务、运输、旅游及其他商业服务四大类，其中其他商业服务包含建筑、保险、金融、专利使用费和特许费、计算机和信息服务、咨询服务、文化娱乐及政府服务。过去几十年，在世界服务贸易出口的行业结构当中，旅游服务贸易、运输服务贸易和咨询服务贸易占比最大，2017 年，三者出口额合计占中国服务贸易出口的 65.3%，其中旅游服务贸易占比最大，为 24.3%，运输服务贸易和咨询服务贸易占比均为 20.5%；建筑、保险、文化娱乐及政府服务贸易占比较低，四者出口额合计占中国服务贸易出口的 7.4%；货物相关服务贸易则一直处于较低水平，占中国服务贸易出口的比重始终保持在 3.5%左右，表明尽管服务贸易还不能取代货物贸易的地位，但已经摆脱了货物贸易附属的身份（见表 13.2）。

表 13.2 世界服务贸易出口分行业占比情况(%)

服务细项	2005 年	2007 年	2009 年	2011 年	2013 年	2015 年	2017 年
货物相关	3.5	3.3	3.4	3.4	3.5	3.5	3.5
运输	21.8	21.6	21.7	22.6	19.8	21.1	20.5
旅游	26.1	25.2	24.4	24.0	24.4	24.5	24.3
其他商业服务							
建筑	1.7	1.8	1.9	2.3	2.4	2.1	2.1
保险	2.5	2.7	2.5	2.5	2.8	2.4	2.5
金融	8.2	9.0	9.7	8.8	8.8	8.6	8.8
专利使用费和特许费	6.2	6.0	5.9	5.7	6.1	6.0	6.1
计算机和信息服务	7.6	7.9	7.9	8.3	8.9	8.4	8.7

续表

服务细项	2005 年	2007 年	2009 年	2011 年	2013 年	2015 年	2017 年
咨询	19.2	19.6	19.7	19.7	20.3	20.2	20.5
文化娱乐	1.0	0.9	0.9	0.9	0.9	1.0	1.0
政府服务	2.2	2.1	1.9	1.7	1.9	1.8	1.8

资料来源：根据联合国贸易和发展会议网站 UNCTAD STAT 数据整理、计算。

20 世纪 80 年代以来，世界服务贸易结构发生了很大变化，重心逐渐向新兴服务贸易部门倾斜。WTO 的统计显示，运输和旅游等传统服务贸易部门在世界服务贸易中所占比重呈下降趋势，2005 年以来，运输服务出口占比由 21.8%下降至 2017 年的 20.5%，旅游服务出口则由 26.1%下降至 24.3%，其他商业服务出口占比由 48.6%上升至 54.7%，其中建筑服务、计算机和信息服务、咨询服务以及金融服务等现代服务部门的服务出口占比逐渐上升，成为全球服务贸易重要的方面，保险服务、专利使用费和特许费以及文化娱乐服务出口占比相对稳定，政府服务出口则有所下降。

未来，国际服务贸易竞争的重点将集中于新兴服务行业，服务贸易结构日益向知识技术密集型方向转变。运输和旅游服务在世界服务贸易中的比重将继续保持下降的趋势，以电子信息技术和高科技为先导的一系列新兴服务将成为未来各国国民经济发展的主要支柱和强大动力。

二、世界服务贸易发展格局

当今世界各国的经济、科技及服务业发展严重不平衡，世界贸易政策的制定通常由个别国家主导，各国服务贸易水平及在国际服务市场上的竞争力悬殊，与国际商品贸易领域相比较，世界各国服务贸易发展的不对称性更加突出，当前世界服务贸易格局主要呈现以下特征：

第一，发达国家占据主导地位，发展中国家在世界服务贸易中比重小但趋于上升。2005 年，发达国家服务进口额为 18 001 亿美元，出口额为 19 933 亿美元，占世界服务进出口的比重分别为 69%和 74.9%，发展中国家服务进口额为 7 403 亿美元，出口额为 6 131 亿美元，两者占世界服务进出口的比重分别为 28.4%和 23.1%。2017 年，发达国家服务进口额为 31 109 亿美元，出口额为 37 164 亿美元，两者占世界服务进出口的比重分别为 59.6%和 68.5%，发展中国家服务进口额为 19 595 亿美元，出口额为 15 908 亿美元，占世界服务进出口的比重分别为 37.6%和 29.3%（见表 13.3）。由此可见，在世界服务贸易领域，发展中国家与发达国家依旧存在一定差距，但近年来，发展中国家服务贸易的进出口额占世界服务贸易进出口额比重均有所上升。

表 13.3　不同类型国家的服务贸易进出口情况

（单位：亿美元）

年份	国家类型	出口额	占比（%）	进口额	占比（%）
2005	发展中国家	6 131	23.1	7 403	28.4
	转型国家	534	2.0	680	2.6
	发达国家	19 933	74.9	18 001	69.0

续表

年份	国家类型	出口额	占比(%)	进口额	占比(%)
2017	发展中国家	15 908	29.3	19 595	37.6
	转型国家	1 221	2.2	1 467	2.8
	发达国家	37 164	68.5	31 109	59.6

资料来源:根据联合国贸易和发展会议网站 UNCTAD STAT 数据整理、计算。

第二,从具体国家上看,由于世界各国国际地位、经济实力及服务业发展水平悬殊,因此各国服务贸易发展很不均衡。2017 年,世界服务贸易前十大贸易国的出口总额为 29 046.8 亿美元,占世界服务贸易出口的 53.3%,进口总额为 27 233.8 亿美元,占世界服务贸易进口的 52.3%(如表 13.4 所示),世界服务贸易分布高度集中在发达国家和亚洲发展中大国,如美国、英国、德国、法国、中国等,其余地区参与全球一体化的程度有限。

表 13.4　2017 年世界服务贸易国家排名

(单位:亿美元)

	出口			进口		
排名	国别	出口额	占比(%)	国别	进口额	占比(%)
1	美国	7 926.8	14.6	美国	5 425.9	10.4
2	英国	3 583.3	6.6	中国	4 695.5	9.0
3	德国	3 094.7	5.7	德国	3 234.7	6.2
4	法国	2 551.8	4.7	法国	2 399.9	4.6
5	中国	2 334.6	4.3	英国	2 139.1	4.1
6	荷兰	2 226.0	4.1	荷兰	2 139.1	4.1
7	爱尔兰	1 900.3	3.5	爱尔兰	1 982.5	3.8
8	日本	1 900.3	3.5	日本	1 930.4	3.7
9	印度	1 846.0	3.4	新加坡	1 721.7	3.3
10	新加坡	1 683.1	3.1	印度	1 565.2	3.0
	合计	29 046.8	53.3	合计	27 233.8	52.3
	世界	54 293.0	100.0	世界	52 172.0	100.0

资料来源:根据联合国贸易和发展会议网站 UNCTAD STAT 数据整理、计算。

三、国际服务外包

外包是指企业动态地配置自身和其他企业的功能和服务,并利用企业外部的资源为企业内部的生产和经营服务,即在人力不足的情况下,企业为维持组织竞争核心能力,将组织的非核心业务委托给外部的专业公司,以降低营运成本,提高品质,集中人力资源,提高顾客满意度。根据外包对象的性质,可将外包分为制造外包和服务外包。大体而言,如果外包转移和交易对象属于制造加工零部件、中间产品工序活动,或以中间品、半成品、最终产品某种组装或总装为对象活动,则属于制造外包;如果外包转移对象是特定服务活动或流程则属于服务外包。

发展服务外包有利于提升服务业的技术水平、服务水平,推动服务业的国际化和出口,从而促进现代服务业的发展。具体而言,国际服务外包的意义主要存在于以下几个方面:

1. 有利于提升产业结构

承接外包服务,可以增大服务业占GDP的比重,提升产业结构,节省能源消耗,减少环境污染。服务外包产业是现代高端服务业的重要组成部分,具有信息技术承载度高、附加值大、资源消耗低等特点。承接服务外包对服务业发展和产业结构调整具有重要的推动作用,能够创造条件促进以制造业为主的经济向服务经济升级,推动增长方式向集约化发展。

2. 有利于转变对外贸易增长方式,形成新的出口支撑点

承接外包服务,可以扩大服务贸易的出口收入。近几年来中国外贸出口稳步发展,但同时也遇到许多问题,如出口退税政策的调整、国外贸易设限不断增强、贸易摩擦不断增多、人民币汇率调整等,要保持持续快速增长已经越来越困难。而发展服务外包,因其对资源成本依赖程度较低、国外设限不强,具有快速增长的余地,从而有望成为出口新的增长动力。

3. 有利于提高利用外资水平,优化外商投资结构

中国制造业利用外资有40多年的历史。随着经济的不断发展,各个城市都将面临或已经面临着能源资源短缺、土地容量有限的现实问题。据相关资料披露,在全国15个副省级城市已经有许多外资的二产项目虽通过审批却很难落户,即便是三产,由于国家对房地产项目的限制,今后也将面临困难。而服务外包项目由于对土地资源要求不高,一旦外商有投资意向,落户概率将远高于二产项目。中国下一轮对外开放的重点是服务业,服务业的国际转移主要就是通过服务外包来实现的,承接服务外包产业,能够实现国际先进服务业逐步转移,从而优化利用外资的结构,更加适合城市经济的和谐发展。

第二节　主要经济体的服务贸易发展

一、美国的服务贸易发展

(一) 美国服务贸易发展现状

美国服务贸易进出口额多年来一直位居国际首位,服务业的发展提升了美国在国际市场中的竞争能力,对美国服务贸易和经济发展起到了重要作用。据美国国际贸易委员会数据,2017年,美国国际贸易总额为52 544.2亿美元,其中货物贸易额为39 142.6亿美元,占74.5%,服务贸易额为13 401.6亿美元,占25.5%。在美国服务贸易总额中,服务贸易出口额为7 976.9亿美元,占世界服务贸易出口的59. 5%,进口额为5 424.7亿美元,占世界服务贸易进口的40.5%。且从2000年以来,美国服务贸易一直保持顺差状态,并且顺差有逐渐扩大的趋势(如图13.2所示)。

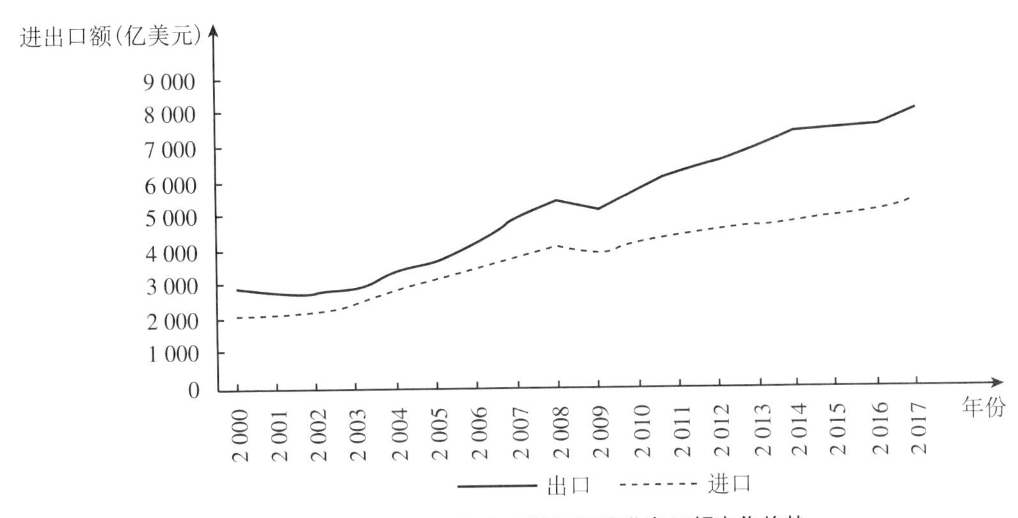

图 13.2 2000～2017 年美国服务贸易进出口额变化趋势

(二) 美国服务贸易发展特点

1. 美国服务贸易总额大、增长快,持续顺差

美国作为世界服务贸易大国,在服务贸易进口与出口方面均保持较快增长趋势。美国服务贸易进出口额多年来一直居于世界第一的位置,且始终保持顺差态势。2017 年,美国服务贸易进出口总额为 13 189.9 亿美元,占世界服务进出口总额的 12.52%。2000～2017 年,美国服务贸易出口额以年均 10.3%的速度增长,进口额以年均 8.9%的速度增长,贸易顺差则以年均 14.3%的速度增长。由上述数据可知,美国服务贸易整体水平较高、发展速度快。

2. 美国服务贸易结构比较合理,服务行业竞争力强

旅游、运输、金融、教育、商业服务、通信、设备安装维修、娱乐业、信息和医疗保健是美国的十大服务业。美国的这些服务行业在世界上保持了较强的竞争能力,且服务业各部门结构相对比较合理,为美国持续多年的服务贸易顺差作出了重要贡献。2017 年,美国服务贸易出口 7 976.9 亿美元,其中旅游服务出口额为 2 107.47 亿美元,是美国服务出口的最主要部分,比值为 26.4%;运输服务 885.98 亿美元,占 11.1%;维护和维修服务出口 264.30 亿美元,占 3.3%;金融服务 1 096.42 亿美元,占 13.7%;知识产权服务 1 283.64 亿美元,占 16.1%;通信、计算机、信息服务 422.19 亿美元,占 5.3%;其他商业服务 1 543.13 亿美元,占 19.3%;政府服务 193.29 亿美元,占 2.4%(见表 13.5)。

表 13.5 1999～2017 年美国服务贸易出口情况

(亿美元)

年份	合计	运输	旅游	维护和维修服务	保险	金融	知识产权	通信、计算机、信息服务	其他	政府服务
1999	2 713.5	432.2	923.4	40.9	30.5	194.3	477.3	122.9	409.8	82.2
2000	2 904.0	457.6	1 001.9	50.1	36.3	221.2	518.1	122.2	405.0	91.6
2001	2 743.3	417.2	867.3	59.0	34.2	219.0	494.9	128.3	441.5	81.9

续表

年份	合计	运输	旅游	维护和维修服务	保险	金融	知识产权	通信、计算机、信息服务	其他	政府服务
2002	2 806.7	419.1	818.7	60.2	44.2	245.0	538.6	124.5	480.0	76.5
2003	2 899.7	414.5	803.3	57.0	59.7	278.4	568.1	140.6	487.8	90.3
2004	3 379.6	477.2	923.9	57.1	73.1	363.9	670.9	149.6	544.0	119.9
2005	3 730.1	526.2	1 014.7	76.2	75.7	398.8	744.5	155.2	583.0	155.8
2006	4 167.4	574.6	1 051.4	82.4	94.5	478.8	835.5	171.8	686.2	192.2
2007	4 883.9	658.2	1 190.4	100.2	108.4	613.8	978.0	201.9	823.8	209.2
2008	5 328.2	749.7	1 337.6	105.9	134.0	630.3	1 021.3	231.2	927.4	190.8
2009	5 127.3	621.9	1 199.0	128.6	145.9	644.4	984.1	238.2	959.8	205.4
2010	5 627.7	716.6	1 370.1	145.5	144.0	723.5	1 075.2	250.4	1 010.3	192.1
2011	6 270.6	798.3	1 508.7	164.4	151.1	782.7	1 233.3	291.7	1 125.7	214.7
2012	6 557.2	839.4	1 616.3	171.9	167.9	766.9	1 244.4	325.1	1 203.8	221.5
2013	7 004.9	867.8	1 774.8	185.7	167.0	951.3	1 280.3	344.2	1 215.3	218.5
2014	7 411.0	907.3	1 919.2	211.5	173.3	1 069.5	1 297.2	346.9	1 289.2	196.9
2015	7 553.3	877.3	2 069.4	233.8	162.5	1 024.4	1 247.7	365.8	1 371.5	200.9
2016	7 588.8	846.8	2 069.0	250.0	170.7	993.8	1 247.3	385.5	1 437.7	188.0
2017	7 976.9	886.0	2 107.5	264.3	180.5	1 096.4	1 283.6	422.2	1 543.1	193.3

资料来源：International Economics Accounts.

3. 美国服务贸易出口以发达国家为主，并呈现多元化发展趋势

发达国家，尤其欧盟、加拿大等国一直是美国服务贸易方面重要的合作伙伴。在美国前十大服务出口市场中，欧洲国家占据一半数量。经过将近 20 年的发展，美国对欧盟服务出口从 2001 年时的 1 020 亿美元扩张到 2018 年的 2 484 亿美元，呈现翻倍增长。同时，2018 年美国向加拿大的服务出口占其服务贸易总额的 10%。通过这些数字可以看出，仅美国对欧盟和加拿大的服务贸易出口，就几乎占据其一半的数量。虽然美国对发达国家依旧保持较高的服务贸易出口份额，但是随着世界经济的不断发展，一些发展中国家和新兴工业化国家在世界上占据了一席之地，尤其是亚太地区一些国家的发展引起了美国足够的重视。因而，美国逐渐加强与发达国家之外的一些国家的经济联系，例如中国、阿根廷、巴西等。随着美国服务贸易伙伴的不断增加，美国服务贸易出口呈现出多元发展趋势。

4. 现代服务业成为推动美国经济发展的重要力量

随着全球服务贸易的迅速发展，美国服务贸易已经成功完成了向现代服务贸易的转型。传统服务业在美国服务业中的比重呈现下降趋势，现代服务业占服务业增加值比重上升趋势明显。2002～2017 年美国服务贸易出口额中，交通运输、旅游、其他服务业所占比重分别为 12.9%、26.4%和 60.6%。以批发零售、交通、娱乐、餐饮等为代表的传统服务业增加值占 GDP 比重从 2002 年的 41.7%下降到 2010 年的 22.3%，而金融、信息等现代服务业增加值占 GDP 比重则从 2002 年的 31.1%上升到 2010 年的 47.2%。新兴服务业在美国服务贸

易发展中占主导地位，现代服务业成为推动美国服务贸易发展的重要力量。

二、欧盟的服务贸易发展

金融危机以来，欧盟服务贸易基本呈现稳健发展的态势。欧盟服务贸易以欧盟内成员组织之间的贸易为主，2008 至 2017 年，服务贸易欧盟内出口占出口总额的 55%左右，欧盟内进口额占进口总额 60%左右，但从时间发展趋势上看，欧盟内服务贸易进出口占比有逐渐降低的趋势（如表 13.6 所示）。

表 13.6　2008～2017 年欧盟服务贸易进出口情况

年份	出口额（亿美元）			总额增速（%）	进口额（亿美元）			总额增速（%）
	总额	欧盟内出口额	欧盟外出口额		总额	欧盟内进口额	欧盟外进口额	
2008	19 025	11 034	7 990	—	17 154	10 121	7 033	—
2009	16 620	9 639	6 980	−12.6	14 971	8 983	5 988	−12.7
2010	17 235	9 652	7 583	3.7	15 140	8 933	6 207	1.1
2011	19 481	10 910	8 572	13.0	16 637	9 982	6 655	9.9
2012	19 408	10 674	8 733	−0.4	16 461	9 877	6 585	−1.1
2013	21 085	11 386	9 699	8.6	17 792	10 675	7 117	8.1
2014	22 830	12 328	10 502	8.3	19 389	11 440	7 950	9.0
2015	21 183	11 651	9 533	−7.2	18 594	10 599	7 995	−4.1
2016	21 605	11 883	9 722	2.0	19 040	11 043	7 997	2.4
2017	23 479	12 913	10 565	8.7	19 995	11 597	8 398	5.0

资料来源：根据 WTO 网站的 international trade statistic(BPM6)资料整理。

表 13.7　2008～2017 年欧盟服务贸易结构

（10 亿美元）

年份	与制造有关的服务			运输			旅游			其他商业服务		
	出口	进口	差额	出口	进口	差额	出口	进口	差额	出口	进口	差额
2008	68	37	31	412	385	27	406	392	14	991	873	118
2009	60	31	29	320	296	24	351	336	15	905	808	97
2010	64	28	36	359	324	35	345	327	18	936	806	130
2011	71	33	38	395	352	43	389	357	32	1 069	897	172
2012	71	36	35	383	340	43	378	342	36	1 088	911	177
2013	81	53	28	400	359	41	408	362	46	1 188	989	199
2014	84	55	29	416	372	44	425	385	40	1 314	1 085	229
2015	75	52	23	362	331	31	372	336	36	1 223	1 046	177
2016	76	52	24	349	324	25	376	349	27	1 244	1 082	162
2017	88	70	18	398	348	50	471	370	101	1 403	1 205	198

资料来源：根据 WTO 网站的 international trade statistic(BPM6)资料整理。

从服务贸易结构来看,运输和旅游服务进出口占主体地位。2017 年欧盟运输和旅游服务进出口约占进出口总额的 1/3,其中出口额占总额的 35%,进口额占总额的 37%(见表 13.7)。2017 年,其他商业服务出口和进口分别为 14 030 亿美元和 12 050 亿美元,均占总量的 60%,其他商业服务主要包括建筑、保险与养老服务、金融服务及知识产权使用费四大类,其中金融服务及知识产权使用费占比较大,出口额分别占其他商业服务出口总额的 20%及 15%左右,并且呈日益增长的趋势。整体而言,欧盟制造相关服务、运输、旅游及其他商业服务贸易均处于顺差状态,但在其他商业服务的细分服务类别中,知识产权使用费存在贸易逆差。

从贸易市场结构来看,较为单一。2017 年欧盟服务贸易出口主要伙伴国前 5 位分别为美国(占 27%)、瑞士(占 14%)、中国(占 5%)、日本(占 4%)、俄罗斯(占 3%);进口主要伙伴国也依次是上述 5 国,欧盟服务贸易顺差也主要来自这几个贸易伙伴,其中与瑞士贸易盈余最大。在欧盟成员组织中,英、德、法都属于服务贸易发达国家。其中,英国是欧盟最大的服务出口国,2017 年英国服务出口额 3 565 亿美元,占欧盟总出口的 15.2%,对英国来说,其服务贸易伙伴主要来自欧盟内部,与欧盟内其他成员组织的出口和进口占其总出口和总进口的 37%和 50.8%。但在 2016 年英国的服务贸易有所下降,出口和进口降幅分别达 5%和 6%,英国脱欧事件逐步发酵是重要因素,也对欧盟服务贸易产生了较大冲击,欧盟服务贸易以欧盟内成员组织之间的贸易为主,在欧盟一体化进程中,为了消除各成员组织服务管制的差异,欧盟整体作出巨大的努力使成员组织的贸易政策趋同,2006 年欧盟出台了《服务指令》,旨在把欧盟内部服务市场建设成为真正的统一市场,但目前欧盟内部服务市场依然存在较多壁垒。英国脱欧事件凸显欧盟当前在一体化进程中面临的困境,将削弱欧盟的影响力,并使欧盟的自由贸易进程放缓。英国脱欧事件也将重新规划欧洲的自由贸易,形成英国、欧盟、中东欧三足鼎立的贸易发展格局。

三、日本的服务贸易发展

日本的服务产业和贸易实力较强且发展迅猛,但自 20 世纪 80 年代以来长期存在贸易逆差。近年日本服务贸易发展主要呈现以下特点:

(一) 出口增长快于进口,贸易逆差规模呈缩减之势

日本服务贸易近些年面临着持续的逆差情况(表 13.8),2000～2017 年间,日本服务贸易出口和进口的年均增速分别为 8.27%和 3.21%,出口的增长速度明显快于进口,贸易逆差规模总体呈缩减之势。2000 年,日本服务贸易逆差为 462.3 亿美元,2017 年,日本服务贸易逆差已减至 65 亿美元,相比 2000 年约下降 86%,贸易逆差的持续缩小表明日本服务贸易实力正不断变强。

表 13.8　2000～2017 年日本服务贸易进出口情况表

(单位:亿美元)

年份	出口额	出口增长率(%)	进口额	进口增长率(%)	进出口总额	增长率(%)	差额
2000	698.1	—	1 160.4	—	1 858.5	—	−462.3
2001	635.1	−9.02	1 056.1	−8.99	1 691.2	−9.00	−421.0
2002	731.5	15.18	1 182.9	12.01	1 914.4	13.20	−451.4

续表

年份	出口额	出口增长率（%）	进口额	进口增长率（%）	进出口总额	增长率（%）	差额
2003	967.2	32.22	1 216.4	2.83	2 183.6	14.06	−249.2
2004	1 069.4	10.57	1 444.9	18.78	2 514.3	15.14	−375.5
2005	1 048.0	2.00	1 275.7	11.71	2 323.7	7.58	−227.7
2006	1 230.8	17.44	1 421.9	11.46	2 652.7	14.16	−191.1
2007	1 387.0	12.69	1 615.0	13.58	3 002.0	13.17	−228.0
2008	1 403.5	1.19	1 598.6	1.02	3 002.1	0.00	−195.1
2009	1 326.3	5.50	1 537.3	3.83	2 863.6	4.61	−211.0
2010	1 425.6	7.49	1 588.2	3.31	3 013.8	5.25	−162.6
2011	1 354.1	−5.02	1 560.0	−1.78	2 914.1	−3.31	−205.9
2012	1 495.5	10.44	1 816.0	16.41	3 311.5	13.64	−320.5
2013	1 470.1	−1.70	1 623.2	−10.62	3 093.3	−6.59	−153.1
2014	1 697.7	15.48	1 800.7	10.94	3 498.4	13.10	−103.0
2015	1 622.0	4.46	1 756.0	−2.48	3 378.0	5.04	−134.0
2016	1 758.1	8.39	1 861.8	6.03	3 619.9	7.16	−103.7
2017	1 863.7	6.01	1 928.4	3.58	3 792.1	4.76	−64.7

资料来源：联合国服务贸易数据库。

（二）进出口集中于咨询、运输、专有权利使用费和旅游等行业

日本服务贸易占比最高的是专业管理与咨询服务，约占日本进出口总额的30%，运输、专利使用权与特许权、旅游服务贸易紧随其后，进出口总额占比分别为24%、17%、11%。旅游、运输、建筑三大项传统服务贸易进出口总额占比之和为41%，而咨询、专利使用费与特许费两项新兴服务贸易占比之和高达47%，接近日本服务贸易进出口规模的一半，而这两项都是现代高附加值产业，可见，日本的服务贸易结构更加现代化，更具竞争力。

（三）服务贸易进出口居世界前列

日本服务贸易出口和进口世界排名均居前10位。世界贸易组织报告显示，2004年和2005年，日本服务贸易出口位居世界第五，2006年和2007年上升至第四；2004至2007年各年，日本服务贸易进口均居世界第四，2017年，日本服务贸易进口居世界第八。

（四）中日双边服务贸易增势良好

近年来，中日双边服务贸易在合作发展中呈现出良好的增长势头。据初步统计，日本目前为中国第四大服务贸易伙伴，位居中国香港、美国和欧盟之后，在中国服务贸易进出口总额中约占有10%的份额。中日双边服务贸易主要集中于运输、旅游和咨询等行业上。值得一提的是，中国赴日本游客的快速增长对日本近些年服务贸易逆差的收窄起到了非常积极的作用。2014年，因中国赴日本游客激增，日本旅游服务贸易实现了177亿日元的顺差，是自1970年7月以来时隔约44年日本旅游服务贸易首次重现顺差。2017年赴日游客总数高

达 1 900 万人，而这 1 900 万人中，中国内地游客达 735.6 万人次，占了三分之一以上。并且，中国游客消费总额约为 1 004.5 亿元人民币，占所有游客的 38.4%。

四、印度的服务贸易发展

印度服务贸易发展迅速，长期以来一直保持高速增长的态势，尤其是在 2000 年至 2010 年期间，年平均增速超过 20%，在金融危机期间，服务贸易出口额增速有所下降，近年来又呈现出快速增长的态势。

（一）服务贸易额总体呈现快速上升趋势

印度服务贸易总额迅速增长。根据世界贸易组织的数据显示，2005 年出口额为 522 亿美元，此后保持连年递增态势，2017 年出口额增至 1 853 亿美元，年均增速约为 19.6%，增速最高的是 2010 年，约为 26%；进口方面，服务贸易进口额由 2005 年的 606 亿美元增至 2017 年的 1 546 亿美元，年平均增速约为 11.9%，其中增速最高的年份同样是 2010 年，达到 43.2%（如图 13.3 所示）。

2007 年以前，印度服务贸易处于逆差地位，但逆差额逐年减少，自 2007 年起始终保持着顺差。2010～2015 年印度服务贸易顺差额处于快速上升期，其后基本保持稳定，2017 年印度服务贸易顺差额为 307 亿美元。服务贸易出现大幅下跌的年份是 2009 年，服务贸易总额跌至 1 734 亿美元。与此同时，2009 年印度服务贸易顺差额也开始下降。究其原因，主要是受国际金融危机的冲击，印度服务外包业因此面临着前所未有的挑战。同时，菲律宾、乌克兰、俄罗斯、巴西、墨西哥等国家都在大力发展自己的服务外包业，全球服务外包业市场份额正被各国“瓜分”，印度服务外包业面临着越来越激烈的国际竞争。

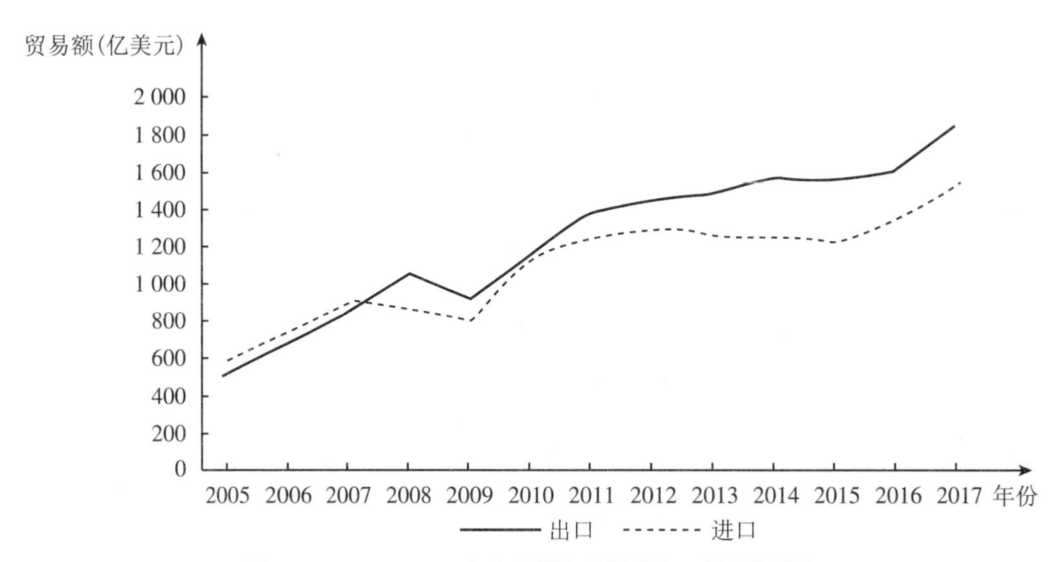

图 13.3　2005～2017 年印度服务贸易进出口额变化趋势

（二）印度服务贸易商品进出口结构较为单一

印度服务产品出口以计算机和信息服务、旅游、运输以及其他商业服务为主，2017 年这四类服务产品出口占印度出口总额的 84.5%，由此可以看出，印度服务产品的出口集中度较高（见表 13.10）。从单项产品来看，计算机和信息服务一直是支撑印度服务出口的主要方面，其比重基本保持在30%左右，是出口的第一大类产品。IT是印度国际竞争力最强的产业和国民经济的主导产业，以软件外包为主的服务出口构成了印度对外经济的主要方式。自20世纪末以来，印度企业承接海外IT外包不仅直接推动软件与信息服务业规模扩大，也深刻影响着该行业的技术发展形态与创新模式，印度IT服务业收入占比接近发达国家水平，远远领先于其他新兴经济体。印度服务外包主要来自美国市场，其中得益于海外印度裔的贡献，未来全球外包市场规模的增长仍有利于印度服务出口，就综合条件而言，具有长期比较优势。其次是其他商业服务，近10年占比基本保持在30%左右，从整体来看保持平稳发展。作为传统服务业的运输和旅游在印度服务产品出口中占比均达到10%以上。数据表明，2006年以来，印度服务贸易出口商品结构变化不明显，"印度软件"始终是出口的主要支柱产品，出口商品结构单一。

表13.10 印度服务贸易出口结构(%)

年份	2007	2009	2011	2013	2015	2017
运输	10.4	12.2	12.7	11.4	9.2	9.2
旅游	12.4	12.1	12.8	12.4	13.5	14.8
通信	2.7	1.8	1.2	1.5	1.3	1.2
金融	3.9	3.9	4.5	4.3	3.4	2.4
计算机和信息服务	31.7	35.1	31.8	35.7	37.1	28.2
其他商业服务	35.5	29.6	28.8	31.3	31.3	32.3

数据来源：WTO Statistics Database.

知识链接13-1

印度社会贫富差距大，内需不足，软件行业的主要模式体现在外包服务上——给欧美的大IT公司进行软件代工。

起初，印度的软件外包公司以承接一些小的软件开发代工起家，真正的大发展是在2000年前后出现的，当时日本企业给美国企业带来的竞争压力，迫使后者大力削减成本，在软件解决方案的低端与印度IT公司合作，印度IT公司借此机会提升技术，改善离岸业务模式流程，获取专业知识争夺更高价值的IT服务。印度几千上万人的软件公司也不在少数、像Infosys、HCL、Wipro，都是印度软件外包领域的龙头，总收入在千亿美元级别，占领了全球软件市场约20%的份额。

资料来源：https://www.xianjichina.com/news/details_65604.html.

2006～2017年，印度服务贸易进口额排名前三的产品依次为运输、其他商业服务和旅游，三项占比之和接近80%(见表13.11)。其中，运输服务贸易占据了进口贸易额的40%，是印度最主要的服务进口部门，尤其是2011～2014年期间，运输服务进口占比均保持在45%以上。其他商业服务和旅游服务进口额占比较为稳定，比值分别为23%和11%。其余各项服务进口占进口贸易额的比重较小且份额接近，整体而言，印度服务贸易进口商品结构同样呈现出单一化状态，而且从现有数据来看，短期内改善的可能性较小。

表 13.11 印度服务贸易进口结构(%)

年份	2007	2009	2011	2013	2015	2017
运输	43.8	44.5	45.8	45.6	42.8	36.9
旅游	11.7	11.7	11.1	9.2	12.2	11.9
保险	4.5	5.1	4.9	4.7	4.3	4.1
金融	4.6	4.7	6.6	4.7	2.5	3.8
计算机和信息服务	5.1	2.9	1.5	3	3.1	3.5
其他商业服务	26.1	21.2	20.6	22.3	24.5	22.9

数据来源：WTO统计数据库。

第三节 中国的服务贸易发展

一、中国的服务贸易发展状况

我国服务贸易起步较晚但发展迅速，我国自20世纪90年代开始逐步推进产业结构升级，大力发展服务产业，出台各种政策全力支持国内服务产业发展，直接促成我国近20年服务产业高速发展、不断壮大的势头，为服务贸易的发展创造有利条件。同时，自我国2001年加入世贸组织后，中国逐步开放服务市场，2006年，服务贸易首次被纳入“十一五”规划范畴，服务贸易在中国国民经济中的地位逐步提高。目前中国是当今世界第二大服务贸易国，是许多国家最重要的贸易伙伴。

(一) 中国服务贸易规模快速扩大

中国服务贸易发展迅速，2000年，中国服务贸易进出口额仅为660亿美元，2017年，中国服务贸易进出口额增长至6 957亿美元，年均增长率高达56.1%。其中，出口额从2000年的301亿美元增加至2017年的2 281亿美元，年均增长率为38.7%；进口额从2000年的359亿美元增加至2017年的4 676亿美元，年均增长率为70.6%。

2000～2017年，中国服务贸易进出口总额基本呈现高速增长的态势，期间只有2009年由于受到2008年全球性金融危机的影响，出现了负增长。中国服务贸易出口额除了在2009年有较大幅度下降外，在2015～2016年也有轻微下降，而中国服务贸易进口额则始终保持增长态势。与世界服务贸易发展的平均速度相比，中国发展速度远远高于世界平均水平，属于服务贸易高速发展的国家，在全球服务贸易市场中所占比重和排名也不断提升。

(二) 服务贸易逆差逐渐扩大

20世纪80年代，中国对外服务贸易年年顺差，而到了20世纪90年代中后期，服务贸易年年逆差。2000～2017年，中国服务贸易持续处于逆差状态且逆差不断扩大(如表13.12所示)。2000年，中国服务贸易逆差58亿美元，到2017年增长至2 395亿美元，约为2000年的40倍。

从我国服务贸易进出口结构看，服务贸易逆差最大的行业为旅游服务。2014年我国服务贸易逆差总额为1 599亿美元,仅旅游服务逆差就为1 078亿美元。2015年旅游服务逆差更大,逆差额高达1 237.4亿美元,占我国服务贸易逆差总额的90.6%。2008年之前我国旅游服务长期保持较高顺差,从2009年起,开始出现逆差并且快速扩大。旅游贸易高额逆差和逆差的飞速增长主要源于我国旅游贸易进口的飞速增长,例如,2015年我国旅游贸易进口相比2014年增长了44.5%。这从侧面反映了我国人民富裕程度的增强和休闲娱乐方式的转变。出国旅游成为了大众普遍接受且可以负担的休闲方式,越来越多的国人在各种假期选择出境旅游来放松自己、开阔视野,体验异国他乡的风情。

表13.12 2000～2017年中国服务贸易进出口规模统计表

(单位:亿美元)

年份	进出口		出口		进口		差额
	金额	同比(%)	金额	同比(%)	金额	同比(%)	
2000	660	15.4	301	15.2	359	15.8	−58
2001	719	8.9	329	9.1	390	8.8	−61
2002	855	18.9	394	19.7	461	18.1	−67
2003	1 013	18.5	464	17.8	549	19.0	−85
2004	1 337	32.0	621	33.8	716	30.5	−95
2005	1 571	17.5	739	19.1	832	16.2	−93
2006	1 917	22.0	914	23.7	1 003	20.6	−89
2007	2 509	30.9	1 216	33	1 293	28.9	−77
2008	3 045	21.4	1 465	20.5	1 580	22.2	−115
2009	2 867	−5.8	1 286	−12.2	1 581	0.1	−295
2010	3 717	29.6	1 783	24.2	1 934	21.7	−151
2011	4 489	20.8	2 010	12.7	2 478	28.2	−468
2012	4 829	7.6	2 016	0.3	2 813	13.5	−797
2013	5 376	11.3	2 070	2.7	3 306	17.5	−1 236
2014	6 520	21.3	2 191	5.9	4 329	30.9	−2 137
2015	6 542	0.3	2 186	−0.2	4 355	0.6	−2 169
2016	6 616	1.1	2 095	−4.2	4 521	3.8	−2 426
2017	6 957	5.1	2 281	8.9	4 676	3.4	−2 395

资料来源:中国商务部服务贸易统计。

运输贸易一直是我国传统的服务贸易逆差部门,但是从2009年开始逆差不断增加,其主要原因在于我国运输行业开放程度比较高,相应的整体水平一般,市场和法律还不是很完善等。此外,保险、专利使用费和特许费服务贸易也是我国服务贸易逆差的主要来源,并且逆差额也呈现逐年递增的趋势,而咨询、建筑服务及其他商业服务贸易一直处于较大顺差。

（三）贸易结构不合理但日益优化

过去十几年，中国服务贸易进出口的行业结构中，运输和旅游两大传统服务产业在我国服务贸易进出口总额中占比最大。2017年，二者合计占中国服务贸易进出口的60.88%，其中旅游服务占比42.19%，是我国最主要的服务贸易部门，运输服务占比18.69%。高附加值现代产业如保险服务、金融服务、计算机和信息、专利使用权和特许权占比较低，2017年，四项服务进出口总额合计占比仅为14.37%。其中，金融服务占比最低，仅为0.76%，如表13.13所示。

表13.13　2012～2017年我国各产业服务贸易进出口额占比(%)

	2012	2013	2014	2015	2016	2017
总额	100.00	100.00	100.00	100.00	100.00	100.00
加工服务	5.36	4.33	3.30	3.15	2.84	2.63
维护和维修服务	0.00	0.00	0.00	0.75	1.07	1.18
运输	25.84	24.55	20.61	18.94	17.29	18.69
旅行	31.48	33.52	41.63	45.06	46.19	42.19
建筑	3.29	2.72	3.10	4.10	3.17	4.67
保险和养老金服务	4.95	4.85	4.14	2.11	2.58	2.08
金融服务	0.79	1.28	1.46	0.76	0.79	0.76
专利使用费和特许费	3.89	4.07	3.57	3.53	3.79	4.79
计算机和信息服务	4.49	4.59	4.74	5.66	5.91	6.74
其他商业服务	19.89	20.08	17.44	15.91	16.37	16.26

资料来源：中国商务部网站。

但从中国服务贸易进出口结构的变化趋势看，整体向好发展。如表13.13所示，传统的低附加值服务部门，如加工服务、运输服务在中国服务贸易进出口总额中的占比不断减少，而新兴服务部门的服务贸易发展迅速，如金融服务在2000年仅占我国服务贸易进出口总额的0.27%，2014年，金融服务进出口占比增长至1.46%，虽然在最近两年有所回落，但依旧反映了我国近些年金融领域的高速发展。另外两个近些年增长迅猛的行业为计算机和信息服务及专利使用费和特许费。其中，计算机和信息服务从2000年占比0.94%增长至2017年的6.74%，已经在我国服务贸易中占有一席之地，尤其是在高附加值服务贸易产业中。此外，专利特权使用费和特许费占中国服务贸易进出口总额的比例从2000年的0.3%增至2017年的4.79%。

综上，我国服务贸易结构上仍然以传统的旅游、运输为主，占比超过了50%，新兴的高附加值和知识密集型产业相对占比较低。但是可以看到的是，高附加值产业近些年的增长速度远高于传统的服务贸易产业，且正在蚕食传统服务贸易产业的份额，并且我国在一些新兴高附加值产业中已经有了较强的国际影响力或者自己的特色，例如金融服务、计算机和信息服务、专业管理和咨询服务，结构转型显而易见。

分析案例13-1

文化旅游3.0:中国国际服务贸易交易会创新示范案例

2019年5月31日,中国国际服务贸易交易会服务示范案例正式揭晓。该遴选活动是交易会为充分发挥示范与引领作用,鼓励更多服务贸易企业实现创新驱动发展、扩大影响力而专门设立的评选活动。凤凰卫视领客文化以“文化旅游3.0新业态”荣膺“业态创新服务示范案例”,与国航、支付宝、顺丰等一批优秀企业共获大奖。这是凤凰领客继两年前荣获京交会“最具国际化战略服务示范案例”与“跨界服务示范案例”后再获殊荣。

实现旅游目的地与文化内容的深度结合,形成持久化、多形态、多维度运营和可持续发展,在当下愈发急迫。近年国内旅游、文化、科技企业纷纷关注,试水研发、服务、运营的创新。在此方面,凤凰卫视旗下的文化旗舰平台凤凰领客涉足较早。当行业尚处于探索阶段时,凤凰领客就与故宫出版社战略合作,首倡中国文化旅游产业进入3.0时代,提出以《清明上河图》等国宝IP为核心,融合舞台视觉艺术、智能多媒体技术等,打造大众可以沉浸体验、交互、分享的文化旅游3.0内容,为旅游目的地注入新的生命力,实现中华传统文化的创造性转化,为文化旅游产业创新发展提供实践范例。如今,凤凰领客基于故宫国宝IP、大运河文化等内容打造的文旅融合项目,已形成了完整的文化旅游3.0业态。

资料来源:https://www.360kuai.com/detail?url=9dbda51b76253935f&cota=3&kuai_so=1&sign=360_57c3bbd1&refer_scene=so_1.

(四)服务贸易对象比较集中

近年来,中国前五大服务贸易伙伴均为发达经济体,集中于中国香港地区、美国、欧盟、日本和东盟这五大服务贸易伙伴,服务贸易进出口总额的七成左右来自这五大经济体,贸易流向较为集中。2016年,中国服务贸易进出口总额为5.35万亿元人民币,其中,中国与中国香港地区服务贸易进出口额为5 324亿美元,中国香港地区是中国最大的服务贸易伙伴。其次是美国、欧盟、日本和东盟。

从具体服务部门出口流向来看,中国香港地区是中国运输、旅游、建筑、咨询服务的主要出口市场,中国台湾地区、韩国、日本等亚洲经济体是中国旅游服务的主要出口市场,东盟是我国建筑服务的第一大出口市场和进口市场。值得注意的是,中国对主要经济体的保险服务均呈现逆差,其中对日本、欧盟等国的逆差较大。美国是我国计算机和信息服务的最大出口市场。

二、中国“入世”关于服务贸易的承诺

在中国“入世”法律文本体系中,与服务贸易紧密相关的法律文件包括:《服务贸易总协定》(GATS)、《中国加入工作组报告书》、《中华人民共和国加入议定书》及其5个附件。

知识链接13-3

中国服务贸易履行“入世”承诺　推动世界服务贸易互利共赢

在中国加入世贸组织漫长的过程中,最复杂艰难的谈判就在服务贸易领域。在履行承诺方面,中国“入世”17年以来,改革力度最大、开放力度最大之处就在服务贸易领域。

中国承诺对世界贸易组织作出大范围的开放是非常艰难的，当时中国的服务业发展水平很低，其产值占国内生产总值的比重仅有30%左右，不仅远远低于发达经济体(一般在60%～70%)，而且还低于发展中国家的平均值(50%)。此外，当时国际服务贸易对中国而言尚属新兴事物，国人在谈及贸易时通常只指货物贸易，因此大范围对外开放对监管提出了很大的挑战。就是在这样的艰难处境下，中国承诺开放服务贸易全部12个大部门160个分部门中的9大类100个分部门。

在入世后的17年里，中国在推动服务贸易开放发展中作出了艰苦努力。一是对领导干部、管理部门以及相关企业进行理论培训、全方位的思想动员和政策动员。二是为执行世贸组织的规则，不断完善相关法律，增加透明度，陆续颁布了银行、保险、建筑、交通运输等行业外资准入和外国服务提供者进入的法律和部门规章，以透明的、稳定的、可预期的政策环境对外开放。三是切实推动服务业对外开放。早在2007年中国加入世界贸易组织过渡期结束之际，中国服务贸易开放承诺清单已全部履行完毕，市场开放度接近发达成员平均水平。四是通过了历次针对中国的多边贸易政策审议，服务贸易管理体系不断完善。即使是在开放风险较大的金融、电信、互联网领域，中国也通过国际合作和能力提升，完全履行承诺。在世贸组织中，中国是一个信守诺言且负责任的成员。

资料来源：http://opinion.china.com.cn/opinion_37_188437.html.

(一) GATS协定的主要内容

GATS协定分为7个部分：第一部分即第1条“范围与定义”，是关于服务贸易的要领和GATS协定管辖范围的规定。第二部分为“一般义务与纪律”，规定了最惠国原则、透明度原则、机密信息的披露原则、发展中国家的更多参与、经济一体化原则等成员方应当遵守的一般性原则与义务。第三部分为“具体承诺”，规定具体承诺中的市场准入问题和国民待遇原则。第四部分为“逐步自由化”，规定成员方有实施逐步自由化目标的义务及其实施的方式。第五部分为“机构条款”，规定服务贸易纠纷的磋商机制、服务贸易理号召会的构成及其与其他国际组织的关系。第六部分为“最后条款”，规定拒绝给予GATS协定项下的利益的情况，解释了GATS协定中的基本定义。第七部分为“附件”，包括《关于第2条豁免的附件》《关于本协定项下提供服务的自然人流动的附件》《关于空运服务的附件》《关于金融服务的附件》《关于金融服务的第二附件》《关于海运服务谈判的附件》《关于电信服务的附件》《关于基础电信谈判的附件》共8个附件。

课堂讨论13-2

加入世界贸易组织对中国服务贸易有哪些影响？

(二) 中国加入工作组报告书

中国加入工作组报告书的第六部分是“影响服务贸易的政策”，分9个部分对中国服务贸易领域的法律制度和有关政策提出要求，这9个部分分别是：许可、合作伙伴选择、股权的调整、设立商业保险机构的以往经验要求、检验服务、市场调查、法律服务、少数股持有者的权利和具体承诺减让表。

(三) 中国加入议定书

《中国加入议定书》附件9，即“中国具体承诺减让表”，是中国对于各服务贸易行业承诺，具体分为适用于承诺表列出的所有领域的水平承诺与适用于各个行业的具体承诺。水平承诺与具体承诺分别从服务贸易的跨境交付、商业存在和自然人流动四个方面作出对于市场准入和国民待遇原则适用的限制，个别行业还有其他承诺。跨境交付是关于外国服务提供者提供服务的费用跨境偿付规定，涉及资金的外流。境外消费，是关于与外国服务提供者提供的服务有关的在中国国境外付费项目的规定。商业存在，是指外国服务提供者进入中国市场设立经济主体的问题，商业存在中一般包括对于外国服务提供者的商业存在形式限制、地域限制和数量限制等。商业存在形式，指允许外国服务提供者设立的经济主体的形式，例如只能设立中外合营企业还是允许设立外商独资企业、是否允许外商投资企业和外商独资企业设立子公司和分支机构。地域限制是指承诺表对允许外国服务提供者进入的地区作出限制。数量限制对进入中国市场的外国服务提供者能够设立经济主体的数量进行限制。自然人流动，是关于外国服务提供者雇佣的外籍服务人员或者作为个人的服务提供者进入中国境内提供服务的规定。

由于中国本国服务行业的实力有待发展，WTO 成员组织一致同意中国的服务贸易领域对 WTO 成员对外国服务提供者实行逐步的开放。根据这一原则，中国从各个行业的实际出发，对外国服务提供者的市场准入和享受国民待遇原则方面作出限制，大部分的限制将随着中国服务行业的发展和开放的实际需要，根据与成员组织之间的谈判而逐步开放。

具体承诺减让表的水平承诺，主要从商业存在和自然人流动方面对外国服务提供者的市场准入和国民待遇作出限制：

1. 市场准入限制

(1) 商业存在方面：

在中国，外国投资的企业包括外商独资设立的外资企业和中外合营企业，中外合营企业有中外合资企业和中外合作企业两种类型。

中外合资企业中的外资所占股权比例不应少于该合资企业注册资本金的 25%。

由于关于外国企业在中国设立分支机构的法律法规目前仍在起草中，外国企业在中国设立分支机构，除非在部门承诺中另有规定的以外不作承诺。

外国企业可以在中国设立代表处，除法律服务、会计、审计和簿记服务、税收服务和管理咨询服务行业以外，该代表处不得从事任何营业营利性的活动。

各中外合作协议或者股权协议，或者设立或者批准现有的外国服务提供者从事经营或者提供服务的营业许可中规定的所有权、经营活动所及业务范围，不得比其在中国加入 WTO 时更具有限制性。

中华人民共和国土地归国家所有，企业和个人使用土地应当符合以下期限要求：为居住目的的土地使用期限为 70 年；为工业目的的土地使用期限为 50 年；为教育、科学、文化、公共卫生、体育目的的土地使用期限为 50 年；为商业、旅游、娱乐目的的土地使用期限为 40 年；为综合利用及其他目的的土地使用期限为 50 年。

(2) 自然人流动方面：除对以下几类自然人入境和居留的措施承诺以外，不作其他承诺：① 在中国已经设立了代表处、分公司和子公司的 WTO 成员方的公司，其经理、高级行政管理人员和专家作为高级雇员，作为公司内部人员临时调动，允许入境，在中国居留首期为 3 年；② 来自 WTO 成员方公司的经理、高级行政管理人员和专家被中国境内的外国投资企业雇佣时，允许入境，在中国居留首期为 3 年。如果其雇佣合同中有关条款规定雇佣时间不满 3 年的，以合同时间为准；③ 服务销售人员——即不常驻中国，不从中国境内的机构获取报酬,不直接提供服务,只是代表某一国外服务对象的服务的人员,允许入境,时间不超过90天。

2. 国民待遇限制

(1) 商业存在方面:在视听服务、空运服务、医疗服务方面,对于目前给予国内服务提供者的补贴,不作承诺。

(2) 自然人流动方面:除在市场准入限制项下关于自然人入境和居留措施的承诺以外,不作承诺。承诺减让表还包括以下3个附件。附件1为《参考文件》,是关于基础电信业务监管框架的定义和原则规定,规定了用户、基本设施、主要供应者的概念,对竞争保障措施、互联、普遍服务、许可标准的公布、独立的监管机构和稀缺资源的指派与利用等基本原则的实施规定必要的步骤。附件2为《分销服务》,规定分销服务的4个分部门:佣金代理服务、批发、零售和特许经营的服务内容。附件3为《保险:"统括保单"定义》,规定了特殊的保险业务种类——"统括保单"业务的定义和适用范围。

◆**内容提要**

本章探讨了当今世界主要经济体的服务贸易现状及发展趋势。美国服务贸易总额大、增长快,整体水平较高、服务贸易结构比较合理。欧盟服务贸易呈稳健发展态势,且服务贸易主要发生在欧盟内成员组织之间。日本长期存在服务贸易逆差,但近年贸易逆差呈缩减之势,且日本服务贸易以高附加值的新兴服务部门为主,更具竞争力。印度服务贸易发展迅速,且服务产品出口以计算机和信息服务、旅游、运输以及其他商业服务为主,出口集中度较高。中国服务贸易发展迅猛,贸易结构不合理但日益优化,贸易流向较为集中,集中于中国香港地区、美国、欧盟、日本和东盟这五大服务贸易伙伴。

◆**关键词**

服务贸易　贸易规模　服务贸易结构　发达经济体　发展中经济体

◆**复习思考题**

1. 当今世界的服务贸易格局是怎样的?
2. 美国服务贸易呈现怎样的发展趋势?
3. 欧盟服务贸易发展呈现怎样的特征?
4. 日本服务贸易存在逆差的原因是什么?促使逆差逐渐缩小的因素有哪些?
5. 试概括中国服务贸易的发展特点。
6. 我国服务贸易逆差扩大的原因有哪些?

◆**思考案例**

服务贸易:开放型经济增长新引擎

以"开放、创新、智慧、融合"为主题的2019年中国国际服务贸易交易会(简称京交会)于2019年5月28日至6月1日在北京举行。京交会是中国政府在服务贸易领域举办的唯一国家级展会,也是服务贸易领域的国际性盛会。记者获悉,本届京交会期间将配套举行120多场论坛和110多场推介洽谈活动,全球政商学各界人士汇聚一堂,共同探讨服务贸易发展趋势,提出深化创新合作举措。

服务业是现代经济发展的主要动力之一,发展服务业和服务贸易是当前各国优化产业结构、保证国民经济持续增长,提高经济发展质量、提升综合国力的重要引擎。商务部副部长王炳南近日在国新办举行的京交会发布会上表示，“十三五”以来，中国服务贸易平均增速高于全球，2018 年服务贸易进出口额达 5.24 万亿元人民币，同比增长 11.5%，已经连续 5 年位居世界第二。我国服务贸易占外贸比重从 2012 年的 11.1%，提高到 2018 年的 14.7%。

记者获悉，今年京交会具有定位更准、频次更快、规模更大、国际化水平更高的特点。

“优先发展服务贸易是推动中国经济转型升级和向高质量发展的重要举措，面临新形势、新任务，我们推动提升了京交会定位。”王炳南表示，经党中央、国务院批准，京交会定位于“具有全球影响力的服务贸易展会”。围绕新定位，从本届开始，中国(北京)国际服务贸易交易会更名为中国国际服务贸易交易会，更名后的京交会将致力打造品牌、扩大影响、引领全球和中国服务贸易创新发展。

此外，从今年开始，京交会将由两年一办调整为一年一办。根据新定位，本届京交会广泛邀请了境内外政商代表和客商参会参展，得到了国际社会积极响应，参加京交会的国家和地区数量比上年大幅度增加，具有广泛的国际代表性，共有 21 个国际组织、130 个国家和地区参展参会，其中服务贸易额居世界前 30 位的国家和地区、与中国签署服务贸易合作协议的国家都将参展参会。

资料来源：根据《中国贸易报》相关报道整理。

思考题：

1. 我国服务贸易的发展趋势是怎样的？存在哪些问题？

2. 我国应从哪些方面推动服务贸易的发展？

◆应用训练

试总结发达经济体与发展中经济体服务贸易的发展特点。

第十四章　国际服务外包

本章结构图

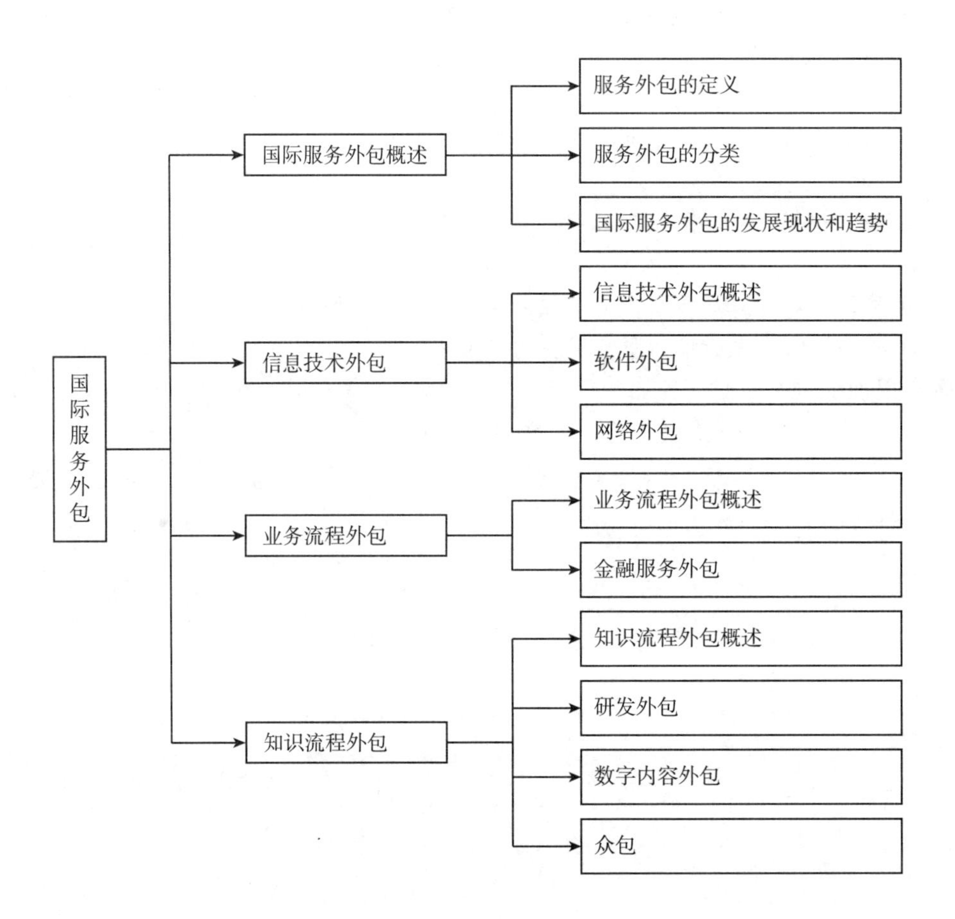

学习目标

掌握服务外包的定义和分类；了解国际服务外包的发展现状和趋势；理解信息技术外包、业务流程外包、知识流程外包的内涵和分类。

导入案例

服务外包正成为促进创新增长的重要引擎

2018年12月13日，在第五届中国郑州服务外包创新发展大会上，中国国际投资促进会会长、商务部原副部长马秀红表示：截至2017年底，中国服务外包的业务范围已经遍及200多个国家和地区，服务外包执行额超亿元的国家和地区约130个，其中，“一带一路”沿线国家地区正在成为我国服务外包产业新的增长极。

当前，全球经济处于重要变革期，以大数据、移动互联、云计算、人工智能、5G通信技术、算法应用、认知技术、机器人、虚拟现实、网格应用等为代表的新一轮技术革命强势登场，创新增长与数字经济成为各国政府共同关注的发展主题。在数字经济和新工业革命时代，外包服务提供商将率先成为数字服务提供商，以技术创新应用为核心驱动力的服务外包产业，将成为各国发展数字经济、实现创新增长的重要引擎。

资料来源：https://baijiahao.baidu.com/s?id=1620387403601719242&wfr=spider&for=pc.

第一节 国际服务外包概述

一、服务外包的定义

至今，关于国际服务外包的定义尚未形成统一的规定。

外包，英文为“outsourcing”，是英文“outside resourcing using”的简写，字面意思译为“外部资源使用”。1990年，美国管理学家加里·哈帕尔（Gary Hamel）和普拉哈尔德（C. K. Prahalad）在《哈佛商业评论》上发表的题为《企业的核心竞争力》一文中首次提出“外包（outsourcing）”这一概念。外包（outsourcing）是指企业在经营过程中，为了降低企业生产成本，提高企业核心竞争力和完善企业核心业务，把企业非核心的业务通过签订合同或者契约的形式转移给其他的企业和机构完成的行为。

外包经历了由制造业外包（manufacturing outsourcing）向服务外包（service outsourcing）转移的过程。20世纪80年代，发达国家掀起外包浪潮，很多企业将制造业部分转移至韩国、中国台湾等新兴工业化国家和地区。到了20世纪90年代，制造业外包进一步转向发展中国家，其间中国利用自身优势逐渐成为制造业大国。在此阶段中，制造业外包成为国际外包的主要表现形式。21世纪起，服务外包逐渐兴起，成为新一轮全球产业转移的重要表现形式。

服务外包（service outsourcing）在本书中定义如下：服务外包是指企业为了将有限资源专注于核心业务，以信息技术为依托，利用外部专业服务商的知识、劳动力，来完成原本由企业内部完成的业务和工作，从而达到降低成本、提高效率、提升企业对环境应变能力并且优化企业核心竞争力的一种业务模式。

二、服务外包的分类

对于服务外包来说，由于分类标准的差异可以将服务外包进行不同的分类。下面简要介绍几种比较典型的分类标准。

（一）按业务类型分类

按照业务类型分类通常将服务外包分为信息技术外包（information technology outsourcing,ITO)、业务流程外包(business process outsourcing,BPO)和知识流程外包(knowledge process outsourcing,KPO)三种形式。

信息技术外包(ITO)是指企业专注于自己的核心业务,而将其IT系统的全部或部分外包给专业的信息技术服务公司。企业以长期合同的方式委托信息技术服务商向企业提供部分或全部的信息功能。常见的信息技术外包涉及信息技术设备的引进和维护、通信网络的管理、数据中心的运作、信息系统的开发和维护、备份和灾难恢复、信息技术培训等。

业务流程外包(BPO)是指企业检查业务流程以及相应的职能部门,将这些流程或职能外包给供应商,并由供应商对这些流程进行重组。BPO是将职能部门的全部功能(比如事务处理、政策服务、索赔管理、人力资源、财务等)都转移给供应商。外包供应商根据服务协议在自己的系统中对这些职能进行管理。

知识流程外包(KPO)是围绕对业务诀窍的需求而建立起来的业务,是指把通过广泛利用全球数据库以及监管机构等信息资源获取的信息,经过即时、综合的分析研究,最终将报告呈现给客户,作为决策的借鉴。知识流程外包的核心是通过提供业务专业知识而不是流程专业知识来为客户创造价值。

(二) 按地域分类

按照外包承接商的地理位置,服务外包可以分为离岸外包(offshore outsourcing)、近岸外包(nearshore outsourcing)和在岸外包(onshore outsourcing)三种类型。

离岸外包指外包商与其供应商来自不同国家,外包工作跨国完成。在世界经济全球化的潮流中,通过国际合作,利用国家或地区的劳动力成本差异,是企业实现降低生产成本、增强综合竞争力的最佳途径。

离岸外包是企业充分利用国外资源和企业外部资源进行产业转移的一种形式,主要是指跨国公司利用发展中国家的低成本优势将生产和服务外包到发展中国家。与外商直接投资(FDI)相比,由于离岸外包更具有降低成本、强化核心能力、扩大经济规模等作用,越来越多的跨国公司将离岸外包作为国际化的重要战略选择。离岸外包兴起于制造业,但进入21世纪以来,由于发展中国家的技术、人力资源等要素水平不断提高,而且保持了低成本优势,大量的服务业离岸外包从发达国家转向发展中国家。因此,承接新一轮跨国公司服务业外包成为许多发展中国家利用外资实现经济增长的新途径。

近岸外包是指转移方、服务方和承接方分属于邻近国家的服务外包。例如,加拿大的一家服务提供商向美国的一家企业提供服务就属于近岸外包。

邻近国家在语言、文化背景上具有较大的相似性,因而在此服务外包过程中可以降低双方的沟通合作难度和运输成本。近岸外包可以看作离岸外包的一种特殊情形。

在岸外包,也称为境内外包,是指外包商与其外包供应商来自同一个国家,因而外包工作在国内完成。

在岸外包和离岸外包具有许多类似的属性,但它们差别很大。在岸外包更强调核心业务战略、技术和专门知识、从固定成本转移至可变成本、规模经济、重价值增值甚于成本减少;离岸外包则主要强调成本节省、技术熟练的劳动力的可用性,利用较低的生产成本来抵消较高的交易成本。在考虑是否进行离岸外包时,成本是决定性的因素,技术能力、服务质量和服务供应商等因素次之。

三、国际服务外包的发展现状和趋势

(一) 国际服务外包的发展现状

1. 国际服务外包交易规模扩大

进入21世纪以来,全球国际服务外包发展迅速,市场规模日益扩大,《中国服务外包产业十年发展报告(2006—2015)》的数据显示,2011年全球离岸服务外包市场交易额为1 025.97亿美元,2015年增长到2 000.4亿美元,约为2011年交易额的2倍。

2. 国际服务外包的参与方增多

当今国际服务外包市场上,发包商将企业非核心的部分业务外包出去是基于降低成本、提高企业核心竞争力的需要。在这种利益驱动下,国际服务外包的参与方日益增多,逐渐形成了以美国、欧洲、日本等发达国家为主体的国际服务外包发包国(见表14.1),以印度、中国、菲律宾等亚洲国家和中东欧、爱尔兰为主体的国际服务外包接包国的国际市场格局,这一格局为发达国家和发展中国家经济发展带来了新的空间和机遇。

表14.1 2012～2013年全球主要离岸发包市场份额

	2012年	2013年
美国	62%	60%
欧洲	17.2%	18%
日本	8.8%	10%
其他	12%	12%

数据来源:李廷辉. 中国国际服务外包发展现状与趋势[J]. 全球化,2017(8):84-95.

3. 国际服务外包业务范围扩大

随着国际服务外包参与方的日益增多,国际服务外包的业务范围也在不断扩大。除了传统的信息技术外包(ITO)仍占据市场主导地位之外,业务流程外包(BPO)和知识流程外包(KPO)也实现快速发展。随着信息技术和网络技术的发展,服务外包所需的技术知识水平逐步提升,全球知识密集型服务外包兴起。很多公司不仅将数据输入文件管理等低端服务转移出去,而且还将风险管理、金融分析、研究开发等技术含量高、附加值大的业务外包出去。

4. 全球服务外包离岸趋势明显

离岸外包是企业充分利用国外资源和企业外部资源进行产业转移,实现全球资源优化配置的一种形式。进入21世纪以来,随着服务全球化趋势的日益增强,发展中国家的技术水平、人才素质、信息服务能力、基础设施环境等要素不断提高,同时相比发达国家保持了各类要素价格的低成本优势,这一现象促使大量的服务业从发达国家离岸外包到发展中国家。离岸服务外包产业规模持续扩大,已经成为推动全球服务贸易增长和国际产业结构转移的主要动力。

(二) 国际服务外包的发展趋势

技术驱动创新,创新引领发展。在数字经济时代,跨行业融合与跨国界合作是大势所趋,合作模式本身也不断推陈出新。可以预见,全球的国际服务外包产业将保持快速发展态势。

1. 全球服务外包市场交易规模将持续扩大

未来10年,全球服务外包市场将持续扩大,离岸服务外包市场的增幅将继续高于其他服务贸易出口的增幅,更远高于全球货物贸易的增长率。据国际数据公司(IDC)预测,到2020年全球离岸服务外包市场规模将增长到4 100.22亿美元,2011年至2020年负荷平均增长率为16.64%,如图14.1所示。

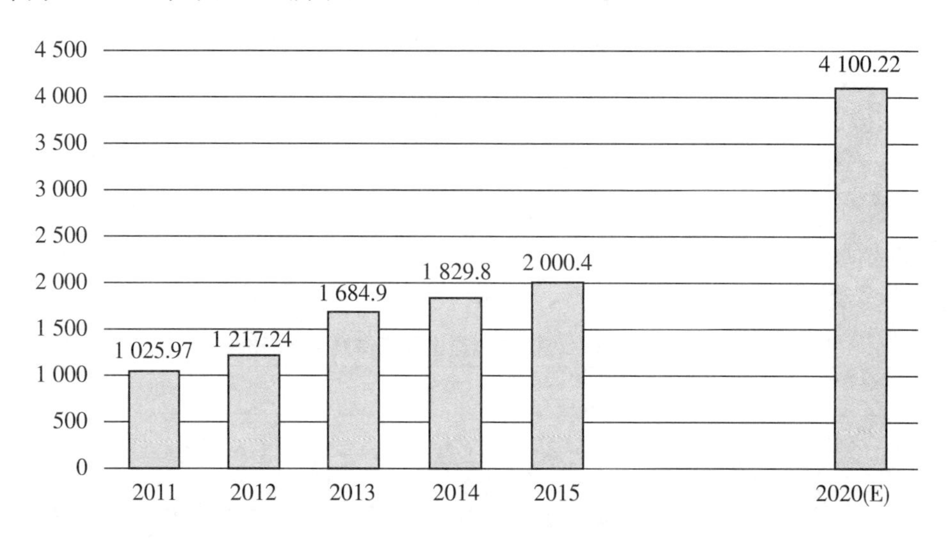

图14.1 2011～2020年全球离岸服务外包市场规模(亿美元)

资料来源:中国服务外包网.中国服务外包产业十年发展报告(2006—2015)[EB/OL].[2017-8-9].http://chinasourcing.mofcom.gov.cn/contents/133/74832.html.

2. 国际服务发包市场主体日渐多元化

从当前市场区域构成看,北美仍然是最主要的发包地区,且未来5到10年市场增速较西欧和日韩快。得益于经济基础与科技实力,美国长期处于全球离岸服务外包市场的领先地位,但新一届美国政府的经贸政策为其服务外包业务的进一步释放增加了不确定因素。

除北美、西欧和日韩外,以中国和印度为代表的新兴市场主体正在迅速崛起,发展潜力巨大,未来可能成为国际发包市场最为瞩目的新增长极。可见,发展中国家服务外包的兴起,将使得国际服务发包市场主体呈现多元化格局。

3. 国际服务接包市场竞争日趋激烈

对于承接国而言,国际服务外包能够促进国家的经济发展,缓解就业压力,优化产业分布和出口结构,提升企业的核心竞争力等。诸多的好处吸引着越来越多的国家和地区的企业加入承接外包的队伍。同时,受经济危机的影响,国际各大企业都期望用较低的成本将非核心业务外包出去并获得较高的服务质量,这为一些薪资水平较低的发展中国家服务外包企业提供了发展契机。目前国际服务接包市场上除了传统的服务外包承接国如新西兰和爱尔兰等,中国、印度、菲律宾等发展中国家也将逐步成为国际服务外包市场的主要承接国。

4. 服务外包业务形式呈多元化发展

随着新一代信息技术平台的不断更新换代,互联网的创新模式,物联网时代的到来,大数据、云计算、人工智能、虚拟现实等新技术日新月异的快速发展,不断颠覆传统的管理理念,创造新的业态和商业模式,催生了全新的数字化服务业务,服务外包进入全新的发展时代,服务外包业务形式也日趋多元化。

传统的信息技术外包(ITO)虽仍占据市场主导地位,但业务流程外包(BPO)和知识流程外包(KPO)逐步实现快速发展。2011 年第一季度全球 BPO 业务达 66 亿美元,同比增长 111%。KPO 作为服务外包的新增长点,目前处于初期发展阶段,所占市场份额较小,但在新兴产业发展浪潮的推动下,将来很可能成为国际服务外包行业的主流形式。

5. 服务外包业务层级日趋高端化

21 世纪以来,除了信息技术和制造业等传统的服务外包行业在大力发展外,金融、保险、教育、医疗健康、能源、农业、物流、政府等各行各业,都在加速利用新技术转变生产方式,跨界融合不断催生新的经济潜能。这为服务外包产业带来大批新的增长点,预示着整个服务外包行业向科技密集型方向发展,推动着行业更快地向高附加值、高科技行业发展,高端化发展趋势日益明显。

(三) 国际服务外包在中国

自 2006 年中国服务外包“千百十工程”实施以来,在国家政策的引导和支持下,中国服务外包产业迅速崛起,规模急剧扩大,综合实力跻身世界前列,产业水平得到全面提升,成为中国经济创新增长的新引擎、开放型经济的新亮点、高学历人才集聚的新产业,对促进中国经济社会和谐发展起到不可忽视的积极作用。

1. 政策体系日趋完善

十多年来,国家支持服务外包发展的政策体系日趋完善,鼓励政策和措施及税收优惠、人才培训补贴、公共服务平台资金支持、资质认证、特殊工时、数据安全、市场开拓、海关检验检疫便利化等。这些政策和措施(见表 14.2)有力地推进了服务外包产业的迅速形成和不断发展壮大,使其成为新时期中国战略性新兴产业的重要组成部分。

表 14.2 我国 2006～2017 年期间与服务外包相关政策一览表

年份	相关政策	主要内容
2006 年	《国民经济与社会发展第十一个五年规划纲要》	首次将发展服务外包列入国家规划
2006 年 10 月	商务部等四部门联合发布《关于实施服务外包“千百十工程”的通知》	提出“在全国建设 10 个具有一定国际竞争力的服务外包基地城市,推动 100 家世界著名跨国公司将其服务外包业务转移到中国,培育 1 000 家取得国际资质的大中型服务外包企业”的目标,自此拉开大力推进中国服务外包产业发展的序幕
2009 年	国务院下发《关于促进服务外包产业发展问题的复函》(国办函〔2009〕9 号)	制定 19 项鼓励服务外包产业发展的政策,国家有关部委陆续制定并实施了一系列促进产业快速发展的政策和措施,地方配套政策及时跟进
2010 年	《国民经济与社会发展第十二个五年规划纲要》	再次明确指出“大力发展服务外包,建设若干服务外包基地”

续表

年份	相关政策	主要内容
2010 年	国务院下发《关于鼓励服务外包产业加快发展的复函》(国办函〔2010〕69 号)	提出完善支持中国服务外包示范城市发展服务外包产业的政策措施;加大财政资金支持力度;做好有关金融服务工作;为服务外包企业做大做强营造良好环境;加强服务外包人才培养和引进;加强对示范城市发展服务外包产业的指导和服务
2013 年	国务院下发《关于进一步促进服务外包产业发展的复函》(国办函〔2013〕33 号)	提出延续并完善示范城市发展服务外包的政策措施,在财政资金补助、税费优惠减免、服务外包人才培训、资质认定等方面继续给予支持,延长现行政策的实施年限;将加快国际营销网络建设,树立“中国外包”品牌;将促进服务外包离岸与在岸的协调发展;将加快相关法律法规、行业标准的建设,完善服务外包产业发展环境
2014 年	国务院下发《关于促进服务外包产业加快发展的意见》(国办函〔2014〕67 号)	提出到 2020 年,服务外包产业国际国内市场协调发展,规模显著扩大,结构显著优化,企业国际竞争力显著提高,成为我国参与全球产业分工、提升产业价值链的重要途径。这是国务院首次对促进服务外包产业加快发展作出全面部署
2016 年	国务院下发《关于同意开展服务贸易创新发展试点的批复》(国办函〔2016〕40 号)	同意商务部提出的《服务贸易创新发展试点方案》,同意在天津、上海、海南、深圳、杭州、武汉、广州、成都、苏州、威海和哈尔滨新区、江北新区、两江新区、贵安新区、西咸新区等省市(区域)开展服务贸易创新发展试点,试点期为 2 年
2016 年	商务部等九部门联合发布《关于新增中国服务外包示范城市的通知》(国办函〔2016〕208 号)	将中国服务外包示范城市数量从 21 个有序增加到 31 个
2017 年	商务部等五部门联合发布《国际服务外包产业发展“十三五”规划》的通知	明确提出“促进服务外包升级,提升服务跨境交付能力”

资料来源:中国服务外包网.中国服务外包产业十年发展报告(2006—2015)[EB/OL].[2017-8-9].http://chinasourcing.mofcom.gov.cn/contents/133/74832.html.

2. 服务外包产业规模迅速扩大

2006 至 2015 年,中国服务外包产业迅速形成,产业规模急剧扩大。中国服务外包合同执行金额从 2006 年的 13.84 亿美元激增至 2015 年的 966.9 亿美元,产业规模十年跨越两个量级,成绩卓越。其中离岸服务外包执行金额为 646.4 亿美元,占全球离岸市场份额的 32.31%,稳居第二。

3. 服务外包业务结构优化,推动产业链向中高端攀升

服务外包是与时俱进的先进技术驱动型创新产业,在转向数字化服务业务的过程中,为培育竞争新优势,中国服务外包企业紧随技术潮流,不断扩展服务产品和服务领域,创新发包与支付方式,运用先进信息技术并使之率先与制造业等实体经济及通信、金融等领域深度融合,带动服务外包产业转型升级。

借助新一代信息技术,中国服务外包企业正在由单一技术服务向综合性的行业解决方案服务,行业服务能力不断提升。2015 年,中国服务外包企业客户主要集中在信息服务和

制造业两大行业，占比分别为46.26%和24.46%。同时，来自交通与运输、零售与批发、金融与保险、卫生健康、政府与教育、能源等领域的业务也呈增长趋势。深耕垂直行业带动企业向高附加值业务转型，知识流程外包(KPO)所占比重明显上升，服务外包结构不断优化。

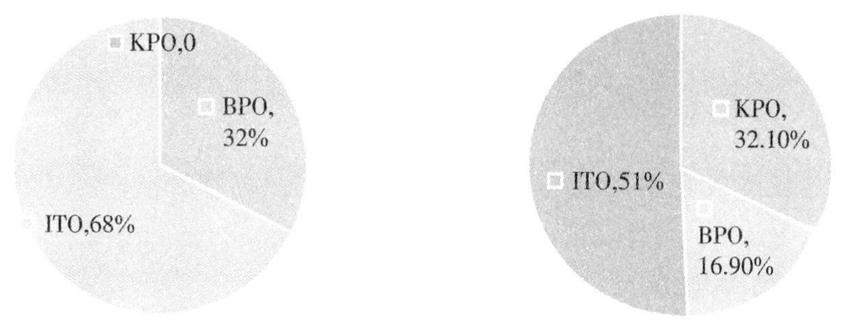

图 14.2 2006 年和 2015 年中国服务外包业务结构分布比较

数据来源：http://data.mofcom.gov.cn.

4. 服务外包企业实现快速成长

2006年全国服务外包企业仅500家左右，且规模较小，主要集中在北京、上海、广州、大连、深圳等几个城市。到2010年企业数量增至12 706家，约为2006年的25倍，到2016年企业数量增至39 277家，约为2006年的79倍，几乎遍布全国所有大中型城市。

2006年，中国服务外包企业营业额达100万美元的仅约200家。2015年，营业额在100万至500万美元的企业共计3 405家；500万至3 000万美元的企业共计2 708家；过亿美元的企业125家，其中2家企业营业额突破10亿美元。

2006年，企业规模在300人以上的不足100家，2015年增至4 078家，约占企业总数的12.1%。

5. 服务外包人才队伍建设成效显著

服务外包从业人员由2006年的不足6万人猛增至2015年的734.7万人，年复合增长率超过70%，约为印度的2倍。在国家政策的大力推动下，服务外包企业人才队伍建设成效显著。目前，服务外包产业已经成为中国高学历人才集聚度最高的产业。截至2015年，在734.7万服务外包从业人员中，471.6万人具有大学以上学历(含大专)。其中，硕士研究生35.9万人、博士研究生11.2万人。2006年至2015年，服务外包企业、园区、培训机构、行业协会、高等院校等载体，共同推动建立了多层次、多渠道的中国服务外包人才培养体系。10年间全国累计培训服务外包人员386.9万人。

6. 服务外包产业成为推动实施"一带一路"倡议的重要载体

随着"一带一路"国家倡议的快速推进，基础设施互联互通、重大产能合作、工程承包、成套设备出口等加速释放"一带一路"沿线国家和地区的服务外包业务。2015年，中国承接"一带一路"沿线国家服务外包业务合同执行金额为121.5亿美元，同比增长23.4%，占同期全国离岸服务外包合同执行金额的比重达18.8%。服务外包产业成为推进实施"一带一路"倡议的重要载体之一。

第二节　信息技术外包

一、信息技术外包概述

（一）信息技术外包的概念

对于信息技术外包（information technology outsourcing，ITO）的定义，不同的学者对其解释的方法和内容也有所不同，具体概括如表 14.3 所示。

表 14.3　信息技术外包不同定义

年份	学者	信息技术外包定义
1991	Radding	以合约的方式让供应商处理机构内部分或全部的信息系统工作
1993	Martinsons & Maris	为丰富组织内部的信息技术资源和能力而将全部或者部分的 IT 职能转包给第三方
1996	Willcocks，Fitzgerald & Lacity	信息技术外包是为了实现组织的利益而将相关的资源交给第三方管理
2001	Jurison，Patane 和 Tan	将企业的 IT 职能承包给其他组织的行为，通常还伴随着将信息技术资产转移给服务承包商
2002	Kem，Willcocks 和 Heck	将组织的信息技术的资源和活动交给服务商进行管理，并提供服务
2003	杨波，等	组织以契约约定的形式，交由第三方服务商向组织进行契约约定的信息技术服务

数据来源：马烽. 泸西县国税局信息技术服务外包研究[D]. 昆明：云南财经大学，2017.

本书对信息技术外包（information technology outsourcing，ITO）定义为：指企业专注于自己的核心业务，而将其 IT 系统的全部或部分外包给专业的信息技术服务公司。企业以长期合同的方式委托信息技术服务商向企业提供部分或全部的信息功能。

常见的信息技术外包的服务内容包括软件研发及外包、信息技术研发服务外包、信息系统的开发和维护外包等，如表 14.4 所示。

表 14.4　信息技术外包的服务内容

服务内容	类别	适用范围
软件研发及外包	软件研发及开发服务	用于金融、政府、教育、制造业、零售、服务、能源、物流和交通、媒体、电信、公共事业和医疗卫生等行业，为用户的运营/生产/供应链/客户关系/人力资源和财务管理、计算机辅助设计/工程等业务进行软件开发，定制软件开发，嵌入式软件、套装软件开发，系统软件开发软件测试等
	软件技术服务	软件咨询、维护、培训、测试等技术性服务

续表

服务内容	类别	适用范围
信息技术研发服务外包	集成电路设计	集成电路产品设计以及相关技术支持服务等
	提供电子商务平台	为电子商务服务提供信息平台等
	测试平台	为软件和集成电路的开发运用提供测试平台
信息系统运营维护外包	信息系统运营和维护服务	客户内部信息系统集成、网络管理、桌面管理与维护服务;信息工程、地理信息系统、远程维护等信息系统应用服务
	基础信息技术服务	基础信息技术管理平台整合等基础信息技术服务(IT基础设施管理、数据中心、托管中心、安全服务、通信服务等)

知识链接 14-1

联想连续三年问鼎桌面 IT 外包市场份额第一

国际知名数据公司 IDC 发布了 2016 年下半年中国 IT 服务市场数据追踪报告《IDC China IT Services Tracker,2016 H2》,数据显示:联想 IT 管理云服务已经连续三年问鼎桌面 IT 外包市场份额第一,市场占有率 5.97%。

据悉,联想已为 700 多家全球客户提供包括桌面 IT 外包在内的 IT 管理服务,覆盖 10 多个重要行业和业务领域,服务于超过 20%的世界 500 强客户,服务于 200 多家跨国企业,管理全国 40 000 多家连锁门店。

作为中国市场份额最大的 IT 运维外包提供商,联想已专注于桌面 IT 外包服务 10 余年。凭借专业的技术与服务资源,联想 IT 管理云服务正在为大型制造业园区、跨国企业在华总部、金融机构、连锁卖场等不同类型的客户提供 IT 系统及系统相关的业务流程的建设、运营与维护服务。联想桌面 IT 外包服务可为企业用户提供包括桌面 IT 设备技术支持、维修维护和运营管理在内的桌面 IT 管理一站式服务。

数据来源:http://ms.lenovo.com.cn/index.php? s=/index/s_detail/id/466.html.

(二) 信息技术外包的分类

信息技术外包根据不同的划分方法可以划分为不同类型,下面介绍几种主要的划分方法:

1. 按信息技术外包的业务类型分类

根据信息技术外包的业务类型,信息技术外包可以分为数据中心外包、桌面外包、软件外包、网络外包和企业应用外包等。

数据中心外包设计运营服务器/主机平台方面的日常管理职责。外包承接商可以提供并利用信息管理软件与系统管理工具,在客户地点或非现场提供服务。

桌面外包涉及运营桌面/主机平台方面的日常管理职责。桌面外包合同通常包括与客户有关的运营管理服务。桌面系统包括任何一种客户系统(笔记本电脑在内)及远程员工的客户系统,如远程工作与移动员工等。

软件外包是指一些发达国家的软件公司将其一些非核心的软件项目通过外包的形式交给人力资源成本相对较低的国家的公司开发,以达到降低软件开发成本的目的。

网络外包涉及管理、强化、维护与支持终端或核心网络基础设施,或企业电信资产(包括固话与无线)等方面对持续性网络或电信管理服务的购买事宜。除网络或电信管理外,网络外包不包括诸如咨询/顾问服务、网络应用开发与集成、网络基础设施部署以及基础设施支持服务等长期合同。

企业应用外包包括在服务器/主机或桌面平台中管理、强化及维护订制应用或打包应用软件方面对持续性应用服务的购买事宜。

2. 按信息技术外包的程度分类

按照信息技术外包的程度可以将信息技术外包划分为整体外包和选择性外包。

整体外包系指将IT职能的80%或更多外包给外包商,选择性外包是指几个有选择的信息技术职能的外包,外包数量少于整体的80%。整体外包牵涉的范围广,风险较高。由于整体性外包合同往往要持续很长的时间(通常超过5年),而且整体性外包的用户必须花费大量的时间、精力和资金来分析外包交易并与外包商洽谈合同,另外整体性外包可能会导致信息技术灵活性的大幅度削弱,所以任何组织选择整体性外包时都必须三思而行。

3. 按客户与外包商建立的外包关系分类

根据客户与外包商建立的外包关系可以将信息技术外包划分为市场关系型外包、中间关系型外包和伙伴关系型外包。

罗伯特·克莱普尔和温德尔·琼斯在其《信息系统、技术和服务的外包》一书中将外包合同关系视为一个连续的光谱。其中一端是市场型关系,在这种情况下,组织可以在众多有能力完成任务的外包商中自由选择,合同期相对较短,而且合同期满后,能够在成本很低或不用成本、很少不便或没有不便的情况下,换用另一个外包商完成今后的同类任务。另一端是长期的伙伴关系协议,在这种关系下,组织与同一个外包商反复订立合同,并且建立了长期的互利关系。而占据连续光谱中间范围的关系必须保持或维持合理的协作性,直至主要任务的完成,罗伯特·克莱普尔和温德尔·琼斯将这些关系称为"中间"关系。由于这是一个连续光谱,有些关系靠近市场关系,有些关系则靠近伙伴关系,而在两端之间就是中间关系。

这两位学者对以上各种关系的适用性作了分析,他们认为:与外包商建立的关系类型取决于资产专属性、不确定性和续签合同的问题。资产专属性是指构成外包交易一部分的资产,这些资产是特定外包商的外包协议所特有的,如果交易破裂,资产的生产能力就会削弱。

如果任务可以在相当短的时间内完成,环境变化搅乱需求的概率很小,而且没有什么真正的资产专属性,这样就可以订立一份规定了所有偶发事件的合同,此时,市场关系是适当的。

如果外包任务需要花费一些时间来完成,环境的变化有可能改变需求,以及存在某些资产专属性,但是任务完成后,维持与外包商的关系没有任何特殊优势,中间关系型外包就是适当的选择。

如果完成任务持续的时间较长,相关需求会随着不可预见的环境变化而变化;资产专属性很高,以及与外包商续签合同能够最好地满足需要,这时就应当考虑伙伴关系型外包。在伙伴关系中,赢得另一方回报的信任和互利行为可以获得延续。管理成本和风险很高,因而伙伴关系带来的收益必须足以抵消这些成本和风险。

4. 按战略意图分类

根据战略意图可以把信息技术外包划分为信息系统改进(IS improvement)、业务提升(business impact)和商业开发(commercial exploitation)三种类型。

信息系统改进型外包是指组织通过外包提高其核心的信息系统资源的绩效,从而达到其改进信息系统的战略目标。这些目标通常包括节约成本、改进服务质量以及获取新的技术和管理能力等。信息系统改进型外包可以划分为四个层次:提高资源的生产力;实现技术和技能的升级;引进新的IT资源和技能;实现IT资源和技能的转换。

业务提升型外包的主要目标是通过外包使IT资源的配置最有效地提升业务绩效的核心层面。实现这个目标要求组织对其业务以及IT与业务流程之间的联系要有清晰的认识,同时要具有实施新的系统和应对业务变革的能力。这种形式的外包要求在引进的新技术和能力时重点考虑业务因素而不是技术因素。这种形式外包的有效实施要求双方共同努力开发组织所需补充的技术和能力,而不是对外包商的单纯依赖。业务提升型外包可以划分为四个层次:更好地整合IT资源;开发基于IT的新的业务能力;实施基于IT的业务变革;实施基于IT的业务流程。

商业开发型外包是指通过外包为组织产生新的收入和利润或抵消组织的成本从而提高组织IT的投资收益。商业开发型外包可以划分为四个层面:出售现有的IT资产;开发新的IT产品和服务;创建新的市场流程和渠道;建立基于IT的新业务。

5. 按价值中心的方法分类

按照价值中心的方法可以将信息技术外包划分为成本中心型、服务中心型、投资中心型和利润中心型外包。

成本中心型外包是指通过IT外包在强调运行效率的同时使风险最小化。

服务中心型外包是指通过外包在使风险最小化的同时建立基于IT的业务能力以支持组织的现行战略。

投资中心型外包是指通过IT外包使组织对创建新的基于IT的业务能力建立长期的目标并给予长期的关注。

利润中心型外包是指通过IT外包向外部市场提供IT服务并获得不断增长的收入及为成为世界级的IT组织获得宝贵的经验。

二、软件外包

(一) 软件外包的概念

软件外包是指一些发达国家的软件公司将他们的一些非核心软件项目通过外包的形式交给人力资源成本相对较低的国家的公司开发,以达到降低软件开发成本的目的。

软件业是技术含量高、人力资源集中的行业,软件开发成本中70%是人力资源成本。近年来,软件离岸外包市场发展迅速,主要驱动因素即发达国家的IT企业填补人员缺口和降低人力成本的需求。美国和日本等发达国家与发展中国家的软件业人力成本差异较大,以中国和日本为例,中国软件工程师的工资水平仅为日本软件工程师的1/3至1/2左右。所以软件业采用外包的形式合理配置资源、降低人力资源成本已经成为很多发达国家降低成本的一种重要手段。

（二）软件外包的分类

软件外包从不同的研究角度可以划分为不同类型，下面介绍几种主要的划分方法：

1. 软件外包产品的分类

软件外包产品可分为软件产品和软件服务两大类，但有时难以准确区分两者。

软件产品是指向用户提供的计算机软件、信息系统或设备中嵌入的软件或在提供计算机信息系统集成、应用服务等技术服务时提供的计算机软件。

软件服务是指与软件相关的服务内容。

软件外包产品分类如图 14.3 所示。

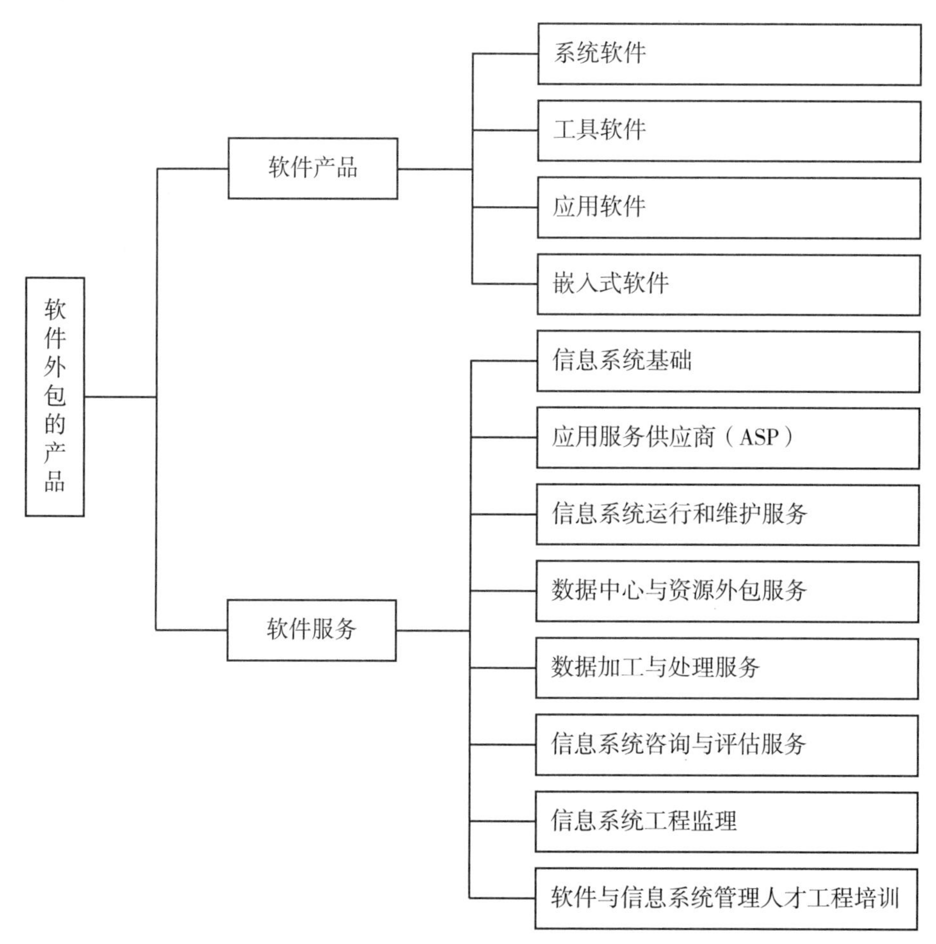

图 14.3　软件外包产品的分类

资料来源：高中理，蒋晓舰，陈海晓. 国际服务外包[M]. 北京：清华大学出版社，2015.

2. 软件外包市场的分类

软件外包市场按照软件外包服务的领域不同，可以分为软件产品（技术）开发服务、软件相关性专业服务、IT 关联服务；按照客户位置的不同，可分为国内（在岸）软件外包和国际（离岸）软件外包。如图 14.4 所示。

(1) 软件产品（技术）开发服务（software product & technology services，SPTS）主要是指软件产品开发服务和软件技术开发服务的外包。其中，软件产品开发是指对通用或专用产品的开发，软件技术开发是指形成软件技术知识产权的开发。这两类业务主要来源于通信设备、制造设备等硬件产业及软件企业自身的业务外包，最终成果是软件产品或技术产权。

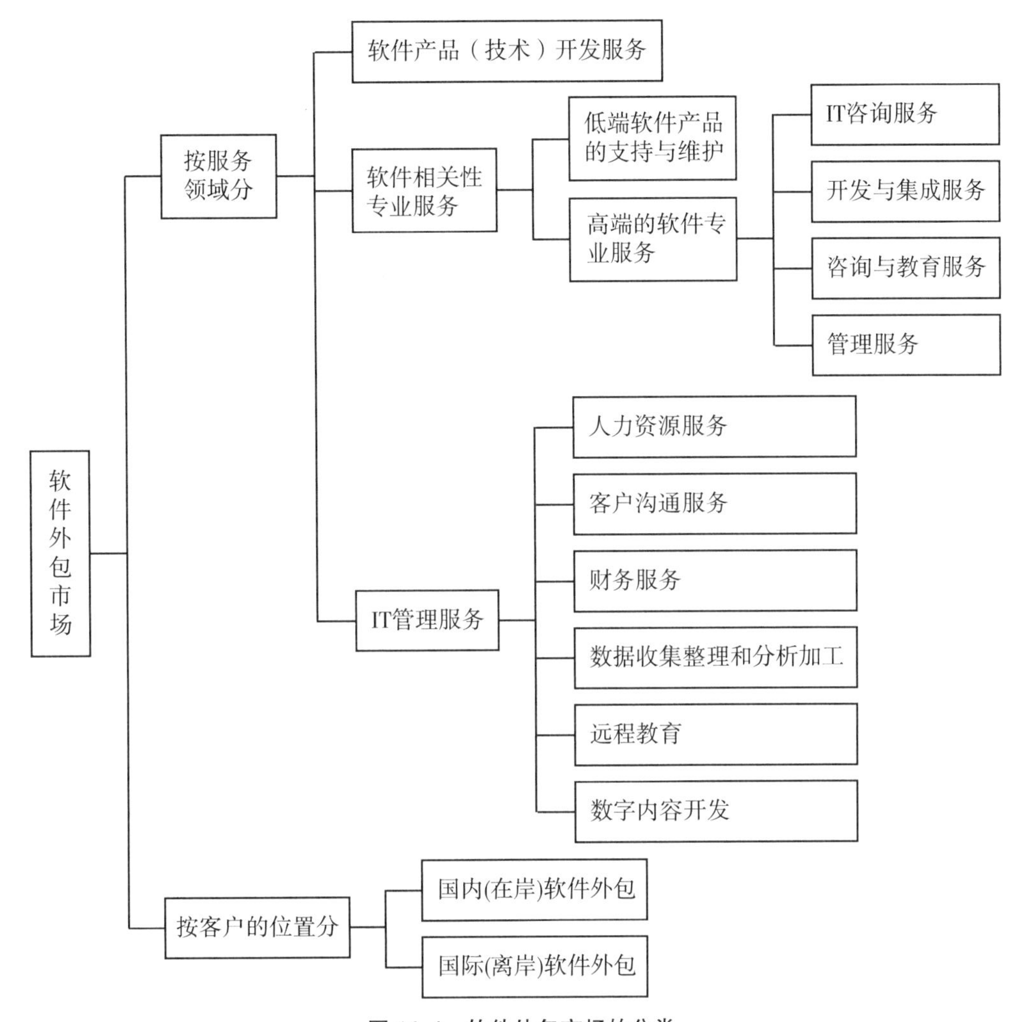

图 14.4 软件外包市场的分类

资料来源：高中理，蒋晓舰，陈海晓．国际服务外包[M]．北京：清华大学出版社，2015.

(2) 软件相关性专业服务(software related services，SRS)提供的是与软件关联的各类专业服务，包括低端的软件产品的支持与维护(product support & maintenance services，PSMS)和高端的各类软件专业服务(software professional services，SPS)。高端的专业服务包括 IT 咨询服务、开发与集成服务、咨询与教育服务、管理服务等。

(3) 根据印度官方定义，IT 管理服务是指列入本国软件与服务业的一种业务流程外包(BPO)的服务。从本质上分析，IT 管理服务不能列入严格意义的软件服务范畴。作为基于网络和软件技术的专业服务，IT 管理服务包括人力资源服务、客户沟通服务、财务服务、数据收集和整理加工、远程教育、数字内容开发等服务。

(三) 软件外包的发展现状

2015 年，全球软件外包市场规模达到 1 267.8 亿美元，同比 2014 年增长 9.2%。

全球软件外包业务的离岸发包市场由美国、欧洲和日本等发达国家和地区主导，市场格局较为稳定。其中，美国是全球最主要的软件发包国家，2015 年发包规模占全球市场的 55.3%，欧洲和日本分别占据第二位和第三位，市场份额分别为 25.5% 和 10.2%。

全球离岸接包市场竞争较为激烈，各国所占份额如图 14.5 所示。印度、爱尔兰、加拿大和中国组成了软件接包国家的第一梯队，合计市场占有率约为 66.9%；菲律宾、墨西哥和俄罗斯组成了第二梯队，合计市场占有率约为 12.7%；澳大利亚、新西兰和马来西亚等国家组成了第三梯队，合计市场占有率约为 7.9%。

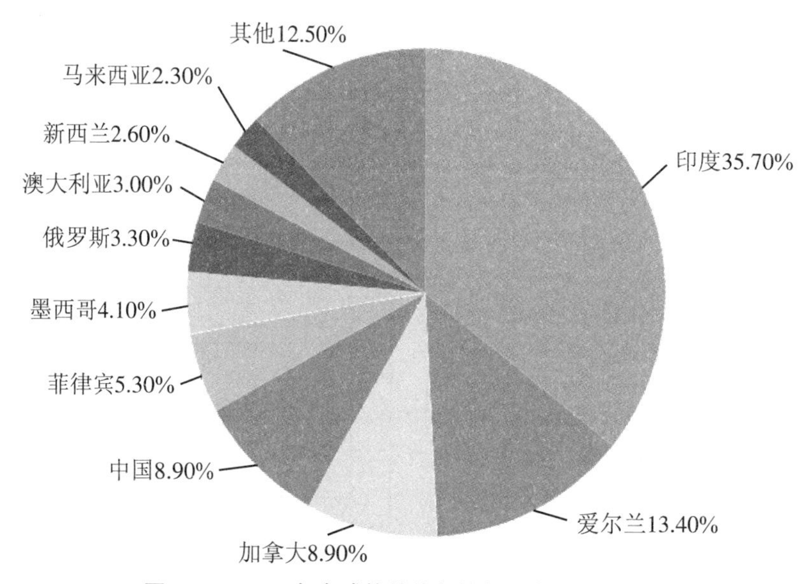

图 14.5　2015 年全球软件外包接包国家和地区分布

数据来源：http://www.winlala.com/news_show.aspx? id=348.

中国软件外包业务虽起步较晚，但由于具备人工成本低廉、毗邻日本市场、国家政策扶持力度较大等优势，自 20 世纪 90 年代以来发展迅速。2015 年，中国软件外包业务规模已达到 128.7 亿美元，在全球市场已占据 8.9%的市场份额。

现阶段，国内软件外包业务的服务内容主要包括应用软件开发、定制的嵌入式软件开发、系统测试、人员派遣、网站制作维护和软件本地化（多语言化）等。其中，应用软件开发为软件外包市场中规模最大的业务领域，2015 年应用软件开发市场规模为 44.9 亿美元，占软件外包市场的份额为 34.9%，如图 14.5 所示。

表 14.5　2014～2015 年中国软件外包产业不同业务类型规模及增长情况

（单位：亿美元）

项目	市场规模			市场份额	
	2014 年	2015 年	同比	2014 年	2015 年
应用软件开发	36.9	44.9	21.7%	34.0%	34.9%
系统测试	22.2	26.5	19.4%	20.5%	20.6%
软件本地化/多语言化	17.0	20.7	21.8%	15.7%	16.1%

续表

项目	市场规模			市场份额	
	2014 年	2015 年	同比	2014 年	2015 年
人员派遣	12.2	13.2	8.2%	11.3%	10.3%
定制的嵌入式软件开发	10.2	11.2	9.8%	9.4%	8.7%
网页制作维护	2.9	3.6	24.1%	2.7%	2.8%
其他业务	7.0	8.7	24.3%	6.4%	6.7%
合计	108.4	128.7	18.7%	100%	100%

数据来源：http://www.winlala.com/news_show.aspx? id=348.

我国的软件外包企业主要承接来自国外 IT 服务商（即国际发包商）的项目，担任一级或二级软件接包商的角色。具体而言，国际发包商从终端客户处承接软件项目，进行总体设计和任务分割后，将各环节工作分包给单个或若干个一级接包商，一级接包商则可能将部分环节分包给二级接包商。

软件外包业务链主要包括需求分析、概要设计、详细设计、程序设计、编码、单元测试、集成测试、系统测试、运行维护等多个环节，如图 14.6 所示。其中，程序设计、编码和单元测试是附加值相对较低的环节，通常由普通一级或二级软件接包商完成，国内多数接包商的业务范围均集中于上述环节；概要设计、详细设计、集成测试和系统测试附加值相对较高，通常由规模较大、技术水平较高的核心一级接包商完成，国内大型接包商的业务范围可延伸至上述环节；处于业务链两端的需求分析和运行维护环节附加值最高，由于需要与最终客户多次交流或在客户现场进行，通常由国际发包商或 IT 咨询公司完成，国内接包商通常难以触及上述业务环节。

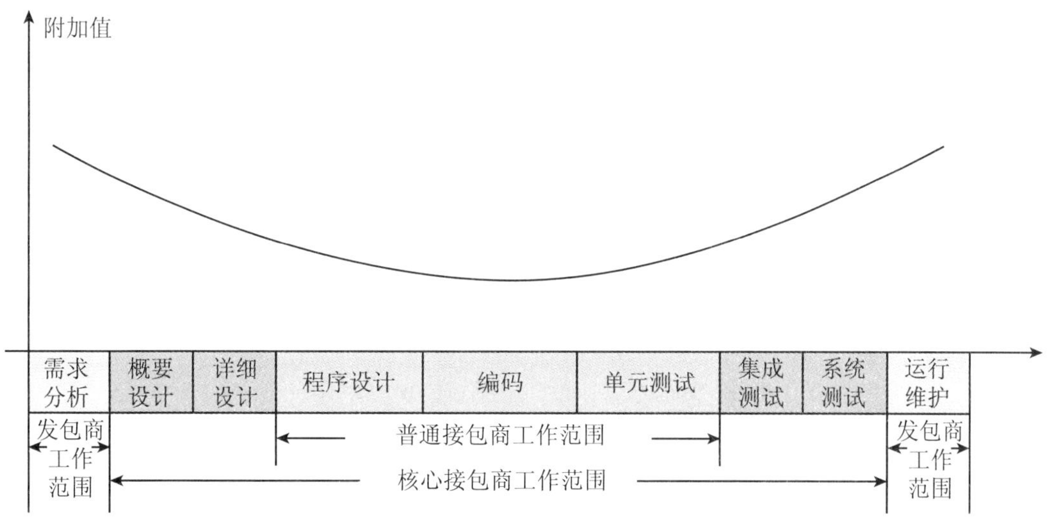

图 14.6　软件外包产业“微笑曲线”

来源：http://www.winlala.com/news_show.aspx? id=348.

近年来，随着国内工资水平持续提高，国内软件行业的人力成本优势被逐步削弱。在此背景下，国内软件外包产业的盈利模式逐步由单纯依赖人力成本优势的模式向高技术和高附加值的阶段过渡,国内接包商的业务范围不断向业务链条的两端拓展。

三、网络外包

(一) 网络外包的定义

本书对网络外包定义如下:网络外包是指业务租用或者“按用付费”,它能够实现业务应用的集中管理。网络外包的优势在于可以使多个用户利用浏览器设备在互联网或者其他网络上共享资源,让客户们感到完成业务应用就如同接受一种服务一样。

网络外包服务与从独立软件供应商处直接购买软件服务不同,采用网络外包的客户可以不用购买软件却直接享受到同样的应用服务,他们只需要为接受的服务付费,这些服务费一般包括安装费和基于用户数量、交易次数或交易数额确定的百分比而收取的月租费,诸如人力资源的管理或财务会计等业务流程只需交给服务供应商来完成。因而,我们可以理解为,网络外包就客户如何获得所需的业务应用、服务和设施而言提供了一种新的选择方式。

如今,网络外包逐步应用到多个领域。比如信用卡的确认、货币的兑换、资金的划转等。未来,客户可以将整个业务流程实现网络外包,不仅包括前端的业务如客户下单,还包括后端的业务如付款、库存盘点等。

(二) 网络外包的发展

随着经济市场的发展,网络外包服务也在快速增长。外包行业中的企业意识到,只要将公司的网络传输架构管理进行外包,就可以减少整个网络成本,并提高网络的可用性和可靠性,企业可以重新关注其他的核心资源。

随着企业并购行为的增加,商业模式的迅速转变,企业正在寻找减少网络成本的方法,应付持续增长的复杂性,增强适应力。这些需求将驱使更多的企业寻找第三方服务供应商,帮助企业管理网络以及IT结构。由于信息技术的快速发展,网络外包全球化作为一种趋势势在必行,主要体现在以下几个方面:① 不断有新的网络服务提供商在北美洲和欧洲之外的国家出现;② 网络外包服务提供商有能力为本国以外的客户提供服务;③ 网络外包服务提供商有能力为大型跨国公司客户提供服务(即在很多国家有使用终端);④ 网络外包服务提供商的产品或服务能处理多种语言和多个币种。

第三节　业务流程外包

一、业务流程外包概述

(一) 业务流程外包的内涵

随着科学技术的不断发展,企业在日趋激烈的竞争环境下,越来越严格专注于核心业务。因此,越来越多的企业将自身的薄弱环节以及非主营业务通过外包的方式交予其他专业机构来完成,从而将更多的注意力集中在企业的核心以及主营业务中,确保经济利益最大化,业务流程外包(business process outsourcing,BPO)开始在世界范围内迅猛发展起来。

业务流程外包是指企业检查业务流程以及相应的职能部门，将这些流程或职能外包给供应商，并由供应商对这些流程进行重组。BPO是将职能部门的全部功能（比如供应链管理服务、企业业务运作服务、企业内部管理服务等）都转移给专业的公司或业务承接商，以降低成本，提高服务质量，将企业有限的资源从非核心业务中解放出来，集中到核心业务上，从而提高企业流程自动化的能力。外包供应商根据服务协议在自己的系统中对这些职能进行管理。

全球的BPO发展在20世纪90年代进入成长期，业务范围也扩大到IT服务、人力资源管理、金融、会计、客户服务、研发、产品设计等众多领域，服务层次不断提高，服务附加值也有一个明显增大的过程。这些变化使得BPO成为众多发展中国家企业大力发展的重点之一。

（二）业务流程外包的分类

根据服务外包业务的性质，业务流程外包可以分为金融业务外包、财务外包、物流外包、人力资源外包、客户关系管理外包和呼叫中心外包。

1. 金融业务外包

2005年2月，由巴塞尔银行监管委员会（BCBS）、国际证监会组织（IOSCO）、国际保险监督官协会（IAIS）以及国际清算银行（BIS）组成的联合论坛将金融业务外包（financial service outsourcing）定义为：受管制的实体在持续性的基础上利用第三方来完成一些一般由受管制实体现在或将来所从事的事物，而不论该第三方当事人是否为公司集团的一个附属企业，或为公司集团外的某一当事人。

2. 财务外包

财务外包（financial outsourcing），近年来在西方发达国家发展得较快，是企业将财务管理过程中的某些事项或流程外包给外部专业机构代为操作和执行的一种财务战略管理模式。随着经济全球化的到来和互联网技术的高速发展，财务外包领域开始不断地拓展，不局限于交易管理，还包括了财务分析、风险管理等，逐渐成为增强企业活力的方式和进行业务转变的战略武器。财务外包根据其外包形式可分为传统财务外包和现代网络财务外包。

传统财务外包主要是将整个财务管理活动根据企业的需要分解成若干模块，如总账核算、往来账款管理、工资核算、固定资产管理、报表系统、纳税申报等模块，将这些模块中企业不擅长管理或不具有比较优势的部分外包给那些在该方面居于行业领先水准的专业机构处理。

现代网络财务外包是利用提供财务应用服务的网络公司（如ASP，即应用服务提供商）搭建的网络财务应用平台，通过合同或协议的形式，企业将全部或部分财务系统业务外包给服务商，由服务商通过互联网上的专营网站替代企业执行财务操作流程及财务信息的生产职能，而分析、决策的职能仍由本单位高层财务管理人员执行，同时服务商保证财务信息质量并给予必要的咨询和指导的一种财务外包方式。

3. 物流外包

企业外包的首选对象往往是在企业经营中起到支持和辅助作用的物流业务，物流业务是企业敏捷供应链的关键部分。企业通过与物流提供商签订一定期限的物流服务合同、采购物流服务、实施物流外包，从而使物流公司执行企业的物资管理和产品配送功能。

物流外包(logistics outsourcing)一般叫作第三方物流(the third party logistics,3PL),也称合同物流(contract logistics),其实质就是指物流经营者借助现代信息技术,在约定的时间、空间位置以约定的价格向物流消费者提供约定的个性化、专业化、系列化服务。物流外包也指生产或销售企业为集中资源和精力在自己的核心业务上,增强企业的核心竞争力,把自己不擅长或者没有比较优势的物流业务部分或全部以合同方式委托给专业的第三方物流公司运作,物流外包是一种长期的、战略的、相互渗透的、互利互惠的业务委托和合约执行方式。

分析案例 14-1

唯品会选择物流外包服务

唯品会是一家依托互联网搭建的销售平台,是向顾客销售商品的购物网站。唯品会与京东商城以及苏宁易购这些电商企业的不同是采用物流外包方式,唯品会与落地仓库附近的物流公司合作。以唯品会与代表的轻公司模式,采用"干线+落地配"的物流模式,由自家仓储中心配送至目标城市,再由当地合作的快递公司做"送货上门"的二次落地配送。这种方式对电商企业有什么好处?

这种配送模式的好处是可以让电商企业做自己最擅长的运营业务,减轻了物流的后顾之忧,从而更集中企业力量发展平台优化。这种物流外包方式跟自营物流相比,少了人员和其他一些资金流出,降低企业物流成本,将一定责任分给了第三方物流,使唯品会原本需要面临的物流风险也降低了。但同时物流外包方式也对唯品会的管理以及与物流企业的合作提出了更高的要求。

来源:何静萍,马坤.电子商务企业选择外包物流的 SWOT 分析:以唯品会为例[J].农家参谋,2018(18):232-233.

4. 人力资源外包

人力资源管理外包(human resources outsourcing,HRO)是指企业在发展过程中,为了降低人力成本,实现自身效益的最大化,将人力资源管理实务委托给外部专业机构实施管理工作,并长期保持合作关系的一种人力资源管理形式,可能包括人力资源规划、企业制度设计、人事档案管理、薪资管理、员工培训、劳动仲裁、员工关系协调、企业文化建设等多项工作。

企业可以通过人力资源外包,降低人力成本,获取高水平的专业化服务,把更多的精力投入到提高企业的核心竞争力当中;将部分人事风险转移到企业外部,从而大大降低企业经营风险;将传统的人力资源管理中复杂繁琐的行政管理分解出来,使更多的人力、物力投入到企业的组织经营,提高人力资源部门职能的战略水平,使其参与到企业的规划建设中去。

5. 客户关系管理外包

在高度发展的市场经济条件下,产品的同质化程度加强,客户已经不能满足只在营业时间内去购买产品,或者面对统一规格的产品。商家也不能仅仅考虑如何生产和销售产品。如何锁住客户、建立客户高度忠诚度成为现今企业管理者思考的首要问题。客户关系管理(customer relationship management,CRM)便是顺应了这样的一种需求而产生的新的营销管理理念。客户关系管理外包指企业将非核心并难以自行处理的客户业务,交给外包服务商加以管理。根据 CRM 管理侧重点不同可分为操作型和分析型 CRM。大部分 CRM 为操作型CRM，支持CRM的日常作业流程的每个环节，与客户直接发生接触与交流；而分析型CRM则偏重于数据储存、数据分析和决策支持等。

6. 呼叫中心外包

呼叫中心（cell center）又叫作客户服务中心，是一种基于CTI（computer telephony integration，计算机电话集成）技术，充分利用通信网和计算机网的多项功能集成，并与企业连为一体的一个完整的综合信息服务系统，利用现有的各种先进的通信手段，有效地为客户提供高质量、高效率、全方位的服务。呼叫中心实际上不仅仅为外部用户，也为整个企业内部的管理、服务、调度、增值起到非常重要的统一协调作用。

呼叫中心外包业务是指呼叫中心服务商拥有呼叫中心的平台设备、平台技术、应用软件、运营服务管理经验等资源，可以为需要呼叫中心的大中小型企业和政府部门提供单个服务（技术）或全部服务（技术）的业务。

（三）业务流程外包的特点

业务流程外包主要有以下特点：

1. 进入门槛较高

BPO贸易需要具备基本的互联网基础设施和介入条件，因此对该地区信息基础设施条件有较高的要求。相对于货物贸易中的加工贸易，BPO贸易的发展存在着较高的进入门槛。也正是这个原因，目前的服务外包贸易主要集中在一些发达国家和新兴市场国家之间，世界上不发达地区从中所得甚少。

2. 对自然资源损耗低

在货物贸易传统的资本与人力分工模式下，发展中国家为了发挥自身的人力资源优势和增加就业，往往在吸引外资的过程中付出了牺牲环境的代价。BPO贸易作为一种现代服务贸易形式，并不需要生产方消耗自然资源，对生态环境几乎不会造成任何影响。

3. 依赖于信息技术，受地域影响较小

业务流程外包是在信息技术外包的基础上发展起来的，合作的双方大都处于不同地区，双方合作关系的确认以及业务的进行必须依靠现代化的信息技术。运营商提供的高水平服务以及发达的通信技术能够打破地理位置的限制。例如，BPO正逐渐走向亚洲，根据Business Mirror的分析，菲律宾由于其庞大的英语从业人员，低廉的租金和生活成本已经替代印度成为BPO的首选国家。

4. 更高的技术含量和更强的知识外溢效应

BPO贸易主要集中于服务业中的智力密集型产业，例如软件开发、银行、保险、人力资源、管理等领域。发包企业往往为了集中企业核心竞争力而将相对属于低端的业务环节转移到外包企业。但即便如此，BPO作为现代服务业的有机构成，依然具有较传统加工贸易更高的技术含量。例如在软件开发外包中，对周边程序的外包依然可以提高外包企业员工的业务水平。其次，作为服务业，BPO贸易需要供应商与客户进行大量的业务沟通和交流，相对于制造业中的加工贸易形态，其具有更强的知识外溢效应。

（四）业务流程外包的发展现状

BPO行业最初兴起的原因是欧美企业为了提高核心竞争力，而将非核心业务外包给专业的服务商，为降低成本又进一步委托给劳动力成本低廉国家的服务商。从20世纪90年代开始，经过了20多年的发展，全球BPO产业已经步入快速发展的时期，其产业规模和业务领域也得到了扩张。根据Market Research Future公司2018年12月发布的全球业务流程外包（BPO）报告，北美地区是全球BPO市场份额最大的地区，其次是欧洲和亚太地区。北美地区的增长主要源于美国和加拿大需求的不断快速增长，牙买加等新兴市场也在迅速增长，业务从呼叫中心到保险索赔管理、人力资源外包、供应链金融等。与此同时，根据预测，全球业务流程外包市场规模将于2023年达到520亿美元，复合年均增长率约为11%，如图14.7所示。

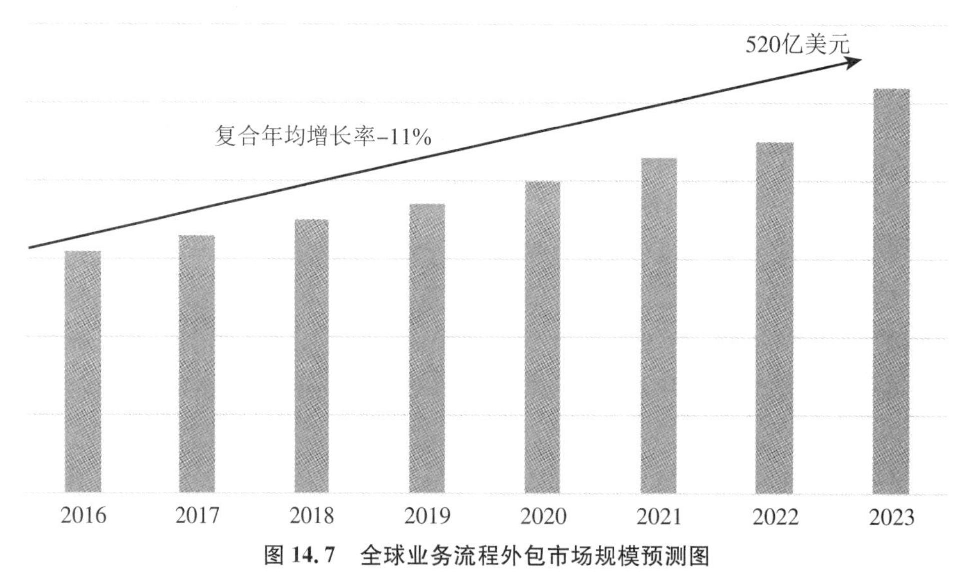

图14.7　全球业务流程外包市场规模预测图

数据来源：business process outsourcing (BPO) services market research report-global forecast 2023.

中国经济作为世界上发展最快、最具活力的经济体，其稳定的政治环境、较好的法制建设和基础设施建设、市场的巨大潜力以及大量低成本的具备基础技术和语言能力的人才均预示着中国在发展BPO贸易中存在明显的比较优势。中国上海、北京、大连等较发达城市积极承接全球BPO贸易，并获得了持续稳定的增长。

二、金融服务外包

（一）金融服务外包概述

1. 金融服务外包的涵义

金融服务外包是指金融机构利用外包服务商来完成以前由自身承担的部分业务活动，这些业务活动一般都不是金融机构的核心业务，而是为其核心业务提供支持和服务的周边性业务。目前，金融机构已将金融软件开发、金融数据处理、支付清算的部分环节、自动柜员机服务、票据整理、缩微和仓储、信用卡业务、现金运营与处理、客户服务中心（呼叫中心）等实行外包。

2. 金融服务外包的特征

（1）离岸金融服务外包发展迅速。IT技术的发展、发展中国家廉价劳动力、逐渐完善的基础设施以及竞争压力的趋势等原因促使金融机构将越来越多、越来越重要的业务逐步转移到海外。近年来,离岸金融服务外包每年增速30%以上,越来越多的公司正在建立自己的离岸业务机构。

(2) 金融服务外包涉及金额较大。金融服务对提供与之相应的信息、数据处理系统有着很高的要求使得业务外包不是单独进行的,要进行相应的业务流程、信息系统网点布局等的改造,因此涉及的金额较大。

(3) 金融服务外包进入高尖端业务领域。金融机构发包以整体流程为主,外包服务商具有很强的业务流程咨询能力和IT系统实施能力。比如,银行业务外包已经涉及批发银行、金融市场分析与交易等高端业务外包。

(4) 外包流程逐步实现标准化。标准化目的是通过减少流程错误来改进经营业绩并减少成本、促进沟通,达到获取利益的作用。发达国家金融机构通常利用互联网技术将非核心业务转移到人力成本低的国家处理,服务支持实现24小时互动,资源得到最佳配置。

(二) 金融服务外包的发展现状与趋势

1. 发展现状

金融服务外包发源于20世纪70年代欧美国家,从最初证券公司将文书性事务外包,到大型跨国金融机构将后台业务集中处理,再到专业外包服务商兴起及跨国经营与并购,金融服务外包产业逐步发展壮大。在所有行业中,金融业务外包规模已经排在了制造业服务外包之后,位居第二位,覆盖了银行、保险、证券、投资等各类金融机构。

近年来,尽管与IT相关的外包仍占到全球外包业务的2/3左右,但金融外包领域在不断扩大,随着离岸外包和整个经营过程外包BPO业务的崛起,外包安排的日渐复杂,金融企业从外包中获得的利益大大提高,金融外包业成为国际外包市场的主流。

2. 发展趋势

外包服务从发达国家向发展中国家转移。早期发达国家金融服务外包一般是选取成本相对较低的国内地区。在成本因素推动下,金融服务外包逐渐从发达国家向印度、菲律宾、俄罗斯和中国等发展中国家转移。

外包需求从后台低端业务向前台高端业务延伸。发展初期,国外金融机构主要将技术含量低的业务外包;随后发展到需要技术技能和基本判断的服务,如呼叫、客户信用评级;再提升到技术含量高、附加值大、需要较强专业性和分析能力的业务。目前,一些前台业务也出现外包趋势。

外包服务商从单一简单服务向综合高端服务转变。金融外包服务商与金融机构在长期合作中建立起战略协作伙伴关系,从简单的承接服务,发展到为金融机构提供专业解决方案。

(三) 金融服务外包的风险与控制

1. 金融服务外包的风险

(1) 战略风险。战略风险指承包商以自身利益为主开展业务,无法满足发包方的经济利益及战略要求。同时,受发包方技术水平的限制,无法有效监管承包方。该风险的表现为缺乏健全的金融服务外包监管体制,尤其是无法落实金融服务外包的监管流程,因此要求金融企业,组织相应的战略决策机构,减少战略风险。

(2) 声誉风险。声誉风险指承包商的服务质量差，无法满足发包方的要求，或承包商的工作方法无法满足发包方的规定。例如：在服务外包的过程中，承包商以非法手段对待客户，导致金融企业的声誉风险。

(3) 法律风险。法律风险指承包商不遵守相应的法律法规，同时，承包商在外包服务的过程中，手中掌握大量客户数据，一旦没有设定详细的外包合同，不仅存在法律风险，还可能埋下其他隐患，造成不可预估性损失。

(4) 操作风险。操作风险指金融服务外包存在技术故障，或承包商资金投入不足，无法开展服务业务，造成金融企业存在操作风险。金融服务外包逐步改变金融企业的业务结构，上述改变可能提高操作风险的发生率。

(5) 退出风险。退出风险指发包方过于依赖承包商，无法收回外包业务，或终止外包合同完成承包商的更换，造成金融企业的成本投入过高。因此要求金融企业，逐步构建具有企业特色的应急处理方案，分散意外风险。

(6) 履约风险。履约风险指承包商无法如期完成合同规定任务的风险。例如：外包合同普遍期限长，但是受外界经济环境变化的影响，特别是少部分外包合同不够规范，内容简单，无法进行二次修订，承包商是否能如期完成合同规定任务存在着一定不确定性。

(7) 沟通风险。沟通风险指外包业务阻碍发包方提供实时数据，造成监管困难的风险。从服务外包的实质来看，将内部操作权转给监管方，受监管方独立性的限制，造成金融企业的沟通困难。同时，我国尚不存在相应的监管法律法规，仍处于发展初期。

2. 金融外包风险的监管措施

(1) 风险识别。作为风险监管的前提，做好风险识别工作具备显著价值作用。按外包现象的概念化框架，可细分为：独立程度、服务个性、外包行为及外包构成。因此要求相关技术人员，拟定外包业务工作流程，判定外包服务的风险分类。

(2) 风险监管。要求相关技术人员，全面评估金融服务的外包风险，结合企业的外包业务、风险、目标及核心竞争力，完成综合判断，提高金融企业的决策力。例如：金融服务外包的风险太大，企业无法控制外包业务，即便经济效益显著，也不能进行业务外包。同时，选择适宜的金融服务承包商，特别是在决定金融服务外包的前期，综合评估承包商的业绩、声誉、计划、财务状况、业务操作能力、核心技术人员及外包业务能力，尽量选择资本、技术、能力、信誉及经验丰富的承包商，确定相应的备选方案，减轻退出风险。最后，加大对外包合同的重视程度，开展相应的监管工作，特别是外包合同的内容必须涵盖金融服务外包的所有环节。

第四节　知识流程外包

一、知识流程外包概述

(一) 知识流程外包的概念

知识流程外包(knowledge process outsourcing，KPO)是在信息技术外包(ITO)与业务

流程外包(BPO)的基础上,逐步向知识领域延伸而发展起来的服务外包的更高级阶段。KPO是面向知识流程业务的知识密集型服务外包模式,指企业将组织内部涉及知识生产和创新的业务活动转移给第三方企业生产的外包形式。

这种服务出现在20世纪90年代后期,是服务外包领域发展变化的阶段性成果,而在很多高技术、知识密集化的企业运营活动中,对机遇成本和效率的双重考虑,企业将价值链中传统流程中的非标准化、知识密集化、专业化、高技术化、更高附加值的活动(例如:研发、设计、数据挖掘、创意、决策方案等)外包出去。知识流程外包是服务外包活动的更高级形态,是服务外包发展的一个新的细分领域。其业务流程可以简单概括为:获取数据并进行研究、加工后销售给咨询公司、研究公司或终端客户。

KPO在世界范围内的应用领域主要有:知识产权研究、数据挖掘服务、医药和生物科技研发、股票、金融和保险研究、人力资源管理和信息服务、业务和市场研究、法律文书处理、工程设计服务、网页设计、动画制作和模拟服务、广告创意和设计服务、远程教育和出版、网络管理和决策辅助系统等领域。

知识链接14-2

中国知识流程外包产业现状

根据国家商务部服务外包研究中心统计,2017年我国知识流程外包(KPO)发展迅猛,特别是国际业务领域,增长约18%,均超过信息技术外包(ITO)、业务流程外包(BPO)7个百分点以上。增长主要得益于知识产权外包服务、管理咨询服务、数据分析服务、工业设计外包及医药研发服务。2017年ITO、BPO、KPO业务执行额分别为618.5亿美元、235.7亿美元、407.2亿美元,业务结构由2016年的53∶16∶31调整为49∶19∶32。

来源:http://coi.mofcom.gov.cn/article/y/gnxw/201803/20180302720533.shtml.

(二)知识流程外包产业运行模式

由于知识流程外包是在普通的服务外包的基础上发展起来的,在运行模式方面也与一般的服务外包基本相似。但是,知识流程外包由于具有知识密集的特性而在具体的运行模式方面也有一定的特性。按地域进行划分,知识流程外包可以分为在岸服务运行模式和离岸服务运行模式;按照知识流程外包利用的平台划分,可以分为虚拟网络服务运行模式以及嵌入价值链服务运行模式。

1. 在岸服务运行模式

在岸服务运行模式指发起方和承约方都在一个国家或地区,所有的外包工作都是在国内完成的一种外包运行模式。知识流程外包运用在岸服务运行模式比较多见,因为相较于离岸运行模式,在岸运行模式不存在语言、文化以及知识产权保护方面的差异。但由于发起方和承约方处于同一个国家,人力资源成本差距很小,在岸运行模式只能通过规模化、熟练程度、专业化以及技术平台等手段来提高效率,在降低成本方面有一定的局限。

2. 离岸服务运行模式

离岸服务运行模式指发起方和承约方来自不同国家或地区,外包工作是跨国完成的。由于离岸运行模式具有更强的降低成本、扩大经济规模、强化综合竞争力的作用,这种模式已经被越来越多的国家和地区所采纳。然而,由于语言文化差异,以及知识产权规定不同,一旦产生纠纷，对发起方利益会造成负面影响，因此一些影响到发起方核心利益的业务，一般不采用这种模式。

3. 虚拟网络运行模式

虚拟网络运行模式指发起方和承约方通过虚拟网络进行合作，承约方通过虚拟网络完成外包服务，并将其提供给发起方的一种运行模式。这种模式不再强调地域对外包的影响，而是重视虚拟网络的作用。现如今，社会分工越来越细化，在涉及知识流程开发业务时，通过外包方式解决的效率远远高于自己解决。并且由于信息技术的虚拟化特性，虚拟网络运行模式对企业所在地域没有特殊要求。

4. 嵌入价值链运行模式

嵌入价值链运行模式是一种外包服务承约方通过嵌入到跨国公司形成的价值链中，不断吸收和消化来自跨国公司的先进知识来完成自己的服务，并在这个过程中不断成长的一种服务外包运行模式。在这种模式下，知识流程外包的承约方首先嵌入到价值链中，充分汲取、消化发起方在价值链方面的先进知识，提高发包方的综合竞争力和综合实力，在服务外包行业中占据优势地位。

（三）KPO与BPO的区别

KPO在以下三方面与BPO有区别：一是KPO只涉及服务对象的核心业务，因为KPO的重要任务在于综合各方面信息，包括专业技能、市场信息、客户发展战略等，并对这些信息加以研究和判断，最终为客户提供决策支持的服务；二是KPO服务承约方所依赖的是其自身的综合性、知识密集型的业务专长，对员工知识能力的要求不同于BPO；三是KPO涉及的流程高度复杂，不确定性强。它与客户的核心利益密切相关，因此KPO承约方对KPO发起方每一方面的信息都必须有充分的掌握和判断。

相对于传统的BPO，KPO更倾向于提供支持和信息集成，包括一定程度上的诊断、判断、解释、决策和结论等。KPO与BPO的具体差别如表14.6所示。

表14.6 KPO与BPO业务差别比较

客户所属行业	BPO提供的服务	KPO提供的服务
保险	呼叫中心、客户支持	核保、资产管理
咨询	后台支持	整合性报告
银行	结算	投资分析
医疗	呼叫中心、客户支持	专利组合与分析
电信	呼叫中心、客户支持	战略性研究

二、研发外包

（一）研发外包的概述

1. 研发外包的概念

研发外包（research & development outsourcing，RDO）是指发起方为了实现技术创新的目的，依据共同的协议（包括正式契约与非正式契约），在特定时间内，将研究与开发这一环节部分或完全外包给其他组织(承约方),以最大程度整合外部资源的创新过程。在研发外包业务中,医药研发外包是其发展的主要业务。医药研发是专业性极强的研究开发活动,进行医药研发外包可以提高企业的业务集中度,有利于提高新药研发的水平和质量。

2. 医药研发外包的概念

医药研发外包指发包方将医药研究这一庞大工程分解成一个个小工程,外包给众多专业机构来完成。医药研发是研发外包的主要形式。新药研发合同外包服务于20世纪70年代兴起于美国,80年代末在美国、欧洲和日本迅速发展,90年代已成为制药产业链中不可缺少的环节,并且近年来发展更为迅猛。经过几十年的发展,CRO已经成为一个相对完备的技术服务工业体系。根据中国报告大厅数据分析,企业在研药物的平均预期销售额不断减少,平均预期销售额已从2010年的8亿美元减少到2017年的4亿多美元。全球12家大型制药企业的研发投资回报率由2010年的10%下降至2017年的3.2%左右。因此,为了应对新药开发上面临的各种压力,制药公司更倾向于开放合作研发模式,因而越来越依赖与医药外包公司合作,充分利用外部资源。2006年全球CRO市场总额为196亿美元,2013年达到552亿美元,7年复合增长率15.94%,2015年全球市场超过700亿美元。我国医药外包行业得益于政策推动,其增速预计将保持在20%以上,到2020年,我国医药外包行业的规模将达到975亿元。

图 14.8　2010～2017年全球12家在研药物平均销售额

来源:http://m.chinabgao.com/freereport/79746.html.

3. 研发外包的模式

根据发起方对技术成熟程度、企业独特优势、外包技术战略资源的互补性及信息不对称风险的综合分析,当前开放式创新环境下研发外包可以分为完全外包、部分外包和合作外包三种模式。

(1) 完全外包。完全外包模式是指由于发起方不具有承包方领域的专业知识或技能,发包方将研发环节的内容完全外包给承包方来完成。在该模式下,承约方根据发起方提供的创新框架或需求独立进行研发创新。完全外包模式适用于非核心技术的外包或企业无独特优势时核心技术的研发外包决策。如明康德新药开发有限公司根据不同发包方的需求,提供从发现药物前期到最后合成工艺的一体化研发服务,这种服务属于完全外包模式下的承包商研发行为。

(2) 部分外包。部分外包模式是指发包方具有创新思想潜在价值的私人信息,但不具备创新开发的专门知识,承包方具有与发包方互补的相关专业知识,并负责研发与推广的研发外包模式。该外包模式适用于技术不成熟、企业有独特优势且与承包方资源互补性高,技术不确定性程度较低时的研发外包决策。如苹果公司将智能手机和平板电脑的部分芯片外包给三星研制,而自身则集中精力专注于更擅长的 IOS 核心部分的研发和完善,就是属于部分外包模式下的研发外包行为。

(3) 合作外包。合作外包模式是指发包方具有创新思想潜在价值的私人信息,且具有一定的独特优势,研发创新的成功具有较高的不确定性,研发创新的成功不仅依赖于发包方的创新思想价值大小和承包商执行的努力水平,还需要发包方执行一定的知识技术投入并提供相关知识技术支持,帮助承包方提高研发项目的成功率和创新度的外包模式。该外包模式适用于技术不确定性程度高但信息不对称风险适中的研发外包决策。如腾讯公司与国内外 IT 企业在游戏、电子商务和搜索引擎等方面的研发外包合作就是属于该模式下的研发外包行为。

(二) 研发外包的风险管理

近年来研发外包发展迅速,但同时也存在很多不成熟的地方以及相关风险。如果这些外包合作风险不能得到很好的控制,发包企业想通过业务外包获取收益不仅不可能实现,反而可能会起到反作用。因此,为了保障整个研发工作的顺利进行,控制研发成本、缩短研发时间、赢得经济效益,发包企业必须对研发外包实施有效的识别和控制。

1. 研发外包的风险

(1) 信息不对称风险。

① 逆向选择风险。在签订合同之前,承包企业可能事先隐藏研发成本、真实的机会成本、技术要求及与技术相适应的代理人能力要求等信息,向发包方提供不真实或不充分的信息,导致发包企业误选了不符合研发项目需求的承包方。

② 道德风险。在合同签订前或签订时研发外包双方拥有相同的信息,而合同签订后产生信息不对称,使得承包企业的行为具有不完全观测性和验证性,由此引发了承包方不利于外包商的机会主义行为。

③ 信息泄露风险。在完全外包模式下,承包方可能把信息泄露或出售给外包方的竞争对手;在部分外包及合作外包模式下,承包方剽窃外包企业的创新思想,并作为外包企业的竞争对手,直接进入其所在的行业。

(2) 企业内部创新风险。

虽然外包商可以通过研发外包从外部获取一定的技术创新能力,但也可能使企业丧失自身创新能力和创新潜能。特别是当企业自身的知识基础比较薄弱时,虽然短期内企业通过研发外包获取了一定的技术创新能力,但由于企业薄弱的知识基础无法实现对外部知识的有效吸收和利用,导致企业内部技术整合、外部技术能力与企业内部职能部门间的运作衔接产生较大问题,使得外部技术的二次创造难以实现。同时,企业的内部知识基础的薄弱性还会进一步加大信息不对称问题,从而大大增大承包商机会主义行为的可能。

此外,研发外包中的内部创新风险还可能与研发外包的决策有关。如果外包商企业在价值链的架构上出现了决策上的偏差,将不应外包的研发活动外包给其他企业,那么不但会引发收益的损失，还可能因此培养和诞生出新的强劲竞争对手。

（3）“搭便车”风险。在研发外包过程中，“搭便车”风险除了体现在研发外包双方具备只享受免费的知识而不愿为更新和维护知识付出相应代价的机会主义思想，同时由于知识要素投入难以精确计量，以及技术成果价值和承包方的研发能力难以确切描述和量化，使维系承包方和外包方合作关系的正式契约的不完全性突出，从而导致研发外包中存在降低努力程度或减少研发投入的“搭便车”行为。

2. 研发外包的风险控制

（1）建立科学的外包服务商选择评估体系。在选择外包服务商时，制药企业可以建立一套科学的选择评估体系，从多个方面对多个外包服务供应商进行评估，从而选择最合适的 CRO。

（2）制定严谨、灵活的合作合同。这一策略可以有效防止发包企业知识产权被泄漏风险、知识产权权属争议、资产被套牢风险的发生。严谨的合同是外包成功的开端。外包合同对合同双方具有约束力，是双方遵章办事的依据。灵活的合同主要是应对那些意外风险的发生，如外包服务商将发包企业的研发信息泄漏、研发新知识产权权属争议、合作双方有一方随意中止合同等。合同中应详尽地明确合作双方的责任，以便在意外风险发生时，尽可能地弥补、减少风险发生时带来的损失。

（3）建立利益共享、风险共担的合作模式。这种利益共享、风险共担的新型合作模式可以大大激发 CRO 的积极性，增加外包合作双方的信任度。其对于促使研发水平的不断提高，以及抑制信息不对称风险的发生，均发挥着非常重要的作用。

（4）建立有效的信息反馈、绩效测评激励机制。为确保研发合作的顺利进行、有效保证研发质量，发包企业还可以通过信息反馈、绩效测评激励机制来控制一些意外风险的发生。

三、数字内容外包

（一）数字内容外包的概念

数字内容产业是指将图像、字符、影像、语音等资料加以数字化并整合运用的技术、产品或服务（不含硬件），包含数位游戏、电脑动画、数位学习、数位影音应用、行动应用服务、网路服务、内容软体及数位出版典藏八大领域。数字内容产业又称内容产业、新媒体、文化创意产业等，其不仅具有绿色、高成长性等特点，而且能带动相关产业发展，产生市场扩大效应。随着数字内容产业的发展，数字内容外包也逐渐成为服务外包发展的新趋势。数字内容外包（digital content outsourcing，DCO）是从知识流程外包中分离出来的一个类别。具体业务包括动漫、游戏、数字出版等外包业务。

（二）数字内容外包业务的特点

1. 规模经济

从数字内容产业结构看，产品具有较高市场需求不确定性。因此，生产企业是典型的大企业垂直管理模式，充分利用大型企业流通渠道、资金调度的优势，用规模经济弥补市场不确定性。但是，企业规模增加，管理成本等固定费用也会大幅度增加，减少企业利润。因此，大型数字内容企业为了避免固定费用增长太快，往往以柔性经营管理模式加以应对。例如，在企业经营管理中，会把一些创作业务、数字化业务外包出去，在充分利用外部创作资源的同时,避免大企业机构臃肿的毛病。因此,围绕大型数字内容企业周围,存在大批内容制作小企业,按照内容制作分包关系,建立了专业化分工与协作关系。充分利用互联网技术,实现数字内容产品开发的实时监控和管理,为专业化分包管理提供可能。

2. 产业集聚在大型城市周围

因为内容产品涉及社会舆论、文化和伦理道德等问题,各国对内容产品都有行政审核与监管。同时,产业创新与发展需要高层次人才作为依托,因此,大城市、中心城市仍然是内容生产企业集聚的首选。中心城市不仅仅是具有行政接近性的优势,也具有广告和发行的便利,文化辐射作用比较强。在中心城市有利于内容产业与信息技术、风险资本等相关产业融合发展,形成产业集聚效应有利于文化创业人才共享、创意人才交流与信息交流,以及内容产业的创意、创作。

3. 产业融合

数字内容产业是集合文化创意和信息技术的新兴绿色产业,需要文化创意和信息技术人才共同合作、协同攻关。无论是文化创意产业,还是信息技术产业,都是人才密集型,中心城市为两个产业融合创造了条件,将各种创意内容与最新数字技术相结合,开拓了文化创意产业的创新模式,产生了新型产业集群,培育出新的消费市场,并带动传统文化产业实现数字化更新换代,创造出了巨大的经济社会价值。因此,数字内容产业作为新兴产业,赋予了文化产业新的内涵和方式,符合信息时代发展的需要。同时,也为文化内容产品的创作提供了新的方式,使数字内容产业的转型与升级成为可能。

四、众包

(一) 众包的概念

众包(crowd sourcing)最早是由美国《连线》杂志的记者杰夫·豪(Jeff Howe) 于 2006 年提出。众包是指:"一个公司或机构把过去员工执行的工作任务,以自由自愿的形式外包给非特定的(而且通常是大型的)大众执行的做法。"众包平台是通过互联网将民间闲置的智慧和人才汇聚起来,实现工作资源和智力资源最优化配置的网络新模式,数字网络和信息化降低了个性化成本。众包模式能够使企业以较低成本将外部资源整合到企业内部,转化为企业发展动力,能有效优化企业内部组织结构,拓展企业组织边界,提升企业的创新活力。

众包平台主要有两种,采取共享型众包形式的平台(如百度百科等)和采取任务型众包形式的平台(如猪八戒网等)。众包平台在企业与大众之间架起了沟通的桥梁。企业将自身需求传递给大众,大众则将解决方案转交给企业。众包平台本身并不直接介入众包交易中,而是尽可能地吸引、促进企业和大众参与众包活动,为他们提供信息发布、宣传、支付等相关服务,而众包平台却在其中控制着利益。众包平台的作用就是作为"发包人"和"接包人"的中介让他们在互联网上进行创意、技术的交易。

(二) 众包的特征

首先,众包打破了企业的原有创新发展界限。在众包模式下,公司任务不局限于由内部人员完成,而是由企业外的大众(包括企业、消费者)负责方案的制订,企业只负责任务的分解。同样,消费者也可以是公司创新的参与者。在一定程度上,创新已经成为多层供应链高效运行的关键。其次,众包可极大地降低企业成本,提高工作效率。任何企业在有限的资源条件下都不可能解决所面对的所有问题，众包使更多的智力（包括消费者）参与企业研发生产，提高了消费者参与产品设计的意愿，参与产品的设计和生产的人就是企业产品的最终消费者，生产的产品更能满足更多消费者的意愿，提高了生产效率，降低了企业运行风险。再次，众包充分体现了以人为本的企业文化。众包模式肯定行为的多样性，希望能够满足不同群体的不同需求。最后，众包催生了企业创新模式和管理模式。众包使企业有意识地与用户建立一种新的商业生态，为顾客提供一个能够自由创新的平台，消费者可以自由地公开自己的想法或创意；相应地，企业能非常清楚地掌握用户的行为习惯，减少信息不对称，更好地为消费者提供产业产品和服务。

◆内容提要

信息技术发展使原来企业无法分离的一些非核心业务的分离成为可能，全球化又进一步使这些分离出来的非核心业务跨越国界形成国际服务外包。进入21世纪以后，我国各级政府重视国际服务外包的发展，培养了大批高素质专业技术人才，积极承接来自发达国家的服务外包业务，为中国经济的转型和发展提供了重要方向。国际服务外包主要包括信息技术外包、业务流程外包和知识流程外包三种形式。近年来，随着信息技术的快速发展以及产业分工的不断深化和细化，国际服务外包的业务范畴和时空范围也不断拓展，企业通过信息技术外包将其基于信息技术或网络的非核心业务全部或部分外包给专业的信息技术公司；客户通过业务流程外包将整个业务流程或某些业务活动的管理和执行转移给外部第三方服务提供商；知识流程外包则更倾向于支持和信息集成，因此其附加值和利润率往往更高。

◆关键词

国际服务外包　信息技术外包　业务流程外包　知识流程外包　研发外包

◆复习思考题

1. 简述服务外包的定义和分类。
2. 简述国际服务外包的发展现状和趋势。
3. 什么是信息技术外包？它有哪些类型？
4. 什么是软件外包？它有哪些类型？
5. 业务流程外包的特点有哪些？
6. 简述知识流程外包与业务流程外包的区别。
7. 研发外包主要有哪些风险？

◆思考案例

人工智能助燃服务外包

2018年是人工智能的风口，新技术、新应用、新融合层出不穷。人工智能正在以前所未有的速度和深度渗透至传统经济的各行各业，包括正处于转型升级中的服务外包。据麦肯锡预测，到2025年，全球人工智能应用市场规模将达到1 270亿美元，年复合增长率超过20%。据《全球人工智能市场2018—2023》报告指出，到2023年，人工智能嵌入式物联网部署将达到357亿美元，并将深度影响九成以上的消费者、企业、工业部门及政府行为。

人工智能技术的产业化应用已经在全球诸多服务外包企业如火如荼地开展。例如，韩国知名业务流程外包公司Hyosung开发了基于人工智能系统的呼叫中心服务，通过实时语音识别和与客户的对话分析，帮助呼叫中心代理人员为客户的询问提供正确的答案。该解决方案将客户交互的录音音频转换为文本，使用文本分析对其进行分析，并将分析结果反馈到中心。它能迅速掌握音频波形，如声音、音调和声速的音量级别，并帮助呼叫中心代理快速响应客户的请求。加拿大最大的IT和商业资讯服务公司CGI集团开发了一套机器人流程自动化解决方案，通过机器人自动化技术来获取、识别和分类文档，同时提供高质量数据，帮助银行实现个性化数字化转型。美国知名IT服务外包提供商Clarifire积极引入人工智能化信息识别解决方案，该方案能够为客户提供最先进的自动化和工作流平台，解决来自手工数据输入和异常管理造成的失误，该方案能够促使传统生产效率提高400%。在金融领域，AI的算法、处理能力和大数据等三大核心功能被用于评估资产风险，加强智能化投资识别以及智能化内部运营。

资料来源：http://coi.mofcom.gov.cn/article/bt/u/201812/20181202819994.shtml.

根据上述案例，结合所学内容，回答下列问题：

1. 人工智能技术的应用在推动服务外包业务发展的同时，给服务外包带来了哪些风险？

2. 可以采取哪些手段来控制相关风险？

◆应用训练

查阅相关书籍和资料，试分析一个有关我国运用数字内容外包的案例。

第十五章　中国服务贸易发展

本章结构图

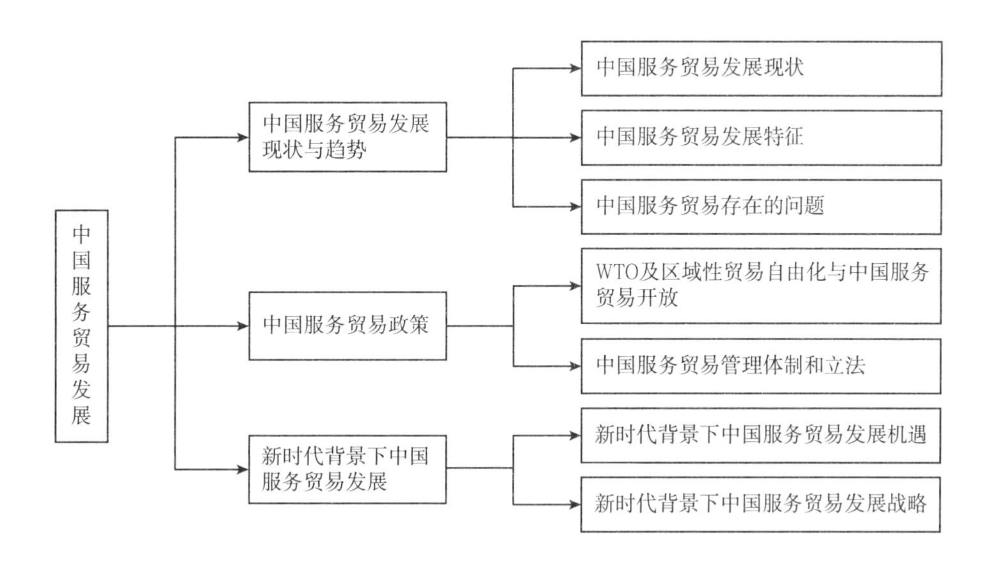

学习目标

掌握中国服务贸易发展特征、存在的问题；理解中国服务贸易发展现状、发展机遇及战略；了解中国服务贸易管理体制与立法现状。

导入案例

2017 年 8 月 23 日，第二十四届北京国际图书博览会如期开幕，共吸引了来自 89 个国家和地区的 2 500 多家展商参展，现场展出了全球最新出版的图书 30 多万种，其中海外展商占比达 58%，“一带一路”沿线共有波兰、印尼、匈牙利、捷克、克罗地亚等 28 个国家参展，凸显“一带一路”特色。在服务贸易领域，像图博会这样的专业类展会交易平台不仅很多，而且是一届比一届火爆，它们在促进、推动服务外包、技术贸易、文化贸易、教育旅游等重点领域不断提高和突破方面，发挥出巨大的作用。

2018 年 11 月 5 日，由中华人民共和国商务部和上海市人民政府主办的首届中国国际进口博览会在上海盛大开幕，服务贸易成为企业商业展中一个重要部分，并被划分为新兴技术、服务外包、创新设计、文化教育、旅游服务等展区。举办中国国际进口博览会是中国政府坚定支持贸易自由化和经济全球化、主动向世界开放市场的重大举措，将为全球货物和服务交易提供新的平台，为中国主动扩大进口提供新的渠道，为世界各国扩大出口提供新的机遇。以此为契机，中国将进一步扩大服务进口，为推动服务领域供给侧结构性改革注入重要动力。

资料来源：http://tradeinservices.mofcom.gov.cn/article/news/gnxw/201708/12007.html; http://tradeinservices.mofcom.gov.cn/article/ydyl/yaowen/gnyw/201811/72690.html.

第一节　中国服务贸易发展现状与趋势

中国服务业对外开放最早始于改革开放初期，发展较晚，发展基础较薄弱。40年来，中国有序扩大服务业开放，积极承担国际服务业转移，服务贸易从过去的“无足轻重”到如今的国民经济“半壁江山”，逐渐成长为中国开放型经济的重要组成部分，中国也跻身世界服务贸易大国行列。当前，中国经济正处于转型升级关键阶段，经济的服务化趋势日益明显，中国服务业和服务贸易迎来加速发展的黄金机遇。

一、中国服务贸易发展现状

中国服务贸易紧随改革开放步伐不断发展，特别是在近年来政策的大力倡导下，取得了持续的较快发展，中国也逐步成长为世界服务贸易第二大国。据商务部统计数据，2018年中国服务贸易进出口总额为52 402亿元人民币，其中，出口额为17 658亿元，同比增长14.6%，是2011年以来的出口最高增速；进口额为34 744亿元，增长10%。

在中国加入WTO之后，各国之间的贸易往来日益增加，贸易环境自由化，中国的对外开放度也在不断加深。许多西方发达国家企业也发现了中国广阔的市场，积极与中国企业进行合作，中国企业顺应潮流积极地采取“走出去”的举措。而中国服务贸易正是在此契机下，蓬勃发展，进出口额迅猛增加，占世界比重不断升高。中国的服务贸易也就逐渐开始应对不同国家之间的竞争与合作。

（一）中国服务贸易发展阶段

服务贸易发展阶段基本与改革开放进程一致，可划分为以下5个阶段。

1. 第一阶段：改革开放起步到1992年

这是服务业缓慢地零星开放时期，从加工贸易和制造业领域吸收外资开始，逐渐扩大到旅游、运输等服务业。20世纪90年代以前，我国国民经济的主要发展趋势是推行“有计划商品经济”，积极开展经济建设。该时期我国经济工作的重点是从原有的计划经济体制中释放活力，同时调整由于优先发展重工业所导致的产业结构不平衡，无论是政策制定还是学术研究都更加看重工农业问题，服务业没有引起足够重视，因此服务业不是对外开放的重点领域，使得服务业的起步和发展较为滞后。为了配合制造业开放和加工贸易发展的需要，仅开放旅游、国际饭店、国际运输等少数领域的服务，绝大部分服务业是限制或禁止外商投资的。在这种情况下，我国的服务业开放较为缓慢，仅在个别领域进行，并未形成潮流，总体开放水平较低。

1982年,中国服务贸易进出口总额仅为47亿美元,其中,出口额为27亿美元,进口额为20亿美元;到1992年,中国服务贸易进出口总额达220亿美元,其中出口额为126亿美元,进口额为94亿美元,总体开始出现小额贸易逆差。此阶段服务贸易基数小,增长速度较快。

2. 第二阶段:1992年到2001年加入WTO

20世纪90年代以来,随着我国社会主义市场经济体制的确立和对外开放步伐的加大,我国服务业以及服务业开放开始引起重视,政策导向力度也迅速加大,推动服务业开放发展步伐加快。1992年6月,中共中央、国务院发布《关于加快发展第三产业的决定》指出,加快发展第三产业,有利于进一步扩大开放、更多地吸引外资,同时也要依靠深化改革、扩大开放、加快发展第三产业的步伐,这是促进服务业发展的第一个重要文件。1992年党的十四大报告明确指出,要加快第三产业发展,积极吸引外商投资,并引导外资"适当投向金融、商业、旅游、房地产等领域"。1994年《外贸法》第一次明确提出技术进出口和国际服务贸易作为对外贸易的基本形式,为服务业开放提供了法律保障。1995年出台《指导外商发展投资方向暂行规定》和《外商投资产业指导目录》,鼓励外商投资的服务业领域中增加了"国际经济、科技信息咨询"和"精密仪器设备维修、售后服务"。后于1997年进行修订时,又增加了"高新技术、新产品开发中心的建设与企业孵化"领域,为服务业的进一步开放营造了良好的环境。同年党的十五大报告更是指出要"有步骤地推进服务业的对外开放""依法保护外商投资企业的权益""完善和实施涉外经济贸易的法律法规"等。

出台一系列政策后,我国大部分的服务行业都以试点为基础逐步尝试对外开放,不断有外资进入金融、保险、商业、房地产、信息咨询等多个行业。不过有些行业开放速度较为缓慢,如电信行业,在20世纪90年代尚处于逐步破除自然垄断的重组阶段,直到2000年才发布了《外资电信管理规定》。

20世纪90年代以后,中国服务贸易进入一个快速增长期。1992～2001年,中国服务贸易总额从183亿美元增长到719亿美元,占世界服务贸易总额从1.0%上升到2.4%。这一阶段,服务贸易实现由顺差向逆差的历史性转折,自此以后,服务贸易大都处于逆差状态。同时,为了更好地实现经济全球化并与国际规则接轨,中国积极尝试加入国际服务贸易体系,加快中国进入WTO的步伐。

3. 第三阶段:2001年加入WTO到2006年

2001年12月11日,中国加入世贸组织,服务业对外开放进入了一个全面开放的崭新阶段,形成了服务业整体开放的新格局。中国在加入WTO时作出了较高的服务贸易开放承诺,主要包括服务贸易总协定12个大类中9个大类、将近100个小类。这一阶段属于过渡期,国家更加重视服务业在国民经济中的作用,主要任务就是按照承诺的时间表,逐步扩大服务业的开放程度。

2001年12月20日,国务院办公厅转发国家计委《关于"十一五"期间加快发展服务业若干政策措施意见的通知》,不仅以"服务业"的提法代替了"第三产业",而且明确指出,要"抓住我国加入世界贸易组织带来的新机遇,积极有序地扩大服务业对外开放","有步骤地进一步开放银行、保险、证券、电信、外贸、商业、文化、旅游、医疗、会计、审计、资产评估、国际货运代理等领域"。特别是在金融、保险、证券领域,我国采取了一系列重要措施。另外,在法律及基本制度等方面,我国也作出了一定的改善,如2004年我国再次修订《对外贸易法》,进一步完善服务贸易的法律环境并与国际规则接轨,吸引外商投资。

在此期间，我国在逐步开放服务领域方面取得了一定的成绩，并从2006年11月12日起除个别领域外，中国取消了服务业对外资的限制。至此，服务业开放的过渡期基本结束，中国服务贸易发展进入了全面开放的新阶段。

4. 第四阶段:2007年到2012年

2007年和2008年，我国连续出台了《关于加快发展服务业的若干意见》《服务贸易发展“十一五”规划纲要》《关于加快发展服务业若干政策措施的实施意见》，提出要“着力提高服务业对外开放水平”，并且“把大力发展服务业贸易作为转变外贸增长方式”“推动有条件的地区和城市加快形成若干服务业外包中心”“改进服务贸易企业外汇管理”。这一阶段，虽然2008年国际金融危机给服务贸易发展带来了一定的影响，但总体仍呈快速发展态势。2012年中国服务贸易总额达到4 829亿美元，跻身世界第三，仅次于美国和德国之后。其中，出口额为2 016亿美元，位列世界第五；进口额为2 813亿美元，位列世界第三。至此，中国世界服务贸易大国的地位已经确立。

5. 第五阶段:2012年至今

2013年9月27日，国务院批复成立中国(上海)自由贸易试验区，选择六大领域作为服务业开放的重点，包括金融服务、航运服务、专业服务、商贸服务、文化服务以及社会服务。后又相继建立中国(广东)自由贸易试验区、中国(天津)自由贸易试验区、中国(福建)自由贸易试验区、中国(陕西)自由贸易试验区等共计11个自贸区。自贸区的建立，为服务贸易发展创造了良好的环境，对于探索并完善服务业开放模式和制度安排、提高我国服务业国际竞争力具有较大的作用。

党的十八大以来国家发布了一系列有关促进服务业发展的政策文件和举措，对新时期服务业和服务贸易发展提出了新的要求。2014年初中央领导就服务贸易发展问题作出了专门批示，2015年初国务院发布《关于加快发展服务贸易的若干意见》，2016年初国务院常务会议通过《关于同意开展服务贸易创新发展试点的批复》。2017年中国政府通过继续推动服务贸易体制机制创新，加快服务贸易创新发展试点和服务外包示范城市建设，完善服务贸易促进体系，积极改善营商环境，有力推动服务贸易发展。自习近平总书记提出“一带一路”倡议以来，我国与沿线国家经贸合作取得了巨大成效，目前中国正积极与“一带一路”沿线国家签订服务贸易合作协定，在双边框架下展开合作。此外，中国还与“一带一路”国家共同培育具有丝绸之路特色的国际精品旅游线路和产品，推进承载中华文化的特色服务贸易发展。2017全年服务贸易总额达到6 957亿美元，同比增长5.1%，贸易规模连续四年保持全球第二位。中国的服务贸易地位进一步巩固，成为仅次于美国的第二大服务贸易国家。

(二) 中国服务贸易发展现状

1. 中国服务贸易进出口总额

从中国服务贸易进出口总额来看(如图15.1所示)，初期总体水平较低，发展较为缓慢，90年代以后增长较为波动。从改革开放到1992年期间，中国服务贸易的发展仅限于旅游、运输以及少量的技术贸易，服务贸易基数小、增长快。1982年进出口总额为47亿美元，到1989年突破100亿美元，1992年达到220亿美元，同比增长率为61%，实现历史最高水平增长，2000年服务贸易总额为712亿美元，相比1982年扩大了15倍。从同比增长率可以看出，1990～2000年中国服务贸易发展波动较大，增长率变动幅度大，进出口总额增长或减少较为明显，其中，1998 和 1999 年受亚洲金融危机的影响，中国服务贸易发展受到较大影响，进出口总额下降 16.6%，达到历史最低。2000 年之后增长速度加快，从 2000 年的 712 亿美元发展到 2010 年的 3 717 亿美元，再到 2017 年的 6 957 亿美元，一路攀升，发展较快。受到 2008 年全球金融危机的影响，2009 年进出口总额有一定程度的缩减，同比增长率降为 −6.1%。总体而言，改革开放之后，我国的服务贸易发展速度较快，中国的服务贸易大国地位进一步巩固，2014 年开始连续四年成为仅次于美国的第二大服务贸易国。

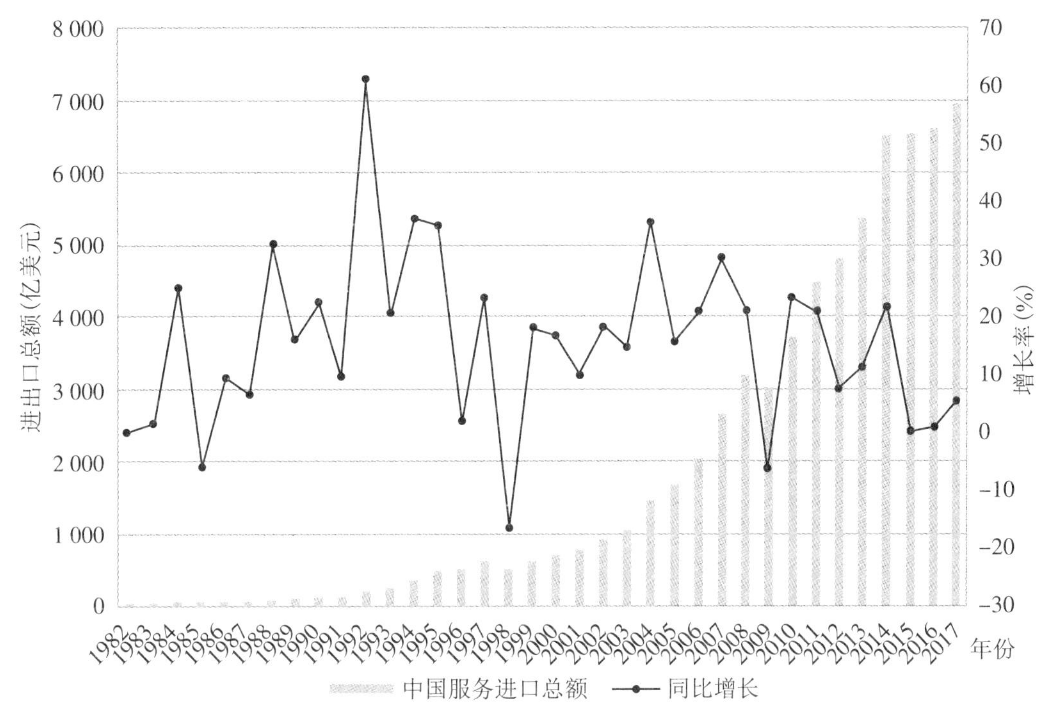

图 15.1 中国服务贸易进出口总额及增长率水平(1982～2017 年)

数据来源：http://data.mofcom.gov.cn/fwmy/overtheyears.shtml.

2. 中国服务贸易进口额与出口额

从进口额数据(图 15.2)和出口额数据(图 15.3)来看，我国在 20 世纪 90 年代以前总体水平偏低，虽然一直处于增长状态，但增长缓慢。服务贸易出口额从 1982 年的 27 亿美元增长到 1990 年的 81 亿美元，进口额从 20 亿美元增长到 44 亿美元。90 年代以后，中国服务贸易进口额与出口额开始有了较大幅度增长，尤其是中国加入 WTO 之后，发展步伐明显加快。在同比增长率方面，服务贸易出口波动较大，而进口在 20 世纪之前出现剧烈波动，20 世纪之后波动较为平缓。其中，受 1997 年亚洲金融危机和 2008 年全球金融危机的影响，1998 和 2009 年进口与出口额均出现较大程度的缩减。从总体发展趋势来看，中国服务贸易进口额与出口额一直处于发展的过程中，增长速度较快。

从进出口差额数据(图 15.4)来看，20 世纪 90 年代末开始出现服务贸易逆差，之后长期处于逆差状态。2009 年之前进出口差额一直处于波动状态，差额较小；2009 年之后，服务贸易逆差愈发严重，进出口差额越来越大。2009 年服务贸易逆差达到 153 亿美元，2017 年达到 2 395 亿美元。

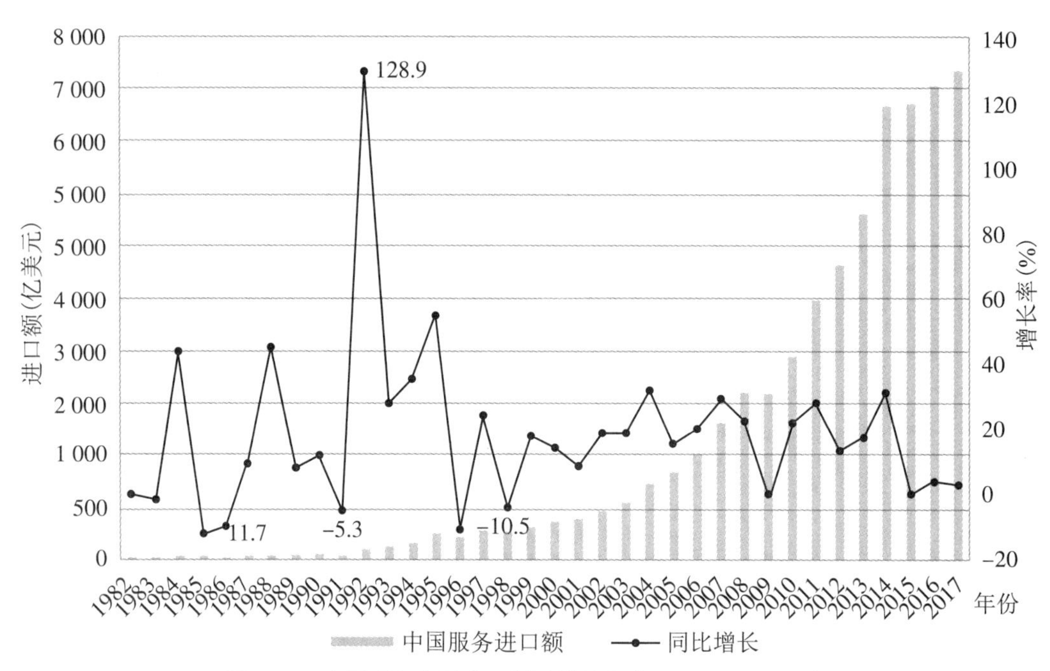

图 15.2　中国服务贸易进口额及增长率水平(1982～2017 年)

数据来源:http://data.mofcom.gov.cn/fwmy/overtheyears.shtml.

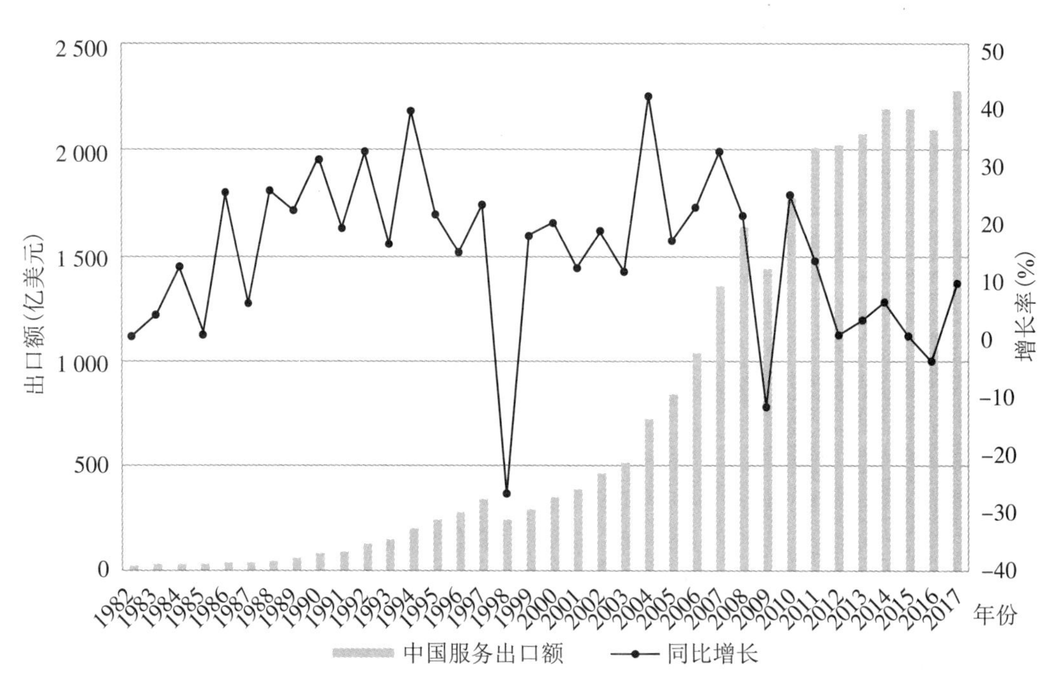

图 15.3　中国服务贸易出口额及增长率水平(1982～2017 年)

数据来源:http://data.mofcom.gov.cn/fwmy/overtheyears.shtml.

图 15.4 中国服务贸易进出口差额(1982～2017 年)

数据来源：http://data.mofcom.gov.cn/fwmy/overtheyears.shtml.

3. 中国服务贸易进出口结构分析

从我国服务贸易进出口结构数据来看，2014 年之前，运输与旅行是构成我国服务贸易逆差的主要部分，然而从 2014 年开始，旅行成为我国服务贸易逆差的主要构成。从 2017 年的服务贸易进出口结构(表 15.1)可以看出，出口方面占较大份额的是其他商业服务(29.96%)、旅行(16.97%)、运输(16.26%)、电信、计算机和信息服务(12.19%)、建筑(10.52%)、加工服务(7.94%)，在进口方面，占较大份额的是旅行(54.49%)、运输(19.87%)、其他商业服务(9.17%)、知识产权使用费(6.12%)；服务贸易逆差额为 2 395 亿美元，旅行贸易逆差额为 2 161 亿美元，是构成逆差的主要部分。

表 15.1 2017 年我国服务分类进出口统计

(单位:亿美元)

服务类别	进出口		出口		进口		贸易差额
	金额	同比(%)	金额	同比(%)	金额	同比(%)	
总额	6 957.0	5.1	2 281.0	9.0	4 676.0	3.4	−2 395.0
加工服务	183.0	−2.7	181.0	−3.0	2.0	12.3	179.0
维护和维修服务	82.0	16.1	59.0	18.0	23.0	12.4	36.0
运输	1 300.0	13.7	371.0	10.0	929.0	15.3	−558.0
旅行	2 935.0	−3.9	387.0	−13.0	2 548.0	−2.4	−2 161.0
建筑	325.0	55.2	240.0	89.0	86.0	3.6	154.0
保险和养老金服务	145.0	−15.3	40.0	−3.0	104.0	−19.4	−64.0
金融服务	53.0	1.3	37.0	15.0	16.0	−20.5	21.0
知识产权使用费	333.0	32.6	48.0	308.0	286.0	19.2	−238.0

续表

服务类别	进出口		出口		进口		贸易差额
	金额	同比(%)	金额	同比(%)	金额	同比(%)	
电信、计算机和信息服务	469.0	20.0	278.0	5.0	192.0	52.5	86.0
其他商业服务	1 044.0	3.0	615.0	6.0	429.0	−1.3	186.0
个人、文化和娱乐服务	35.0	21.8	8.0	2.0	28.0	28.6	−20.0
别处未提及的政府服务	52.0	26.3	17.0	41.0	35.0	20.3	−18.0

数据来源：http://data.mofcom.gov.cn/fwmy/classificationannual.shtml.

二、中国服务贸易发展特征

（一）服务贸易发展速度加快，产业规模扩大

随着改革开放政策的实施，我国的国际地位日益提升，我国也逐渐参与到国际分工当中，近些年我国的服务贸易发展速度越来越快。2018 年以来，全球贸易持续回暖，服务业扩大开放举措逐步落实，服务贸易创新发展试点持续深化，服务贸易规模不断扩大，贸易地位稳步提升。中国服务进出口额快速增长，进出口规模持续扩大。商务部数据显示，2010～2017 年服务贸易进出口总额从 3 717 亿美元增长到 6 957 亿美元。其中，出口额从 1 783 亿美元增长到 2 281 亿美元，进口额从 1 934 亿美元增至 4 676 亿美元。“十二五”以来，中国对外贸易总额中，服务贸易占比越来越高，2017 年占比达到 14.49%。我国当下货物贸易压力不断加大，但服务贸易的产业规模不断扩大，国际贸易地位也得到快速的提升，现阶段我国已经成为服务贸易发展最为快速的发展中国家，正在向着服务贸易大国的方向稳步前进，服务贸易也成为对外贸易新的增长点。

（二）服务贸易成为经济转型升级的推动力

“十二五”以来，中国高附加值服务快速发展，如金融服务、电信、计算机和信息服务、知识产权使用费、个人、文化和娱乐服务等。商务部数据显示，2017 年知识产权使用费进出口额同比增长 32.6%，个人、文化和娱乐服务同比增长 21.8%，电信、计算机和信息服务同比增长 20%。2017 年我国高附加值服务进口额和出口额均得到迅速增长，知识产权使用费出口同比增长 308%，金融服务出口增长 15%，电信、计算机和信息服务进口额同比增长 52.5%，个人、文化和娱乐服务进口增长 28.6%，知识产权使用费进口增长 19.2%。高附加值服务贸易的发展有效推动了产业链的整体竞争力，延伸了参与国际分工的价值链条，成为推动经济转型升级、实现对外贸易新常态的重要推动力。

从国际上看，服务业与其他产业融合趋势增强，服务贸易成为当今国际贸易发展的重要领域，世界各国已将开展服务贸易合作作为发展服务经济的战略选择。从国内看，服务贸易作为构建现代经济产业体系的重要内容，已经成为我国对外贸易发展和对外开放深化的新引擎。

（三）传统服务贸易占比下降，新兴服务领域增长态势良好

运输、旅行和建筑是中国服务贸易中三大传统行业，一直占据服务贸易进出口额的主要

领域。近年来,传统服务贸易占比有所下降。1982 年,三大传统服务进出口总额占比超过 70%,其中出口占比 78.3%,进口占比 64.9%。随着中国科技创新与自主研发能力增强,服务业扩大开放进程加快,服务贸易自由化、便利化水平逐步提升,以技术、品牌、质量和服务为核心的新兴服务优势不断显现,知识密集型的新兴服务贸易出口规模也呈现增长态势。

高技术、高附加值的新兴服务贸易发展速度加快,优势逐步积累,得益于中国服务业特别是互联网、数字经济等服务业新动能的发展提速,已出台开放举措和服务贸易创新改革等政策红利不断释放,中国新兴服务贸易快速发展。分领域看,大多数新兴服务贸易增速均在 10%以上。其中,知识产权使用费进出口增速最快,同比增长 32.6%。个人、文化和娱乐服务与电信、计算机和信息服务进出口分别增长 21.8%、20.0%。

(四) 服务外包发展态势良好

中国服务外包历经以降低成本为特征做减法的 1.0 时代、以价值创造为特征做加法的 2.0 时代,正快速迈向以合作竞争为特征做乘法的 3.0 时代。2018 年前三季度,中国企业承接服务外包合同额为 8 826.1 亿元人民币,增长 32.9%;执行额为 5 581.7 亿元,增长 13.3%。其中,离岸服务外包合同额为 5 066.6 亿元,增长 21.9%;执行额为 3 413.1 亿元,增长 10.5%。服务外包业务向标准化、数字化、智能化、融合化转型发展趋势明显。前三季度,我国离岸信息技术外包、知识流程外包和业务流程外包执行额分别为 1 658.2 亿元、1 227.7亿元和 527.2 亿元,分别同比增长 13.3%,7.2%和 9.6%。服务外包的标准化具有质量可靠性、信息传递、兼容协同、减少多样化的重要功能,成为抢占全球价值链高端、占据市场主导地位的重要途径。同时,数字技术与人工智能技术的创新发展与广泛应用,推动传统产业数字化与数字技术产业化交互促进融合,服务外包的业务领域不断向纵深拓展。

(五) 服务贸易国际地位显著提升

改革开放之初,中国服务贸易出口占世界比重不足 1%。经过 40 年的发展,中国服务出口快速增长,占比提升明显。据世界贸易组织统计,1982 年到 2017 年,中国服务出口世界排名由第 28 位上升至第 5 位;进口由第 40 位上升至第 2 位,并连续 5 年保持这一地位。2005 年到 2017 年,中国服务进出口占世界的比重由 3.2%上升至 6.6%,其中出口占比由 3.2%上升至 4.3%,进口占比由 3.2%上升至 9.1%。自 2014 年起,中国已连续 4 年保持服务进出口全球第二大国地位。

(六)"一带一路"促进服务贸易快速发展

目前中国正积极与"一带一路"沿线国家签订服务贸易合作协议,利用现有的双边合作机制,推动与英国、日本、俄罗斯等国在服务贸易各领域务实合作,大力支持地方与重点国别在服务贸易领域加强合作。依据党的十九大报告,"积极促进'一带一路'国际合作""培育贸易新业态新模式,推进贸易强国建设"精神,加强"一带一路"服务贸易合作将为我国"一带一路"国际合作注入持久动力,成为"推动形成全面开放新格局"的重要抓手和关键推力。

自"一带一路"倡议提出以来,中国与相关国家和地区的服务贸易合作持续推进、势头良好,中国与沿线国家的服务贸易由小到大、稳步发展。2017 年,中国与"一带一路"沿线国家服务贸易总额达 977.6 亿美元,增长 18.4%,占服务贸易总额的 14.1%,比 2016 年提高 1.6 个百分点。其中,服务出口额为 308.9 亿美元,增长 6.2%;服务进口额为 668.7 亿美元,增长25.1%。分地区看,东南亚地区是中国在"一带一路"沿线最大的服务贸易伙伴,西亚北非地区国家与中国服务贸易往来发展势头强劲。分领域看,中国与"一带一路"沿线国家服务贸易合作以旅行、运输和建筑三大传统服务贸易为主,2017年上述领域贸易额占中国与沿线国家服务贸易总额的75.5%。但随着新技术、新业态、新商业模式不断涌现,高技术、高附加值的新兴服务贸易快速增长,正在成为双边服务贸易的重要增长点。2018年,中国与"一带一路"沿线国家服务进出口占全国服务进出口总额比重约16%,潜力有待进一步发掘。

三、中国服务贸易存在的问题

(一) 服务贸易结构不合理

新时期随着国际经济与技术的快速发展,服务贸易产业结构也发生了很大的变化,逐渐由传统的劳动密集型服务向技术和知识密集型的趋势发展。在技术改革的时代下,技术手段成为提升服务贸易国际竞争力的重要因素,但是一直以来,我国都是围绕传统的服务贸易发展,集中在人力资源密集型行业,对于技术知识密集型服务、资本密集型服务、环境资源密集型服务增长较缓慢。

截至2017年,我国服务贸易出口方面有较大份额的是旅行,其次是运输,这两项之和达到服务贸易出口总额的33.2%。进口方面更是如此,旅行和运输占据服务贸易进口额的74.36%,因此可称这两项是中国服务贸易的主要领域。商务部数据统计(见图15.5)显示,2017年中国三大传统行业中,旅行服务业、运输服务业、建筑服务业服务贸易进出口额合计为4 560亿美元,在中国服务贸易进出口总额中共占比65.55%。电信、计算机和信息服务等服务占中国服务贸易进出口总额为6.74%。

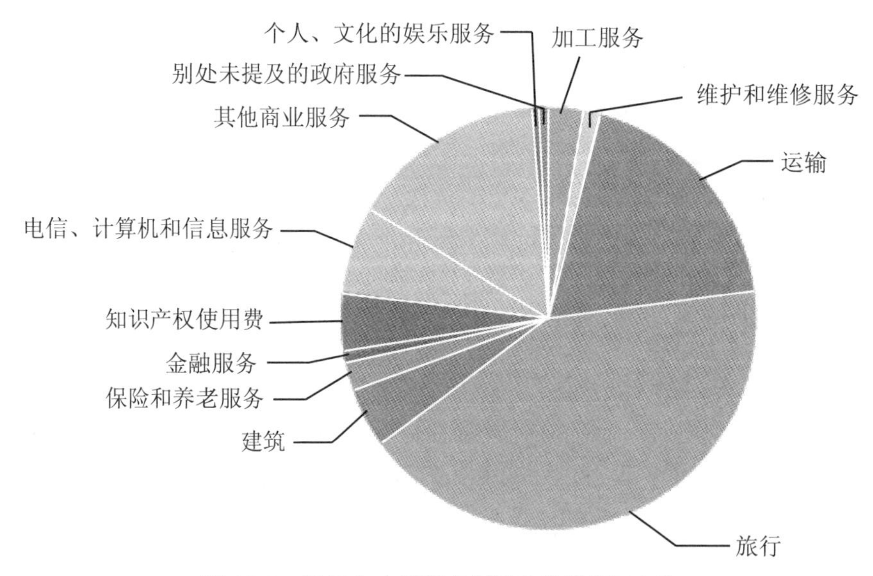

图15.5 2017年中国服务贸易分类进出口占比

数据来源:http://data.mofcom.gov.cn/fwmy/classificationannual.shtml.

由此看出,三大传统服务贸易进出口额在服务贸易进出口总额中的占比较高。然而,无论是旅行、运输还是建筑,都是劳动、资源密集型产业,在服务产业中较为低端,不易具有较为持久的国际竞争力,比重过大也不利于我国产业发展的高级化。而与之相对的知识、资本密集型产业，如保险和养老金服务（2.08%）、金融服务（0.76%）、知识产权使用费（4.77%），占服务贸易进出口总额的比重明显偏低，国际竞争力弱。这进一步体现出我国当前服务贸易产业结构偏低，大大降低了我国的服务贸易国际竞争力。

（二）服务贸易逆差严重

从商务部的中国服务贸易进出口数据中可以发现，中国服务贸易呈现逆差状态且逆差规模较大。1998 年以前，中国服务贸易呈现顺差状态（1995 年除外），出口略高于进口，此时中国服务贸易发展较为均衡，发展趋势良好。从 1998 至 2008 年，中国服务贸易在顺差和逆差之间交替，顺差和逆差的规模均较低，此时中国服务贸易发展仍然较为健康。但是，从 2009 年至 2017 年，中国服务贸易呈现严重的逆差现象，且逆差规模逐年增加。2009 年逆差规模为 153 亿美元，发展至 2016 年，中国逆差规模达到了 2 426 亿美元，而同期服务进口额为 4 521 亿美元，服务出口额为 2 095 亿美元，进口额是出口额的 2.16 倍，逆差额甚至超过了服务出口额。2017 年逆差规模稍有缩减，为 2 395 亿美元。

目前我国服务贸易逆差主要集中在旅行、运输、知识产权使用费、保险和养老金服务等方面，旅行贸易逆差仍是服务贸易逆差的最主要来源。按照这种趋势，中国的服务贸易逆差在短期内无法改变，而且逆差规模会继续增加。由此可见中国当前服务贸易逆差问题严重，服务进出口发展极其不均衡，存在较大问题。

（三）传统服务贸易竞争优势不明显

结构偏低是中国服务贸易的一个问题，现有结构下竞争力与优势不足则是另一个弊端。特别是目前来看，我国的服务贸易始终存在逆差且在不断扩大，至 2017 年达到 2 395 亿美元，很大程度上是由于我国的服务业竞争力不足所造成的。对于目前在总额中占有较大比重的传统服务贸易而言，其虽有一定的优势，但并不突出，同时由于我国在资源、环境特别是人口红利的优势递减，传统服务业也会受到较大影响。

在贸易领域，其往往具有较高的知识、技术含量，能培植持久的竞争优势并获取较高的市场回报，有利于改善我国服务领域的国际分工地位，同时对国内而言，还可发挥产业的联动效应，推动我国产业结构升级。然而我国当前在生产性服务贸易上发展是较为缓慢的，这一方面是由于我国现代服务业整体尚处于发展阶段，另一方面也是由于我国国内制造业结构较为低下，与现代服务业对接需求不强，也未能培育出较为成熟的生产性服务业。

（四）服务贸易政策支持力度较弱

中国服务贸易领域相关立法较为滞后，虽然与《外贸法》配套的《货物进出口管理条例》和《技术进出口管理条例》早已发布，也提出了一些相关实施意见推动服务贸易的发展，但服务贸易领域尚未来单独制定相关法律法规。与发达国家相比，中国服务贸易促进力度不足，缺乏类似货物贸易出口退税这样总体的、惠及全领域的制度性安排，服务出口还存在不合理征税现象。在财政资金支持方面，虽然对服务外包、文化出口和技术出口有一部分财政资金支持，但相对于服务贸易众多行业，资金覆盖面有限，主要服务出口领域尚未惠及。同时，由于服务贸易企业轻资产的特点，企业普遍面临融资难题。

（五）缺乏专业化的服务贸易人才

现代服务业是一种人力资本密集型的产业。在全世界范围内，服务产业的发展正处于由劳动密集型向技术密集型转变的过程中。作为决定国际服务贸易比较优势的人力资本，目前我国的状况并不理想。在我国服务贸易的国际化发展过程中，需要专业化人才的指导，当下服务贸易产业的竞争不仅仅是产业内容和服务质量的竞争，更是人才的竞争，新形势下服务贸易的国际化发展需要大量高素质、专业化的人才，尤其是新兴服务业和知识型服务业所需的外向型高级人才更加缺乏。在此方面，我国服务贸易产业还存在明显的缺陷，不仅专业化的人才缺失，同时服务质量和服务标准等也都无法满足产业的实际需求。除此之外，当下我国很多外资企业的进入，也在一定程度上加速了我国高素质服务贸易人才的流失，这给我国服务贸易的国际竞争带来很大压力。

第二节　中国服务贸易政策

一、WTO及区域性贸易自由化与中国服务贸易开放

改革开放40年来，尤其是加入WTO之后，服务业开放进入制度化开放新阶段，中国服务贸易实现了高速发展。中国在加入WTO的同时，也接受了世界贸易组织的一揽子协议，其中，与我国服务业市场开放最为密切的就是《服务贸易总协定》(General Agreement on Trade in Services，GATS)。在乌拉圭回合上达成的《服务贸易总协定》实施后，对中国服务业的影响是双重的：一方面会给中国服务业的发展创造良好的国际、国内环境；另一方面会因为外国服务业的大举进入而给中国服务市场落后的服务业造成一定的冲击。这一时期，服务业开放动力主要来自两个方面：一是履行“入世”承诺；二是与其他国家和地区签署的自由贸易协定，在一定程度上提高了服务业开放层次。

(一) GATS框架下的中国服务贸易开放

GATS将服务贸易按部门分成12类：商业服务、通信服务、建筑和相关工程服务、分销服务、教育服务、环境服务、金融服务、与健康相关的服务和社会服务、旅游和旅游相关的服务、娱乐/文化和体育服务、运输服务、其他服务。中国加入WTO之后，有关服务贸易的开放承诺主要遵循2001年《入世议定书》附件9《服务贸易具体承诺减让表》，包含9个大类近100个小类进行了渐进的开放，是WTO中作出减让最多的发展中国家。

“入世”后，中国逐步取消了对服务贸易市场准入的许多限制。其中，一些关键部门的开放情况如下。

1. 电信业

电信产业是我国通过引进、开发逐步建立起来的具有高新技术特点的新兴工业，基础电信由政府垄断经营，其兴衰关系到国民经济发展的全局。在电信领域，中国在增值电信服务、基础电信的寻呼服务、移动电话和数据服务、国内业务、国际业务等几个方面作出了承诺，此处仅介绍增值电信服务、基础电信服务。

根据“入世”承诺，对外资进入电信行业的规定主要有：对于增值电信服务和基础电信服务，加入世贸组织时起，允许外资在上海、广州和北京设立合资电信企业，外资份额不超过30%，并在这些城市内及其之间提供服务，无数量限制；“入世”后1年内，地域扩至成都、重

庆、大连、福州等二级开放城市,外资份额不超过49%;加入世贸组织后2年内,取消地域限制,外资份额不超过50%。2002年,国务院出台《外商投资电信企业管理条例》,逐步放开外商投资中国电信市场的限制,并取消地域和其他限制。在增值电信业务中,外资进入中国电信市场主要通过企业并购、合资、参股等形式。

“入世”对我国电信业的发展产生深远影响,一方面外商进入将会在大城市开发业务,这将对国内市场产生巨大的冲击;另一方面,国内企业通过与著名的跨国企业合作,可以提高设备制造企业生产能力和科研能力,从而开发新产品、开辟新市场、扩大效益。

2. 银行业

根据“入世”承诺,银行业的开放分为三个阶段。自加入世贸组织时起,外资银行无地域和客户限制的提供外汇业务。加入世贸组织后2年内,允许外资银行向中国企业提供人民币业务,在地域上存在限制。加入世贸组织后5年内,允许外资银行向所有客户提供人民币业务,并取消所有地域限制。

根据银监会《2017年中国银行业监督管理委员会年报》对外资银行金融机构的统计,截至2017年底,有14个国家和地区的银行在华设立了38家外商独资银行(下设分行322家)、1家合资银行(下设分行1家);30个国家和地区的73家外国银行在华设立了122家分行。另有46个国家和地区的143家银行在华设立了163家代表处。

银监会深入贯彻落实“一带一路”倡议,积极支持符合条件的“一带一路”沿线国家和地区的银行在华设立机构。截至2017年底,共有21个“一带一路”沿线国家和地区的55家银行在华设立了7家外资法人银行、19家外国银行分行以及38家外国银行代表处。

知识链接15-1

2017年5月15日,由中国工商银行主办的“一带一路”银行家圆桌会在“一带一路”国际合作高峰论坛期间成功召开,来自“一带一路”沿线国家的30多家商业银行及国际性银行、国际金融组织的代表齐聚北京参会。参会银行达成了《“一带一路”银行家圆桌会北京联合声明》,旨在建立“一带一路”银行间常态化合作机制,推动各项务实合作深入开展。中国工商银行牵头发起的“‘一带一路’银行合作行动计划、建立常态化合作交流机制”成功纳入峰会官方成果,也是清单中唯一的商业性机构成果。

资料来源:https://www.sohu.com/a/140746492_114731.

3. 保险业

GATS减让表中对保险服务的内容界定为:寿险、健康险和养老险年金险;非寿险;再保险;保险附属服务。目前,我国已经基本实现了对保险服务行业所作的所有承诺,除了外资保险公司不得经营机动车第三者责任险,外资设立责险公司必须合资且持股比例不得超过50%等限制外,已基本实现保险行业的全面对外开放。2005年是中国保险实现全面开放的第一年,到2005年年底,中国对外资保险公司的地域和业务范围无任何限制。另外,中国还取消了再保险的强制分保规定,降低了对外资经纪公司总资产的要求,并允许设立独资的保险经纪公司。“入世”后,外资保险公司进入我国市场的形式出现多元化。“入世”前,外资主要以设立分公司、合资形式进入我国保险市场;“入世”后,参股和海外上市成为重要的开放形式。

（二）中国服务贸易自由化的多层次进展

1. 自由贸易试验区

自2013年批准设立上海自贸区以来，中国逐步扩大名单，除上海、天津、广州和福建外，2016年陕西、四川、重庆、湖北、浙江、河南、辽宁等七大自贸区得以批准建设。2018年10月16日，国务院批复同意设立中国(海南)自由贸易试验区并印发《中国(海南)自由贸易试验区总体方案》。2019年8月26日，国务院印发《中国(山东)、(江苏)、(广西)、(河北)、(云南)、(黑龙江)自由贸易试验区总体方案》，在山东、江苏、广西、河北、云南、黑龙江等6省区设立自由贸易试验区。新一批自贸区设立后，将形成了“1＋3＋7＋1＋6”的格局，至此，中国几乎所有沿海省市都已设立了自贸试验区。各自贸区结合特有区域优势、产业优势，对服务贸易提出了更高的自由化目标。

上海自贸区除开放包含金融业为重点的服务业外，首次纳入了开放程度更高的“负面清单”，这一开放模式最早被美国推至北美自由贸易区(NAFTA)中，并应用于所有的美国双边投资协定、TPP(跨太平洋伙伴关系协定)等区域谈判。此后的自贸区基于阶段性进展，均实行了“负面清单”的逐步删减，根据片区的服务业优势进行相关行业的逐步开放。如：辽宁自贸区的大连重点发展航运服务、物流及金融商贸，重庆开放了电子商务、专业服务、生药科技、大数据等现代服务业。海南自贸区按照海南省总体规划的要求，以发展旅游业、现代服务业、高新技术产业为主导，科学安排海南岛产业布局；按发展需要增设海关特殊监管区域，在海关特殊监管区域开展以投资贸易自由便利化为主要内容的制度创新，主要开展国际投资贸易、保税物流、保税维修等业务；在三亚选址增设海关监管隔离区域，开展全球动植物种质资源引进和中转等业务。

知识链接 15-2

2019年8月26日，国务院印发《中国(山东)、(江苏)、(广西)、(河北)、(云南)、(黑龙江)自由贸易试验区总体方案》(以下简称《总体方案》)。《总体方案》指出，在山东、江苏、广西、河北、云南、黑龙江等6省区设立自由贸易试验区，是党中央、国务院作出的重大决策，是新时代推进改革开放的战略举措。要以习近平新时代中国特色社会主义思想为指导，坚持新发展理念，坚持高质量发展，主动服务和融入国家重大战略，更好地服务对外开放总体战略布局，把自贸试验区建设成为新时代改革开放的新高地。

《总体方案》提出了各有侧重的差别化改革试点任务。山东自贸试验区提出了培育贸易新业态新模式、加快发展海洋特色产业和探索中日韩三国地方经济合作等方面的具体举措。江苏自贸试验区提出了提高境外投资合作水平、强化金融对实体经济的支撑和支持制造业创新发展等方面的具体举措。广西自贸试验区提出了畅通国际大通道、打造对东盟合作先行先试示范区和打造西部陆海联通门户港等方面的具体举措。河北自贸试验区提出了支持开展国际大宗商品贸易、支持生物医药与生命健康产业开放发展等方面的具体举措。云南自贸试验区提出了创新沿边跨境经济合作模式和加大科技领域国际合作力度等方面的具体举措。黑龙江自贸试验区提出了加快实体经济转型升级和建设面向俄罗斯及东北亚的交通物流枢纽等方面的具体举措。

资料来源：https://news.sina.com.cn/c/2019-015-26/doc-ihytcitn1988102.shtml.

2. 双边贸易协定

随着全球经贸中服务贸易的重要性日益凸显，服贸自由化问题也成为中国贸易协定谈判的重点。一方面，服务贸易双边开发将被正处于谈判中的双边自贸协定纳入议程之中。如：中国-马尔代夫自贸协定中，旅游、金融、医疗等重点服务业涉及市场准入问题，中国-以色列自贸区涵盖了电子商务、服务贸易和自然人移动等议题；另一方面，对已有的自贸协定或区域经贸安排进行了升级谈判，包括中国与新西兰、新加坡、智利的双边协定和CEPA(内地与港澳更紧密经贸安排)。以中国-新西兰自贸协定为例，不仅对更高标准的"下一代"贸易规则进行尝试，跨境电子商务、医疗护理等新兴服务行业也成为谈判重点。在CEPA这一特殊安排中，10个补充协定中，从2008年起开始对服务贸易具体承诺进行年度补充和修正，并在2015年达成《CEPA服务贸易协定》，首次采用了"负面清单"为主要开放模式(个别行业采用"正面清单")，内地开放了153个服务部门，实行国民待遇的部门达到62个，大力推进了两地的服务贸易自由化程度。

截至2018年6月底，中国共签署了16个自贸协定，涉及24个国家和地区，分别是中国与澳大利亚、韩国、瑞士、冰岛、哥斯达黎加、秘鲁、新加坡、新西兰、智利、巴基斯坦、格鲁吉亚、马尔代夫的双边自贸协定(FTA)，中国与东盟10+1自贸协定，内地与香港、澳门达成的两个《关于建立更紧密经贸关系的安排》(CEPA)等。据商务部研究院的统计，中国在2016年签署协定的自贸区经济规模占全球的10.3%，加上自身14.9%的份额，已形成占世界经济25.2%的大市场，如果加上正在谈判的自贸区，这一份额可累计为43.3%。

通过签署自贸协定，中国与自贸伙伴实现了比WTO水平更高的相互开放。根据商务部研究院发布的《2016中国自由贸易区发展报告》，中国已签署的自贸协定在货物贸易方面，零关税产品税目占比以及零关税产品进口额占比基本都在90%以上。其中，对港澳地区的全部产品均已实现零关税，对智利、新西兰、新加坡、哥斯达黎加、冰岛、澳大利亚等国的货物贸易自由化率也达到了95%以上。

不过，目前中国尚未与世界GDP排名前十的国家达成自贸协定，中国的自贸伙伴在GDP、贸易、投资规模上普遍较小，需要提升自贸区的覆盖面与重量级，进一步提升开放水平。

3. 区域贸易协定

从服务贸易开放历程来看，自20世纪初，在货物贸易自由化推动下出现了服务贸易自由化趋势，但在WTO框架下，服务贸易谈判止步不前，显然已无法适应服务贸易迅速发展的现实需要。因此，受寻求更大的市场准入和利益的驱使，涉及服务贸易内容的区域、双边和诸边贸易协定迅速增长。

自20世纪90年代后，区域服务贸易协定进入快速发展通道，欧盟(EU)、北美自由贸易协定(NAFTA)和亚太经合组织(APEC)等区域性经济组织陆续达成了有关服务贸易的协议。区域贸易协定已经成为当代服务贸易自由化的主流形式。另外，区域贸易协定条款涉及大量的服务市场改革和自由化议程议题，在促进服务贸易发展、推动贸易管制一体化以及优化区域贸易规则等方面起着举足轻重的作用。而从协定内容与影响力来看，《跨太平洋伙伴关系协定》(TPP)、《跨大西洋贸易与投资伙伴协定》(TTIP)及区域全面经济伙伴关系(RCEP)等超大型区域自由贸易协定已成为塑造国际服务贸易新秩序的重要途径。

随着NAFTA与多个区域贸易协定的发展，助推了区内国家的贸易与投资活动，但在服务贸易领域的自由化原则和程度方面，却并未明显超越WTO相关协定。21世纪的大型区域贸易协定，谈判标准和范围呈现出超越WTO的特质，虽路径和方式有所不同，但对服务贸易议题给予了颇多关注。具体而言，TPP强调一步到位的“高标准”，采用美国所倡导的贸易规则，而中国所在的大型区域贸易协定强调逐步自由化并照顾区内国家的利益诉求，如区域全面经济伙伴关系协定(RCEP)旨在达成一个开放包容、互利共赢的全面、互惠、高质量的区域自贸协定，其中服务贸易是这一全球最大自贸协定的重要议题之一，电子商务、知识产权等相关规则成为谈判焦点；包含东南亚发展中国家的《亚太贸易协定》，在强调兼顾所有经济体利益原则下，虽将谈判重点放在货物贸易领域，但2013年各方就推动服务贸易自由化框架达成了统一认识。

截至2018年6月底，中国正在推进谈判的自贸区多达14个，其中既有多边谈判也有双边谈判和升级谈判。双边方面，中国正与巴拿马、以色列、斯里兰卡、海合会、挪威、摩尔多瓦、毛里求斯开展自贸协定谈判。此外，中国还在推进与巴基斯坦、新加坡、智利、新西兰的自贸协定升级谈判，并完成了中韩自贸协定第二阶段的首轮谈判。多边方面，目前中国正积极推进RCEP、中日韩自贸协定的谈判。RCEP谈判已历时5年多，迄今举行了22轮正式谈判。中日韩自贸区的谈判也在快速推进，2018年3月底举行了第13轮谈判。国务院总理李克强在中日韩领导人会议上表示，中日韩都主张自由贸易，在当前形势下，中日韩应坚定地站在一起，提升区域经济一体化水平，加快中日韩自贸区谈判进程。中国与海合会的自贸谈判自2004年已经开始，2009年海湾六国停止了包括中国在内的所有自贸协定谈判，2016年双方正式恢复自贸谈判。海合会相关国家的石油储量相当丰富，是中国最大的石油进口来源地。

知识链接15-3

2019年3月2日，《区域全面经济伙伴关系协定》(RCEP)第7次部长级会间会在柬埔寨暹粒举行。东盟10国、中国、日本、韩国、澳大利亚、新西兰、印度等16方经贸部长或代表出席会议。部长会议重申了第2次RCEP领导人会议关于推动谈判在2019年结束的共识，表示将全力以赴达成这一目标。会议欢迎贸易谈判委员会在市场准入和案文谈判中取得的积极进展，同时认识到，如要取得更多进展，各方需进一步努力。为此，会议讨论通过了2019年工作计划。部长会议还同意第8次部长级会间会将于8月在北京举行。

资料来源：https://www.yidaiyilu.gov.cn/xwzx/roll/81288.htm.

中国在自贸区的开放进程中呈现出“先行先试、由点及面、梯度开放、循序渐进”的特点。在开放对象上，采取了先发展中国家、后发达国家的开放次序。在开放产业上，优先开放中国具有比较优势的产业，对较为弱势的产业给予适当保护，安排了一定的过渡期。因此，中国推进自贸区战略需要经历一个过程。

二、中国服务贸易管理体制和立法

（一）中国服务贸易管理体制

1. 中央人民政府贸易部

成立于1949年11月，主要负责起草国营贸易及合作社贸易总计划、管理与调度全国一切国营贸易资金及存货、指导全国私营商业及各级人民政府贸易部门对于市场的管理工作以及颁布全国贸易会计法规等。随着国内外贸易的飞跃发展，为了加强对外贸易、减轻贸易部工作的分量，更有力地分别开展国内和国外贸易工作，故成立中央人民政府对外贸易部和中央人民政府商业部，于1952年9月3日撤销中央贸易部。

2. 中央人民政府对外贸易部

成立于1952年8月7日，作为中央人民政府统一领导和管理对外贸易的行政机构行使其管理职能，主要负责编制国家进出口贸易计划和对外贸易外汇收支计划，组织和检查计划和执行，起草中国同有关国家发展经济贸易和技术合作的联系方案；负责同有关国家进行谈判，签订协定和议定书等，并监督执行；起草对外贸易管理的基本法规和海关管理法规并贯彻执行；等等。

3. 国家进出口管理委员会、国家外国投资管理委员会

成立于1979年8月，主要职责是制定发展进出口贸易、技术引进、利用外资，以及对外经济合作的方针、政策、条例、规章，审议和制定我国进出口、技术引进、经济合作、外汇收支的长期规划和年度计划，组织有关部门和各省、市、自治区采取有力措施，扩大出口，增加外汇收入，等等。

1982年3月，对外贸易部、对外经济联络部、国家进出口管理委员会、国家外国投资管理委员会合并，成立对外经济贸易部，1982年3月8日对外贸易部正式撤销。

4. 对外经济贸易部

成立于1982年3月，主要负责贯彻执行有关发展对外经济贸易的方针政策，规划、管理和协调对外贸易经济活动，大力发展对外贸易，加强国际间的多边和双边经济技术合作，积极利用外资，开展国外承包工程、劳务合作，统一组织政府间综合性的对外经济贸易活动。

5. 对外贸易经济合作部

1993年3月16日，对外经济贸易部更名为对外贸易经济合作部。职能是拟定和贯彻实施对外贸易、经济合作和外商投资的具体政策、改革方案，拟定和执行多边经贸政策；代表我国政府参加国际经济贸易组织的活动；负责多边对外经贸谈判、国际服务贸易谈判和国际经贸条约、协定的谈判与签署，协调国务院有关部门在谈判过程的立场和意见等。

6. 商务部

2003年3月，根据第十届全国人民代表大会第一次会议批准的国务院机构改革方案和《国务院关于机构设置的通知》(国发〔2003〕8号)，组建中华人民共和国商务部(简称商务部)，隶属于中华人民共和国国务院，是中华人民共和国设立的主管国内外贸易和国际经济合作的部门。服务贸易涉及金融、保险、电信等诸多服务业部门。商务部主要负责：拟订国内外贸易和国际经济合作的发展战略、政策，起草国内外贸易、外商投资、对外援助、对外投资和对外经济合作的法律法规草案及制定部门规章，提出我国经济贸易法规之间及其与国际经贸条约、协定之间的衔接意见，研究经济全球化、区域经济合作、现代流通方式的发展趋势和流通体制改革并提出建议；牵头拟订服务贸易发展规划并开展相关工作，会同有关部门制定促进服务出口和服务外包发展的规划、政策并组织实施，推动服务外包平台建设；拟订我国多双边(含区域、自由贸易区)经贸合作战略和政策，牵头负责多双边经贸对外谈判；等等。

商务部下设服务贸易和商贸服务业司，专门负责服务贸易整体相关管理工作，主要职能是服务贸易的战略和政策制定、实施、促进工作，服务贸易统计数据的收集、管理、分析和发

布，国际多边谈判、对外事务协调、服务业利用外资政策等事务。

（二）中国服务贸易相关立法

1. 发展背景

GATS是首个全球性服务贸易协定，中国服务贸易立法以此为基础发展建立。在贯彻GATS“逐步自由化”原则过程中，还应充分利用GATS中的保障和例外条款，以及给予发展中国家的特殊优惠待遇。在制定有关服务贸易的市场保护措施时，要注意符合GATS保障条款、例外条款以及对发展中国家的照顾性条款的规定。对涉及国家安全、环境污染、违反伦理道德的服务行业不予开放；在外国服务进入对国内服务业造成重大损害或威胁时，应采取紧急限制措施，对GATS明文规定的有关发展中国家过渡期、信息提供等条款，应通过相应立法来加以运用。

中国从“入世”起全面接受WTO的监督。2002年12月，WTO总理事会及下属20多个机构完成了对中国首次过渡性审议。我国16个主要贸易伙伴也对中国的立法及行政改革给予了充分的肯定。

为实现全国人大到2010年建立有中国特色社会主义法律体系的立法目标，为适应经济发展、社会进步和“入世”承诺的要求，外经贸部从1999年起开始了全面清理外经贸法律、行政法规、部门规章、规范性文件以及多双边经贸条约、协定的工作。2000年初，外经贸部成立了“WTO法律工作领导小组”。此后在国务院“WTO领导小组”的领导下，根据我国“入世”承诺和WTO规则，共清理出法律文件1 413份，修订法律文件210件，废止法律文件559件，确定保留文件450件。与此同时，全国人大及其常委会修订了13部涉外法律；国务院废止了约300部旧法规，修订了40多部法规条例，重订了30多部法规条例；各部委共清理了2 800多份法律文件；各省市地县共清理了19 000多部地方法律文件。2004年新重组的商务部又起草了新《外贸法》。

2. 主要立法

近年来中国服务业和服务贸易发展迅速，面临着越来越全面的对外开放形势。为了发展服务贸易，我国先后修订、颁布、实施了一系列法律、法规和条例，使我国服务贸易的法律法规逐步规范化。有关中国服务贸易发展的法律法规主要包括以下几种。

第一，《对外贸易法》于1994年颁布通过，为中国对外贸易发展提供了法律保障。该法明确指出，对外贸易是指货物进出口、技术进出口和国际服务贸易。对于服务贸易，《对外贸易法》仅规定了根据我国缔结参加的国际条约、协定，作为开展服务贸易必须遵循的原则。2004年对该法进行了修订，修订内容主要围绕服务贸易，弥补了该法在服务贸易领域中的不足，为服务贸易的发展创造了良好的法律环境。

第二，《商标法》于1982年颁布，1993年、2001年进行了两次修订。1982年颁布的《商标法》为从事商品贸易的企业提供了商标注册的法律保障，而未涉及从事服务贸易的企业如何申请商标。1993年，对该法进行了第一次修订，明确指出企业、事业单位、和个体工商业者，对其提供的服务项目，需要取得商标专用权的，应当向商标局申请服务商标注册。然而该法律并未明确地把服务商标包括在注册商标内，且在具体申请和注册方面也不明确。2001年对本法进行了第二次修订，明确指出经商标局校准注册商标为注册商标，包括商品商标、服务商标、集体商标和证明商标。这次《商标法》的修订更加明确了服务商标的申请和注册，明确了服务企业的商标注册。

第三，《著作权法》于1991年开始生效，该法涉及了许多服务行业，如影视业、出版业等，为此保障了服务性企业的著作权，使其经营利益有所保障。2001年，该法进行了修订，为服务业和服务贸易的发展提供了更加充分的权利保障。

第四，《价格法》于1994年颁布通过，该法明确指出，价格包括商品价格和服务价格，且给出了服务价格的定义，是指各类有偿服务的收费。由于我国服务发展相对滞后，在服务价格制定方面还不完善，有所欠缺，有必要对《价格法》进行修订，以适应全球服务业的发展。

第五，其他相关法律。服务贸易涉及的范围广泛，部门众多，所涉及的具体法律、法规及规章也门类繁多。在金融服务业方面，1995年颁布了《人民银行法》《商业银行法》，2003年对这两部法律进行了第一次修订；在保险服务业方面1995年颁布了《保险法》，2002年对该法进行了修订；在运输服务业方面，1992年颁布了《海商法》，2004年对其进行了修订。然而，在有些服务业方面，我国没有相关法律，或者即使有，也对相关服务内涵的界定、范围等规定不明确。

总体来讲，我国服务贸易的立法工作相对比较落后。我国应以《对外贸易法》为核心，以国家颁布的外资法等作为重要的组成部分，辅之以各部门制定的具体规定，继续加强服务贸易的立法工作。

第三节　新时代背景下中国服务贸易发展

近年来全球服务贸易增速迅猛，对世界贸易贡献率逐年上升。金融危机以来，全球服务贸易虽然受到一定冲击，但总体仍优于货物贸易增长，是拉动世界贸易增长的重要引擎。与发达国家相比，中国服务贸易的竞争力依旧较低，但发展潜力较强。“十三五”期间，中国服务产业和服务经济将进入加快发展新阶段，服务贸易将迎来全面发展的黄金期。

“一带一路”为全球治理提供了新的路径与方向，也为中国服务经济与贸易的国际开放与发展启发了新思维。“一带一路”是近年所提出的最大程度体现发展中国家互助互利的区域性倡议，服务贸易合作机制和规则、具体贸易活动和范围等都成为“一带一路”框架内多双边谈判的关键议题，中国服务贸易在“一带一路”发展下将带来更多的创新业态与投资机遇；同时在贸易领域互利共赢的多边合作也会推动“一带一路”倡议的完善与进步。在逆全球化趋势发展、贸易保护主义抬头的背景下，2018年美国以货物贸易逆差为由挑起中美双边贸易摩擦，并在贸易、高科技和投资等领域出台系列措施压制中国。2019年5月10日起，美国对从中国进口的2 000亿美元清单商品加征的关税税率由10%提高到25%，我国政府也作出相应应对措施，中美贸易摩擦不断升级。

一、新时代背景下中国服务贸易发展机遇

（一）国际机遇

1. 世界服务经济的战略地位更加突出

服务业是拉动世界经济增长和吸纳就业的主体，世界经济的服务化特征更加明显。服务业与制造业、农业及服务业内部之间不断渗透融合，制造业服务化、服务业跨界化趋势深

入发展。作为全球价值链的核心环节，高技术和知识密集型服务等现代服务业成为决定国际分工和国际贸易利益分配地位的关键因素。

2. 全球服务贸易与投资合作的广度和深度不断拓展

在经济全球化和区域经济一体化背景下，开放合作成为世界各国发展服务产业和服务经济的战略选择。2017年，世界服务贸易进出口额增至103 539亿美元，占货物和服务出口之和的比重为22.46%，其中，出口额为52 794亿美元，进口额为50 745亿美元，增长速度超过了世界经济和世界货物贸易。当前，服务业成为全球直接投资的重点，传统制造领域的跨国公司纷纷向服务业转型。

3. 服务业创新推动服务贸易的信息化和可贸易性空间提高

大数据、物联网、云计算、移动互联等信息技术在服务贸易领域的运用不断深入，带动服务贸易企业形态、商业模式、交易方式发生深刻变革，互联网等现代交付手段为服务贸易发展打开了广阔空间。

（二）国内机遇

对于服务贸易而言，应更多地考虑如何培育服务业和服务贸易竞争新优势，支撑和引领经济新常态。服务业和服务贸易发展的相关会议如此密切地召开，相关文件如此密集地出台，这在历史上是从未有过的。结合经济新常态的时代背景，服务业和服务贸易必然进入大发展、大繁荣的新时代。

1. 服务产业进入改革开放加速期

当前，全面深化改革的重点和关键在于服务业，而通过扩大和深化服务业开放，以开放倒逼服务业改革，成为推动当前和今后一个时期服务业和服务贸易体制机制和政策变革的必然选择。党的十八大以来，通过政府职能转变、简政放权，推动设立国内自由贸易试验区，以及对外签署自由贸易协议等途径，大大加快了服务业改革与开放的步伐。上海、天津、广东、福建等自由贸易试验区的设立和北京市探索扩大服务业自主开放，“一带一路”倡议的深度推进以及我国建设面向全球的高标准自由贸易区网络，都将大大拓展服务贸易发展新空间。2014年以来，在中国经济进入新常态背景下，服务业的改革开放将进入加速期，一系列重大而艰巨的改革开放任务将由此展开。

2. 服务业和服务贸易发展进入政策红利期

近年来，国务院出台了一系列支持服务业和服务贸易发展的政策文件。可以说，服务业和服务贸易发展迎来了政策红利期。进入2015年，1月14日召开的国务院常务会议再次对服务贸易发展进行了部署，1月16日国务院公开发布了《关于产业加快发展的意见》和《关于促进服务外于加快服务贸易发展的若干意见》，对今后一个时期服务贸易和服务外包发展作出了具体部署，并在增强服务外包示范城市数量、设立国际服务外包产业引导基金、减免税收等方面提出了实质性政策利好。经济发展新常态下推进供给侧结构性改革，将更加有利于推动各类生产要素和资源加快向服务业转移。

2016年初，国务院批准在15个地区开展服务贸易创新发展试点，积极探索有利于服务贸易发展的体制机制、政策体系和发展模式。2018年国务院发布《关于同意深化服务贸易创新发展试点的批复》，原则同意商务部提出的《深化服务贸易创新发展试点总体方案》，同意在北京、天津、上海、海南、深圳、哈尔滨、南京、杭州、武汉、广州、成都、苏州、威海和河北雄安新区、重庆两江新区、贵州贵安新区、陕西西咸新区等省市(区域)深化服务贸易创新发展试点。深化试点期限为 2 年,自 2018 年 7 月 1 日起至 2020 年 6 月 30 日止。

2019 年 3 月 5 日第十三届全国人民代表大会第二次会议上,国务院总理李克强在政府工作报告中将"推动服务贸易创新发展"列为推动我国全方位对外开放、培育国际经济合作和竞争新优势的重要抓手,这为我国服务贸易发展指明了方向。今年深化服务贸易创新发展试点也被列入了商务部的主要工作中,商务部将加强对 17 个深化试点地区试点方案落实情况的督导,确保试点任务落实落细,尤其是对试点任务中的薄弱环节和滞后地区加强督导,各地试点情况也将接受第三方评估。

3. 服务业扩大开放将带动服务贸易蓬勃发展

2018 年 6 月 1 日,国务院正式批复《深化服务贸易创新发展试点总体方案》,围绕扩大服务业对外开放、壮大服务贸易市场主体、创新服务贸易发展模式、提升服务贸易便利化水平等方面进行重点突破。通过扩大服务业对外开放,引领服务贸易创新试点深化升级,形成稳定公平透明、可预期的营商环境,推动中国服务创新发展。近期上海出台了《中国(上海)自由贸易试验区跨境服务贸易负面清单管理模式实施办法》,本着遵循国际通行规则的原则,推动中国服务贸易体制机制国际化、透明化与开放化。随着中国服务业开放水平不断提高,服务业开放试点政策不断落实推进,将有效促进服务贸易高质量发展。

4. 数字技术成为推动服务贸易发展的重要动力

数字技术的应用革新了生产服务的跨境合作过程,并通过数字平台和实体设备,提供了新的交付方式,大大提升了服务的可贸易性。

数字化使服务贸易发展模式发生了颠覆性变革和重构,各领域数字化服务贸易蓬勃发展,新业态新模式加快培育。互联网技术在旅游、医药、教育行业中的应用,催生了在线旅游、远程医药、网络教育等新型服务模式,极大地促进了跨境服务贸易发展。2017 年,中国在线出境游市场规模达到 730.3 亿元人民币,同比增长 72.2%。数字技术产业化发展加速,不断丰富细分领域,数字游戏、数字音乐、数字电影等数字服务形态不断涌现。2017 年,中国网络游戏海外发行市场规模超过 60 亿美元,预计 2018 年将增长至 70.7 亿美元。可以预见,在数字技术进步推动下,中国服务贸易发展空间将更加广阔。

5. "一带一路"建设为服务贸易大力发展提供了新平台

我国提出"一带一路"倡议后,目前与"一带一路"沿线国家和地区的国际合作仍以基础设施互联互通和国际产能合作为主要内容,但随着"一带一路"建设的深入推进,加强服务贸易合作,拓展优势产业链上下游的服务业领域合作,将与基础设施互联互通及产能合作一并成为"一带一路"沿线国家和地区间合作的重点。我国与"一带一路"沿线国家和地区开展服务贸易合作有相对优势,可以比发达国家获得更高的国际分工和服务贸易收益。另外,数据分析、电子商务平台和互联网营销推广等服务新业态,推动了服务贸易快速发展,我国"一带一路"服务贸易合作潜力巨大、前景广阔。

一直以来,欧美、日、韩等国家是我们国家服务贸易的主要战略合作伙伴,但随着"一带一路"建设的实施,为我们国家服务贸易方面提供了更多元、更多区域的合作伙伴。"一带一路"沿线国家服务贸易开发还有足够大的空间和潜力,究其原因是"一带一路"沿线国家很多都是发展中国家,更多的是对基础设施建筑交通有需求,在该部分需求得到满足的同时,也有助于推动服务贸易的发展。

中国与“一带一路”沿线国家和地区在服务贸易领域具有较强的互补性，拥有巨大的发展空间与潜力。中国经济富有活力，科技创新实力较强，旅游与教育资源丰富，在计算机信息、通信、金融、建筑等领域竞争优势比较明显。在互联网和信息技术领域，华为、中兴等公司在相关国家设立研发中心、交付中心等，带动研发、专业咨询、电信计算机和信息服务出口迅速增长；在运输和建筑服务领域，中国对“一带一路”沿线国家和地区的服务出口不断扩大，促进了进口国基础设施建设和经济发展。同时，“一带一路”沿线国家和地区在一些领域也具有较大优势。中东欧国家地理位置优越，是连接亚洲和欧洲的交通要道，同时人力资源素质高、成本相对较低，信息通信等行业技术研发创新能力较强；东盟旅游文化资源丰富，港口运输领域较为发达；印度被称为“世界办公室”，在服务外包、软件和信息技术等领域具有较强的国际竞争力。中国与“一带一路”沿线国家和地区在服务贸易领域的合作将持续深化拓展，成为推动全球服务贸易繁荣发展的重要力量。

二、新时代背景下中国服务贸易发展战略

我国政府高度重视服务贸易发展工作，相继出台《关于加快发展服务贸易的若干意见》等促进服务贸易发展的相关文件，扩大开展服务贸易创新发展试点，探索推进服务业体制机制改革，加大服务业对外开放力度，有力推动了服务贸易发展。当前，我国服务贸易迎来了良好的发展机遇，同时也面临着国际贸易规则变化和国际竞争加剧等方面的挑战。新形势下我国政府亟须深化体制机制改革，进一步优化服务贸易的发展环境，大力推动服务贸易创新发展。

（一）积极推进服务贸易便利化

加大对服务贸易的政策支持力度，完善服务贸易出口退（免）税政策，加快形成系统性、机制化、全覆盖的服务贸易政策体系。优化对服务贸易的管理模式和监管方式，深化服务业领域“放管服”改革，积极推进服务贸易便利化，提高投资、通关、商检、外汇管理等便利化水平，为服务贸易企业的海外投资和服务进出口营造良好环境。鼓励服务贸易出口企业开展国际安全认证、质量认证、环保认证等工作。加快公共服务设施建设，建设好“一试点、一示范、多基地”服务贸易发展平台，完善和服务贸易特点相适应的口岸通关管理模式，对会展、演艺、服务外包等企业所需通关的国际展品、服装道具、样本、试剂等实行便捷通关。

（二）充分发挥改革试点的作用

鼓励自由贸易试验区、服务贸易创新试点和北京市服务业扩大开放综合试点等进一步发挥改革开放排头兵、创新发展领头羊作用，支持“十三五”国家服务业综合改革试点加快开放、改革和制度创新的试验步伐。改革试点要以改革成果推进改革深化，以扩大开放倒逼管理创新，不断完善综合配套的制度体系建设。顺应产业结构从工业主导向服务业主导的转变，鼓励地方因地制宜探索财政、税收、金融等方面的政策措施对服务业新产业、新技术、新业态、新模式的支持方式，优化资源配置。

（三）完善服务贸易专门政策，发展服务贸易竞争优势

首先，针对服务贸易的特殊性，探索完善有效的服务贸易政策促进体系。以服务贸易创新发展试点城市建设为契机，着力在财政政策、出口退税政策、贸易融资政策和海关监管便利化政策四个方面形成覆盖服务贸易全领域的有效的政策体系。由于服务贸易具有无形性，服务贸易进出口数据统计难度大、交易真实性识别难度大、综合监管难度大，货物贸易的

政策实施和操作手段难以适用于服务贸易，要加快探索完善针对服务贸易的政策体系。

其次，要建立一批服务贸易发展平台，形成服务贸易集聚发展态势。借鉴货物贸易成功做法，探索建立类似于货物贸易发展的经济技术开发区、高新技术产业园区和各类海关特殊监管区的服务贸易园区、国际服务产业开发区、特色服务出口基地等。同时，推动各类制造业发展园区平台向国际服务产业园区平台转型升级。针对服务贸易主要集聚在中心城市的特点，大力发展总部经济集聚区、国际中心商务区、文化旅游示范区等。根据服务贸易创新发展试点地区试点评估成效，研究推动试点效果好、带动辐射作用明显的试点地区向服务贸易创新发展示范区转型。

第三，针对性选择服务贸易发展重点领域，出台专项促进计划。旅游业占中国服务贸易份额最大，是服务贸易的最大逆差来源。要从签证便利、建立跨境旅游合作区、鼓励新型细分旅游市场发展、规范国内旅游市场等入手，以鼓励入境旅游为重点，弥补中国旅游服务贸易竞争力短板。要顺应数字经济时代要求，在巩固计算机和信息技术服务贸易优势的基础上，大力发展以互联网为代表的数字贸易，积极抢占新兴领域的发展制高点。在中医药、中文教育、中华武术、中华餐饮等具有中国特色的服务领域，实施专门的国际市场开拓计划，努力把特色文化优势转化为服务贸易竞争优势。

（四）营造良好的服务贸易国际合作环境

近年来，在西方发达国家推动下，国际经贸规则面临重构，高标准的服务业开放已成为各国推进贸易投资自由化的新高地，这给我国带来了新的压力和挑战。我国政府要把握好深化国内改革和扩大对外开放的节奏，吸收符合国际贸易发展趋势的贸易投资自由化、便利化相关的合理内容，努力与国际高标准规则接轨，同时在国际经贸规则重构中积极提出符合中国发展利益、体现中国优势的新议题、新规则，提高规则制度话语权。积极开拓“一带一路”沿线国家或地区服务贸易市场，逐步深化双边的服务业合作，充分利用自由贸易协定双向投资制度安排，推动我国优势服务产能向全球布局，带动服务贸易发展。

（五）推动服务贸易交付模式创新

实施“互联网＋服务贸易”战略，利用互联网等现代信息技术，推进服务贸易交付模式创新，全面提高中国服务的可贸易性。积极鼓励技术贸易、通信服务、计算机信息服务发展，着力扩大跨境交付服务贸易规模。加快商业存在的国际营销网络和境外交付中心建设，促进服务业双向投资，把信息技术与传统商业存在形式的服务贸易相结合，重点支持远程医疗、在线教育、互联网金融等新型服务贸易，不断提高传统商业存在服务贸易的跨境交付能力。巩固和增强中国电子商务发展领先优势，鼓励各类跨境电子商务服务发展，创新境外消费服务贸易发展。扩大专业技术人员、工程技术人员、教师、船员、教练、厨师和建筑工等劳务人员输出规模，重点支持依托现代技术手段不出国门实现的人力资源输出，扩大自然人形式的服务贸易规模。依托大数据、物联网、移动互联网、云计算等新技术，打造新型服务贸易促进和交易平台。

（六）加快培育品牌优势

加快培育品牌优势，着力推动传统服务贸易品牌化发展。积极培育传统服务贸易行业跨界融合发展优势，推动打造跨界融合发展的产业集团和产业联盟。培育服务贸易企业主体与打造中国服务贸易品牌相结合。深入实施服务贸易自主品牌战略，鼓励有条件的地区、行业和企业建立品牌推广中心，建立健全“中国服务”品牌发展体系。加大优势领域品牌培育力度，重点推动金融、物流运输、旅游、人力资源、展览、节能环保和环境服务、建筑与工程服务、国际服务外包等领域品牌建设。充分利用京交会、上交会等综合型国际性交易会，全面提升“中国服务”品牌推介水平。

（七）支持服务贸易企业开展自主创新和国际合作

支持服务贸易企业开展自主创新和国际合作，培育一批具备自主创新能力和国际竞争力的服务贸易企业，提升我国在全球服务市场的地位。促进主业突出、有特色、善创新的中小服务贸易企业发展，加强对中小服务贸易企业参加境内外展会的分类指导工作，支持中小服务贸易企业开拓国际市场，融入全球供应链，满足国际市场多元化、个性化的服务需求。引导服务贸易企业拓展离岸服务外包业务领域，重点发展软件和信息技术、互联网、研发、设计、中医药等领域服务外包，鼓励开展人才培训、资质认证、公共服务，支持研发、设计、维修、检测等“两头在外”的服务贸易新业态新模式发展，不断提高我国离岸服务外包的技术含量和附加价值。

（八）积极开拓“一带一路”市场并培育潜力市场

大力开拓“丝绸之路经济带”沿线国家市场，实现服务贸易市场多元化发展。积极与丝绸之路沿线国家签订服务贸易合作协议，扩大服务业相互开放。推动企业在沿线重点国家的交通枢纽和节点城市，建立仓储物流基地和分拨中心，完善区域营销和售后服务网络。积极扩大中国金融机构在“一带一路”国家开设分支机构，为企业进行贸易结算和投融资创造条件。与有关国家共同开辟新航线和运输线路，大力发展国际运输服务。推动与有关国家扩大建筑服务资质、建筑服务市场准入等领域相互开放，提升建筑服务贸易水平，鼓励工程设计、施工建设、运营维护等建营一体化服务输出。鼓励境外经贸合作区、跨境经济合作区引进更多服务业和服务贸易项目。积极引导中国服务贸易企业寻求亚投行、丝路基金、金砖开发银行、中国-东盟银联体、上合组织银联体的融资支持。

加强与“21世纪海上丝绸之路”沿线国家服务贸易合作。以中国东盟自由贸易区升级版建设为契机，有针对性地加大对东盟各国开展服务业贸易投资合作的力度。发挥广西与东盟的合作优势，利用中国东盟博览会等综合性、战略性平台，重点加强与新加坡、印度尼西亚、马来西亚、泰国、菲律宾、越南等国在服务贸易领域合作，在基础设施建设、大型公共设施建设与运营、旅游、文化、医疗保健、技术和知识产权、跨境电子商务、服务外包、港口等领域加大合作力度，提高我国在东盟地区商业存在规模。加强与印度、阿联酋等对中国有重要战略意义的国家签署自由贸易协定，拓展服务贸易国际市场空间。

积极发展中拉服务贸易。依托中拉合作论坛，强化中拉服务领域贸易投资合作，不断丰富中拉经贸合作内涵。充分发挥中国在计算机与信息、其他商业服务方面的比较优势扩大对拉美出口。利用拉美产能合作带动中拉技术贸易、金融、保险和通信等领域合作。推动中国对拉美服务业投资，积极开展对拉商业存在形式的服务贸易。以中国与哥斯达黎加、智利、秘鲁三个国家自由贸易协定为依托，促进双边服务贸易双向开放，不断提升中拉服务贸易自由化和便利化水平，推动中拉服务贸易全面发展。

以“中非十大合作计划”带动中非服务贸易发展。依托中非合作论坛，积极落实“中非十大合作计划”，带动中非服务贸易合作。以中非基础设施合作计划带动中国建筑、中国劳务输出，以中非金融合作计划加强中非金融服务贸易发展，以中非公共卫生合作计划和中非人文合作计划带动中非旅游、建筑、文化贸易、中医药服务、中文教育、中华特色餐饮等服务输出。

◆内容提要

本章主要介绍中国服务贸易的发展阶段以及发展现状，总结发展过程中存在的问题，介绍中国服务贸易政策、中国服务贸易管理体制和相关立法，并从中国服务贸易发展面临的国内外机遇展开，启发学生思考在新时代背景之下中国服务贸易的发展战略。当前中国服务贸易产业规模不断扩大，新兴服务领域和服务外包发展态势良好，成为了经济转型升级的推动力，在“一带一路”的推动下，发展速度加快。但在发展过程中，确实存在一些问题，比如结构不合理、逆差严重、专业人才缺乏等。新时代背景下，我国服务贸易既迎来了良好的发展机遇，同时也面临着国际贸易规则变化和国际竞争加剧等方面的挑战。新形势下我国政府亟须深化体制机制改革，进一步优化服务贸易的发展环境，大力推动服务贸易创新发展。

◆关键词

一带一路　服务贸易自由化　服务贸易总协定

◆复习思考题

1. 试简述中国服务贸易的发展特征。
2. 我国在发展服务贸易时遇到了哪些问题？
3. 中国服务贸易面临的国内机遇有哪些？
4. 如何开拓“一带一路”服务贸易市场？

◆思考案例

2019年2月26至27日，全国服务贸易和商贸服务业工作会议在北京召开。

会议指出，2018年以来，全国服务贸易和商贸服务业创新发展，各项工作取得积极成效，对稳外贸、稳预期、促增长作出了积极贡献。全年服务进出口总额达5.24万亿元人民币，同比增长11.5%，规模再创历史新高，连续5年保持全球第二位。餐饮、家政、养老、文化等服务消费快速增长，服务消费占比提升至49.5%，最终消费支出对经济增长的贡献率达到76.2%，家政扶贫带动新增就业超过10万人。

会议认为，当前我国服务贸易和商贸服务业发展仍处于重要战略机遇期，机遇与挑战并存，机遇大于挑战。既要抓住当前难得的发展机遇，也要推动解决一些长期制约发展的瓶颈和障碍。

会议强调，2019年是决胜全面建成小康社会第一个百年奋斗目标的关键之年，全国商务系统要以习近平新时代中国特色社会主义思想为指导，认真落实中央经济工作会议和全国商务工作会议精神，坚持“以人民为中心”发展思想，加快实施贸易强国、消费升级和商务扶贫等行动计划，围绕“一促两稳三重点”任务，千方百计扩大服务出口，多措并举扩大服务消费，全力以赴推进家政扶贫。

资料来源：http://tradeinservices.mofcom.gov.cn/article/news/ywdt/201902/78501.html.

问题：新时代背景下想要推进服务贸易高速度高质量发展可以采取那些战略？

◆应用训练

搜集整理资料，在服务贸易创新发展试点中选择一个，了解其工作举措、政策实施以及目前取得的成效。

参考文献

[1] 焦雄华. 中国技术引进的经验与探索[M]. 北京:中国标准出版社,1996.
[2] 卢荣忠. 国际经济合作[M]. 北京:高等教育出版社,2003.
[3] 申朴. 服务贸易中的动态比较优势研究[M]. 上海:复旦大学出版社,2005.
[4] 李虹. 国际技术贸易[M]. 沈阳:东北财经大学出版社,2005.
[5] 杜奇华,冷伯军. 国际技术贸易[M]. 北京:高等教育出版社,2007.
[6] 薛伟贤. 国际技术贸易[M]. 西安:西安交通大学出版社,2008.
[7] 赵亚平. 国际服务贸易:理论、政策与实践[M]. 北京:清华大学出版社,2011.
[8] 李杨,蔡春林. 国际服务贸易[M]. 北京:人民邮电出版社,2011.
[9] 钟丽. 国际知识产权争议解决机制研究[M]. 北京:中国政法大学出版社,2011.
[10] 李军. 国际技术与服务贸易[M]. 2 版. 北京:中国人民大学出版社,2012.
[11] 杜奇华,陈萌. 国际技术贸易[M]. 2 版. 北京:清华大学出版社,2012.
[12] 蔡宏波. 国际服务贸易[M]. 北京:北京大学出版社,2012.
[13] 王绍媛,蓝天. 国际服务贸易[M]. 大连:东北财经大学出版社,2013.
[14] 蔡宏波. 国际服务贸易[M]. 北京:北京师范大学出版社,2013.
[15] 陈宪,殷凤. 国际服务贸易[M]. 北京:机械工业出版社,2013.
[16] 尹晓波,袁永友. 国际服务贸易[M]. 大连:东北财经大学出版社,2013.
[17] 王玉清,赵承璧. 国际技术贸易[M]. 4 版. 北京:对外经济贸易大学出版社,2013.
[18] 李虹. 国际技术贸易[M]. 3 版. 吉林:东北财经大学出版社,2013.
[19] 毛海波. 国际展会知识产权保护研究[M]. 上海:上海人民出版社,2013.
[20] 周长玲. 知识产权国际条约研究[M]. 北京:中国政法大学出版社,2013.
[21] 李志军. 创新创业战略与管理[M]. 北京:中国发展出版社,2013.
[22] 薛洁. 国际服务贸易统计的若干理论与实践问题研究[M]. 北京:经济科学出版社,2013.
[23] 刘东升. 国际服务贸易概论[M]. 北京:北京大学出版社,2014.
[24] 范超. 经济全球化背景下国际贸易中的知识产权保护问题研究[M]. 沈阳:沈阳出版社,2014.
[25] 景瑞琴. 中国对外贸易[M]. 上海:复旦大学出版社,2014.
[26] 王佃凯. 国际服务贸易[M]. 北京:首都经济贸易大学出版社,2015.
[27] 张海东. 世界贸易组织概论[M]. 上海:上海财经大学出版社,2015.
[28] 黄晓玲. 中国对外贸易教程[M]. 北京:机械工业出版社,2015.
[29] 康鑫,陈伟,冯志军. 国际经济合作[M]. 哈尔滨:哈尔滨工程大学出版社,2015.
[30] 冯德连,查道中. 国际贸易理论与实务[M]. 合肥:中国科学技术大学出版社,2015.
[31] 张海东. 国际商务管理[M]. 5 版. 上海:上海财经大学出版社,2015.

[32] 高中理,蒋晓舰,陈海晓.国际服务外包[M].北京:清华大学出版社,2015.
[33] 石良平,沈桂龙.中国服务业扩大开放与服务贸易发展[M].上海:上海交通大学出版社,2016.
[34] 綦建红.国际投资学教程[M].4版.北京:清华大学出版社,2016.
[35] 邓敏,顾磊.中国对外贸易概论[M].成都:西南财经大学出版社,2016.
[36] 曲如晓.中国对外贸易概论[M].北京:机械工业出版社,2016.
[37] 林珏.国际技术贸易[M].北京:清华大学出版社,2016.
[38] 刘艳.服务贸易、技术溢出与产业发展[M].北京:知识产权出版社,2017.
[39] 白树强,黄满盈.世界贸易组织教程[M].北京:北京大学出版社,2017.
[40] 孙玉涛.国际技术贸易[M].北京:清华大学出版社,2017.
[41] 李俊.中国服务贸易理论、政策与实践[M].北京:时事出版社,2017.
[42]《中国商务年鉴》编委会.中国商务年鉴(2016)[M].北京:中国商务出版社,2017.
[43] 刘畾,刘欣,刘坤.国际技术贸易[M].北京:清华大学出版社,2018.
[44] 国家统计局.中国科技统计年鉴.2018[M].北京:中国统计出版社,2019.
[45] 李军.国际技术与服务贸易[M].3版.北京:中国人民大学出版社,2018.
[46] 李大鹏,李延.国际服务贸易[M].成都:西南财经大学出版社.2018.
[47] 蓝天.国际服务贸易[M].大连:东北财经大学出版社.2018.
[48] 陈岩.国际贸易理论与实务[M].北京:机械工业出版社.2018
[49] 李军.国际技术与服务贸易[M].北京:中国人民大学出版社,2018.
[50] 赵春明,蔡宏波.新编国际服务贸易教程[M].北京:清华大学出版社,2018.
[51] 贾怀勤.国际贸易统计:理论、规范与实务[M].北京:经济科学出版社,2018.
[52] 联合国.2010年国际服务贸易统计手册[S].2012.
[53] 商务部,国家统计局.国际服务贸易统计监测制度[S].2016.
[54] 国际货币基金组织.国际收支手册(BPM6)[S].6版.2019.
[55] 徐辉.知识流程外包产业发展模式研究[D].哈尔滨:哈尔滨工程大学,2011.
[56] 从连.中国服务贸易壁垒的测度与国际比较[D].天津:南开大学,2014.
[57] 武昭媛.中印服务业在全球价值链中的竞争力比较[D].北京:首都经济贸易大学,2018.
[58] 赵晓旭.中国服务贸易结构优化研究[D].北京:首都经济贸易大学,2018.
[59] 袁佳丽.国际服务外包模式对企业创新能力的影响研究[D].广州:暨南大学,2018
[60] 肖叶芬.本地市场效应对中国服务贸易国际竞争力的影响研究[D].广州:暨南大学,2018.
[61] 浙江省发展和改革委员会外资处.吹响浙江"引进来"和"走出去"集结号:"浙江省利用外资和境外投资"十三五"规划"解读[J].浙江经济,2016(16):25-27.
[62] 王大贤.我国服务贸易逆差占全球四成 急需采取措施发挥竞争优势[N].第一财经日报,2019-09-02.
[63] 王晓红,柯建飞.全球服务贸易形势分析及展望[J].国际贸易,2018(1):52-59.
[64] 统计局.2017年中国创新指数继续稳步提升[EB/OL].[2018-12-12].https://finance.sina.com.cn/stock/hkstock/ggscyd/2018-12-12/doc-ihqackaa7605892.shtml.
[65] 安兆祯.美国服务贸易发展分析[J].对外经贸,2018(10):18-22.

[66] 王晨.关于《中华人民共和国外商投资法(草案)》的说明[EB/OL].[2019-3-15].http://www.npc.gov.cn/npc/xinwen/2019-03/15/content_2083626.htm.

[67] 费娇艳.中国服务贸易国际竞争优势比较研究[J].国际经济合作,2018(5):34-40.

[68] 韶泽,等.国际服务贸易的相关理论[J].财贸经济,1996(11).

[69] 杨来科.全球化时代服务贸易的发展趋势:兼论我国服务贸易的发展思路[J].山西财经大学学报,2002(5).

[70] 杨蔚.技术进口的三大困境[J].中国对外贸易,2013(1):70-71.

[71] 陈景华.服务业全要素生产率与服务贸易出口:基于新新贸易理论的视角[J].山东财经大学学报,2014(1).

[72] 夏梁."以市场换技术"是如何提出的(1978—1988)[J].中国经济史研究,2015(4):102-113,144.

[73] 董景荣,刘冬冬,王亚飞.技术进步路径与中国经济增长研究:基于面板数据的分析[J].现代管理科学,2015(7):70-72.

[74] 肖前.中国服务贸易及服务外包最新情况统计[J].国际经济合作,2016(10):30.